Georg-Michael Schulz

Jacob Michael Reinhold Lenz

Philipp Reclam jun.
Stuttgart

Mit 13 Abbildungen

Die Deutsche Bibliothek – CIP-Einheitsaufnahme

Schulz, Georg-Michael:
Jacob Michael Reinhold Lenz / Georg-Michael Schulz. –
Stuttgart : Reclam, 2001
(Universal-Bibliothek ; 17629)
ISBN 3-15-017629-8

Universal-Bibliothek Nr. 17629
Alle Rechte vorbehalten
© 2001 Philipp Reclam jun. GmbH & Co., Stuttgart
Gesamtherstellung: Reclam, Ditzingen, Printed in Germany 2001
RECLAM und UNIVERSAL-BIBLIOTHEK sind eingetragene Marken
der Philipp Reclam jun. GmbH & Co., Stuttgart
ISBN 3-15-017629-8

www.reclam.de

Inhalt

und wird bleiben, mögen auch Jahrhunderte über meinen armen Schädel verachtungsvoll fortschreiten (WuB 3,329)

und muß mir verziehen werden, so wie meine ganze Existenz (WuB 3,553)

Biographie

Livland

Jacob Michael Reinhold Lenz wurde am 23. Januar 1751 (bzw. am 12. Januar ›alten Stiles‹, d. h. nach dem Julianischen Kalender) in dem Ort Seßwegen (heute Casvaine) in Livland geboren.[1] Livland ist eine Region, die ungefähr das heutige Estland und Lettland umfasst – mit Riga als der bedeutendsten Stadt. Diese Region lernt im Lauf der Zeiten die verschiedensten Herren kennen. Sie steht im 16. Jahrhundert unter polnisch-litauischer Oberherrschaft, wird im 17. Jahrhundert von den Schweden erobert, dann im frühen 18. Jahrhundert von den Russen und ist seit 1721 eine der drei russischen Ostseeprovinzen. Lenz wird somit als ein russischer Untertan geboren. Vom Deutschen Reich her gesehen, das ja noch bis 1806 existieren wird, ist er »ein Ausländer«, »ein Deutschrusse« (Rosanow, B 5: 1909, 29). Das macht es begreiflich, dass er später – nach seinen Aufenthalten unter anderem in Straßburg, Weimar und Zürich – in St. Petersburg und in Moskau Fuß zu fassen versucht. Und es ist durchaus plausibel, wenn er sich zu dieser Zeit als russischen Untertan bezeichnet und einem Huldigungsgedicht auf die Zarin Katharina II. den Titel *Empfindungen eines jungen Russen* gibt. – Nebenbei: der Gedanke, in Russland Karriere zu machen, ist so abenteuerlich nicht, wie es uns heute scheinen könnte. Was dem Livländer Lenz nicht gelingt, gelingt tatsächlich Friedrich Maximilian Klinger, dem Mit-Stürmer-und-Dränger aus Frankfurt, der in St. Petersburg zu Ämtern und Ehren gelangt und schließlich 1831 in Dorpat stirbt, in der Stadt, in der Lenz aufgewachsen ist.

1 Zur Biographie vgl. Rosanow, B 5: 1909; Freye, B 5: 1917; Rudolf, B 5: 1970; Hohoff, B 5: 1977; Winter, B 2: 2000; Damm, B 5: 1989.

Riga im 18. Jahrhundert

Livland hat im früheren 18. Jahrhundert noch schwer unter den Verwüstungen zu leiden, die der Nordische Krieg
(1700–1710) hinterlässt:

Riga hatte durch die Belagerung schwer gelitten, Dorpat
und die kleinen livländischen Städte waren Trümmer-
haufen. Noch 1725 war fast die Hälfte des Ackerlandes
in Livland unbebaut. Steinerne Landhäuser waren noch
nach Jahrzehnten eine Seltenheit. Verarmt waren alle
Stände; unter den Bettlern, die scharenweise das Land
durchzogen, waren auch Kinder von Edelleuten.

(Wittram, B 13: 1954, 126 f.)

Dazu kommen die verheerenden Wirkungen der Pest, die
»einen grausigen Todeszug durchs Land angetreten« und
»das niemals dicht besiedelte alte Livland zu einem men-
schenarmen Lande gemacht« hat (ebd. S. 125 f.).

Es gibt zu dieser Zeit in Livland eine deutsche Oberschicht, gebildet aus Adel und Bürgertum unter Einschluss der Geistlichen. »Evangelischer Glaube, deutsches Recht, deutsche Verwaltung, deutsche Sprache« (ebd. S. 134), dies alles ist von russischer Seite vertraglich zugesichert worden. Politische Entscheidungen liegen in den Händen des Adels. Dessen kulturelles Niveau ist eher dürftig; seine Vertreter geben sich »nur wenig geistigen Interessen hin«, in der Regel verharren sie »in stumpfer Gleichgültigkeit«, verbringen »die Tage in Trägheit« und leben »auf Kosten« der »leibeigenen Letten und Esthen« (Rosanow, B 5: 1909, 30 und 29).

Die Geistlichen – und das ist interessant besonders auch mit Blick auf Lenz' Familie – kommen oft aus Deutschland:

> Im entvölkerten Lande fanden die Träger der verschiedensten bürgerlichen Berufe Arbeit und Brot. Eine sehr häufige Form der Einwanderung akademisch gebildeter Kräfte war die Annahme einer »Hofmeister«- (Hauslehrer-)Stelle in einem adligen Hause; in der Regel gründeten diese Einwanderer später als Pastoren, Lehrer, Gerichtssekretäre oder Advokaten neue baltische Familien.   (Wittram, B 13: 1954, 141)

Auch die Orientierung nach Russland hin, eben bereits erwähnt in Bezug auf Lenz, ist eine allgemeine Erscheinung: Peter der Große erließ

> eine besondere Aufforderung an den livländischen und estländischen Adel, in russische Dienste zu treten. [...] Außer in den Militärdienst gingen zahlreiche Söhne der Ostseeprovinzen in den Hofdienst, in die diplomatische Laufbahn, in gelehrte Berufe nach Rußland. Der deutsche Einfluß in St. Petersburg [...] blieb [...] bis weit ins 19. Jahrhundert wirksam.   (Ebd., 145 f.)

Livland ist zu dieser Zeit nicht geradezu eine geistige Region. Für eine immerhin zunehmende geistige Verbindung mit Deutschland sorgt – neben der Einwanderung von Aka-

demikern – das Studium von Liv-, Est- und Kurländern an
deutschen Universitäten, vor allem (wie auch in Lenz' Fall)
an der relativ nahe gelegenen Universität Königsberg (vgl.
ebd., 147). Unter den Zugewanderten ist »der erste wirkliche
Buchhändler der Provinzen: Johann Friedrich Hartknoch,
[…] der Verleger Kants, Herders und Hamanns, dessen
Anteil an der Verdichtung der geistigen Beziehungen zwischen der Kolonie und dem Mutterlande kaum überschätzt
werden kann« (ebd., 147f.) und der sich auch für Lenz einsetzt. Der philosophische Schriftsteller Johann Georg Hamann (1730–1788), ein bedeutender Anreger des Sturm und
Drang, hält sich in den fünfziger Jahren verschiedentlich als
Hauslehrer in Riga und andernorts in Livland auf, 1766 wird
er in Mitau (Kurland; heute Lettland) der erste Redakteur
der ersten örtlichen Zeitung, bevor er dann in seine Geburts-
stadt Königsberg zurückkehrt. Johann Gottfried Herder
(1744–1803), zu dem Lenz später in engere Beziehung tritt,
ist in den sechziger Jahren Lehrer und dann auch Prediger in
Riga, bis er 1769 seine Ämter aufgibt und die Region verlässt.
  Riga zeigt sich vergleichsweise aufgeschlossen für die
Ideen der Aufklärung, die in den baltischen Ländern später
Verbreitung finden als in Deutschland, neben denen sich
aber die Einflüsse des Pietismus erhalten. Dies gilt besonders
für das entferntere Dorpat, das (neben Riga) zweite geistige
Zentrum Livlands, in das Lenz im Alter von acht Jahren mit
der ganzen Familie gelangt:

  Ein selbständiges geistiges Leben hatte das kleine Dorpat. Hier wirkte der führende Pietist Livlands, […] Chr.
  D. Lenz, der Vater des Dichters; hier war der auf Rügen
  geborene Fr. K. Gadebusch Justizbürgermeister, der Be-
  gründer planmäßiger historischer Sammeltätigkeit in
  Livland. In Dorpat war die Bindung an die historischen
  Bedingungen livländischen Daseins eine engere als in
  dem geistig offeneren Riga […]. Ebenfalls in Nordlivland, in Oberpahlen, hatte der aus dem Weimarischen

gebürtige A. W. Hupel sein Pfarramt – der gelehrte
Sammler, den treffsichere Beobachtungen von Land
und Leuten unvermeidlich auf historische Studien führten.   (Ebd., 149)

Hervorzuheben ist schließlich auch das Interesse deutscher Pastoren an »Volksgut und Volkssprache der Letten
und Esten« (ebd., 150). Diese Pastoren, die freilich schon um
ihres Amtes willen Lettisch oder Estnisch lernen mussten
(vgl. Rosanow, B 5: 1909, 32), sind es dann, die »den Eigenwert des lettischen und estnischen sprachlichen und brauch-
tümlichen Volksguts entdeckten und bekanntmachten«
(Wittram, B 13: 1954, 150). Nicht von ungefähr enthält Herders Sammlung *Stimmen der Völker in Liedern* eine ganze
Anzahl litauischer, lettischer und estnischer Volkslieder. Bemerkenswerterweise veröffentlicht auch Lenz' älterer Bruder Friedrich David Lenz (neben theologischen und anderen
Schriften) eine Sammlung mit Volksandekdoten aus Livland.

Nach dem Land und dessen sozialen und kulturellen Eigenheiten nun zur engeren Umgebung Lenz' und zu seiner
Familie. Christian David Lenz (1720–1798), Sohn eines
Kupferschmieds, studiert in Halle, der Hochburg des Pietismus, wobei er sich durch Stundengeben forthelfen muss,
wird dann 1740 Hauslehrer im lettischen Süd-Livland, 1742
Pastor in dem Dorf Serben und heiratet 1744 die Pfarrers-
tochter Dorothea Neoknapp (1721–1778). Der Aufstieg
setzt sich fort: 1749 wird Christian David Lenz Pastor in
Seßwegen, 1751 auch Propst des zweiten Wendenschen
Kreises, 1759 Oberpastor in dem bereits mehrfach erwähnten Dorpat (estnisch: Tartu) im estnischen Nordlivland und
zugleich Assessor des Konsistoriums und Aufseher der
Stadtschule und 1779 schließlich Generalsuperintendent in
Livland (vgl. Jürjo, B 5: 1994). Beschrieben wird er in der
Sekundärliteratur als ein kämpferischer und strenger Ver-
fechter des Glaubens, der die pietistischen Einflüsse seines

Hallenser Studiums nicht verleugnet und der mit seinem religiösen Eifer vor allem in seinen früheren Jahren bisweilen aneckt, so als er nach einem verheerenden Brand in der Stadt Wenden 1751 eine Schrift veröffentlicht mit dem Titel: *Das schreckliche Gericht Gottes über das unglückselige Wenden*. Zu seinen Schriften gehört auch eine zweiteilige »Postille« in lettischer Sprache von fast zweitausend Seiten Umfang.

Ob die Mutter als Persönlichkeit so wenig beeindruckend ist, wie es angesichts fehlender sprechender Zeugnisse scheint, muss dahingestellt bleiben. In dem einzigen erhaltenen Brief von ihr (WuB 3,339) vertritt sie jedenfalls ganz die Sicht des Vaters und scheint damit den rein patriarchalischen Zuschnitt der Familienverhältnisse zu bestätigen. Lenz seinerseits meint einmal, er habe (zu seinem Glück) von seiner Mutter all sein »Phlegma« und von seinem Vater (zu seinem Unglück) all sein »Feuer« (WuB 3,338) geerbt. – Zur Familie gehören noch Lenz' älterer Bruder Friedrich David (1745–1809), sein jüngerer Bruder Johann Christian (1752–1831), zwei ältere Schwestern und eine jüngere sowie zwei jüngere Brüder. Lenz steht somit in der Reihe der acht Geschwister an vierter Stelle.

Von Seßwegen übersiedelt die Familie aufgrund der Versetzung des Vaters im Jahr 1759 nach Dorpat. Nachhaltig in Erinnerung bleibt vermutlich eine verheerende Feuersbrunst, die der Heranwachsende im Jahr 1763 miterlebt und die Dorpat fast vernichtet. Im darauf folgenden Jahr besucht dann die Zarin Katharina II. die Stadt, bei welcher Gelegenheit Lenz' Vater die Huldigungsrede hält. Dass dieser Besuch einer Besichtigung der Befestigungsarbeiten in Dorpat dient, das zu einer Festung ausgebaut werden soll, dies mag Lenz' späteres Interesse an militärischen Festungen geweckt haben (vgl. Rosanow, B 5: 1909, 36).

In Dorpat besucht Lenz die Schule; in Dorpat auch wird bereits seine literarische Begabung erkennbar. Die älteste erhaltene literarische Hervorbringung – *Neujahrs Wunsch an meine hochzuehrende Eltern* (WuB 3,7 f.) – stammt (vermutlich zum Neujahr 1763) von dem erst zwölfjährigen Lenz. Weitere frühe Werke sind wohl auf die Jahre 1764/65 und 1766 zu datieren; neben dem Drama *Der verwundete Bräutigam* handelt es sich meist um religiöse Gedichte, darunter auch den *Versöhnungstod Jesu Christi*, ein (mehr als zehn Seiten umfassendes) Gedicht des erst fünfzehnjährigen Lenz, dessen Druck in einer literarischen Zeitschrift Rigas von dem Pastor und geistlichen Dichter Theodor Oldekop vermittelt wird. Dieser seinerseits gehört einem (»äußerst konservativen und pietistischen« [Rudolf, B 5: 1970, 22]) Kreis um den bereits erwähnten Geschichtsschreiber und Juristen Gadebusch an, von dem der Heranwachsende sicherlich Anregungen empfangen hat. Literarische Einflüsse, die sich in Lenz' frühen Werken registrieren lassen, gehen – nach der zweifellos dominierenden Bibellektüre – von zeitgenössischen Autoren aus wie vor allem von Friedrich Gottlieb Klopstock (vgl. Bohm, B 5: 1992) und von Ewald von Kleist (vgl. Winter, B 2: 2000, 29).

Dauerhaft bestimmend ist für Lenz zweifellos der religiöse Einfluss des Elternhauses, verkörpert in der dominierenden Person des Vaters, der genaue Vorstellungen hinsichtlich der Lebensführung seiner Kinder hat. In der Sekundärliteratur wird der Vater oft sehr kritisch gesehen (vgl. Rudolf, B 5: 1992, 31–33), insbesondere gilt er »in der Erziehung als überstrenger, Normen setzender Patriarch, dem gegenüber der Sohn nur seine eigene Unzulänglichkeit empfinden kann und – zumal bei Abweichung von den vorgeschriebenen Normen – Schuldkomplexe« entwickeln muss (Winter, B 5: 1984, 8). Noch strenger fällt das Urteil über den Vater in der folgenden Äußerung aus: »Der Pietist August Hermann Francke, der Gründer der Hallenser Anstalten, erhob es zur obersten Maxime aller Erziehung, den natürlichen Willen der Kinder zu brechen. Das war der Geist, in dem auch Lenz' Vater theologisch ausgebildet worden war und in dem er seine Kinder erzog« (Rector, B 5: 1992, 630). Angesichts fehlen-

der detaillierterer Belege ist das freilich eher eine Annahme.
Erhalten ist immerhin ein Brief, in dem der Vater seine beiden Söhne Jacob und Christian gegenüber dem Rektor der
Dorpater Schule in Schutz nimmt. Darin meint er unter anderem, dass nicht nur »Schläge«, sondern auch »liebreiche
väterliche Verweise und Vorhaltungen guter Gründe« ein
taugliches Erziehungsmittel sein können. Auch möchte er
die Eigenart seiner Kinder berücksichtigt sehen: »So würde
z. E. mein Jacob durch Härte und Schärfe nur betäubt, und
so confuse gemacht werden, daß ihm hören und sehen vergehen, und dann nichts mit ihm auszurichten seyn würde.
Christian kann eher einen derben Filz aushalten« (zit. nach:
Rudolf, B 5: 1970, 26).

Wenn der Vater seinen Sohn Jacob so beurteilt, dann mögen ihm wohl auch gewisse charakterliche Ähnlichkeiten
zwischen ihnen beiden bewusst gewesen sein. Solche Ähnlichkeiten fallen nämlich ins Auge, wenn man sich das pietistische Tagebuch anschaut, das der Vater im Alter von 22
Jahren verfasst hat und das dessen damalige inbrünstig-exal-
tierte Religiosität dokumentiert – bis hin zu den »Wonne-
schauern«, die er um Christi willen empfindet und die, näherhin besehen, als recht eigenartige »Mischungen religiöser
und sexueller Momente« erscheinen (Petersen, B 5: 1927, 100;
vgl. auch Rudolf, B 5: 1970, 37–39). Nur ist es dem Vater eben
im Ganzen gelungen, das »Feuer«, das der Sohn Jacob von
ihm geerbt zu haben meint, zu bändigen und die emotionalen
Spannungen und die gesteigerte Reizbarkeit bei eher geringer
physischer Stabilität (vgl. Petersen, B 5: 1927, 100 f.) so zu ka-
nalisieren, dass sie der Karriere nicht im Wege stehen.

Zweifellos löst Lenz auch späterhin sich nicht gänzlich
von diesem Vater. Er wirbt um seine Liebe und sucht sich vor
ihm dafür zu rechtfertigen, dass er die vorgeschriebene Bahn
verlassen hat – davon legen die Briefe ein Zeugnis ab. Auch
die wiederholte Behandlung des Themas der Erziehung –
zweifellos ohnehin eines ›Jahrhundertthemas‹ – lässt den
Sohn verschiedentlich Formulierungen finden, die wie ver-

deckte Appelle an den Vater wirken, den Sohn seinen eigenen Weg gehen zu lassen – zum Beispiel im *Hofmeister*: »unsere Kinder sollen und müssen das nicht werden, was wir waren« (WuB 1,43).

Es fällt indessen in Ermangelung weiterer Zeugnisse schwer, eine genaue Vorstellung von der Erziehung zu gewinnen, die Lenz tatsächlich genossen – oder erlitten – hat. Ein wenig erhellend ist vielleicht der um Ostern 1771 herum entstandene Entwurf eines Briefs des Vaters an die beiden in Königsberg studierenden Söhne Jacob und Christian. Der Brief-Entwurf, in vierzehn Punkte gegliedert und in einem uns heute kurios erscheinenden deutsch-lateinischen Mischstil verfasst, lässt die festgefügten und autoritär vorgetragenen, aber doch auch fürsorglichen Vorstellungen des Vaters erkennen und bezeugt zudem die begrenzten finanziellen Möglichkeiten eines livländischen Pfarrers (Generalsuperintendent wurde der Vater ja erst 1779). Er sei hier etwas ausführlicher vorgestellt. Der erste Punkt beginnt mit der Feststellung: »Ni Deus fere miraculum fecisset, hae pecuniae non confluxissent.« (›Wenn Gott nicht beinahe ein Wunder vollbracht hätte, wären diese Gelder nicht zusammengeflossen.‹ – FS 1,13.) Dann wird aufgezählt, welche Gönner wie viel an Unterstützung für die Söhne gewähren. Auf weitere Unterstützung durch die Gönner, so der Vater, sei nicht zu rechnen – und:

> Auf mich gar keine Rechnung zu machen. Denn da meine Erntezeit nichts getragen u. ich also fast [fest] in allgemeinen Schulden sitzen bleibe, so ist auf die übrigen Teile des Jahres wenig zu rechnen: U. es wird e. Wunder-Gnade Gottes seyn, wenn noch so viel zusammen soll, als bis Michaelis [29. September] nöthig ist.
>
> (Ebd., 1,14)

Das mag ein wenig dick aufgetragen sein, auch um das Drängen des Vaters auf einen baldigen Studienabschluss zu unterstützen. Jedenfalls mahnt er,

daß sie [die Söhne] 1) durchaus nicht länger als bis gegen
Michaelis sich ihren Terminum Academicum [akademi-
schen Abschluss] setzen, denn es wird ohnehin schwehr
genug seyn, sie noch so lange zu unterstützen 2) sich
nicht in Schulden einfressen, sonst sich [andernfalls sie
sich] so vest fressen, da ich sie unmöglich würde lösen
können u. da wären sie ganz verloren denn ich könnte
nicht, wenn sie auch ins Carcer kämen 3) daß sie mit-
lerweile sehr fleissig seyn pp.   (Ebd.)

Im vierten Punkt geht es um die strengen, aber stringent
dargelegten Überlegungen des Vaters in Bezug auf die beruflichen Anfänge des Sohnes Jacob, anknüpfend an die »Nachricht, so ich gehöret, daß Prof. Cant ihn [Jacob Lenz] nach
Rehbinder in Danzig recommendiret [empfohlen]« habe
(der Oberst und Staatsrat Rehbinder war der russische Resident in Danzig). Dazu der Kommentar des Vaters: »1) Vor-
läufige Bestrafung, daß er nicht mit mir solche Sachen com-
municire, böses Gewissen«. Sodann: die Entfernung aus dem
Vaterland missachte die »väter- und mütterliche Zärtlichkeit« und zeige »wenig patriotismus an«.

Aber wenn es dein wahrer Vorteil wäre; abnegarem
[würde ich zurückstellen] Alle mein eignes und der
Meinigen Vergnügen p. [usw.] [...] Allein Suppono [ich
unterstelle], daß d. H. [der Herr] Resident [...] in Danzig bliebe. Was wilst du dann bey ihm machen? – Erst
Hofmeister, – das hier auch [das kannst du hier auch
werden], – dann Secretair. Ein schlechter wol nicht, damit er dich abdanken könne. – Nein e. gut., folgl. e. ewiger Secretair, [...] e. ewiger freier Unterthan s. Hauses,
der nie s. eignes anfangen, nie heiraten, nie selbst e.
Wirtschaft führen kann [...]. Vielleicht rechnest du darauf, daß er dich dort in e. gute Pfarre helfen solle. In was
für eine Etwa in e. Stadtpfarre in Danzig selbst? Nein
dazu nehmen die Herren Danziger wahrhaftig prae-
judicio [aufgrund ihres Vorurteils] keinen blossen

Der Vater des Dichters,
Christian David Lenz,
als Generalsuperintendent
in Livland

und noch dazu fremden Candidaten [...]. Nun wo dann hin? Aufs Land, aufs Dorf. 1) kannst du das hier auch u. viel besser haben [...] 2) ist nichts Verachteteres, als e. dasiger Dorf-Pfaffe. [...] Gesetzt du wollest da nicht länger bey ihm bleiben; wo dann hin! da du dort fremd u. unbekannt bist: hier aber (da dein Vat. überall und du auch schon zieml. weit und breit bekannt ist) dir das ganze Land offen steht. Ergo plane dissuadeo ut amicus, at si non vis [Also rate ich als Freund schlechterdings davon ab, und wenn du nicht willst], befehle ichs dir als Vater, daß du dies Project fahren lassest u. mit deinem Bruder hereinkommst.   (Ebd., 1,14–16)

Dagegen schlägt der Vater dann vor, Lenz solle in Lettland eine Hauslehrerstelle bei einer Schwester des Oberst Bok annehmen, der vorher bereits eine Unterstützung zum Studium gewährt hat. »Wer weiß,« fügt der Vater hinzu, »wo dieser Gönner auch wegen s. grossen Bekanntschaft mit den Größten des Hofes u. Einfluß bey d. Majestät selbst dir hier noch beförderl. seyn könte?« (Ebd., 1,16)

Dann wendet der Brief sich anderen Dingen zu. Der sechste Punkt lautet: »Der Mamma Zustand. Marter von Viel. 1000 Plagen, schlechtes Oster-Fest. – Meine Gesundheit auch schlecht. Kopfschmerzen vom Dunst.« Ein bisschen Plauderei und Klatsch kommt hinzu. Und am Ende steht eine »Schluß-Ermahnung«, gefolgt von Aufträgen für einige Besorgungen (ebd., 1,17).

Es ist ein patriarchalischer, nicht aber ein tyrannischer und durchaus kein liebloser Brief, vielmehr ein Brief, der mit seinen zielstrebigen Vorstellungen zeigt, welche Erwartungen der Vater in seine Söhne setzt – nicht zu Unrecht, wenn man die Karrieren des vorausgehenden und des nachfolgenden Bruders Lenz' betrachtet. Der Ältere, Friedrich David, wird 1767 Pastor in Tarwast (Livland), heiratet 1768 die Tochter des Superintendenten von Reval und wird 1779 Oberpastor in Dorpat sowie Inspektor der dortigen Schulen und Konsistorialassessor. Zusätzlich übernimmt er an der neugegründeten Universität Dorpat die Stelle eines Lektors der estnischen und finnischen Sprache und übersetzt mehrere Schriften ins Estnische. Der nächstjüngere Bruder, dem Lenz sich besonders zugetan fühlt (vgl. WuB 3,500), Johann Christian, studiert Jura, wird 1772 Stadtsekretär in Arensburg auf der Insel Ösel und 1774 Notar in Pernau (Livland); er wird 1791 in den Adelsstand erhoben und stirbt schließlich als kaiserlich russischer Kollegienrat in Riga.

Vor dem Hintergrund solcher Bilderbuch-Karrieren wie der des Vaters und der Brüder fallen natürlich die beruflichen Misserfolge Lenz' ganz besonders ins Auge. Und es mutet nachgerade wie eine schicksalhaft-tragische Pointe an, wenn rund zwanzig Jahre nach dem eben zitierten Briefentwurf des Vaters, nämlich am 3. oder 4. Juni 1792 (23./24. Mai alten Stils), Jacob Lenz in Moskau unter ungeklärten Umständen stirbt und auf einer Straße aufgefunden wird – wie eine tragische Pointe, denn wenige Tage später feiert der so rundum erfolgreiche Vater in Riga

am Johannistage [= 24. Juni] 1792 sein 50jähriges Amtsjubiläum, bey welcher Gelegenheit er seinen Enkel, den zur torgelschen Pfarre berufenen Prediger Johann Christian David Moritz, ordinierte und ausserdem die seltene Freude hatte, daß sein ältester Sohn, der Oberpastor zu Dorpat, die Feyer seiner eigenen 25jährigen Amtsverwaltung zugleich mit beging.[2]

2 J. F. v. Recke / C. E. Napiersky, »Allgemeines Schriftsteller- und Gelehrten-Lexikon der Provinzen Livland, Esthland und Kurland«, Bd. 1831, zit. nach: »Deutsches Biographisches Archiv«, hrsg. von Bernhard Fabian, München [o. J.], Mikrofiche 754.

Straßburg

Im Herbst 1768 immatrikuliert Lenz sich als Student der
Theologie an der Universität Königsberg. Von den theologischen Vorlesungen berichtet er zwar nach Hause, er geht
aber, wie ein Studienkollege später erzählt,[3] »bald fast nur
ausschließlich, dann und wann, in die Vorlesungen« Immanuel Kants, dem er 1770 ein Huldigungsgedicht widmet. Im
Vorjahr 1769 ist bereits seine epische Dichtung *Die Landplagen* erschienen, die er der Zarin Katharina II. widmet. – Im
Frühjahr 1771, also zu derselben Zeit, aus der der Brief-Entwurf des Vaters stammt, vollzieht Lenz den entscheidenden
Schritt, mittels dessen er sich der väterlichen Bevormundung
zu entziehen sucht: Statt sein Studium abzuschließen und
nach Livland zurückzukehren, wird er »Gesellschafter« (GS
4,287) der beiden kurländischen Barone Friedrich Georg
und Ernst Nikolaus von Kleist und reist mit ihnen nach
Straßburg, wo die Brüder Kleist Dienst in der französischen
Armee tun. Straßburg, ehedem eine freie deutsche Reichs-
stadt, die seit 1681 zu Frankreich gehört, lebt von der sozialen und kulturellen Vielfalt:

> Elsässischer und französischer Adel, Patrizier, hoher
> katholischer und protestantischer Klerus bilden die
> Oberschicht, innerhalb deren auch die Professoren der
> protestantischen Universität verkehren. [...] Einen
> wichtigen Anteil am Stadtleben hat [...] die Garnison.
> [...] Eine wichtige Rolle im städtischen Leben spielen
> auch die Universitäten, insbesondere die protestan-
> tische, Ziel deutscher und französischer Studenten aus
> allen Teilen der Reiche. Der kulturelle Gegensatz zwi-
> schen deutscher und französischer Kultur deckt sich in

3 Nämlich der Komponist Johann Friedrich Reichardt; vgl. J. F. R., »Etwas über
  den deutschen Dichter Jakob Michael Reinhold Lenz« (1796), in: »Jakob
  Michael Reinhold Lenz im Spiegel der Forschung«, B 3: 1995, 1; auch in: LU
  1,352.

Straßburg weitgehend mit dem Gegensatz der Konfessionen, fast vollständig mit dem Gegensatz zwischen Einheimischen und Fremden und nur partiell mit dem Ständegegensatz. In vielen Lebensbereichen setzt sich – wie auch in Deutschland – der übermächtige Einfluß der französischen Kultur durch.

(Winter, B 5: 1984, 13)

In Straßburg lernt Lenz im Juni 1771 Goethe kennen, der zwar im August bereits wieder abreist, aber brieflich mit ihm in Verbindung bleibt (nicht mehr in Straßburg befindet sich auch Herder, den Lenz nach längerem Briefwechsel erst 1776 in Weimar persönlich kennen lernt). In eine engere Beziehung tritt Lenz zu Johann Daniel Salzmann (1722–1812), einem Juristen (mit der Amtsbezeichnung ›Aktuarius‹) am Vormundschaftsgericht. Salzmann, kenntnisreich, vielseitig interessiert und menschlich gewinnend, hat eine ›Tischgesellschaft‹ um sich versammelt, zu der auch Goethe und Jung-Stilling während ihres jeweiligen Aufenthaltes in Straßburg gehören und in der anregende Diskussion stattfinden. Von den Jüngeren wird der Aktuarius als väterlicher Freund verehrt, so auch von Lenz, dessen Beziehung zu ihm in mehreren Briefen Ausdruck findet, die Lenz während seiner Abwesenheit von Straßburg im Jahr 1772 an ihn schreibt.

Lenz findet alsbald auch Anschluss an »eine Gesellschaft der schönen Wissenschaften«, wie er sie in einem Brief an den Vater bezeichnet (WuB 3,269), nämlich an die 1767 gegründete »Société de philosophie et de belles lettres« (vgl. Pope, B 4: 1984), der zeitweilig auch Goethe und Jung-Stilling zugehören. Mindestens von Ende 1771 an nimmt Lenz fast regelmäßig an den Sitzungen der ›Sozietät‹ teil – ein von Lenz selbst verwendeter Ausdruck (WuB 3, 306) –, im Frühherbst 1772 wird er sogar in Abwesenheit (er ist in Landau) zum Ehrenmitglied ernannt (auch Salzmann wirkt von 1772 an mit mehreren Beiträgen in der Sozietät mit).

Lenz' Engagement geht so weit, dass auf sein Betreiben hin
1775 die Sozietät in eine ›Deutsche Gesellschaft‹ umgewandelt wird (vgl. Pautler, B 5: 1999, 178–193) – nach dem Vorbild der unter Klopstocks Patronat stehenden »Deutschen
Gesellschaft« in Mannheim. Dass Lenz zu diesem Zeitpunkt
diese »Gesellschaft junger gelehrter Freunde« sogar als seine
»Baumschule« (WuB 3,343) betrachtet, geht aus einem Brief
hervor.

Lenz' eigene Schriften zu moralisch-theologischen wie zu
ästhetischen und gesellschaftlichen Fragen in der ersten
Hälfte der siebziger Jahre entstehen meist als Beiträge für die
Sozietät, also eingebunden in den damit vorgegebenen dialo-
gisch-pädagogischen Zusammenhang. Der umtriebige Lenz
sucht offenkundig nach Gelegenheiten, seinen kulturreformerischen Vorstellungen Gehör zu verschaffen. So beklagt er
sich denn einmal in einem Brief an Goethe über die mangelnde intellektuelle Konzentration und die Schwerfälligkeit der
Mitglieder der Sozietät. Nachdem er, so Lenz weiter, mit seinem Engagement für den *Götz von Berlichingen* nicht genügend Erfolg gehabt habe, habe er sich auf Religionsfragen
verlegt, ein Unterfangen, das »itzt unter viel Schwürigkeiten
vollendt ist, die Erfolge wird die Zeit lehren« (WuB 3,306).
Demnächst wolle er mit *Ossian* einen neuen Angriff wagen,
also mit der angeblichen ›Barden‹-Dichtung des schottisch-
gälischen mythologischen Helden Ossian, die auf die Stürmer und Dränger einen großen Eindruck gemacht hat und
aus der auch im *Werther* zitiert wird.

Das halbe Jahrzehnt bis zum Frühjahr 1776, das Lenz in
Straßburg verbringt, ist eine Zeit intensiver dichterischer
Produktion und auch eine Zeit der engen Freundschaften im
Kreis von Gleichgesinnten, die sich von den herrschenden li-
terarischen Normen abzugrenzen und sich gegen die tonan-
gebenden Autoritäten in der Welt der Literatur zu behaup-
ten suchen. Wenngleich Goethe mit dem Erscheinen des
Götz und des *Werther* eine gewisse Führungsrolle über-

nimmt, leben die Beziehungen im Prinzip doch von der wechselseitigen Anerkennung der Freunde, zumal die enthusiastische Stimmung der Gemeinschaft und der Zusammengehörigkeit über die literarische Produktion hinaus auch die gemeinsamen geistigen Werte und moralischen Überzeugungen miteinbezieht.

In einer besonders engen Beziehung (vor allem in den Jahren bis 1775) steht Lenz zu Goethe, in dem er ein Vorbild sieht und für dessen *Götz* und *Werther* er sich vorbehaltlos engagiert. Zur Bekräftigung dieser Freundschaft, in die freilich auch ein gewisser Rangstreit mithereinspielt, schickt Lenz dem »Bruder« Goethe (WuB 3,303, 306, 417, 479, 495 [u. ö.]) einen etwas schnurrig überschriebenen, verschollenen Aufsatz *Über unsere Ehe* (1773).[4] Abgesehen vom *Pandämonium Germanicum*, in dem Lenz ausdrücklich Goethe den Vorrang einräumt, bezieht er sich wiederholt in seinen Gedichten auf den Freund (vgl. WuB 3,100, 114, 121, 122, 193, 197) und adressiert seinen Prosatext *Das Tagebuch* an ihn. – Goethe erwidert die Freundschaft durchaus; er schreibt in einem Brief, Lenz sei »ein Junge, den ich liebe wie meine Seele«;[5] und in einem anderen Brief spricht er von »Lenzens Goldnem Herzen«.[6] Andere sehen die Beziehung nicht viel anders: Lenz gilt ihnen als »Goethes jüngerer Bruder«[7] oder als »sein jüngeres Brüderchen«[8] oder gar als sein »Zwilling«.[9] – Produktiv wird die Freundschaft übrigens darin, dass Lenz Goethes Farce *Götter, Helden und Wieland* herausgibt, während Goethe einen Verleger für den *Hof-*

---

4 Goethe selbst verwendet den Ausdruck »Ehe« in Bezug auf sein Verhältnis zum Weimarer Herzog Carl August; vgl. Preuß, B 5: 1989, 82.

5 Brief an Betty Jacobi, Ende November 1773 (»Lenz im Urteil dreier Jahrhunderte«, B 3: 1995, 1,49).

6 Brief an Johanna Fahlmer, Anfang März 1775 (LU 1,107).

7 Herder an Hamann, 3./4. Juni 1775 (LU 1,119).

8 Der Schriftsteller Werthes an Friedrich Heinrich Jacobi, 13./18. Oktober 1774 (LU 1,89).

9 Der Straßburger Freund Johann Gottfried Röderer an Lenz, Ende Juni 1776 (LU 1,227).

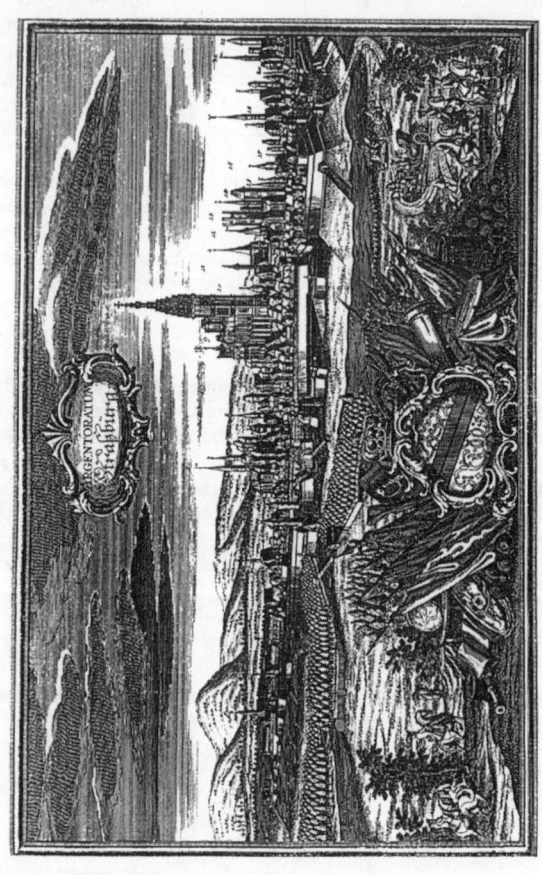

Straßburg

Kupferstich (18. Jahrhundert)

meister, den *Neuen Menoza* und die *Anmerkungen übers Theater* vermittelt.

Charakteristisch für den Freundschaftskult der Gleichgesinnten ist, dass selbst weit voneinander entfernt Lebende, die sich nicht persönlich kennen, brieflich den Kontakt zueinander suchen und alsbald vertraulich miteinander umgehen. »Hören Sie liebster Papa!« (WuB 3,297), so eröffnet Lenz den ersten erhaltenen Brief an Johann Caspar Lavater von Ende März 1774 (nachdem allerdings sein Freund Röderer mindestens seit Februar 1774 den Kontakt vorbereitet hat, indem er Grüße von Lenz und wohl auch den *Hofmeister* an Lavater geschickt hat). Ähnlich wird er später in einem Brief den Wunsch äußern, Herder möge ihn »unter seine Kinder aufnehmen« (WuB 3,323). Lavater, philosophisch-theologischer Schriftsteller und (von 1775 an) Pfarrer in Zürich, ist zwar zehn Jahre älter als Lenz, er kommt aber mit seiner auf das Emotionale gestellten Religiosität dem schwärmerischen Klima von Empfindsamkeit und Sturm und Drang sehr entgegen. Bei der bevorstehenden ersten Begegnung mit Lenz, so Lavater in einem Brief im Mai 1774, könnten sie einander anvertrauen, »was wir im Herzen haben, wie wenn wir schon 30 Jahre mit einander auf und niedergingen« (FS 1,72), und im Anschluss an diese Begegnung spricht er dann »mit Enthusiasmus von Lenzen« (FS 1,81). Das mag freilich kein Wunder sein angesichts von Lenz' Interesse an theologischen Fragen. Im Übrigen engagiert Lenz sich hernach auch für Lavaters physiognomische Studien, also für dessen Versuch, die menschlichen Gesichtszüge wissenschaftlich-systematisch zu erfassen (vgl. Waldmann, B 5: 1893; Schmalhaus, B 5: 1994b). Eine Bestätigung für die innere Übereinstimmung beider ist im Übrigen die Tatsache, dass Lavater die anonym erschienenen *Meinungen eines Laien* liest, ohne zu wissen, dass Lenz der Verfasser ist, und an den Verleger einen enthusiastisch zustimmenden Brief schickt mit der Bitte, diesen Brief an den Verfasser weiterzugeben.

Auch mit dem eben genannten Herder, dem außerordentlich vielseitigen Anreger in philosophischer, besonders sprach- und geschichtsphilosophischer, in kultureller und literarischer Hinsicht, dem Lenz in Straßburg nicht mehr hat begegnen können, mit Herder also knüpft er briefliche Kontakte; er preist dessen philosophisch-theologische Schriften, während umgekehrt Herder sich auch für Lenz' Werke einsetzt und einen Verleger für die *Soldaten* vermittelt. Auch Herder übrigens interessiert sich für den Verfasser der *Meinungen eines Laien* und fragt Lenz, ob er der Verfasser sei (WuB 3,400).

An äußeren Ereignissen, die in der Straßburger Zeit für Lenz wichtig wären, ist nur wenig bekannt. Von Mai bis Dezember 1772 begleitet er Ernst Nikolaus von Kleist, den jüngeren der Brüder, erst in die Garnison Fort Louis, am Rhein gelegen in rund dreißig Kilometern Entfernung von Straßburg, und im Herbst dann nach Landau in der Pfalz. Von Fort Louis aus lernt er im Mai Goethes ehemalige Geliebte Friederike Brion im nahegelegenen Sesenheim kennen, er verliebt sich in sie und stattet ihr bis August wiederholt Besuche ab, wovon er in mehreren Briefen an Salzmann erzählt (und was den Anlass zu etlichen Liebesgedichten bildet). 1773 kehrt er nach Straßburg zurück. Er wird Zeuge des Liebesverhältnisses zwischen Friedrich Georg von Kleist, dem älteren der Brüder, und Cleophe Fibich, der Tochter eines Straßburger Goldschmieds. Kleist kehrt 1774 in seine Heimat zurück und lässt, obwohl er ein Heiratsversprechen unterzeichnet hat, nichts mehr von sich hören. Lenz, der hier den Stoff für seine *Soldaten* findet, muss erleben, dass der inzwischen eingetroffene dritte und jüngste Kleist-Bruder, Christoph Hieronymus Johann von Kleist, Cleophe Fibich umwirbt; er verliebt sich seinerseits in sie (was, abgesehen abermals von einigen Gedichten, seinen Niederschlag in dem Prosatext *Das Tagebuch* findet).

Cleophe Fibich bleibt übrigens – wie auch Friederike Brion – hernach zeitlebens unverheiratet. Nachdem der älteste Kleist-Bruder Straßburg verlassen hat und Lenz' Beziehung zu dem zweiten gelöst ist,[10] bleibt er noch bis zum November 1774 der Gesellschafter des jüngsten der Brüder. Dann trennt er sich von ihm.

Allem Anschein nach hat Lenz die Reise nach Straßburg nicht mit der Intention angetreten, dort Fuß zu fassen. Jedenfalls ist in Briefen an die Familie zunächst noch von einer Heimkehr die Rede (WuB 3,258, 261), auch wenn die entsprechenden Äußerungen immer unbestimmter werden (WuB 3,270, 296, 350). Nach einer gewissen Zeit aber beginnt er wohl, sich umzutun. In einigen Briefen wird eine bestimmte Neigung erkennbar, die sich später verstärken wird, nämlich der Wunsch, ›wichtige‹ Leute kennen zu lernen. In einem Brief vom 31. August 1772 an Salzmann erzählt Lenz, dass Großfürst Paul, hernach Zar Paul I., »eine darmstädtische Prinzessin« heirate, und er »möchte gerne den Namen des Russischen *Envoyé* [Gesandten] an diesem Hofe wissen« (WuB 3,267). Und wenig später schreibt er aus Landau wiederum an Salzmann:

Beim Herrn Senior, der fast die alleinige Materie des Gesprächs meiner Wirtsleute ist […] bin ich noch nicht gewesen. Der Bürgermeister Schademann soll schon seit geraumer Zeit tot sein. Vielleicht erlange ich die Bekanntschaft seines Sohnes, der sehr reich sein soll. Ein Rektor bei der hiesigen Schule, der im Kloster einen Sohn hat, der schon Magister ist (wo mir recht ist, hab ich ihn dort gesehen) soll eine gute Bibliothek haben: da muß ich suchen unterzukommen. Seien Sie doch so gütig und schreiben mir in Ihrem nächsten Briefe den Namen des Kurfürsten von der Pfalz; wie auch den Charakter und die Adresse des Herrn Lamey, ein Name, den

10 Das ist dem Prosatext *Das Tagebuch* zu entnehmen (vgl. WuB 2,306).

ich in Straßburg oft gehört. Sie lachen – wozu das? Nun,
nun, es hat nichts zu bedeuten, ein guter Freund hat
mich um beide in einem Briefe ersucht.   (WuB 3, 271)[11]

Ein guter Freund? Offenkundig möchte Lenz selbst die
erbetenen Auskünfte haben, denn wie noch rund zehn Jahre
später in Petersburg und in Moskau ist er auch jetzt auf der
Suche nach einflussreichen Gönnern und Förderern. Und
wenn er dem Vater am 2. Oktober 1772 schreibt: »Ich habe in
Landau noch sehr wenig Bekanntschaft gemacht. Der Senior
Herr Mühlberge, ein Schwager meines geliebten Freundes,
des Herrn Licentiats Salzmann in Straßburg, scheint ein wa-
ckerer Mann zu sein. Ich bin bei ihm gewesen, habe ihn aber
nicht angetroffen« (WuB 3,269), dann legt das die Annahme
nahe, dass gerade das Interesse für ›wichtige‹ Persönlichkeiten bereits dem heranwachsenden Lenz durch das Elternhaus eingeimpft worden ist. Der oben zitierte Entwurf eines
Briefs des Vaters an die Söhne Jacob und Christian empfiehlt
ja dem Ersteren, sich den Oberst Bok als Gönner warm zu
halten: »Wer weiß, wo dieser Gönner auch wegen s. grossen
Bekanntschaft mit den Größten des Hofes u. Einfluß bey d.
Majestät selbst dir hier noch beförderl. seyn könte?« (FS
1,16) Im Übrigen ist eine solche Überlegung sicherlich – jenseits allein des Lenz'schen Elternhauses – charakteristisch für
die allgemeine Situation bürgerlicher Intellektueller in einer
vom Adel beherrschten Gesellschaft.

Zwar hat Lenz sich bereits am 3. September 1774 bei der
theologischen Fakultät der Universität Straßburg immatrikuliert; er setzt indessen sein Studium nach der Trennung
von dem jüngsten Kleist nicht ernsthaft fort, sondern ist bemüht, sich durch Stundengeben – Sprach- und Geschichts-
unterricht (WuB 3,304) – über Wasser zu halten. Obwohl er,
wie er an Lavater schreibt, »den ganzen Tag wie ein Post-

11 Der ›Senior‹ ist der älteste Geistliche des Orts (vgl. Damm, WuB 3, 827).
  ›Herr Lamey‹ ist Andreas Lamey (1726–1802), Historiker, Mitarbeiter der
  Straßburger Universität (vgl. Damm, WuB 3, 966).

pferd herumlaufe und Lektionen gebe« (WuB 3,340), leidet
er ständig unter Geldnot. »Ich gebe vom Morgen bis in die
Nacht Informationen und habe Schulden. Alles was ich mit
Schweiß erwerbe fällt in einen Brunnen, der fast keinen Boden mehr zu haben scheint«, teilt er Friedrich Wilhelm Gotter mit. Und in einem Brief an Johann Georg Zimmermann
bekennt er vorbehaltlos: »Ich brauche Geld nötiger als das
Leben« (WuB 3,407).

In vielen Lebensläufen von Literaten des 18. Jahrhunderts
begegnen die alltäglichen Geldsorgen als ein Dauerproblem,
angesichts dessen man die dennoch hervorgebrachten literarischen Leistungen bewundern muss. Das gilt zumal für die
Autoren, die – wie Lenz ohne Amt und ohne Mäzen – sich
irgendwie durchzuschlagen versuchen und die darum ständig ihre Freunde um Unterstützung angehen müssen:

> Lavater! ich bin hier in einem teuren Wirtshause und
> ohne Geld – und erwarte von Dir – daß Du mir gleich
> nach Ansicht dieses [Briefs] eine Louisd'or und einen
> Dukaten zuschickest Schiebst Dus einen Posttag auf, so
> gerat ich in Schulden und andern Händeln die noch
> schlimmer sind. (WuB 3,541)

So Lenz in einem brieflichen Hilferuf (vom 7. August
1777) aus Bern. Dass der Ton so fordernd ausfällt, deutet sicherlich auf eine besonders brenzlige Situation hin. Schon
zwei Tage später wendet Lenz sich abermals in Gelddingen
mit zurückhaltenderen Worten an einen Baseler Gönner, den
Kaufmann Jacob Sarasin, er dankt ihm für eine erneute Zuwendung von dessen Seite und bedauert, dass er ein bisheri-
ges Darlehen noch nicht zurückzahlen kann (WuB 3,542).

In diesen Straßburger Jahren entstehen Lenz' wichtigste
Werke, seine Dramen *Der Hofmeister*, *Der neue Menoza*,
Die Soldaten, *Die Freunde machen den Philosophen*, *Der
Engländer*, seine Plautus- und Shakespeare-Übersetzungen,
einige Prosa-Dichtungen, darunter *Zerbin*, und zahlreiche
Gedichte. Dazu kommen die theoretischen Schriften, die,

wie erwähnt, meist als Beiträge für die Sozietät verfasst werden, unter ihnen die *Meinungen eines Laien* als wichtigste theologische und die *Anmerkungen übers Theater* als wichtigste ästhetische Schrift.

Wie gerade diese theoretischen Schriften zeigen, breitet Lenz da nicht lediglich in dogmatischer Weise Einsichten aus; vielmehr sucht er sich auch seines eigenen Standpunkts zu vergewissern, bemüht er sich um eine Klärung seiner eigenen weltanschaulichen Position. Insofern ist es einerseits nicht nur Koketterie, wenn er bei Gelegenheit die Relativität der jeweils kontextabhängigen Überlegungen erkennen lässt und seine Rezipienten auffordert: »glauben [Sie] nur ja nicht alles, was ich Ihnen gesagt habe« (WuB 2,598). Andererseits dient es eben durchaus auch der Selbstbestärkung des Vortragenden und nicht nur der Erziehung der Zuhörer, wenn Lenz immer wieder auf einen zentralen Punkt seiner Anschauungen zurückkommt, nämlich auf die Notwendigkeit, »den Trieben der Natur [...] zu widerstehen« (WuB 2,485 f.).

Bei diesen moralisch-weltanschaulichen Dingen, die gerade für die Straßburger Schriften von sehr großer Bedeutung sind, ist noch ein wenig zu verweilen. Lenz knüpft hier an die religiös-moralischen Überzeugungen an, die ihm das Elternhaus vermittelt hat und die für ihn eine Basis bleiben. Dazu gehört insbesondere eine strenge Sexualmoral (vgl. Zierath, B 5: 1995), die – im Sinne der Vorstellung von der Sünde in Gedanken, Worten und Werken – nicht erst die unmoralischen Handlungen, sondern auch schon die unzüchtigen Gedanken verbietet. Entsprechend asketisch muten die Regeln an, mit deren Hilfe Lenz seine eigenen »wollüstigen Begierden« zu unterdrücken versucht. »Die Härte der moralisierenden Tabubildung«, die in seinen Schriften bezeugt wird, »verweist auf eine intensive persönliche Betroffenheit. Es ist anzunehmen, daß Lenz überhaupt nie ein freies Verhältnis zu den eigenen körperlichen Empfindungen gewinnt. Sexuelle Gefühle sind nur in der Ehe erlaubt – welches Glück Lenz nie vergönnt ist« (Winter, B 5: 1984, 28). Es mag sein, dass »die Angst Lenzens vor der eigenen Sinnlichkeit« seine Beziehungen zum anderen Geschlecht erschwert (ebd., 28 f.). Jedenfalls verliebt er sich »in jeweils unerreichbare Frauen […], bei denen die Gefahr nicht bestand, daß sie ihn erhörten« (Menz, B 5: 1996, 88). Und wenn er angesichts dieser Frauen leicht ins Idealisieren gerät, dann mag das auch den erwünschten Effekt einer Distanzierung haben – eine Idealgestalt erlaubt eben keine reale Annäherung.

Die mehr als 1500 Kilometer Entfernung zwischen Livland und Straßburg ändern jedenfalls nichts an der Verbindlichkeit der religiös-moralischen Überzeugungen des Elternhauses für Lenz. Seitens der Eltern stehen diese Überzeugungen natürlich im Kontext allgemeinerer Vorstellungen von einer richtigen Lebensführung und verbinden sich mit bestimmten Erwartungen an die Kinder, Erwartungen, die Lenz nicht zu erfüllen vermag, von denen er sich aber auch nicht lösen kann. Seine Briefe an den Vater unterzeichnet er zwar ständig als »gehorsamster Sohn« (WuB 3,258, 270, 500 u. ö.); tatsächlich aber verhält er sich ›ungehorsam‹ und empfindet dies auch so, wenn er sich selbst, die Sicht des Vaters übernehmend, als »abwesenden Flüchtling« bezeichnet, während die Geschwister die »wohlgeratenen anwesenden Kinder« (WuB 3,258) sind. Implizit besagt dies, dass er allein schon aufgrund seiner eigenmächtigen Abwesenheit das ›missratene Kind‹ ist. Mag die Selbstherabsetzung auf das Wohlwollen des Vaters zielen und insofern einen taktischen Wert haben, so ist dennoch der Weg von den hier gewählten Worten nicht mehr weit bis zu dem Sündenbekenntnis des psychisch kranken Lenz im März 1778: »Vater! ich habe gesündigt im Himmel u. vor Dir u. bin fort nicht wert, daß ich Dein Kind heiße.« (WuB 3,568)

Dass Lenz tatsächlich auch Schuld empfindet, wenn er sich den väterlichen Richtlinien entzieht, zeigt ein Brief an die von ihm verehrte Schriftstellerin Sophie von La Roche vom September 1775, in dem er seine Eltern »als in ihrer Sphäre die würdigsten Menschen« bezeichnet. Und weiter:

»Beide habe ich Armer beleidiget – muß sie beleidigen«
(WuB 3,338). Beleidigt dadurch, dass er den von ihnen ge-
wiesenen Weg nicht eingeschlagen hat. Und weil er auch weiterhin diesen Weg nicht einschlagen kann, »muß« er sie auch
weiterhin beleidigen. Darin liegt ein Moment von Tragik: der
Beleidiger »muß« Schuld auf sich laden, weil er nicht anders
handeln kann, und ist darum selbst bedauernswert – »ich Armer«.

In der Tat empfindet Lenz wie andere Autoren des Sturm
und Drang eine innere Notwendigkeit, seine eigenen Wege
zu gehen, wobei das individualistische Moment in seinen
Augen nicht auf eine Absonderung des Einzelnen hinaus-
läuft, sondern eine soziale Wirkung erlangt. Die individuelle
Selbstverwirklichung, das Streben nach individueller »Vollkommenheit«, wie Lenz oft sagt, strahlt aus auf die Mitmenschen; wer aktiv seine eigenen Möglichkeiten zu entfalten
sucht und in diesem Sinne auch an seinem eigenen Glück arbeitet, der vermag auch »andere [...] glücklich zu machen«
und schafft die Voraussetzungen für »eine glückliche Welt«,
»das Reich Gottes auf Erden« (WuB 2,510). Der religiöse Bezug ist keine Floskel: wer sich auf »seine selbstständige Existenz« besinnt, besinnt sich auf »den Funken von Gott«, der
in ihn gelegt ist, und er nähert sich Gott, wenn er das dem
Menschen von Gott eingepflanzte ›geistige‹ Prinzip, »die in
uns handelnde Kraft« zur Entfaltung bringt (WuB 2,637 f.).
In der »Anwendung der Frömmigkeit im täglichen Leben«
und der »Forderung nach gesellschaftlicher Aktivität« wird
im Allgemeinen der Einfluss des Pietismus auf Lenz' Denken gesehen (Pautler, B 5: 1999, 62 f.).

Das ›Handeln‹ rückt damit ins Zentrum von Lenz' Men-
schenbild: »Also *tun* ist unsere Hauptbestimmung [...] – tun,
handeln, tätig sein mit Geist und Leib« (WuB 2,497; vgl.
Rector, B 5: 1992). Heikel wird es nun freilich, wenn diese
theoretische Überzeugung auf ihre praktischen Konsequen-
zen hin befragt wird. In diesem Zusammenhang kommt
nämlich eine Neigung Lenz' zum Vorschein, die man im 18.

Jahrhundert als ›Projektemacherei‹ zu bezeichnen pflegt. Lenz' »emsiges Projektemachen« (Winter, B 5: 1984, 18) – das Stichwort der ›Soldatenehen‹ benennt nur eines dieser unterschiedlichen Projekte – verrät jedenfalls das dringende Bedürfnis, auf die aktuellen sozialen Gegebenheiten reformierend einzuwirken, und Lenz mag dabei mancherlei Anregung von den Ideen Rousseaus erfahren haben (vgl. Diffey, B 5: 1981, 201). Dass er freilich zu jenem Bedürfnis bisweilen auch auf ironische Distanz zu gehen vermag, zeigt sein Dramenfragment *Die Familie der Projektenmacher*. Tatsächlich ist es Lenz zeitlebens nicht gelungen, eine Position zu erlangen, in der er eines seiner Projekte hätte realisieren können, oder einen der Mächtigen für sich zu gewinnen, der sich ein solches Projekt zu Eigen gemacht hätte. Lenz' diagnostische Fähigkeiten sind seinen therapeutischen offenkundig überlegen, das heißt, er erkennt mit sicherem Gespür Missstände, ohne wirklich zu ihrer Beseitigung beitragen zu können. – Nebenbei: die allgemeine Maxime, sich im Handeln zu verwirklichen, konkretisiert sich im Fall eines Schriftstellers natürlich zunächst in seiner literarischen Produktion und in deren öffentlicher Anerkennung. Und auch in dieser Hinsicht erringt Lenz eher zweifelhafte Erfolge, denn er empfindet es wiederholt als eine schmerzliche Zurücksetzung, wenn seine (wie üblich anonym erschienenen) Werke aus dieser Straßburger Zeit als Goethes Werke angesehen werden und er überhaupt als Nachahmer Goethes gilt – ein Thema unter anderem des *Pandämonium Germanicum*.

So unmissverständlich die Aufrufe zum Handeln in Lenz' theoretischen Schriften sind, so gibt es daneben bisweilen auch merkwürdig unentschlossene Töne: »Wir sind alle, meine Herren«, sagt Lenz zu den gleichaltrigen Zuhörern in der Sozietät, »in gewissem Verstand noch stumme Personen auf dem großen Theater der Welt, bis es den Direkteurs gefallen wird uns eine Rolle zu geben« (WuB 2,640). Das erinnert gar nicht mehr an die hochherzige Vorstellung vom selbstbewussten Individuum, das der Schmied seines eigenen

Glückes ist, sondern zeigt sehr viel realistischer den Einzelnen in seiner Unmündigkeit und sozialen Abhängigkeit.
Und in der Tat eröffnet sich da ein Zwiespalt, der wohl gelegentlich schon – wie hier – innerhalb der theoretischen
Schriften besteht, der sich aber vor allem in einer bemerkenswerten Differenz zwischen den weltanschaulich-theoreti-
schen Verlautbarungen einerseits und der konkreten poetischen Praxis andererseits offenbart. Während Lenz in seinen
theoretischen Äußerungen immer wieder auf die Freiheit,
Handlungsmächtigkeit und Verantwortung des Menschen
pocht, zeigt er in seinen poetischen Werken den Menschen
ebenso oft als abhängig von gesellschaftlichen Zwängen und
individuellen Schwächen, als unmündig und sogar unfähig,
sich selbst zu durchschauen. Es ist dies eine fundamentale
Differenz, auf die die Forschung seit einiger Zeit immer wieder hinweist:

> Die seine theoretischen Schriften durchziehende Grund-
> überzeugung Lenzens ist das emphatisch-aufklärerische
> Axiom, daß der Mensch als an der Spitze der Gattungs-
> hierarchie stehendes, gottähnliches Geschöpf sich vor al-
> len anderen Lebewesen dadurch auszeichne, daß er sich
> als »unendlich freihandelndes Wesen« gegen die Fremd-
> bestimmung durch äußere »Umstände« behaupten könne
> und solle.
> Demgegenüber besteht die spezifische Erkenntnisqua-
> lität seiner literarischen Werke darin, daß sie dieses
> anthropologische Axiom, indem sie es wie in einer
> ästhetischen Probehandlung durch das Fegefeuer der
> zeitgenössischen gesellschaftlichen Wirklichkeit schi-
> cken, als empirisch nicht existent und nicht durchsetz-
> bar erweisen, ohne es doch theoretisch zurücknehmen
> zu wollen.   (Rector, B 7: 1994, 294)

Das Jahr 1775, mit dem sich Lenz' Straßburger Aufenthalt
allmählich seinem Ende zuneigt, bringt einige belebende

Momente. Im Mai begibt Goethe sich (mit den Brüdern Stolberg) auf eine Reise in die Schweiz; er kommt zuerst nach Straßburg und nimmt Lenz bis Anfang Juni mit nach Emmendingen in Baden, wo Goethes Schwester Cornelia und ihr Mann Johann Georg Schlosser leben. Goethe reist weiter in die Schweiz, Lenz kehrt nach Straßburg zurück, wo Goethe auf der Rückreise im Juli nochmals verweilt. Hernach schreibt Lenz an Sophie von La Roche: »Ich habe mit Göthen Göttertage genossen, von denen sich nichts erzählen läßt« (WuB 3,331).

Er kann (oder will) auch nichts davon erzählen, dass ihn hinfort eine schwärmerische Verehrung für Cornelia Schlosser erfüllt, die sich in dem Prosatext *Moralische Bekehrung eines Poeten* niederschlägt. Auch hat er in dem eben genannten Johann Georg Schlosser einen Freund gewonnen (vgl. Burger, B 5: 1973). Schlosser, Literat auch er, dazu Oberamtmann und seit 1773 verheiratet mit Goethes Schwester, ist ein für die Alltagspraxis aufgeschlossener Intellektueller und veröffentlicht 1771 einen *Katechismus der Sittenlehre für das Landvolk*, der ihn weithin bekannt macht. Er ist zwar zehn Jahre älter als Goethe, lässt sich aber dennoch in den Freundeskreis der Jüngeren mit hineinziehen und erweist sich für Lenz als ein Freund nicht nur in den schlimmen Jahren 1778 und 1779 (die freilich auch Schlossers Freundschaft bis an die Grenze belasten), sondern auch schon vorher, als er 1775 unter dem Titel *Prinz Tandi, an den Verfasser des neuen Menoza* eine kleine Schrift zur Verteidigung von Lenz' Stück veröffentlicht.

Im November erlebt Lenz einen Erfolg seiner kulturpädagogischen Bemühungen: an die Stelle der Sozietät tritt, wie schon erwähnt, die Straßburger ›Deutsche Gesellschaft‹. Weniger erfolgreich ist Lenz' kämpferisches Engagement in einer anderen Hinsicht. Das Jahr 1775 ist auch das Jahr eines in verschiedenen Textsorten ausgetragenen Kampfes gegen den Aufklärer und Anakreontiker Christoph Martin Wieland (vgl. u. a. Daunicht, B 5: 1941; Schmalhaus, B 5: 1994a, 114–141), der in den Augen etlicher der jüngeren Autoren – von Lavater bis Goethe – als ›Wollustsänger‹ und ›epikuräischer Sittenverderber‹ gilt und der in seiner Zeitschrift *Der Teutsche Merkur* sich sehr kritisch mit den Schriften der Stürmer und Dränger auseinandersetzt. So hat er sich im Vorjahr überwiegend negativ über Werke von Lenz geäußert, über die Plautus-Übertragungen und den *Hofmeister* im September[12] und über den *Neuen Menoza* im Dezember 1774 und dann im Januar 1775 auch noch über die *Anmerkungen übers Theater*, die er ironisch abkanzelt (»der seinen Mund weit auftut, um etwas Herrliches […] zu sagen, und gleichwohl […] nichts sagt, das sich der Müh verlohnte, das Maul so weit aufzureißen« [WuB 2,908]). Lenz reagiert mit satirischen Verstexten (*Menalk und Mopsus, Éloge de feu Monsieur **nd*) und satirischen Dramen (*Pandämonium Germanicum, Die Wolken*). Dass Lenz sich im Eifer des Gefechts bei seinen Attacken auf Wieland besonders weit tragen lässt und dass er, wie ihm sogar der Freund Lavater mahnend schreibt, hier einfach zur Ungerechtigkeit neige und eine Veröffentlichung seiner Angriffe sicherlich bald bereuen werde (vgl. WuB 3, 344 f.), dies wird ihm allmählich selbst bewusst, zumal er erfahren muss, dass Sophie von La Roche eine Jugendfreundin Wielands ist und dass Goethe sich inzwischen in Weimar mit Wieland, der dort seit 1772 als Prinzenerzieher lebt, ausgesöhnt hat. Also sucht auch Lenz selbst auf brieflichem Wege nach einer Aussöhnung mit Wieland, die ihm im folgenden Jahre gelingt, so dass er dann im April 1776 in einem Brief erklären kann, er habe aus reiner Verblendung vordem nicht genügend zwischen

---

12 Bereits am 15. September 1774 schreibt Goethe an Sophie von La Roche: »Es thut mir leid für Wieland dass er den [Lenz] sich aufgereizt, und auf eine *abgeschmackte* Weise aufgereizt hat […]. Lenz versöhnt sich ihm nicht, und Lenz ist ein gefährlicher Feind für ihn, er hat mehr Genie als Wieland, obgleich weniger Ton und Einfluss« (LU 1,73).

der wirklich schlüpfrigen und der recht eigentlich komischen Literatur unterschieden, die – wie eben gerade bei Wieland – die menschlichen Schwächen dem Gelächter preisgibt und die auf diese Weise belehrend wirkt (vgl. WuB 3,437).

Weimar

Trotz mancher positiver Erlebnisse, die Lenz Aufschwung geben könnten, zeigen sich in seinen Briefen aus dem Jahr 1775 wiederholt Momente der Niedergeschlagenheit. Gegenüber Lavater bezeichnet er sich als »verunglückten Komödienschreiber«, als einen »Sterbenden« mit einer »Seele [...], die zwar im Verlöschen ist, aber doch in sich fühlt daß auch sie Glanz und Wärme hatte« (WuB 3,329). Und Herder gegenüber sieht er sich als einen, der »Sümpfe [...] zu durchwaten« hat, »unstet, einsam und unruhvoll! Den ausgestreckten Armen grauer Eltern, all' meinen lieben Geschwistern entrissen, meinen edelsten Freunden ein Rätsel, mir selbst ein Exempel der Gerichte Gottes, der nie unrecht richtet [...]« (WuB 3,333). Es gibt wohl verschiedene Gründe für einen solchen Stimmungsumschwung. Da mögen Misserfolge eine Rolle spielen – *Der neue Menoza* ist von der Kritik nicht günstig aufgenommen worden –, auch werden die »Göttertage« mit Goethe, vier Jahre, nachdem beide sich 1771 kennen gelernt haben, im Grunde doch auch mancherlei Unterschiede in den Auffassungen und Zielen offenbart haben (zumal es allem Anschein nach zu einer Meinungsverschiedenheit in Bezug auf die Publikation des *Pandämonium Germanicum* gekommen ist). Vor allem aber muss Lenz sich nach der Trennung von den Kleist-Brüdern neu orientieren, besonders natürlich aufgrund seiner desolaten materiellen Situation. Im Sommer hat er jedenfalls die Hoffnung, einen jüdischen Bankierssohn während des Winters auf einer Reise nach Italien begleiten zu können (WuB 3, 329); die Reise kommt indessen nicht zustande. Wozu er sich dann wirklich entschließt, ist im Frühjahr 1776 der Wechsel nach Weimar.

Spätestens Ende Februar scheint er entschlossen, Straßburg zu verlassen (WuB 3,387, 389), Ende März macht er sich auf den Weg und trifft am 1. April in Weimar ein (vgl. Kaufmann, B 5: 1999, 49). Auf dem Weg dorthin erfährt er von der Verlobung Henriette von Waldners, einer elsässischen Adligen, in die er verliebt ist (deren Heirat findet tatsächlich bereits am 1. April statt und führt offenbar – entgegen Lenz' Erwartungen – zu einer glücklichen Ehe). Lenz' Verliebtheit, die wiederum in Gedichten ihren Niederschlag findet, dann in dem Dramenfragment *Henriette von Waldeck* und die im Hintergrund der Erzählung *Der Waldbruder* steht, diese Verliebtheit entsteht aus der Lektüre mehrerer Briefe, die Henriette von Waldner einer Freundin geschrieben hat und die Lenz hat mitlesen dürfen. Sich in eine Unbekannte aufgrund erst nur von Briefen (WuB 3,332, 360f.) und dann eines Porträts (WuB 3, 370) heftig zu verlieben, das setzt diejenige Mitwirkung der produktiven Phantasie – zum Nachteil des Realitätsbezugs – voraus, die Lenz selbst einmal mit behutsamen Worten an den Erzählungen Sophie von La Roches in einem Brief an die Verfasserin moniert:

> Wie kommen doch alle Ihre Heldinnen dazu [...], sich immer nur auf Hörensagen zu verlieben. [...] sollte das wirklich ein Zug in dem Charakter aller empfindsamen Damen sein? Ich kann mir's freilich wohl denken: Ihre Phantasei [die Phantasie der Heldinnen] erschafft sich den Gegenstand sogleich in der glücklichsten, gefälligsten Gestalt. Aber sollte das allemal der beste Weg sein, und könnte er nicht manchmal sehr fehl führen? (WuB 3, 327f.)[13]

---

13 Immerhin scheint ein solches Verhalten nicht ganz ungewöhnlich: »Ich liebte Sie um dieser Tat willen, ohne Sie noch gesehen zu haben«, sagt Lessings Minna zu ihrem Verlobten Tellheim mit Bezug auf dessen edelmütiges Verhalten gegenüber den sächsischen Ständen (*Minna von Barnhelm*, IV,6).

Warum Lenz nach Weimar kommt, wird nirgendwo ganz deutlich. Dass er in Straßburg keine Perspektive mehr für sich entdeckt, ist anzunehmen. Livland scheint nicht in Frage zu kommen; schon 1775 hat er an Gotter geschrieben: »Mein Glück in meinem Vaterlande ist verdorben, weil es bekannt ist, daß ich Komödien geschrieben« (WuB 3,347). Tatsächlich meint noch im Jahr 1816 der jüngere Bruder Carl Heinrich Gottlob Lenz in einem Brief an den Lenz-Forscher Georg Friedrich Dumpf: »die Dichter- und schönwißenschaftliche Laufbahn galt damahls (wie leider in Liefland auch noch jetzt,) für kein Brodt-Studium, sondern war, nächst dem Sol-daten- und Komoedianten Leben, sehr verrufen« (LU 2,31).

Für Weimar spricht allem Anschein nach nicht nur, dass Goethe dort ist. Vielmehr will inzwischen auch Friedrich Leopold Graf zu Stolberg, den Lenz im Vorjahr als einen Be-gleiter Goethes auf dessen Reise in die Schweiz kennen gelernt hat, als Kammerherr nach Weimar gehen, eine (dann nicht verwirklichte) Absicht, die Stolberg selbst noch am 3. Februar 1776 bestätigt (WuB 3,375). Und im Laufe des Fe-bruar erfährt Lenz, dass das Amt des General-Superinten-denten in Weimar dem Freund Herder angeboten wird. Das mag durchaus den Eindruck erwecken, als sei es für die Freunde Goethes in Weimar leichter als anderswo, eine feste Position zu erreichen. Überdies hat Lenz den Weimarer Herzog Carl August wenigstens kurz kennen gelernt, als die-ser im Frühjahr 1775 durch Straßburg gereist ist. Und so hat er wohl die Hoffnung, den Herzog mit seiner Reformschrift *Über die Soldatenehen* für sich und sein Projekt zu gewin-nen und womöglich noch eine militärische Karriere zu errei-chen: »Vielleicht«, so schreibt er am 23. Oktober 1776, als er bereits ein halbes Jahr in Weimar ist, an Salzmann, »sehen Sie mich einmal in herzoglich sächsischer Uniform wieder«[14]

---

14 In »sächsischer Uniform«, weil das Herzogtum »Sachsen-Weimar-Eisenach« heißt. Zu den Vorstellungen, die sich für Lenz damit möglicherweise verbin-den, vgl. W. Daniel Wilson, B 10: 1994, 66 f.

Das Schloss in Weimar

(WuB 3,505). Übrigens strebt Lenz später auch in St. Petersburg eine militärische Karriere an, und dass diese nicht von
vornherein unmöglich ist, zeigt das Schicksal des literarischen Mitstreiters Friedrich Maximilian Klinger, der, wie
oben schon erwähnt, just auf diesem Wege Erfolg hat. Bezeichnenderweise hat auch Klinger seine Hoffnungen auf
Goethe und Weimar gesetzt und sich von Ende Juni bis Ende
September 1776 auf der Suche nach einer Anstellung in Weimar aufgehalten.

Jedenfalls muss es schon als Reisevorbereitung gelten, dass
Lenz Briefe an Carl Ludwig von Knebel (aus dem Gefolge
des Weimarer Herzogs), den er ebenfalls im Vorjahr kennen-
gelernt hat, und an Wieland schreibt und so die Bahn zu
ebnen versucht; Wieland lässt in seiner großzügigen und

freundlichen Art die Aussöhnung zu. Endlich angelangt, wird Lenz durch Goethe am Hof eingeführt. Hochgestimmt schreibt er – »in seinen [Goethes] Armen in seinem Schoß« – seiner Mutter, Goethe wolle ihn dem Herzog vorstellen, und meldet hernach: »Ich bin 2 Stunden beim Herzoge gewesen und werde morgen mittag bei ihm essen. Sehr gnädig empfangen worden. – Was für große treffliche Leute kennen gelernt!« (WuB 3,422) Wenngleich Lenz im selben Brief bereits von seiner Abreise aus Weimar spricht (vgl. WuB 3,423) – vielleicht weil er seine weitergehenden Hoffnungen noch nicht offenbaren will –, scheint er fürs Erste ganz zufrieden mit dem gegenwärtigen Zustand: »Wieland Goethe und ich leben in einer seligen Gemeinschaft, erstere beide morgens in ihren Gärten, ich auf der Wiese wo die Soldaten exerzieren, nachmittags treffen wir uns oben beim Herzog, der mit einer auserlesenen Gesellschaft guter Leute an seinem Hofe […] seine meisten und angenehmsten Abende zubringt. Goethe ist unser Hauptmann« (WuB 3,459f.).

Dennoch bleibt Lenz ein Außenseiter in dieser höfischen Welt. Bei verschiedenen Gelegenheiten fällt er – mit oder ohne Bedacht – aus der Rolle, etwa indem er zu einem Hofball in Domino und Maske erscheint und sofort eine adlige Dame zum Tanz auffordert (vgl. LU 1,347f.). Das wirkt zunächst ganz lustig: »Lenzens Eseley von gestern Nacht hat ein Lachfieber gegeben. Ich kann mich gar nicht erholen«, schreibt Goethe am 25. April 1776 (LU 1,196). Und Wieland meint im Mai: »Lenz […] macht alle Tage regelmäßig seinen dummen Streich, und wundert sich dann darüber, wie eine Gans, wenn sie ein Ei gelegt hat« (LU 1,200). Oder: »Seit er hier ist, ist kaum ein Tag vergangen, wo er nicht einen oder andern Streich hätte ausgeführt, der jeden andern als ihn in die Luft gesprengt hätte« (ebd., 202). Dennoch klingen selbst in den Äußerungen der Zuneigung zu Lenz leise Vorbehalte oder zumindest ein wenig Herablassung mit an. Bald nach Lenz' Ankunft in Weimar fragt Goethe bei Charlotte von

Stein an, ob er ihr Lenz vorstellen darf: »Sie werden das kleine wunderliche Ding sehen. Und ihm gut werden« (ebd.,
189). Und Wieland meint später: »Man kann den Jungen
nicht lieb genug haben. So eine seltsame Composition von
Genie und Kindheit!« (Ebd., 242) – Nebenbei: Wieland, der
sich wiederholt ähnlich über Lenz äußert – »viel Imagination, und keinen Verstand« (ebd., 265) –, Wieland empfiehlt
hernach, nachdem Lenz Weimar verlassen hat, über ihn »lieber milde als strenge zu urtheilen« (ebd.), und er ist zugleich
derjenige, der sich später noch am ehesten nach Lenz' Befinden erkundigt.[15] Dass er im Übrigen mit seinem Urteil über
Lenz nicht alleinsteht, zeigen die ähnlichen Kommentare Lavaters: »ein Zappeln des Genies«, aber auch »Zerstörungs-
kraft« (LU 1,128), »zu wenig *Vernunft*, zu wilde *Stoßkraft*«
(ebd., 234), »Solche *Vernunftlosigkeit* mit so viel tiefem
Blick« (ebd., S. 241).

Zweifellos spürt Lenz selbst die Diskrepanzen zwischen
seinen ernsthaften Intentionen und seinen lustigen Auftrit-
ten, und er merkt, dass sich ihm keine weiteren Zukunftsper-
spektiven eröffnen. In einzelnen brieflichen Äußerungen
kommt jedenfalls seine Missstimmung zum Vorschein (WuB
3,464, 468, 480). Ende Juni zieht er sich in die Einsamkeit zurück, nach Berka, gut zehn Kilometer von Weimar entfernt:
»Ich geh aufs Land, weil ich bei Euch nichts tun kann«,
schreibt er am 27. Juni 1776 an Goethe (WuB 3,472). ›Nichts
tun‹, das heißt vielleicht: nichts bewirken im Sinne irgendei-
nes zu realisierenden Projekts, oder auch: nichts leisten im
Rahmen eines anvertrauten Amts oder einer übertragenen
Aufgabe. Dass Lenz weiterhin dazu neigt, Projekte zu entwerfen, zeigt ein Brief aus dem Juli 1776, in dem er Überlegungen anstellt, wie der Handel zwischen Frankreich und

15 Vgl. »Lenzens Verrückung«, B 1: 1999, 80; LU 1,277, 298, 321; vgl. auch 339.
   Abweichend davon die Erinnerung Carl Heinrich Gottlob Lenz' im Jahr
   1817; vgl. »Lenzens Verrückung«, B 1: 1999, 203 f., oder LU 2,35.

Weimar zu fördern wäre (WuB 3,478); dahinter steht wahrscheinlich seine Hoffnung, sein Soldatenehen-Vorhaben mit Weimarer Unterstützung in Frankreich zu realisieren.

Lenz bleibt bis Anfang September in Berka und hält sich dann im November nochmals drei Wochen dort auf, »weil man mich in Weimar nicht brauchen kann« (WuB 3,514). Er arbeitet unter anderem an seinem Drama *Henriette von Waldeck* und dem unvollendeten Roman *Der Waldbruder*. Hier entsteht auch das Dramolett *Tantalus*, in dem Lenz den verliebten Halbgott der griechischen Mythologie für die olympischen Götter zu einer Zielscheibe des Spotts werden lässt, möglicherweise auch ein Bild, in dem Lenz seine eigene Rolle im Kreis der Weimarer Größen verspottet. Dem mag entsprechen, dass er sich in einem (französisch geschriebenen) bitteren Brief von Anfang September an Charlotte von Stein über das Spiel beklagt, das man sich am Hof mit ihm erlaubt. Er nennt Goethe nicht ausdrücklich, meint aber wohl ihn (oder *auch* ihn), wenn er von Leuten spricht, an denen sein Herz ehedem den größten Anteil genommen habe (»des personnes auxquels mon cœur a pris autrefois le plus d'interêt«), die sich ehedem seine Freunde genannt hätten und die unter diesem Vorwand meinten, ihm gegenüber sei ihnen alles erlaubt (»qui se disoient autrefois mes amis et qui sous ce pretexte se croyoient tout permis contre moi«). Er bekennt sich zu den kleinen Streichen und Kunstgriffen (»ces petits tours«, »ces ruses«), die ihm Charlotte von Stein vorgeworfen habe, und meint, es gebe Leute, die ihn vom Hof fernhalten wollten (»des personnes qui jusqu'ici ont taché de m'en eloigner«), um vor seinen kleinen Streichen und seinen Kunstgriffen sicher zu sein. Diese Leute hätten, stolz auf ihre Überlegenheit (»leur orgueil«, »tant d'avantage«), ihr Spiel mit ihm getrieben, aber er wolle nicht mehr den Scherzbold abgeben (»faire le plaisant«) (WuB 3,493). Die zuletzt genannten Aspekte divergieren allerdings: Lenz' Auftritte hätten, wie ganz am Ende betont, als närrische Streiche den ver-

meintlich Überlegenen ihre Überlegenheit bestätigt, und sie
hätten dementgegen, wie zuvor suggeriert, als kalkulierte
Provokationen für Verunsicherung und Infragestellung ge-
sorgt. Dass der Adel sich durch Verletzungen der Etikette
und höfischer Normen in Frage gestellt sehen könnte, ist un-
wahrscheinlich; eher könnten die aufstiegs- und anpassungs-
willigen Bürgerlichen – da wäre natürlich an Goethe zu denken – die Infragestellung der Konventionen als auch an sie
selbst adressierte Provokationen empfinden. »Wie lange
werdt Ihr noch an Form und Namen hängen«?, fragt Lenz
Ende November in einem Brief an Herder (WuB 3,517). Falls
er sich hier tatsächlich über Goethe beklagt, registriert er
freilich nicht genügend, dass dieser seine Karriere am Hof
mit Verzichten erkauft und, während er sich den übernom-
menen amtlichen Aufgaben widmet, Lenz' ungehemmte literarische Produktivität – gerade in diesen Monaten – mit einem gewissen Neid betrachtet. Am 18. Juni 1776 schreibt
Christian Felix Weiße an Friedrich von Blanckenburg: »Vor
Kurzem sprach ich Göthen, der, wie er sagt, seine litterari-
sche Laufbahn Lenzen überlassen: dieser wird uns mit einer
Menge Trauerspiele beschenken«.[16]

Lenz' Missstimmung, die aus dem zitierten Brief an Charlotte von Stein spricht, teilt sich auch andern mit. »Lenz ist
unter uns wie ein krankes Kind, wir wiegen und tänzeln ihn,
und geben und lassen ihm von Spielzeug was er will«,
schreibt Goethe am 16. September 1776 an Merck (LU
1,244). Indessen vergeht jene Missstimmung auch wieder.
»*Ich bin wiederhergestellt*« (WuB 3,506), meint Lenz in einem nicht datierten Brief vielleicht noch aus Berka. Überdies
wird der »verstörte[n] Seele« – so Goethe[17] – die Gunst zu-

16 LU 1,223. – Goethes Ausdruck »das kleine Ungeheuer« in einem Brief an
   Charlotte von Stein bezieht sich nicht auf Lenz, denn der Brief gehört nicht in
   das Jahr 1776, sondern in den Dezember 1778. Die falsche Zuordnung findet
   sich in: *Lenz in Briefen*, B1: 1894, 60, und danach in: LU 1,242. Goethes Brief
   vgl.: WA IV,3, 262.
17 An Charlotte von Stein, 10. September 1776 (LU 1,243).

teil, im September und Oktober sich auf Schloss Kochberg aufzuhalten und dort Charlotte von Stein Englischunterricht zu erteilen.

Wie weit sich Lenz mit dem Hofleben doch noch arrangiert hätte, ist unsicher. Er geht jedenfalls davon aus, fürs Erste in Weimar bleiben zu können (WuB 3,508, 513). Da ereignet sich jene »Eselei« – so (abermals) Goethes Bezeichnung –, die sein Leben verändert, da sie Goethe veranlasst, den Herzog um Lenz' Ausweisung aus Weimar zu bitten. Es muss sich um einen gravierenden Fauxpas handeln, der zwar eher den Charakter einer Unbedachtheit als den einer sittlichen Verfehlung hat – sonst wäre der Ausdruck »Eselei« unangemessen –, einen Fauxpas, der aber doch Goethe (und vielleicht andere) in unverzeihlicher Weise »beleidigt« (WuB 3,518). Da alle Eingeweihten Stillschweigen bewahrt haben, hat die Forschung sich zu mancherlei Spekulationen und fast schon detektivischen Nachforschungen animiert gesehen. Dass Lenz in seinem *Waldbruder* Kritik an Goethe übe, ist betont worden; dass er sich provozierend über das Verhältnis zwischen Goethe und Charlotte von Stein geäußert haben könnte, ist wiederholt erwogen worden. Aus psychoanalytischer Sicht ist die Vermutung geäußert worden, Lenz habe intuitiv erfasst, dass Goethe eine geheime Zuneigung zur Herzogin empfand, und er habe dieses Geheimnis öffentlich ausposaunt.[18] Da Lenz sich unversehens »ausgestoßen aus dem Himmel« fühlt wie »ein Landläufer, Rebell, Pasquillant« (WuB 3,517), hat man auch nach einem Pasquill, also nach einer Schmähschrift, gesucht, die Goethes Reaktion begründen könnte.

Heute fragt man über den eigentlichen Anlass des Zerwürfnisses hinaus vermehrt nach den tieferen Ursachen und sucht diese, von der ohnehin bestehenden Autorenkonkurrenz abgesehen (vgl. Stephan, B 6: 1995), in divergierenden

---

18 K. R. Eissler, »Goethe. Eine psychoanalytische Studie«, 2 Bde., München 1987, Bd. 1, S. 64.

Einstellungen Goethes und Lenz' zu literarischen und moralischen Fragen, wobei auch die unterschiedliche Fähigkeit
der ehemaligen Freunde, sich an die sozialen Gegebenheiten
des Hoflebens anzupassen, ein Rolle spielt. Hingewiesen sei
auf zwei Aufsätze, die – mit ganz verschiedenen Stellungnahmen – kurioserweise in ein und demselben Jahrgang des
Goethe-Jahrbuchs erschienen sind. Dem einen Aufsatz zufolge (Preuß, B 4: 1989) beharrt Lenz auf dem hohen Anspruch wahrer Dichtung, während Goethe sich auf den Geschmack des Hofes einlasse und triviale Singspiele schreibe
(*Erwin und Elmire* ist 1775 erschienen). Der andere Aufsatz
(Menz, B 5: 1989) sieht Lenz als Anwalt der Moral, der sich
im Namen von »Nüchternheit und Keuschheit« – ein Zitat
aus der Erzählung *Geschichte des Felsens Hygillus* – gegen
die am Weimarer Hofe üblichen Freizügigkeiten und insbesondere auch gegen die Beziehung Goethes zu Charlotte von
Stein wende.

An der Frage nach jener »Eselei« ist weniger die Goethe-
Forschung, sondern vor allem die Lenz-Forschung interessiert, bei der eine gewisse Voreingenommenheit für ihr Objekt nicht auszuschließen ist. So wird die »Eselei« mitunter
als ein Zeichen für Lenz' Unvermögen, sich in die höfischen
Verhältnisse einzufügen, gesehen, und just dieses Unvermögen wird dann positiv als moralische Geradlinigkeit gewertet. In diesem Sinne wäre Lenz' Feststellung in einem Brief
an Herder knapp einen Monat nach der Ausweisung aus
Weimar: »Adieu Herder! ich mache keine Entschuldigung«
(WuB 3,523) nicht ein Ausdruck der Bockigkeit, sondern die
Bekräftigung eines Verhaltens, das, wenngleich eine Tabuverletzung, dennoch moralisch legitim gewesen ist.

Mit einem größeren zeitlichen Abstand, nämlich im Juli
1780, scheint Lenz dann doch eher bedauernd auf jene »Eselei« zurückzublicken. In einem Brief an Lavater spricht er
ganz allgemein über »verborgene Fehle [Verfehlungen] der
Jugend und Unbesonnenheit« und dann etwas spezieller
über »Jugendliche Unbesonnenheit, Sorglosigkeit, Sturm,

Nichtachten der Verhältnisse, die wir oft durch einen unvorsichtigen Ausdruck unherstellbar zerstören«. Der ›unvorsichtige Ausdruck‹ und die ›Unwiederherstellbarkeit‹ der zerstörten Verhältnisse, d. h. auch der menschlichen Beziehungen, weisen sicherlich auf jene »Eselei« zurück. Ein Indiz übrigens dafür, dass Lenz nicht lediglich die Jugend im Allgemeinen meint, sondern konkret seine eigene Vergangenheit, ist nebenbei die Mitteilung, er plane, fünf seiner »Jugendarbeiten« – gemeint sind seine wichtigsten Dramen – neu herauszugeben (WuB 3,619f.).

Schweiz, Emmendingen

Am 1. Dezember 1776 verlässt Lenz Weimar. Nach Livland zurückzukehren kommt für ihn offenkundig nicht in Frage. Das Verhältnis zur Familie scheint abgekühlt. Aus dem Jahr 1774 ist ein Brief an den Bruder Johann Christian erhalten, in dem Lenz sich darüber beklagt, dass der Vater und der ältere Bruder Friedrich David (in nicht erhaltenen Briefen) ihn »mit Ruten abpeitschen« (WuB 3,304). Im September 1775 schreiben die Eltern gemeinsam einen Brief; erhalten ist der Teil der Mutter, die den Sohn mahnt, sich das zu Herzen zu nehmen, was der Vater schreibt (WuB 3,339). Lenz dankt mit überschwänglichen Worten besonders dafür, dass die Eltern ihn nicht zur Heimkehr zwingen wollen, »so lang ich den innern Beruf [die innere Berufung] dazu nicht habe« (WuB 3,350). Diesen »innern Beruf« fühlt er auch ein Jahr später noch nicht, vielmehr meint er, es müsse »jungen Leuten« (WuB 3,500) erlaubt sein, ihren eigenen Weg zu gehen, und er wolle keinesfalls des Vaters »spotten« (WuB 3, 499), ein Vorwurf, den der Vater offenbar erhoben hat.

Lenz sucht Anschluss im Freundeskreis, er reist nach Emmendingen zu Schlosser und hält sich dann das Jahr 1777 über teils in Emmendingen, teils bei verschiedenen Gönnern und Freunden an mehreren Orten in der Schweiz auf, unter

anderem bei Lavater in Zürich.[19] Zwischenzeitlich – nach
dem Tod von Cornelia Schlosser (am 8. Juni 1777) – nach
Emmendingen zurückgekehrt, plant er eine Italien-Reise
(zusammen mit einem Baron), die aber nach kurzer Zeit bereits in der Schweiz endet. Die Freunde sammeln im Stillen
Geld, um Lenz' Schulden zu bezahlen (vgl. LU 1,288 f., 291).
Das letzte größere abgeschlossene Werk, das in dieser Zeit
entsteht, ist die Erzählung *Der Landprediger* (vgl. Winter,
B 5: 1984, 41; Rudolf, B 5: 1970, 111).

In der ersten Novemberhälfte 1777 zeigt Lenz Anzeichen
einer psychischen Störung: in einer exaltierten religiösen
Stimmung läuft er in Zürich umher, predigt Buße und spricht
einen Bannfluch über die Gegner Lavaters aus, wie ein Au-
genzeuge berichtet (vgl. »Lenzens Verrückung«, B 1: 1999,
22). Der Vorfall wird im zeitgenössischen Sprachgebrauch
als ein »Unfall« bezeichnet, woran sich dann später die Auffassung heftet, Lenz habe einen Selbstmordversuch unternommen. Im Januar 1778 befindet Lenz sich wieder in Emmendingen, wo es zu einer erneuten Störung kommt: Lenz
bedroht den Arzt, der Cornelia Schlosser vor ihrem Tod be-
treut hat und der sie, wie Lenz meint, habe sterben lassen.
Abermals scheint Lenz dabei von religiösen Vorstellungen
beherrscht zu sein (vgl. Martin, B 5: 1995–1999; »Lenzens
Verrückung«, B 1: 1999, 29). Vom 20. Januar bis 8. Februar
1778 ist Lenz in Waldersbach im Elsass bei dem Pfarrer Johann Friedrich Oberlin – das ist die durch Georg Büchners
Erzählung berühmt gewordene Lebensphase. »Oberlin ist
zu dieser Zeit schon ein weit über das Elsaß hinaus bekannter Mann, der, z. B. was pädagogische Ideen angeht, mit Ba-
sedow und Pestalozzi in Verbindung steht« (Winter, B 5:
1984, 41), und er gilt schließlich »international als Muster
eines Landgeistlichen« (»Lenzens Verrückung«, B 1: 1999,
274). Lenz' psychische Verwirrung verbindet sich in dieser

---

19 Vgl. zu diesem Zeitraum die ausführliche Chronik und die entsprechenden
   Dokumente in: »Lenzens Verrückung«, B 1: 1999.

Zeit immer wieder mit religiösen Momenten: er predigt
zweimal am Sonntag in der Kirche des Orts und unternimmt
nach »dem Ritual biblischer Totenerweckungen« (ebd., 41)
einen Erweckungsversuch an einem gestorbenen Kind.
Zweimal stürzt er sich aus dem Fenster, wobei es sich weniger um ernstgemeinte Selbstmordversuche handelt, sondern eher um verklausulierte Hilferufe und »Notzeichen«
(Gersch/Schmalhaus, B 5: 1991, 401), vielleicht auch um den
Versuch, durch körperliche Schmerzen die psychischen Leiden zu verdrängen (vgl. Böcker, B 5: 1969, 223).

Oberlin, der befürchtet, der oftmals schwer kontrollier-
bare Lenz wolle sich umbringen, lässt ihn zeitweise von
zwei und schließlich sogar von drei Wächtern bewachen und
lässt ihn schließlich nach Straßburg bringen. Von Ende
Februar bis Mitte April ist Lenz wieder in Emmendingen
bei Schlosser. Für Schlosser wird der Kranke immer mehr
zur Last: »wir leiden viel durch ihn« (28. März; »Lenzens
Verrückung«, B 1: 1999, 173), er »wütet ganze Tage durch«
(7. April; ebd., 175), er »ist nun ganz rasend«, er »muß an
Ketten liegen und wird täglich und Nachts von 2 Mann be-
wacht« (8. April; ebd., 176), den Arzt muß man »fast 3. Mahl
alle Woche 2 Stund weit holen lassen« (8. April; ebd., 177).
Schlosser äußert zwar die Absicht, Lenz »nach Frankfurt ins
Tollhaus zu schiken« (ebd.). Tatsächlich bringt er den Kranken dann aber erst bei einem Schuhmacher in Emmendingen
und hernach von August 1778 an bei einem Förster in Weis-
weil nahe Emmendingen unter. Von Ende Januar 1779 an befindet Lenz sich in dem Dorf Hertingen bei Bad Bellingen in
Südbaden bei einem Arzt.

Bereits am 9. März 1778 haben Schlosser und Lenz gemeinsam an Lenz' Vater geschrieben. Schlosser erwartet,
dass die Familie sich um Lenz kümmere. Die Familie indessen kann sich dazu nicht aufraffen, zumal sie offenbar keine
rechte Vorstellung von der Schwere des Falles hat (vgl. Rudolf, B 5: 1992, 38). Am 7. November schreibt Schlosser an
Herder: »Lenz ob er gleich besser ist, will doch nicht heim,

so gut er könte, und seine Verwandten machen keine Anstalten ihn abzuholen« (»Lenzens Verrückung«, B 1: 1999, 186).
Und im Februar 1779 an den Basler Kaufmann Sarasin: »sein
Vater ist ein eingefleischter Schurke, der mir gar nicht mehr
antwortet, seitdem ich ihm sagte, daß seine Schuldigkeit er-
fordere, Sorge für seinen Sohn zu tragen« (LU 1,325). Der
Vater selbst beteuert im April 1779 in einem Brief an Herder
seine brennende »Begierde«, Schlosser von dieser Last zu befreien; dann zählt er aber alle Gründe auf, die ihn – über ein
Jahr lang – verhindert haben, das zu tun. Dass es tatsächlich
die Krankheit des Sohnes ist, vor der er zurückschreckt, geht
aus einem beiläufig geäußerten Wunsch hervor: wenn »die
Herstellung seiner [des Sohnes] Ruhe und Zurechtbringung
in dieser Welt nicht mehr möglich wäre«, dann sollte Gott
ihn »doch bald lieber durch ein seliges Ende in seine ewige
Ruhe versetzen. Wie willig obgleich unter 1000 Vatertränen,
wolte ich diesen Isaak ihm hinopfern« (LU 1,326, 328) – ein
erstaunlich weithergeholter Vergleich, denn wenn Abraham
bereit ist, Isaak zu opfern, dann ist es ihm keineswegs darum
zu tun, einen lästigen Sohn loszuwerden.

Während die ältere Forschung Lenz' Krankheit des Öfteren als Schizophrenie einstuft (vgl. Böcker, B 5: 1969), zögert
man heute eher mit einer historischen Ferndiagnose, zumal
mitunter noch neue Dokumente gefunden und die alten verschiedentlich neu gelesen werden (vgl. »Lenzens Verrückung«, B 1: 1999).[20] Eine radikale Infragestellung der
Krankheit – »Lenz ist überhaupt nie wahnsinnig gewesen«
(Boëtius, B 5: 1985, 121) – begegnet eher selten. So wird denn
empfohlen, weiterhin auf den zeitgenössischen Begriff der
Melancholie und der Schwermut zurückzugreifen (vgl.
Gersch/Schmalhaus, B 5: 1991, 402, Anm. 2 und pass.). In einigen Elementen ist das Erscheinungsbild, das Lenz bietet, ja

20 Wenn man im Übrigen Orientierungshilfen aus der Psychoanalyse zu beziehen geneigt wäre, müsste man, statt, wie bislang üblich, sich auf die Gestalt
von Lenz' Vater zu fixieren, versuchen, auch die der Mutter ins Auge zu fassen; vgl. Meinzer, B 5: 1994.

dennoch belegt; da sind zum einen Aggressionen gelegentlich gegen andere (vgl. »Lenzens Verrückung«, B 1: 1999, 22, 29, 54), vor allem aber gegen sich selbst, wie Oberlin berichtet hat (vgl. ebd., 147–158) und wie es aus den Briefen Schlossers hervorgeht. In Schlossers Augen erscheint Lenz zwischenzeitlich »wie ein Kind, keines Entschlusses fähig« (ebd., 166), »nahe [daran,] kindisch zu werden« (ebd., 173), »kleinmütiger als ein Kind« (ebd., 182). Der Schriftsteller Pfeffel findet ihn bei einem Besuch im Juni 1778 »sehr schüchtern und ceremonienreich« (ebd., 184), und auch der Bruder Carl Heinrich Gottlob registriert ein Jahr später »eine unglaubliche Schüchternheit« (ebd., 188). Ihren Ursprung haben die Autoaggressionen und Schwächezustände offenbar in Schuldgefühlen mit einem religiösen Einschlag, die darum von Lenz zugleich als Sünden empfunden werden (vgl. ebd., 43 f.). Dem entspricht auch der zeitgenössische Ausdruck ›religiöse Paroxismen‹ (vgl. ebd., 88), also Anfälle (vgl. Martin, B 5: 1995–1999). Wenn im Übrigen in den Urteilen der Zeitgenossen von Antriebsschwäche die Rede ist (»keines Entschlusses fähig«, so Schlosser) oder von »Wankelmut« und »Müßiggang« (so später in Äußerungen des Vaters), dann mag uns dies heute borniert-moralistisch vorkommen. Indessen muss man sich vergegenwärtigen, dass das ›vernünftige‹ 18. Jahrhundert Mühe hat, psychische Störungen tatsächlich als Krankheit wahrzunehmen (vgl. Madland, B 5: 1993), und die Ursachen solcher Störungen daher bevorzugt in charakterlichen Schwächen und Fehlern und in der fehlenden Neigung zur Anpassung an soziale Normen sucht.

Livland, St. Petersburg, Moskau

Im Juni 1779[21] holt der zweitjüngste Bruder, Carl Heinrich Gottlob, Lenz in Hertingen ab. Es folgt eine Reise zu Fuß, mit der Kutsche und per Schiff (über Frankfurt, Weimar und Lübeck) nach Riga. Es ist »eine deutliche Besserung von Jakobs körperlichem und geistigem Zustand« (Scholz, B 5: 1991, 108) zu erkennen. Am 23. Juli kommen die Brüder in Riga an, wo Lenz sich bis Ende Dezember 1779 oder Anfang Januar 1780 aufhalten wird. Nachdem die Mutter im Vorjahr gestorben ist, hat der Vater noch einmal geheiratet, und zwar eine ebenfalls verwitwete langjährige Freundin der Familie. Am 15. September 1779 trifft er mit der zweiten Frau in Riga ein. Es ist Lenz' erstes Wiedersehen mit dem Vater seit August 1768. Am 18. September 1779 dann wird der Vater feierlich in sein neues Amt als Superintendent von Livland eingeführt.

Lenz bemüht sich, in Livland Fuß zu fassen. Vermutlich im November/Dezember arbeitet er als Hofmeister bei der Familie von Berg in Allasch, nordöstlich von Riga (vgl. Weiß, B 5: 1992, 10). Mit Unterstützung des Vaters bewirbt er sich um den Posten des Rektors an der Rigaer Domschule. Obwohl auch der Verleger Hartknoch sich für ihn verwendet (vgl. LU 1,332), scheitert er mit seiner Bewerbung, da unerwartetermaßen der um eine Empfehlung gebetene Herder sich gegen ihn ausspricht – »er taugt nicht zur Stelle, so lieb ich ihn habe« (LU 1, 334) – und einen anderen Bewerber vorschlägt (vgl. Weiß, B 5: 1992, 9, 23, Anm. 16), sicherlich ein für Lenz schmerzlicher Vorgang. Nach dieser gescheiterten Bewerbung »betrieb vermutlich der Vater die Entfernung Jakobs aus Riga« (Scholz, B 5: 1991, 108; vgl. auch Damm, B 5: 1989, 338). Lenz reist um die Jahreswende 1779/1780 zu seinem Bruder Friedrich David nach Dorpat und von da aus

---

21 Die folgenden Datierungen berücksichtigen Scholz, B 5: 1991, sowie Weiß, B 5: 1992.

Ende Januar 1780 weiter nach St. Petersburg, wo er Anfang
Februar ankommt.

Dass in Livland für Lenz offenbar keine Anstellung zu
finden gewesen ist, dies wird in der Sekundärliteratur mit
Widerständen in Verbindung gebracht, die von der Familie
selbst ausgegangen seien.

> In Riga, Dorpat, Ringen, Kremon, Neuhausen und
> anderen Orten wohnen die Verwandten und Bekann-
> ten der Familie Lenz; nicht zuletzt auch die einflußrei-
> chen livländischen Adelsfamilien, die Bergs, Idelströms,
> Manteuffels etc., zu denen es über den hochrangigen
> Kirchenmann Lenz vielfältige Verbindungen gab. Daß
> es angesichts dieser engen Verflechtungen nicht möglich
> war, für Lenz in Livland eine akzeptable Versorgung zu
> finden, läßt sich sicher nicht allein auf dessen ›Anpas-
> sungsschwierigkeiten‹ zurückführen.
>
> (Weiß, B 5: 1992, 17)

Insbesondere der Vater – so die Folgerung – habe den
Sohn, diese gescheiterte Existenz, dann nicht mehr in der
Nähe haben wollen.

Von Anfang Februar bis Ende August oder Anfang September 1780 dauert Lenz' erster Aufenthalt in St. Petersburg
(zu dieser und den folgenden Lebensphasen vgl. Keller, B 5:
1987). Er bemüht sich ohne Erfolg um eine Professur für
Taktik an der Kadettenanstalt (vgl. Kagel, B 9: 1998, 1 und
16, Anm. 1). Soweit die nur lückenhaft erhaltenen Briefe
Auskunft geben, wirkt das Verhalten der Familie gegenüber
Lenz eher kühl. Der Vater hält jedenfalls mit Mahnungen
nicht zurück und spricht in seinen Briefen »von Versinken in
Schulden, Gefängnis[,] Verfaulen in der Polizei u. s. f.« (WuB
3,595). Und der ältere Bruder Friedrich David, über dessen
»Stillschweigen« Lenz zweimal klagt (WuB 3,591, 596), fühlt
sich offenbar durch Lenz' verschiedenerlei Wünsche beläs-
tigt und ist möglicherweise tatsächlich »böse« (vgl. WuB
3,596) darüber, dass der jüngere Bruder, um das Porto zu

sparen, ihm wiederholt zumutet, Briefe an Dritte weiterzu-
befördern (zwei Briefe an Friederike Brion und an ihren
Bruder Christian erreichen jedenfalls nie ihr Ziel, da Friedrich David Lenz sie nicht weiterschickt).

Lenz kehrt nach Livland zurück und ist von September
1780 bis Anfang Februar 1781 Hofmeister bei Hans Heinrich von Liphart auf dem Gut Aya in der Nähe von Dorpat
(bei von Liphart Vater war im Jahre 1740 Lenz' Vater Hofmeister gewesen [vgl. Weiß, B 5: 1992, 37f., Anm. 33]). Nicht
weit entfernt lebt Julie von Albedyll, die Tochter einer mit
der Familie Lenz befreundeten Oberstenwitwe, in die sich
Lenz offenbar schon im Herbst 1779 verliebt hat (vgl. Weiß,
B 5: 1992). Obwohl Julie von Albedyll verlobt ist, wie Lenz
von verschiedenen Seiten hört und wie es ihm auch sein Vater nach St. Petersburg schreibt, wirbt er um sie und wird zu-
rückgewiesen. Seine Verliebtheit ergreift ihn so heftig, dass
er im November 1780 für einige Zeit regelrecht aus Aya
flieht. Er kehrt freilich zurück, um dann in der ersten Hälfte
des Februar 1781 sich abermals auf den Weg nach St. Petersburg zu machen. Das Scheitern seiner Liebe und »die mangelnde Unterstützung und Desavouierung seiner Vorhaben
durch seine Familie« (ebd., 17) veranlassen ihn, nun endgültig Livland zu verlassen.

Bis Juni, vielleicht auch bis Ende September / Anfang Oktober 1781 dauert der zweite Petersburger Aufenthalt. Lenz
sucht eine Stelle. Es gelingt ihm, persönlicher Sekretär beim
Vorstand des Kadettenkorps, General Bauer, zu werden.
Aber er ist der Aufgabe nicht gewachsen und wird entlassen;
sein Nachfolger wird der spätere Erfolgsdramatiker August
von Kotzebue. Der Zeitgenosse Hartwig Ludwig Christian
Bacmeister meint dazu in einem Brief an Gadebusch vom
Juni 1781: »Avec sa malheureuse distraction, que feroit-on de
lui?« (›Was sollte man angesichts seiner unglückseligen Zer-
streutheit mit ihm anfangen?‹; zit. nach Rosanow, B 5: 1909,
507, Anm. 53) Im Rückblick auf die Petersburger Zeit attes-
tiert Lenz sich selbst alle möglichen »Fehler«, »Unentschlos-

senheit, Unwissenheit, Trägheit, Schöngeisterei, Schwermut« (WuB 3,645). Man muss indessen annehmen, dass er wohl »zu keiner Zeit seines Lebens imstande gewesen wäre, einen Posten zu bekleiden, der ein hohes Maß an diplomatischem Geschick im Umgang mit vielen unterschiedlichen Persönlichkeiten und geschmeidiges Durchsetzungsvermögen erforderte« (Scholz, B 5: 1991, 117).

Ende September / Anfang Oktober 1781 reist Lenz nach Moskau, wo er bis zu seinem Tod bleiben wird. Die gescheiterte Stellensuche in St. Petersburg und die unglückliche Liebe zu Julie von Albedyll, die ihn auch in Moskau beschäftigt (vgl. die *Abgezwungene Selbstvertheidigung*, B 1: 1992), werden in der Sekundärliteratur als Gründe dafür gesehen, dass Lenz hinfort nicht mehr recht auf die Beine kommt. Immerhin findet er zunächst Unterkunft bei dem Historiker Staatsrat Gerhard Friedrich Müller, wahrscheinlich bis zu dessen Tod im Oktober 1783. Müller, »Teilnehmer an der großen russischen Sibirienexpedition von 1733–43«, gilt »als ›Vater‹ der russischen Geschichtsforschung« und ist zur Zeit von Lenz' Aufenthalt »Direktor des Moskauer Findelhauses und des Archivs im Ministerium für auswärtige Angelegenheiten« (Winter, B 5: 1984, 50).

Immer wieder muss Lenz sich in den achtziger Jahren mit der Bitte um Geld an die Familie wenden (WuB 3,582 f., 595, 614 f., 631, 652 f., 679).[22] Das löst natürlich wenig Begeisterung aus, zumal der Stellungslose sich gleichzeitig dagegen sträubt, eine in seinen Augen ungünstige Stelle anzunehmen. Schon in seiner Straßburger Zeit hat er sich dagegen gewehrt, in den Augen des Publikums als Hofmeister zu gelten, und hat 1775 sogar eine entsprechende Erklärung in den *Frankfurter Gelehrten Anzeigen* erscheinen lassen (vgl. GS 4,287 f.). Jetzt meint er gegenüber dem Bruder Friedrich David, dessen wie auch des Vaters Rat zu »augenblicklichem

---

22 1785 verspricht der Vater dem Sohn eine vierteljährliche »kleine Zulage von 25 Rubeln« (WuB 3,633); vgl. »un secours de 100 Rbl. par an« (WuB 3,652).

Annehmen der ersten besten Information oder was anders«
(WuB 3,615) sei nicht passend. Denn wenn man einmal
»Schulmeister« geworden sei, könne man kaum mehr hoffen, »jemals wieder zu gefallen. Und ohne zu gefallen, ists
doch unmöglich zu einem honetten Platz zu kommen, wo du
auch mit einiger Ehre arbeiten kannst« (WuB 3,615). Mit
dem ›Gefallen‹ ist gemeint: in adligen Kreisen Anklang zu
finden und sich so für einen gehobenen Posten zu empfeh-
len. Die Strategie, dahin zu gelangen, besteht Lenz zufolge
darin, vorerst für die eigenen Tätigkeiten »keine Bezahlun-
gen [zu] verlangen« (WuB 3,615) – daher hält er sich eben an
die Familie – und Bekanntschaften zu machen, indem er »bei
der edlern Klasse von Menschen sich mehr leidend [passiv]
und ruhig, als unzeitig wirksam« (WuB 3,628) verhält, d. h.
indem er sich den Adligen nicht aufdrängt.

Auch als sein Gönner Müller ihm bald nach seiner Ankunft
in Moskau »eine Information in einem vornehmen russischen
Hause« vermitteln will, lehnt Lenz die Anstellung ab mit dem
Argument, er müsse erst noch die russische Geschichte stu-
dieren, was ja »die eigentliche Absicht« seiner Reise nach
Moskau gewesen sei (WuB 3,632). Darin liegt ein gewisser
Snobismus, den abzulegen Lenz im Lauf der Jahre dennoch
gezwungen sein wird; jedenfalls gibt er hernach in adligen
Häusern Privatstunden und arbeitet auch mehrere Jahre im
Erziehungsinstitut von Müllers Schwägerin Madame Exter.

Dass die Familie für Lenz' Eigenheiten wenig Verständnis
aufbringen mag, zeigt ein Brief des Vaters an Müller, in dem
durchweg moralische Maßstäbe angelegt werden. Statt eines
psychisch Gefährdeten sieht der Vater in dem Sohn einen
»Verirrten«, dessen mangelnde Zielstrebigkeit ein Indiz für
»Wankelmut« und »Müßiggang« ist, so dass der Vater dem
Sohn mit »ernstlichen Monita« ins Gewissen reden muss,
mit Ermahnungen, die dem Sohn »nicht zum Ruhm gerei-
chen« (LU 1,341).

Wie die Familie so gehen auch die Freunde von einst auf
Distanz. Lediglich von Lavater sind immerhin noch zwei

Briefe an Lenz aus den Jahren 1784 und 1787 erhalten. Während Lavater in dem Letzteren ein wenig floskelhaft versichert, Lenz nicht vergessen zu haben (WuB 3,639), reagiert er in dem Ersteren (vom 22. März 1784) eher abweisend auf einen (verloren gegangenen) Brief, den Lenz ihm knapp ein Dreivierteljahr vorher geschrieben hat (5. und 6. Juli 1783). Lavaters Antwort lässt erkennen, dass Lenz' Brief offenbar außerordentlich weitschweifig gewesen ist und inhaltlich kaum nachvollziehbar. Jedenfalls rät Lavater ihm dringend, »von allen weiteren Projekten abzustehen« und sich auf die gegebenen Verhältnisse einzustellen, und vertröstet ihn schließlich auf die Wunscherfüllung »dort [...], nicht hier«, also im Jenseits.

Sieht man von der literaturgeschichtlichen Verspätung des jungen Schiller ab (vgl. Luserke, B 4: 1997, 322f.), dann findet der Sturm und Drang bereits in der zweiten Hälfte der siebziger Jahre sein Ende. Bemerkenswerterweise liegt bereits 1779 Goethes erstes ›klassisches‹ Drama, seine *Iphigenie*, in der Prosafassung vor. So darf man auch in Lenz' Fall nicht erwarten, dass ein 30- bis 40-jähriger Autor weiterhin tabubrechende Sturm-und-Drang-Dramen schreibt, wie er es als 20-jähriger getan hat. Keiner der Stürmer und Dränger, auch die nicht, die nicht zu Klassikern geworden sind, hat im vorherigen Stil weitergeschrieben; vielmehr haben diese Autoren entweder einen eigenen anderen Stil gefunden (so Klinger) oder sind als Autoren eher zurückgetreten (so Leisewitz und Maler Müller). Bezeichnenderweise spricht Lenz, wie schon erwähnt, 1780 davon, fünf seiner »Jugendarbeiten« neu herauszugeben (WuB 3,619f.). Der Ausdruck »Jugendarbeiten« vermittelt eine gewisse Distanz und impliziert vielleicht sogar den Anspruch, noch Werke der Reife folgen zu lassen – insofern mag es fast tragisch wirken, dass eben diejenigen Werke, die Lenz' Ruhm dauerhaft begründen, just jene »Jugendarbeiten« sind.

Es ist in der jüngeren Forschung wiederholt betont worden, dass von einem gänzlichen Erlahmen der Geistestätig-
keit Lenz' keineswegs die Rede sein kann. Dass indessen die
geradezu eruptive Produktivität der Straßburger Jahre verloren ging, ist unzweifelhaft. Dennoch muss man Lenz' veränderte Interessen berücksichtigen – seine Bemühung, die kulturellen Kontakte zwischen Russland und Deutschland zu
fördern, und seine Beschäftigung mit wirtschaftlichen und
pädagogischen Fragen, von denen die meisten der späten
Briefe handeln. Er ist jedenfalls zunächst auch weiterhin lite-
rarisch tätig. Zu Beginn der achtziger Jahre erscheinen sein
Prosatext *Etwas über Philotas Charakter* und die Dramen
Die sizilianische Vesper und *Myrsa Polagi* sowie weitere kür-
zere Beiträge in Zeitschriften. Er engagiert sich als Überset-
zer, um die russische Kultur und Geschichte in Livland und
überhaupt in Deutschland bekannter zu machen (WuB 3,664
u. ö.). 1787 erscheint die Übersetzung der *Übersicht des
Russischen Reichs* des Geographen Sergej Pleschtschejew.
Weiterhin arbeitet Lenz an einer Übersetzung von Michail
Matwejewitsch Cheraskows Epos *Rossiade*, und die
»Hauptarbeit in den letzten Lebensjahren« ist offenbar die
Übersetzung der *Historischen Beschreibung des russischen
Handels* des Schriftstellers und Historikers Michail Dmitri-
jewitsch Tschulkow, die auf Russisch in 21 Bänden von 1781
bis 1788 erscheint (Damm, WuB 3,936; vgl. WuB 3,676).
Überdies plant er, ein »Russisches Allerlei« (WuB 3,645, 655)
herauszugeben, eine Anthologie mit herausragenden Texten
der neueren russischen Literatur.

Lenz findet Anschluss an die russischen Freimaurer (vgl.
Gündel, B 5: 1996), insbesondere an Johann Georg
Schwar(t)z und Nikolai Iwanowitsch Nowikow, in dessen
Haus er eine Zeitlang wohnt. Die Freimaurer, die stark von
der deutschen Mystik, besonders von Jakob Böhme, beein-
flusst sind, wenden sich gegen den Rationalismus, sie suchen
nach einem neuen Zugang zur Religion und streben nach
moralischer Selbstvervollkommnung, und sie erbringen auf

pädagogischem und philantropischem Gebiet große Leistungen.[23] Lenz schließt Freundschaften, so mit den Schriftstellern Nikolai Michailowitsch Karamsin und Alexander Andrejewitsch Petrow, die beide sehr an der deutschen Literatur und zumal an der des Sturm und Drang interessiert sind (vgl. Scholz, B 5: 1991, 117–127). Karamsin besucht dann auf einer von ihm selbst beschriebenen Bildungsreise (1789/1790) unter anderem die Orte, an denen Lenz vorher gelebt hat.[24] Später, nämlich 1797, notiert er über Lenz: »Lenz, ein deutscher Dichter, welcher einige Zeit mit mir in einem Hause lebte. Eine tiefe Melancholie, die Folge vieler Leiden, hatte ihn wahnsinnig gemacht, aber selbst in seiner Geistesgestörtheit überraschte er uns zuweilen durch seine poetischen Ideen und rührte uns durch seine Herzensgüte und Geduld« (zit. nach Scholz, B 5: 1991, 118).

In Lenz' späten Briefen zeigt sich das verstärkte Hervortreten von Eigenarten, die früher weniger auffällig erschienen sind. Das gilt für die Neigung zu etymologischen Erörterungen, die schon in den *Stimmen des Laien*, dem zweiten Teil der *Meinungen eines Laien*, begegnet (etwa WuB 2,588 f., 609), die aber jetzt kaum mehr gezügelt wird. Es gilt für die vermehrten Erkundigungen nach ›wichtigen‹ Persönlichkeiten. Und es gilt besonders für das zunehmende Projektemachen. Hat Lenz in Weimar, wie schon erwähnt, noch überlegt, wie der Handel zwischen Weimar und Frankreich zu fördern wäre, so betreibt er die Projektemacherei – zumal in Bezug auf den Handel zwischen Livland und Russland – jetzt derart, dass sie »zuletzt manische Formen annimmt« (Damm, B 5: 1989, 411). Allerdings findet er dabei wohl auch verschiedentlich Bestärkung von außen; sicherlich hat die

23 Vgl. Erich Bryner, »Die Moskauer Freimaurer«, in: »Deutsche und Deutschland aus russischer Sicht. 18. Jahrhundert: Aufklärung«, hrsg. von Dagmar Herrmann, München 1992, S. 378–392.

24 Vgl. Heinrich Bartel / Mechthild Lindemann, »Karamzin entdeckt Deutschland«, in: »Deutsche und Deutschland aus russischer Sicht«, S. 480–516, bes. 488–492.

Der Rote Platz in Moskau
Ölgemälde von Fedor Aleksejew (1753–1824)

Beschäftigung mit Tschulkows *Beschreibung des russischen Handels* den Anstoß für weiterführende Spekulationen gegeben, so wie Lenz andererseits mit seinen Überlegungen zu verschiedenen Bildungsreformen im Kreise der Moskauer Freimaurer sehr gut aufgehoben ist. Zudem weiß man heute, dass manche der Lenz'schen Projekte so realitätsfern nicht sind. Die Vorstellung etwa, die Stadt Dorpat müsse eine Universität bekommen (vgl. WuB 3,625, 680, 682), hat ihre Gründe: eine solche Universität hat tatsächlich im 17. Jahrhundert existiert, in der zweiten Hälfte des 18. Jahrhunderts mehren sich die Bemühungen, eine Wiedereröffnung der Universität zu erreichen, und im Jahr 1802, zehn Jahre nach Lenz' Tod, wird sie tatsächlich wieder eröffnet; Lenz' älterer Bruder Friedrich David hält die ›Festpredigt‹, und Friedrich Maximilian Klinger wird erster Kurator der Universität (vgl. Weiß, B 5: 1992, 20).

Im Ganzen ist Lenz' psychischer Zustand Schwankungen unterworfen; in Briefen über ihn heißt es einmal (1784), er gebe »viel Hofnung zu einer *völligen Herstellung*«,[25] und ein andermal (1787): »Er befindet sich nicht wohl. Er ist immer verwirrt.«[26] Auch seine physische Verfassung verschlechtert sich. In Briefen an den Bruder Johann Christian sagt er, dass er »leide«, er spricht auch von äußerem »Mangel« (WuB 3,665) und bezeichnet sich als ›oft kränklich‹ (WuB 3,675; vgl. auch WuB 3,681 f.). Im letzten erhaltenen Brief erwähnt er eine »ziemlich ernsthafte Krankheit« (WuB 3,683), nennt sich einen »Kranken« (ebd.) und meint, dass er »in diesen Tagen« dem allerletzten »Schritt« bisweilen schon »nahe war« (WuB 3,684). Am 3. oder 4. Juni 1792 (23./24. Mai alten Stils) stirbt Lenz auf einer Moskauer Straße.

Die Umstände seines Todes sind ungeklärt. Vielleicht steht sein Tod in einer nicht genauer bestimmbaren Beziehung zu den Verfolgungen der Moskauer Freimaurer, Verfolgungen,

---

25 So Hamann (5. August 1784), der eine Mitteilung des Verlegers Hartknoch wiedergibt (LU 1,343).
26 Karamsin an Lavater, 20. April 1787 (LU 1,346).

die von der Zarin Katharina II. veranlasst worden sind aus
Angst vor einem Überspringen des revolutionären Funkens
aus Frankreich (vgl. Damm, B 5: 1989, 414–416). Sollte dem
so gewesen sein, dann wäre Lenz gewissermaßen ein Märtyrer, ja ein politischer Märtyrer. Vielleicht ist das Bild eines
politischen Märtyrers aber doch ein Klischee, und man sollte
– gleichsam um der Balance willen – diesem Bild jenes ganz
andere gegenüberstellen, das 1879 von dem livländischen
Lenz-Forscher Jegór von Sivers übermittelt wird und das
freilich sehr wenig zu den asketischen Maximen passen will,
die Lenz rund zwanzig Jahre vorher in seinen moralisch-
theologischen Schriften vertreten hat. Sivers berichtet, dass
er sich an den Lektor für deutsche Sprache und Literatur
an der Universität Moskau, Dr. J. K. Völkel, gewandt habe,
der seinerseits Nachrichten über Lenz erhalten habe unter
anderem von Johann Heinemeyer (1770–1853, seit 1790 in
Moskau), Titularrat und Lehrer am Findelhaus, und Christian Rüdiger, Buchhändler und Verleger in Moskau (Lenz'
Pleschtschejew-Übersetzung ist bei ihm erschienen). Völkel
erzählt:

> Im Hause Gontscharoff blieb Lenz nicht lange, da er
> dort weder sich, noch der Familie gefiel. Er trank und
> war oft in Geldnot, so dass er sich bald mit Rüdiger ent-
> zweite. So kam er immer mehr herunter, machte Schul-
> den, Anfälle von Wahnsinn zeigten sich öfters, zuletzt
> hatte er keine feste Wohnung. So muss er in trunkenem
> Zustande in der Nacht vom 23.–24. Mai auf der Strasse
> vom Schlage gerührt worden sein, denn man fand ihn
> am Morgen todt, in einen alten zerrissenen Mantel ein-
> gehüllt. So lauteten die oft und zu verschiedenen Zeiten
> wiederholten, sich immer gleich bleibenden Berichte
> von Heinemeyer und Rüdiger.   (Sivers, B 5: 1879, 99)

Und Sivers ergänzt: »Von Heinemeyer hörte ich noch Fol-
gendes: Lenz verfiel zuletzt in den Zustand, den die Russen
Sapoi (periodische Saufwuth) nennen. […] In Moskau hiess

er gewöhnlich der ›kleine‹ oder der ›verrückte‹ Lenz. Permanent wahnsinnig war er nie, hätte es aber mit der Zeit werden müssen. Man hielt ihn für ›übergeschnappt‹« (Sivers, B 5: 1879, 104 f.).

Vielleicht ist Lenz ein Opfer der Freimaurer-Verfolgungen geworden, vielleicht eines des Alkohols.[27] Vielleicht aber war alles auch ganz anders.

---

27 Eine entsprechende Disposition ist nicht grundsätzlich auszuschließen, nachdem Lenz in einem Brief an Lavater vom Mai 1780 andeutet, seine 1778 gestorbene Mutter sei »dem Trunk sehr ergeben« gewesen (WuB 3,610). Den Hinweis auf diese Briefstelle verdanke ich Dr. Ariane Martin, Kassel.

Dramen

Hauptwerke

Der verwundete Bräutigam

Bereits mit fünfzehn Jahren verfasst Lenz sein erstes Drama: *Der verwundete Bräutigam* (1766). Das Stück, das nur vier Akte hat, greift einen Vorfall auf, der sich im gleichen Jahr in einer mit Lenz' Vater befreundeten Familie zugetragen hat: ein livländischer Baron hat einen Diener, den er aus Deutschland mitgebracht hat, körperlich gezüchtigt – im Rahmen der regionalen sozialen Gegebenheiten (vgl. Bosse, B 6: 1997, 80–87) – und ist daraufhin von dem Diener verwundet worden; der Diener wird zur Zwangsarbeit in Sibirien verurteilt, der Baron genest und kann zwei Monate später heiraten. Lenz' Drama, das die Liebe zwischen dem Baron und seiner Braut ins Zentrum rückt, lebt weitgehend vom Klima der Empfindsamkeit (vgl. Wirtz, B 6: 1992). Bereits in der ersten Szene vergießen die Brautleute Tränen der Rührung; und später, als der Bräutigam lebensgefährlich verwundet scheint, sorgen natürlich die Mitbetroffenen für noch enormere Tränenströme. Der Diener beruft sich zwar auf seine verletzte Ehre (vgl. Osborne, B 5: 1969, 58–62; Müller, B 6: 1993); dennoch kann ihn dies kaum rechtfertigen. Seine Ehrsucht, die ihn sogar dazu verleitet, Geld zu verspielen und seinen Dienst zu vernachlässigen (vgl. WuB 1,16), stellt vielmehr »einen närrischen Stolz« (WuB 1,18) dar, und alle Personen distanzieren sich eindeutig von ihm, auch seine Geliebte, die ihn ausdrücklich »verfluchen« will und ihn als ein »teuflisches Ungeheuer« (WuB 1,29) bezeichnet. Nimmt man diese letztere Beschimpfung wörtlich – auch von einem

»eingefleischte[n] Teufel« (WuB 1,24) ist die Rede –, dann
mag da sogar ein religiöser Hintergrund evoziert sein: der
Diener, der »dem Herrn ins Angesicht zu trotzen« wagt
(WuB 1,16), erinnert an den Teufel, der sich gegen Gott den
Herrn wendet (vgl. Menz, B 6: 1994). Dass ein solcher Hintergrund dem jungen Autor nicht bewusst gewesen sein
muss, braucht nicht weiter erläutert zu werden.

Der Hofmeister

Das erste bedeutende Drama Lenz' ist *Der Hofmeister oder
Vorteile der Privaterziehung*, entstanden vornehmlich 1771
und 1772 und erschienen 1774. Es ist ein Gegenwartsdrama
und spielt um 1768 – im Unterschied zu dem aus den gleichen Jahren stammenden Goethe'schen *Götz von Berlichingen* (1771 erste und 1773 zweite Fassung). Die Gleichzeitig-
keit lässt erkennen, dass denjenigen Sturm-und-Drang-Dramen, die auf den ›großen Kerl‹ fixiert sind (wie hernach auch
Dramen von Klinger, Leisewitz und Schiller), in Lenz' Werk
ein anderer Dramentypus an die Seite tritt; es ist dies das tendenziell ›realistische‹ Drama, das mit einer gegenwartsbezo-
genen Handlung im ›Mittelstand‹ (niederer Adel, Bürgertum) spielt und deutlich kritische Akzente setzt – auch, aber
nicht nur sozialkritische Akzente.

Das Drama, der Gattungsbezeichnung zufolge eine Komödie, besitzt den eben zitierten Nebentitel »Vorteile der
Privaterziehung«. Wie Lenz in seinen *Anmerkungen übers
Theater* meint, steht in der Komödie eine ›Sache‹ im Vordergrund – ein bestimmtes Thema, ein Problem –, in der Tragödie dagegen eine Person. Nun gibt es zwar wie bei zahlreichen anderen Autoren so auch bei Lenz merkliche Differenzen zwischen den dramentheoretischen Reflexionen und der
dramatischen Praxis (vgl. zum Beispiel Pausch, B 9: 1971).
Dennoch könnte man die »Privaterziehung«, mithin die Erziehung und Unterrichtung durch einen Hofmeister, als die

›Sache‹ ansehen, von der dieses Stück handelt. Ein solcher
Hofmeister ist ein Hauslehrer, der nach dem Studium auf
eine dauerhafte Anstellung wartet und sich erst einmal als
Hofmeister verdingt.[1] Oft genug sitzt der Hofmeister zwischen allen Stühlen: von bürgerlicher Herkunft, aber in einem adligen oder großbürgerlichen Hause lebend, einigermaßen gebildet und insofern der Herrschaft oft überlegen,
aber doch zugleich wie ein Diener behandelt. Dass er unter
Umständen den an ihn gestellten Anforderungen, seine
Kenntnisse und Fertigkeiten betreffend, kaum genügen kann,
dass er in materieller Hinsicht ausgebeutet wird und unter sexuellen Nöten leidet, da er in seiner Stellung keine Familie
gründen kann,[2] dies sind Züge, die Lenz in seinem Drama eigens markiert. Im Übrigen lässt der Titel *Der Hofmeister* von
vornherein erkennen, dass es um den Hofmeister-Stand im
Ganzen geht und dass das vorgeführte Individualschicksal,
so krass es erscheint, doch seine repräsentativen Seiten hat,
zumal genau genommen das Thema der Erziehung in einem
weiteren Umfang zur Debatte steht, ergänzt auch um die Frage nach dem Verhältnis der Generationen zueinander, besonders der Beziehung zwischen Vätern und Söhnen.

Kann also die »Privaterziehung« als das Komödien-The-
ma gelten, so entspricht *Der Hofmeister* dennoch nur in ein-
geschränkter Weise dem herkömmlichen Verständnis von
Komödie. In Briefen nennt Lenz das Stück wiederholt ein
»Trauerspiel« (WuB 3,259, 287, 290), und in einem Manuskript findet sich die (dann wieder gestrichene) eigenartige
Gattungsbezeichnung »Lust und Trauerspiel«, die hernach
im Erstdruck durch »Komödie« ersetzt wird. Tatsächlich

---

1 Vgl. Ludwig Fertig, »Die Hofmeister. Ein Beitrag zur Geschichte des Lehrer-
   standes und der bürgerlichen Intelligenz«, Stuttgart 1979; Werner, B 6: 1981,
   95–110; Voit, B 6: 1986, 66–79. Zu regionalen Aspekten vgl. besonders Bosse,
   B 6: 1997, 91–100.
2 Bosse meint allerdings, im Livland des 18. Jahrhunderts habe »der Hauslehrer
   an dem Vorrecht des Herren teil, seine Lust mit Leibeigenen auszuleben«
   (Bosse, B 6: 1997, 92).

wird hier das herkömmliche ›bürgerliche Trauerspiel‹ »auf den Kopf gestellt«: »ein aristokratisches Mädchen wird von einem bürgerlichen Mann verführt« (Guthrie, B 6: 1991, 200) – nicht umgekehrt. Einer solchen Eigenart mag der Begriff der Tragikomödie entsprechen, der allerdings im Falle Lenz' dann eine neuartige Verquickung von Tragischem und Komischem meint: es handelt sich nicht um das seit Plautus' *Amphitryon* immer wieder begegnende Nebeneinander von tragödiengemäßen und komödiengemäßen Elementen, sondern um ein Ineinander, bei dem das Tragische zugleich komisch wirkt und das Komische zugleich tragische Züge trägt, etwa in Gestalt einer komischen Figur in tragischer Lage.[3] – Gebrochen, freilich in eher satirischer Weise, ist Lenz' Drama nicht zuletzt dadurch, dass es keineswegs die »Vorteile«, sondern ausschließlich die Nachteile der Privaterziehung behandelt, dass also der Nebentitel ähnlich ironisch ist wie der Hinweis auf »das Soldatenglück« im Nebentitel zu Lessings *Minna von Barnhelm*, einem Lustspiel, das selbst im *Hofmeister* erwähnt wird (WuB 1,66). Im übrigen haben derartige Züge die Forschung immer wieder zu dem Versuch veranlasst, die eigenartigen Gattungs- und Stilmischungen – nicht nur im *Hofmeister*, sondern in Lenz' Dramatik überhaupt – begrifflich zu fassen, unter anderem indem man außer vom Tragikomischen auch von einer Verbindung von »Realismus und Karikatur« (Schwarz, B 5, 1985, 93) spricht oder von einem »grotesken Realismus« (Madland, B 6: 1994a; vgl. Madland, B 6: 1982, 181–188) oder indem man sei es das Kritisch-Satirische, sei es das Parodistische als dominant ansetzt.

Das Drama spielt, gegen die traditionelle Einheit des Orts verstoßend, in Ostpreußen, nämlich in und bei Insterburg und in Königsberg, sowie in Sachsen, und zwar in den Universitätsstädten Halle und Leipzig. Die außerordentlich häu-

---

3 Vgl. Guthke, B 6: 1959. Vgl. auch Karl S. Guthke, »Geschichte und Poetik der deutschen Tragikomödie«, Göttingen 1961, S. 51–72 und pass.

figen Ortswechsel, ähnlich wie im Goethe'schen *Götz*, kün-
digen nicht lediglich der Regelpoetik den Gehorsam auf,
sondern ermöglichen eine neuartige Perspektivenvielfalt; die
schnellere Folge entsprechend verkürzter Szenen vermittelt
bisweilen – fast in der Art einer filmischen Parallelmontage
(vgl. Mattenklott, B 4: 1968, 131–133, 139f.) – die Vorstellung der Simultaneität von räumlich weit voneinander ge-
trennten Vorgängen; im fünften Akt etwa wechseln die Szenen drei bis sechs auf wenigen Seiten von Wenzeslaus' Schule
in Ostpreußen (Läuffer) nach Leipzig (Fritz von Berg), dann
nach Königsberg (Geheimer Rat, Major, Gustchen) und wieder nach Leipzig. – Der räumlichen Ausdehnung entspricht
die zeitliche Erstreckung: die Handlung zieht sich über mehr
als drei Jahre hin, da zwischen den Akten größere Zeitsprün-
ge liegen (insofern widerspricht die zeitliche Ausdehnung
nicht der eben erwähnten Vorstellung der Simultaneität von
Vorgängen in aufeinander folgenden Szenen). Ein Verstoß
gegen die überkommene Einheit der Zeit liegt aber nicht allein in der Dauer, sondern auch in mancherlei Verwirrungen
der chronologischen Verhältnisse; diese ergeben sich daraus,
dass die (noch zu erläuternden) einzelnen Handlungsstränge
in sich linear angelegt sind, sich aber nur schwer in einen
linearen Gesamtzusammenhang bringen lassen (vgl. Lappe,
B 6: 1980).

Das Personal des ausgesprochen figurenreichen Stücks
entstammt teils dem Adel, teils dem Bürgertum. Der Erstere
ist vertreten zunächst durch die beiden einander sehr unähn-
lichen Brüder von Berg.[4] Der Geheime Rat von Berg ist ein
entschiedener Gegner der Privaterziehung und lässt seinen
Sohn Fritz daher eine öffentliche Schule besuchen. Er besitzt
einigen gesunden Menschenverstand, ohne darum gleich das

---

4 Es gibt eine in Est- und Livland weit verzweigte Familie von Berg, von der verschiedene Angehörige in Lenz' Briefen erwähnt werden. Zu Lenz' Verwendung von Eigennamen im *Hofmeister* vgl. Bosse, B 6: 1997, 88–90.

Sprachrohr des Autors zu sein; vielmehr betont Lenz in einer seiner theoretischen Schriften, dass »die Philosophie des geheimen Rats nur in seiner Individualität ihren Grund« hat (WuB 2,675), dass sie also eine individuelle Auffassung dieser Figur ist. Der Bruder des Geheimen Rats ist Major von Berg, bei dem der Hofmeister Läuffer beschäftigt ist. Wenn man von Fritz von Berg, dem Sohn des Geheimen Rats, und Gustchen, der Tochter des Majors, absieht, dann erscheinen die übrigen Adligen, beginnend mit dem Major, mehr und mehr typisiert und schließlich sogar karikiert. Der Major hat seine Tochter zu seinem »Abgott« (WuB 1,76) gemacht und meint, dass sie »auf der ganzen Welt an Schönheit nicht ihres gleichen« hat (WuB 1,71). Im Übrigen betreibt er Landarbeit – das ist eher eine Marotte (auch wenn es dem niederen Adel in Ostpreußen nicht rosig ging) –, und er legt wiederholt ein cholerisch-grobes Gebaren an den Tag, so wenn er den Hofmeister und seinen Sohn während des Unterrichts »überfällt«:

MAJOR. So recht; so lieb ich's; hübsch fleißig – und wenn die Kanaille nicht behalten will, Herr Läuffer, so schlagen Sie ihm das Buch an den Kopf, daß er's Aufstehen vergißt, oder wollt ich sagen, so dürfen Sie mir's nur klagen. Ich will dir [dem Sohn] den Kopf zurecht setzen, Heiduck du! Seht da zieht er das Maul schon wieder. Bist empfindlich, wenn dir dein Vater was sagt? Wer soll dir's denn sagen? Du sollst mir anders werden, oder ich will dich peitschen, daß dir die Eingeweide krachen sollen, Tuckmäuser! […] Er [der Hofmeister] soll meine Tochter auch zeichnen lehren. – Aber hören Sie, werter Herr Läuffer, um Gottes willen ihr nicht scharf begegnet; das Mädchen hat ein ganz ander Gemüt als der Junge. Weiß Gott! es ist als ob sie nicht Bruder und Schwester wären. Sie liegt Tag und Nacht über den Büchern und über den Trauerspielen da, und sobald man ihr nur ein Wort sagt, be-

sonders ich, von mir kann sie nichts vertragen, gleich
stehn ihr die Backen in Feuer und die Tränen laufen
ihr wie Perlen drüber herab. (WuB 1, 47, 49)

Die Frau des Majors von Berg, die einfach nur als »Majorin« bezeichnet wird, zeigt sich als dumm, »herrschsüchtig«
(WuB 1,54) und auf sozialen Abstand bedacht. Ihr entspricht
Graf Wermuth mit seiner snobistischen Angeberei:

MAJORIN. Was macht Ihr Magen, Graf! auf die Austern?
GRAF. O das bin ich gewohnt. Ich habe neulich mit meinem Bruder ganz allein auf unsre Hand sechshundert
    Stück aufgegessen und zwanzig Bouteillen Champagner dabei ausgetrunken.
MAJORIN. Rheinwein wollten Sie sagen.
GRAF. Champagner – Es war eine Idee [nur so ein Einfall]
    und ist uns beiden recht gut bekommen. Denselben
    Abend war Ball in Königsberg, mein Bruder hat bis an
    den andern Mittag getanzt und ich Geld verloren.
                                              (WuB 1, 69)

Bis in den Namen hinein zur Satire verschärft ist der lächerliche Kontrast zwischen dem gehobenen sozialen Rang
und der individuellen Borniertheit in Herrn von Seiffenblase, der am Ende des Stücks noch dadurch unrühmlich
von sich reden macht, dass ein bürgerliches Mädchen vor
ihm in Sicherheit gebracht werden muss.

Auch die bürgerlichen Figuren freilich bleiben nicht
schlechthin vom Spott verschont. Schrullig erscheint vor allem der Schulmeister und Prediger Wenzeslaus, der handfest,
fromm und genügsam sein einsames Leben fristet, einsam,
weil er sich mit seinem geringen Gehalt keine Frau leisten
kann und daher mit Hilfe des Nikotins seine sexuellen Begierden bekämpfen muss.

Weitere bürgerliche Gestalten sind in Nebenrollen der Vater des Hofmeisters, der Pastor Läuffer, der in seiner Jugend
selbst Hofmeister war und die gegebenen Verhältnisse wi-

derspruchslos akzeptiert,[5] und der Student Pätus, der mit seinem ehemaligen Schulkameraden Fritz von Berg eng befreundet ist.

Neben einigen weiteren Personen, unter ihnen Pätus' Angehörige sowie der Lautenlehrer Rehaar und seine Tochter, gehört zu den bürgerlichen Figuren nicht zuletzt natürlich auch der Hofmeister Läuffer, in dem die ganze Abhängigkeit seines Berufsstandes zum Vorschein kommt: er soll Unterricht erteilen »in allen Wissenschaften und Artigkeiten und Weltmanieren« (WuB 1,43) einschließlich Tanzen, Musizieren (WuB 1,44 f.) und Zeichnen (WuB 1,49); als er es dann aber wagt, sich mit seinen Kenntnissen in ein Gespräch zwischen der Majorin und Graf Wermuth einzumischen, wird er von der Majorin zurechtgewiesen: »Merk Er sich, mein Freund! daß Domestiken in Gesellschaften von Standespersonen nicht mitreden. Geh Er auf Sein Zimmer.« (WuB 1,46)

Bezeichnend ist die materielle Abhängigkeit: statt der erhofften 300 Dukaten soll Läuffer 150 erhalten (WuB 1,44), tatsächlich erhält er am Ende des ersten Jahrs 140 (WuB 1,48), am Ende des zweiten 100 (WuB 1,54), am Anfang des dritten werden ihm 60 (WuB 1,59) und für das folgende Jahr noch 40 Dukaten (WuB 1,67) in Aussicht gestellt. Indessen ist die materielle Abhängigkeit nur der Anfang eines tiefergehenden Verlusts der Freiheit und sogar der Menschenwürde: von einer »Sklavenkette« (WuB 1,55) spricht der Geheime Rat, um dann auszuführen:

---

5 Die autobiographischen Bezüge des Stücks sind heute kaum mehr zufriedenstellend zu rekonstruieren. Offenkundig sind dennoch Parallelen zwischen Pastor Läuffer, der im Personenverzeichnis als Stadtprediger bezeichnet wird, und Lenz' Vater, der zur Entstehungszeit des Stücks noch Oberpastor in Dorpat war und der in seiner Jugend wie Pastor Läuffer selbst als Hofmeister tätig gewesen war. Wenn daher im Stück der Geheime Rat betont, die Söhne sollten nicht gezwungen werden, das »Kontrefei« (WuB 1,43) ihrer Väter zu werden, wirkt das wie ein Appell des Sohnes Lenz an seinen Vater. Schöne (B 5: 1958) hat das Vater-Sohn-Verhältnis, orientiert an dem biblischen Gleichnis vom verlorenen Sohn, als den autobiographischen Hintergrund zahlreicher Werke Lenz' hervorgehoben. Vgl. des Weiteren Wittkowski, B 6: 1996.

Ohne Freiheit geht das Leben bergab rückwärts, Freiheit ist das Element des Menschen wie das Wasser des
Fisches, und ein Mensch der sich der Freiheit begibt,
vergiftet die edelsten Geister seines Bluts, erstickt seine
süßesten Freuden des Lebens in der Blüte und ermordet
sich selbst. […] er hat den Vorrechten eines Menschen
entsagt, der nach seinen Grundsätzen muß leben können, sonst bleibt er kein Mensch.   (WuB 1,55)

Nicht zwar Läuffers Vater, dem der Geheime Rat seine
Argumente geradezu an den Kopf wirft, wohl aber Läuffer
selbst bestätigt diese Wertung, wenn er später im Gespräch
mit dem Schulmeister Wenzeslaus ausruft: »Haben Sie nie einen Sklaven im betreßten Rock gesehen? O Freiheit, güldene
Freiheit!« (WuB 1,83)
Dass Läuffer dennoch nicht lediglich als ein Opfer erscheint und Mitleid erweckt, dafür sorgen gewisse lächerliche Züge, die ihm anhaften, etwa die Unselbständigkeit und
Unterwürfigkeit, die er gleich in der ersten Szene erkennen
lässt. Und vor allem: er hat auf der Universität, »anstatt etwas zu lernen, auch noch sein Schulwissen vergessen« und
ist, barsch formuliert, eine »pädagogische Hohlnummer«
(Bosse, B 6: 1997, 96), so dass er verständlicherweise keine
Anstellung an einer Schule findet. Dass seine Kenntnisse des
zeitgenössischen Balletts (vgl. WuB 1,45) womöglich seinen
Lateinkenntnissen überlegen sind (vgl. WuB 1, 85), lässt jedenfalls allerlei Zweifel an seiner Eignung für seine Tätigkeit
zu (vgl. Zimmermann, B 12: 1983, 215). Auch darf man, was
die lächerlichen Züge betrifft, den sprechenden Namen nicht
vergessen, der freilich dem *Deutschen Wörterbuch* der Brüder Grimm zufolge in verschiedene Richtungen weist, vom
Diener, dem Botengänge aufgetragen werden oder der einer
Kutsche vorausläuft, bis zur Schachfigur. Bezieht man den
nahe liegenden Spott (›der läufige Hofmeister‹) mit ein, dann
reihen sich hier weitere Namen oder Bezeichnungen an, die
schließlich Läuffers Männlichkeit in Frage stellen und so auf

die Kastration anspielen, also »Männichen« (WuB 1,42), »Herrmannchen« (WuB 1,68), »Mandel« (›Männlein im Bayerischen‹; WuB 1,78), »homuncio« (›schwacher Mensch, Menschlein‹; WuB 1,117; vgl. Voit, B 6: 1986, 39).

Im Übrigen ist hinsichtlich der Personengestaltung in der Forschung wiederholt die oben schon erwähnte Diskrepanz registriert worden: Lenz zielt zwar in seinen theoretischen Überlegungen immer wieder auf das autonome Individuum, auf den herausragenden Einzelnen, der sich handelnd entfaltet und so auch die Dramenhandlung bestimmt (vgl. Werner, B 6: 1981, 51–58). In seinen Dramen selbst aber stellt er mit sicherem zeitdiagnostischem Gespür und mit eher illusionslosem Blick die vielfältige Bedingtheit, ja nachgerade die Entmündigung des Einzelnen dar (vgl. etwa Madland, B 6: 1982, 171 u. ö.); die Personen erscheinen inkohärent (vgl. Butler, B 6: 1978/79), und sie werden von den Situationen, in die sie eingebunden sind, bisweilen fast wie Marionetten gelenkt (vgl. Schöne, B 5: 1958, 96 f., 117). Soweit übrigens Lenz mittels der Personengestaltung kritische Akzente setzt, spricht man vielfach etwas pauschal von seiner ›Sozialkritik‹. Man sollte sich aber bewusst halten, dass Lenz menschliche Verhaltensweisen immer noch zunächst mit moralischen Maßstäben misst und sie nicht so rasch, wie wir heute das womöglich tun, als gesellschaftlich verursacht ansieht – mit der Folge, dass wir die Kritik auf die gesellschaftlichen Verhältnisse beziehen, wo Lenz doch zunächst den Einzelnen ins Auge fasst (vgl. Hill, B 5: 1992, 68 f.).

Läuffer – um zu ihm zurückzukehren – ist jedenfalls kein Held und nicht einmal die Hauptperson. Vielmehr kommt das Drama ohne eine regelrechte Hauptperson aus, denn die Handlung besitzt mehrere Stränge, die bisweilen nur locker miteinander verbunden sind und solcherart »eine vieldimensionale Realität« (Hinderer, B 5: 1977, 85) vermitteln; insofern ist jedenfalls auch die traditionelle Einheit der Handlung nicht mehr streng gewahrt (vgl. Unger, B 6: 1993). »Ge-

schehen statt Handlung« (Titel, B 6: 1963, 83) – so ist diese
Eigenart des Lenz'schen Dramas gekennzeichnet worden.
Bei den Handlungssträngen geht es zunächst um Läuffer und
sein Schicksal und um das daran angelagerte Thema der Er-
ziehung im Ganzen. Es geht sodann um eine Liebesgeschich-
te zwischen Fritz und Gustchen. Und es gibt zum Dritten et-
liche Studentenszenen in Leipzig und Halle, in denen neben
Fritz von Berg auch sein Freund Pätus eine Rolle spielt; mit
Pätus wiederum und seinen Angehörigen verbinden sich am
Ende noch einige Momente der Handlung.

Das Geschehen sei kurz dargestellt. Es beginnt in Insterburg in Ostpreußen. Läuffer wird von Major von Berg angestellt, während die Tochter des Hauses, Gustchen, und ihr
Vetter Fritz, der Sohn des Geheimrats, die gerade erst als
Verliebte zusammengefunden haben, sich schon wieder trennen müssen, denn Fritz soll die Schule abschließen und dann
in Halle studieren. Im Lauf der Zeit kommt es zu einer Annäherung zwischen Gustchen und Läuffer. Die Beziehung
wird bekannt, Läuffer flieht und findet in einem Dorf bei
dem Schulmeister Wenzeslaus Unterschlupf. Gustchen ist
schwanger, sie verlässt heimlich das Haus und bringt bei einer blinden Bettlerin namens Marthe ihr Kind zur Welt.
Ohne das Kind macht sie sich trotz ihres geschwächten Zu-
stands auf den Weg nach Hause und springt, als sie sich am
Ende ihrer Kräfte fühlt, in einen Teich. Zufällig – nun ja! –
kommt ihr verzweifelter Vater auf der Suche nach seiner
Tochter an dem Teich vorbei und rettet sie. – Szenenwechsel:
Fritz von Berg, der in Halle für die Schulden seines Freundes
Pätus gebürgt hat und ins Schuldgefängnis geworfen worden
ist, flieht mit Pätus nach Leipzig. Nachdem Pätus zufällig –
nun ja! – zu Geld gekommen ist, weil er in der Lotterie gewonnen hat, machen die Freunde sich auf den Weg nach Ostpreußen. – Szenenwechsel: Auf dem Weg zur Familie von
Berg gelangt die blinde Bettlerin Marthe mit Gustchens Kind
in Läuffers Dorf. Läuffer erkennt, dass das Kind auf sein

Schuldkonto geht,[6] und kastriert sich; er bekommt hernach trotzdem noch das Dorfmädchen Lise, das mehr an einem gelehrten Herrn interessiert ist als daran, Kinder aufzuziehen. Fritz, den das uneheliche Kind nicht stört, und Gustchen finden zusammen. Und auch Pätus geht nicht leer aus, denn er kann zusammen mit seinem plötzlich auftauchenden Vater in der blinden Bettlerin Marthe seine wiedergefundene Großmutter in die Arme schließen, die der (nunmehr reumütige) Vater ehedem verstoßen hat, er kann zudem sich mit Jungfer Rehaar verbinden, der Tochter eines Lautenlehrers, der er schon in Leipzig nachgestellt hat und die zufällig – nun ja! – von ihrem Vater nach Insterburg geschickt worden ist.

Das Happy End knirscht in allen Fugen – offenkundig bezieht das Stück gerade aus den Unwahrscheinlichkeiten (wie dem Lotteriegewinn) und den gehäuften Zufällen (wie dem Zusammentreffen des Majors und Gustchens an einem beliebigen Teich) komische Effekte. Dass die Willkür der vom Autor herbeigezwungenen Lösungen durchschaubar ist, stört keineswegs. Im Formalen signalisieren die Zufälle den Bruch mit der herkömmlichen Dramaturgie (vgl. Kreutzer, B 5: 1978, 222 f.). Und im Inhaltlichen sind es gerade die psychologisch schwerer nachvollziehbaren Momente der restlosen Versöhnung – etwa Fritz von Bergs positive Reaktion auf Gustchens uneheliches Kind (»Dieser Fehltritt macht sie mir nur noch teurer« [WuB 1,122]) oder Lises gutgelaunte Bejahung von Läuffers Kastration (»Nein Herr Schulmeister, ich schwör's Ihm, in meinem Leben möcht ich keine Kinder haben« [WuB 1,117]) –, im Inhaltlichen also sind es gerade diese schwerer nachvollziehbaren Momente, die das kritische Potential des Dramas sichtbar machen. Denn sie lassen unmissverständlich erkennen, dass der harmonisierende Ausgleich aller Differenzen zwar einer Komödie gemäß ist, dass er letzten Endes auch mit Lenz' positiven Vorstellungen von

6 Zu der von Lappe, B 6: 1980, angestoßenen Frage, ob Läuffer der Vater des Kindes ist oder nicht, vgl. unter anderem Stephan/Winter, B 12: 1984, 158–160.

Ehe und Familie übereinkommt (vgl. Werner, B 6, 1981,
254–261), dass er aber – als eine »ästhetische«, »schein-
haft sentimentale Versöhnung« (Mattenklott, B 4, 167) –
quasi in einer anderen Welt spielt (vgl. Osborne, B 5: 1975,
116), in einer Theaterwelt (vgl. McInnes, B 6: 1992a, 61, 83),
und in der aktuellen sozialen Realität nicht vorstellbar wäre
(vgl. Scherpe, B 5: 1977, 223 f.; Eibl, B 6: 1974).

   Anzumerken bleibt indessen, dass das Ende außerordentlich unterschiedliche Stellungnahmen provoziert hat, von
sozialgeschichtlich argumentierenden, die unter Umständen
einen Verzicht Lenz' auf Kritik bemängeln (vgl. Werner, B 6:
1981, 241–252) oder eben »die gesellschaftliche Absurdität«
gespiegelt sehen (Arendt, B 6: 1992, 61), über eher theologisch orientierte, die die Aspekte von Verzeihung und Versöhnung hervorheben (vgl. Schöne, B 5: 1958, 105–117), bis
zu vornehmlich gattungsgeschichtlich argumentierenden,
die das Ende, was das Haus von Berg betrifft, in die Tradition
des rührenden Lustspiels rücken und, was Läuffers Ehe mit
Lise betrifft, als eine Parodie mit einem gesellschaftskriti-
schen Moment werten (vgl. Hinck, B 6: 1977, 29–31).[7] Hinzu
kommt, dass das Drama zu guter Letzt Ungereimtheiten
enthält, bei denen schwer zu entscheiden ist, ob sie beabsich-
tigt sind oder nicht und welche Motive im ersteren Falle anzunehmen sind, und die auch in die Bewertung des Endes
mithereinwirken.[8]

   Zu diesem Thema noch ein kurzer Exkurs: Die verschiedenen Deutungen des Endes schließen einander nicht not-

---

7 Vgl. weitere Hinweise bei Albert, B 6: 1989.
8 Lappe, B 6: 1980, hat darauf hingewiesen, dass Gustchens Schwangerschaft ein
   Jahr gedauert haben müsste (vgl. WuB 1, 87, 89, 90), wenn Läuffer der Vater ihres Kindes sein sollte, und dass dieses Kind erst »Suschen« (WuB 1,100) heißt
   und dann ein Junge sein soll (WuB 1,121, 123). Wollte man unterstellen, dass
   Lenz die Ungereimtheiten bewusst als versteckte Indizien eingefügt habe,
   dann müsste man dem Drama einen ganz anderen Charakter zuerkennen; es
   müsste eine dramaturgische Folgerichtigkeit besitzen, wie sie zum Beispiel
   Lessings *Emilia Galotti* kennzeichnet, und würde Elemente einer Dramaturgie
   des Kriminalspiels enthalten.

wendigerweise aus. Man kann mit Bezug auf die einigermaßen realistisch entwickelten Konflikte die herbeigezwungenen Lösungen ohne Weiteres für grotesk halten und dennoch in dem rigorosen Willen zur Versöhnung, der über dem Ende waltet, einen religiösen Impuls vermuten. Ohne irgend die grotesk-satirisch-parodistischen Qualitäten von Lenz' Dichtung in Abrede zu stellen, neigt die jüngere Forschung vermehrt dazu, in biographischen Zusammenhängen (vgl. »Lenzens Verrückung«, B 1: 1999) wie bei der Interpretation einzelner Werke den religiösen Aspekten eine gewichtige Rolle zuzumessen. Schon bei der Kastration Läuffers und seiner dennoch in Aussicht gestellten Verbindung mit Lise geht es um »Formen der Buße und der Begnadigung, die am Rande des Menschenmöglichen liegen« (Burger, B 6: 1968, 65 f.). Zudem aber kann man in diesem Sinne bei etlichen Werken – Ausnahmen sind das Drama *Der Engländer* und die Erzählung *Zerbin* – in den Rettungen von Personen, die dem Verderben geweiht scheinen, regelrechte Akte der Gnade sehen, zumal wenn diese Personen Reue gezeigt haben (vgl. Menz, B 9: 1994, 191) wie zum Beispiel Gustchen, von der ihr zur Übertreibung neigender Vater meint: »O sie hat bereut […], sie hat bereut wie keine Nonne und kein Heiliger« (WuB 1,122). Vermehrt noch wird man (wie bei Mariane Wesener in den *Soldaten*) von Gnadenakten sprechen können, wenn ein Verdienst nicht zu erkennen ist – die Religion kennt eben keinen Anspruch auf Gnade: was Gott gewährt, ist »ein unabverdienter […] Gnadenlohn« (*Philosophische Vorlesungen*, B 1: 1994, 33) –, und wenn das Geschenkte über alles Gehoffte hinausgeht (wie am Schluss von *Die Freunde machen den Philosophen* und *Myrsa Polagi*). Falls man in solchen Rettungen und Versöhnungen, ohne dass natürlich die Transzendenz eingriffe oder der Autor zum gnadenspendenden Alter Deus erhoben würde, falls man darin ein religiöses Gedankenbild durchschimmern sehen möchte, dann bietet sich dafür der Begriff der ›Apokatastasis‹ an, der ›Wiederbringung Aller‹ (d. h. aller Wesen, auch der Verdammten

und sogar des Teufels), also die Lehre von der schließlichen
Wiederherstellung des ursprünglichen Zustandes der Schöpfung mit der Bekehrung und Begnadigung aller Sünder. Diese Lehre, die auf dem Konzil von Konstantinopel 553 zur
Ketzerei gestempelt wird, leugnet unter Hinweis auf die
Gnade Gottes die dogmatische Ewigkeit der Höllenstrafen
und findet im theologischen Denken des 18. Jahrhunderts einige Sympathie,[9] unter anderem, um nur Namen aus dem
Umkreis Lenz' zu nennen, bei Oberlin, Jung-Stilling und
Lavater.[10] (Auch Lenz stellt in seinen theoretischen Schriften
die »Ewigkeit der Höllenstrafen« [GS 4,48] ausdrücklich
in Abrede.[11]) Die Apokatastasis, auf die in der Forschung in
anderem Zusammenhang bereits hingewiesen worden ist
(vgl. Gersch/Schmalhaus, B 5: 1991, 386), diese Apokatastasis geht als theologische Lehre im Wesentlichen ausgerechnet
auf jenen griechischen Kirchenlehrer Origenes (185–254)
zurück, der sich in radikaler Askese selbst kastrierte und von
dem im *Hofmeister* der Schulmeister Wenzeslaus schwärmt
(vgl. Zierath, B 5: 1995, 49–55), wie gleich zitiert werden soll.

Das vorhin erwähnte kritische Potential des *Hofmeisters*
steckt bereits in dem karikaturistischen Erscheinungsbild,
das viele der Personen bieten. Aber nicht zuletzt ist natürlich
die Selbstkastration Läuffers ein Vehikel der Kritik an sozialen Gegebenheiten, die die Kastration als Voraussetzung für
eine reibungslose und erfolgreiche Integration des Einzelnen
in die gesellschaftliche Ordnung erscheinen lassen. Dass indessen gerade auch diese Kastration allem Erschreckenden

---

9 Vgl. u. a. Dieter Breuer, »Origenes im 18. Jahrhundert in Deutschland«, in:
D. B., »Mephisto als Theologe. Faust-Studien«, Aachen 1999, S. 31–60. Zur
Apokatastasis im 18. Jahrhundert vgl. Karl Aner, »Die Theologie der Lessingzeit«, Halle 1929, reprogr. Nachdr. Hildesheim 1964, S. 276–285.
10 Vgl. »Die Religion in Geschichte und Gegenwart«, 3. Aufl., Bd. 6 (1962), Sp.
1694. – Lavater und andere werden genannt in: »Lexikon für Theologie und
Kirche«, 3. Aufl. (1993), Bd. 1, Sp. 823.
11 Die Ewigkeit der Höllenstrafen ist ohnehin ein »Lieblingsstück neologischer
Polemik«, so Aner, S. 196. Die Neologie ist die zwischen 1740 und 1790 vorherrschende Spielart der Theologie der Aufklärung.

zum Trotz eine grotesk-komische Seite haben soll, dafür
sorgt Lenz schon mit Hilfe der überraschenden Reaktion
Wenzeslaus' auf Läuffers entsprechende Mitteilung:

> LÄUFFER. [...] Ich weiß nicht, ob ich recht getan – Ich
> habe mich kastriert ...
>
> WENZESLAUS. Wa – Kastrier – Da mach ich Euch meinen
> herzlichen Glückwunsch drüber, vortrefflich, junger
> Mann, zweiter Origenes! [...] Ich kann's Euch nicht
> verhehlen, fast – fast kann ich dem Heldenvorsatz
> nicht widerstehen, Euch nachzuahmen. [...] Wär ich
> nicht über die Jahre hinaus, wo der Teufel unsern ers-
> ten und besten Kräften sein arglistiges Netz ausstellt,
> gewiß ich würde mich keinen Augenblick bedenken.
>
> (WuB 1,102 f.)[12]

Ernst gemeint ist zweifellos die entschiedene Kritik, die
der Geheime Rat am Hofmeister-Wesen zugunsten der öffentlichen Schulen übt (vgl. Bohnen, B 6: 1987). Lenz legt
dem Geheimen Rat regelrecht adelskritische Äußerungen in
den Mund, indem er ihn, wie zum Teil schon zitiert, gegen
die menschenunwürdige Abhängigkeit von Hofmeistern po-
lemisieren lässt: »Sklav ist er, über den die Herrschaft unum-
schränkte Gewalt hat« (WuB 1,56). Dazu kommen die den
adligen Nachwuchs korrumpierenden Folgen einer solchen
Erziehung, aufgrund deren der Zögling »zum hochadlichen
Dummkopf« wird, »die Nase von Kindesbeinen an höher
tragen lernt als andere [usw.]« (WuB 1,58). Nicht zuletzt hält
der Geheime Rat die Hofmeister in der Regel für charakterlich und fachlich nicht qualifiziert, eine Auffassung, die der
Schulmeister Wenzeslaus – im Falle Läuffers zumindest – offenbar teilt, wenn er nämlich Läuffers Fleiß in Zweifel zieht
und seine mangelhaften Lateinkenntnisse rügt (WuB 1,85).
Die Förderung der öffentlichen Schulen dagegen, so der Geheime Rat, käme Lehrern wie Schülern zugute: »das Student-

---

12 Origenes kastriert sich selbst »um des Himmelreichs willen« (Mt. 19,12),
   Läuffer dagegen aus »Reue, Verzweiflung –« (WuB 1,103).

chen müßte was lernen, um bei einer solchen Anstalt brauchbar zu werden, und das junge Herrchen [...] würde seinen Kopf anstrengen müssen, um es den bürgerlichen Jungen zuvorzutun, wenn es sich doch von ihnen unterscheiden will« (WuB 1,58). Eine Übertreibung ist es dann freilich, wenn der Geheime Rat es sogar noch den Bürgern als Schuld anlastet, dass sie, statt den Hofmeisterdienst zu verweigern, der Überheblichkeit der Adligen Vorschub leisteten.

Nebenbei: Lenz hält im Ganzen zu der Figur des Geheimen Rats die gleiche Distanz wie zu den anderen Figuren, auch wenn er ihn seine, des Autors Kritik am Hofmeisterwesen vortragen lässt. Diese Kritik, die von einer Wunschvorstellung ausgeht und letzten Endes auf eine Veränderung der bestehenden Verhältnisse zielt und die sich daher in eine Verbindung mit Lenz' ›Projektemacherei‹ bringen lässt, diese Kritik ist freilich kaum bruchlos in ein Drama zu integrieren, das mehr oder minder realistisch die gegebenen Verhältnisse darstellt. Wie am Ende der *Soldaten* der Reformvorschlag, den Lenz unterbreitet, aus der dramatischen Handlung herausfällt, so redet hier der Geheime Rat, der sich »gefahrlos [...] den Luxus progressiver Ideen leisten kann« (Hinderer, B 6: 1977, 72), über den Kopf des ›konservativen‹ Pastors Läuffer hinweg. Denn dieser Letztere, statt sich auf jene Wunschvorstellungen einzulassen, möchte einfach wissen, wovon sein Sohn leben soll. Das am Ideal orientierte Konzept und die realen Verhältnisse lassen sich nicht auf einen Nenner bringen (vgl. Scherpe, B 5: 1977).

Eine weitere Variante jenes Themas ›Erziehung‹ liefert die Dorfschule mittels der Gestalt des Schulmeisters Wenzeslaus. Im Unterschied zu den durchschnittlichen Lehrern, den »nüchternen *Subjecta*« mit ihren »pedantischen Methoden« (WuB 1,58), übererfüllt Wenzeslaus sein Soll und lehrt seine Schüler nicht nur »lesen und schreiben«, sondern »rechnen dazu und Lateinisch dazu und mit Vernunft lesen dazu und gute Sachen schreiben dazu« (WuB 1,84) – was die Dorfschüler allerdings mit diesen Fertigkeiten und zumal

mit den Lateinkenntnissen anfangen sollen, bleibt offen.
Wenn Wenzeslaus überdies die kärgliche Entlohnung durch
die Obrigkeit quasi aufstockt durch »Gottes Lohn«, nämlich
»ein gutes Gewissen« (WuB 1,84), dann ist eine solche
Selbstgenügsamkeit natürlich kein pragmatisches Modell für
die vom Geheimen Rat favorisierte Alternative zur Hof-
meister-Erziehung – Lenz kreist die eigentlich erwünschte
Schulform mehr durch Negativbilder ein, als dass er sie positiv vorführte. Am Rande könnte schließlich noch eine weitere Facette jenes Themenkomplexes in der universitären
Ausbildung in Halle und Leipzig liegen. Indessen ist in den
Studentenszenen nur einmal von einem »Kollegium« (WuB
1,105), also einer Vorlesung, die Rede; offenbar gibt es für die
Studenten viele andere und wichtigere Dinge als das Lernen.

Dass bei der gesamten Erziehungsthematik das weibliche
Geschlecht kaum zur Debatte steht, ist zeittypisch (vgl. Becker-Cantarino, B 6: 1987, 45–47). Eher um das weibliche
Geschlecht, von dem im Ganzen kein freundliches Bild entworfen wird (vgl. Lappe, B 6: 1980, 41–43), geht es dagegen
bei dem Thema der im 18. Jahrhundert wiederholt angepran-
gerten – weiblichen – ›Lesewut‹. Allgemein gefasst, handelt
es sich um die Frage, welche charakterprägenden oder immerhin verhaltenssteuernden Einflüsse von der Lektüre ausgehen. Genauer betrachtet, steht freilich die Befürchtung im
Vordergrund, dass die hemmungslose Romanlektüre zur
Unmoral verführe und zumindest lebensuntüchtig mache.
Lenz mokiert sich keineswegs über diesen patriarchalisch-
konservativen Argwohn;[13] vielmehr erweckt das Drama
durchaus den Eindruck, dass Gustchen unter dem Einfluss
ihrer Lektüre steht (vgl. Schmalhaus, B 5: 1994a, 68–73). »Sie
liegt Tag und Nacht über den Büchern und über den Trauerspielen da« (WuB 1,49), meint der Major. Dass Gustchen
nicht nur viel liest, sondern in ihrer Lektüre tatsächlich Ver-

---

13 Das Thema kehrt in den *Soldaten* wieder und erfährt eine Ergänzung in Lenz'
   durch und durch zeittypisch borniertem Vorstellungen von Mädchenerzie-
   hung (vgl. WuB 3,553–557).

haltensvorbilder findet, deutet ihre Äußerung gegenüber
Fritz von Berg an: »Sie werden's machen, wie im Gellert
steht [usw.]« (WuB 1,50). Ihre Selbststilisierung zur Julia, bekräftigt durch Fritz' Übernahme der Rolle des Romeo (WuB
1,50), veranlasst dann den Protest des Geheimen Rats: »Was
sind das für Romane, die Sie da spielen?« (WuB 1,52) Und als
später Läuffer im Gespräch mit ihr sich mit »Abälard« vergleicht, nennt sie sofort den passenden Roman, »die Neue
Heloïse« (WuB 1,69).[14] Ihre klischeereiche Sprache in derselben Szene – »ich bin schwach und krank; hier in der Einsamkeit unter einer barbarischen Mutter – Niemand fragt nach
mir […] O Tod! Tod! warum erbarmst du dich nicht!« (WuB
1,68) –, diese Sprache ist jedenfalls ein beredtes Zeugnis einer
allzu hemmungslosen Lektüre.

Der Hofmeister nimmt durchaus manche traditionellen
Lustspielmomente auf, zum Beispiel die sprechenden Namen – ein rauflustiger Student in Halle heißt eben ›Bollwerk‹
– oder das (freilich auf eine Szene beschränkte) Beiseite-
Sprechen, das ja immer an die Zuschauer adressiert ist –
Läuffer über Wenzeslaus: »Der wird mich noch zu Tode
meistern – Das unerträglichste ist, daß er recht hat –« (WuB
1,86). Dennoch hat das Stück einen wichtigen Anteil an den
dramengeschichtlichen Neuerungen des Sturm und Drang,
etwa hinsichtlich der erwähnten formalen Lockerungen. Bemerkenswert ist auch die gesteigerte Beweglichkeit und Dynamik des Bühnengeschehens, die sich in der Vielzahl der
Bühnenanweisungen niederschlägt und die die Einbeziehung nicht-sprachlicher Ausdrucksmittel signalisiert (vgl.
Madland, B 6: 1984; Schulz, B 6: 1994).

14 Der Philosoph Abélard (11./12. Jahrhundert) verführt seine Schülerin Heloïse und wird von ihren Verwandten kastriert. Der Roman *Julie ou la Nouvelle
Héloïse* von Jean-Jacques Rousseau erzählt von der Liebe zwischen einem
bürgerlichen Hauslehrer und seiner adligen Schülerin. Zu Lenz' ambivalen-
tem Verhältnis zu Rousseau im *Hofmeister* vgl. Diffey, B 5: 1981, 160–173.

Charakteristisch ist überdies eine stilistische Eigentümlichkeit, die *Der Hofmeister* ebenfalls mit anderen Dramen des Sturm und Drang wie dem Goethe'schen *Götz* teilt, nämlich die Vielzahl von Anspielungen, die interne Wechselbeziehungen herstellen und die so die im Vordergrund stehende Handlung und die unmittelbar handlungsbezogenen Äußerungen um allerlei Nebenbedeutungen und Bedeutungsnuancen anreichern. Wenn gleich in der zweiten Szene der Major beiläufig zu seinem Bruder sagt: »Aber sieh doch! da läuft ja eben dein gnädiger Junker [Fritz von Berg] mit zwei Hollunken aus der Schule heraus« (WuB 1,43), dann verweist das voraus auf das spätere Plädoyer des Geheimen Rats für die Gemeinschaftserziehung adliger und bürgerlicher Kinder in der öffentlichen Schule. Oder wenn, wie bereits zitiert, Gustchen Läuffer mit »Herrmannchen« anspricht, dann lässt sich das nicht nur auf dessen spätere Entmannung beziehen, sondern es ist auch eine ironische Anspielung auf den wachsenden Kult, der Anfang der siebziger Jahre im Göttinger Hain-Bund um Hermann den Cherusker betrieben wird, im Anschluss an Klopstocks Oden und sein Drama *Hermanns Schlacht* (1769), nachdem 1766 mit Johann Elias Schlegels *Herrmann* (1743) das Leipziger Theater eröffnet worden war (unter den Zuschauern war auch Goethe gewesen).

Ein dazu komplementärer Zug verdient indessen mindestens genauso viel Beachtung, nämlich der Verzicht auf die Ausformulierung von Details zugunsten bloßer Andeutungen. Lenz räumt – im Zusammenhang mit seinem nächsten Drama, dem *Neuen Menoza* – ein, dass diese Zurückhaltung das Risiko von Undeutlichkeit oder Fehldeutungen einschließt, und meint dazu: »Ich möchte immer gern der geschwungnen [in Schwung geratenen] Phantasei des Zuschauers auch was zu tun und zu vermuten übrig lassen, und ihm nicht alles erst vorkäuen« (WuB 2,703). Dieses Prinzip der poetischen Andeutungen und der Mitwirkung des entziffernden Rezipienten erscheint uns heute selbstverständlich; wir sind uns im Allgemeinen dessen bewusst, dass Literatur

in hohem Maße vom Nicht-Gesagten und nur Angedeuteten
lebt (daher bedarf sie ja auch der Interpretation). Indessen
gelangen die Literaten des 18. Jahrhunderts erst allmählich
zu dieser Auffassung – jenseits der rationalistischen Frühphase der Aufklärung (wobei Klopstock eine bedeutende
Rolle spielt[15]) –, und Lenz gehört eben zu denjenigen, die
sich darauf dann bewusst einstellen (vgl. Schwarz, B 5: 1985,
99–102; Wirtz, B 5: 1989). Ein kleines Beispiel für diesen Andeutungsstil aus der zuletzt berührten Szene – Läuffer im
Gespräch mit Gustchen, die matt auf ihrem Bett liegt:

> LÄUFFER *([…]) sieht sie eine Weile stumm an).* Es könnte
> mir gehen wie Abälard –
>
> GUSTCHEN *(richtet sich auf).* Du irrst dich – Meine
> Krankheit liegt im Gemüt – Niemand wird dich mut
> maßen – *(Fällt wieder hin.)*   (WuB 1,69)

Inwiefern irrt Läuffer sich? Er hat Gustchen eine Weile
stumm angeschaut, also über sie nachgedacht, und vermutet
nun, ihre Mattigkeit habe eine körperliche Ursache, aus der
man Rückschlüsse auf ihn ziehen könne. Er meint also, sie
sei schwanger und es könnte ihm gehen wie Abälard, der
kastriert wurde, nachdem seine Schülerin ein Kind von ihm
bekommen hatte (vgl. Titel, B 6: 1963, 118f.; Lappe, B 6:
1980, 18). – Lenz entwickelt hernach diesen Andeutungsstil
noch weiter bis zu jenem »Lapidarstil« (Höllerer, B 6: 1958,
138), dessen er sich dann in den *Soldaten* bediente und der –
zumindest ansatzweise – der Sprache der Gesten mitunter
mehr an Informationen zutraut als den ausgesprochenen
Worten (vgl. Madland, B 6: 1984).

Der Hofmeister ist als Einziges von Lenz' Dramen zu
Lebzeiten des Autors aufgeführt worden, und zwar 1778 in

---

15 In seiner Schrift *Von der Darstellung* (1779) verweist Klopstock auf »das
Wortlose« (also Nicht-Ausgesprochene), das in einer guten Dichtung umherwandle »wie in Homers Schlachten die nur von wenigen gesehenen Götter«.
Friedrich Gottlieb Klopstock, *Ausgewählte Werke*, hrsg. von Karl August
Schleiden, München 1962, S. 1036f.

Hamburg von Friedrich Ludwig Schröder, dem bedeutendsten Theaterleiter zur Zeit des Sturm und Drang (vgl. Genton, B 12: 1966, 65–95; Madland, B 12: 1987; Harris, B 12:
1993). Schröder, der mit seinen Inszenierungen von Dramen
Shakespeares und solchen der Sturm-und-Drang-Gene-
ration einen wichtigen Beitrag zur Theatergeschichte des
18. Jahrhunderts liefert, bearbeitet das Lenz'sche Stück allerdings in nicht unerheblichem Maße, er kastriert es gleichsam,
indem er die dem Publikum nicht zumutbare Kastration
Läuffers streicht und die mehrsträngige Handlung auf eine
Läuffer-Gustchen-Handlung reduziert mit einem Hoch-
zeits-Happy-End und mit der Aussicht sogar auf eine Nobi-
litierung Läuffers (welchletztere freilich als eine ganz hypo-
thetische Möglichkeit auch in Lenz' Text erwähnt wird
[WuB 1,94]).

Nach der letzten zeitgenössischen Aufführung (1791 in
Mannheim) wird das Stück erst 1950 wieder auf die Bühne
gebracht, und zwar in Bertolt Brechts Berliner Ensemble.
Brecht erkennt die kritischen Potenzen des Stücks, nur
dehnt er die Kritik aus auf die ständische Ordnung überhaupt (unter Einschluss auch des Bürgertums), wobei der
Hofmeister zum Repräsentanten eines im Ganzen überleb-
ten Erziehungssystems wird.[16] Kurioserweise kann man darin eine »fortschrittliche Rücknahme des ›Hofmeisters‹« sehen (Grathoff, B 12: 1985, 195): während nämlich Lenz mit
seinen formalen Eigenwilligkeiten gegen die Konventionen
verstößt, nimmt Brecht diese Verstöße zurück, um das kritische Potential seiner eigenen Fassung abzusichern; er glättet
Unebenheiten, mittels derer Lenz sich von der vorausgehenden Dramatik des 18. Jahrhunderts abgesetzt hat, damit nunmehr die weniger sperrige Fassung eine dem 20. Jahrhundert
gemäße kritische Sicht in unmissverständlicherer Weise er-
mögliche.

16 Vgl. dazu u. a. Genton, B 12: 1966, 200–212; Schoeps, B 12: 1975; Kitching,
   B 12: 1976; Hinck, B 12: 1978; Zimmermann, B 12: 1983; Stephan/Winter,
   B 12: 1984, 178–210; Arendt, B 6: 1992, 62–69.

Der neue Menoza

Im Anschluss an den *Hofmeister* und vor den *Soldaten*
schreibt Lenz eine fünfaktige Komödie mit dem Titel *Der
neue Menoza oder Geschichte des Cumbanischen Prinzen
Tandi*. Das Stück, entstanden 1773, erscheint 1774 und findet Zustimmung allenfalls bei einigen Freunden Lenz'. Unter ihnen ist Schlosser, der, wie oben erwähnt, sogar eine
Verteidigungsschrift verfasst.[17] Im Ganzen aber überwiegen
die negativen Stimmen, darunter die Wielands; ein zeitge-
nössischer Briefschreiber meint sogar, »die Träume eines
betrunkenen Wilden könnten nicht verrückter sein« (WuB
1,721). Lenz veröffentlicht daher 1775 eine *Rezension des
Neuen Menoza von dem Verfasser selbst aufgesetzt*, in der
er sich zu rechtfertigen versucht. Solche Selbstrezensionen
sind in der Zeit nicht unüblich (ein berühmtes Beispiel ist
Schillers Rezension zu seinen *Räubern*). Lenz akzeptiert in
der Selbstrezension einen Teil der Einwände, er versucht
andererseits, die Ungewöhnlichkeit einiger Charaktere und
Handlungselemente zu verteidigen, und entwickelt einige
über den aktuellen Anlass hinausgehende allgemeinere dramentheoretische Auffassungen, die unten im Abschnitt
über die theoretischen Schriften erläutert werden sollen.
Kurz zusammengefasst, handelt es sich dabei unter anderem um den Andeutungsstil, von dem eben die Rede gewesen ist, weiterhin um die für die Bühne nötige »Verstärkung« charakterlicher Konturen (WuB 2,701), also ihre tendenziell karikaturistische Verdeutlichung, und schließlich
um die Zeitgemäßheit einer »komisch und tragisch zugleich« (WuB 2,703) wirkenden Komödie. Was die »Verstärkung« betrifft, so besitzen die karikaturistischen Züge
zweifellos ein viel größeres Gewicht als im vorausgehenden
und im nachfolgenden Stück (vgl. Luserke, B 6: 1993, 56).

17 *Prinz Tandi / An den Verfasser des neuen Menoza / Naumburg im August
1775*, abgedruckt in: GS 2, 461–474; Unglaub, B 6: 1987, 144–153.

Und in der zuletzt genannten Hinsicht begegnet Lenz dem
Einwand Wielands, das Stück sei ein »Mischspiel« und
nicht eine Komödie, mit dem Hinweis auf den aktuellen
Zustand der Gesellschaft und des Publikums, für das er
schreibe und das sich eben in einem Übergangszustand
befinde, nämlich selbst ein »Mischmasch von Kultur und
Rohigkeit« (WuB 2,703 f.) sei.

Zunächst zum Titel des Stücks. ›Menoza‹ heißt der Titelheld eines Romans des dänischen Gelehrten, Schriftstellers
und Geistlichen Erik Pontoppidan (vgl. Unglaub, B 6: 1989).
Menoza ist ein asiatischer Prinz und entspricht dem Typus
des ›edlen Wilden‹, der (nach dem Vorbild von Montesquieus
Lettres persanes) in die christlich-abendländische Welt gelangt und hier statt der erwarteten Kultur und Zivilisiertheit
vornehmlich auf Kultur- und Sittenlosigkeit trifft, auf Aber-
glauben, Dummheit und Überheblichkeit. Mit dem Titel signalisiert Lenz also bereits den zivilisationskritischen Gehalt
des Stücks, indem er den Prinzen Tandi aus Cumba, einem
erfundenen Königreich in Hinterindien, auf den Typus des
edlen Wilden festlegt.

Das Stück spielt »hie und da«, so Lenz' scherzhafte Orts-
angabe, tatsächlich aber überwiegend im sächsischen Naumburg, wo die Familie von Biederling lebt, also gewissermaßen im Einflussbereich der ›sächsischen Typenkomödie‹ der
Aufklärung (vgl. Hinck, B 6: 1965). Zur Familie, deren sprechender Name bereits die bürgerliche Mentalität (trotz der
Zugehörigkeit zum Adel) signalisiert, gehören Herr und
Frau von Biederling, dann die heiratsfähige Tochter Wilhelmine und ein leider verschollener Sohn. Herr von Biederling,
der im (dritten) »schlesischen Krieg« (WuB 1,181), also im
Siebenjährigen Krieg, gedient hat, gibt sich offenbar von jeher bestimmten »Projekten« (WuB 1,130) hin; er verkörpert
mithin den Typus des ›Projektemachers‹, und tatsächlich hat
er – ähnlich wie der Major von Berg (aus dem *Hofmeister*) –
vor allem Feldbau und Landwirtschaft (WuB 1,141, 142), die
Anpflanzung von Maulbeerbäumen (WuB 1,133) und die

Seidenraupenzucht (WuB 1,130, 164) im Sinn (vgl. Unglaub, B 6: 1989, 18 f.).

Im Umkreis der Familie finden sich noch einige mehr oder minder karikierte Gestalten: Herr von Zopf, ein Edelmann aus Tirol, »ein großer Verehrer von den Jesuiten« (WuB 1,132), dann Herr Zierau, ein eingebildeter Student, der sich mit den schönen Künsten beschäftigt und dem »der unsterbliche Wieland« (WuB 1,134) über alles geht (vgl. Pizer, B 6: 1994), sowie der Magister Beza, der an der berühmten (unter anderem von Klopstock besuchten) Lehranstalt Schulpforta unterrichtet und der von Lenz in zwei verschiedenen (und eigentlich nicht miteinander verbundenen) Weisen als Vehikel der satirischen Kritik eingesetzt wird: zuerst ist er ein engstirniger Pietist, »ein erklärter Feind aller Freuden des Lebens« (WuB 1,146); hernach vertritt er (in Fragen der Ehemoral) eine eher wetterwendische Haltung der Theologie (vgl. Hinck, B 6: 1965, 85; Unglaub, B 6: 1989, 20, 26).

Neben diesen der Mentalität nach bürgerlichen Gestalten gibt es eine zweite Figurengruppe: Graf Camäleon – abermals ein sprechender Name – ist ein übler Schuft; er ist mit der exaltierten Donna Diana, einer spanischen Gräfin, liiert und befindet sich gegenwärtig gemeinsam mit ihr auf der Flucht, nachdem sie beide den Vater Donna Dianas vergiftet und ihrer Mutter den Schmuck gestohlen haben. Donna Diana verkörpert den Typus des ›rasenden Weibes‹ wie vor ihr Johann Elias Schlegels Dido (und im englischen Drama George Lillos Milwood), wie dann Lessings Marwood und Gräfin Orsina, Goethes Adelheid von Walldorf und später mit Einschränkung noch Schillers Lady Milford. Ein Zitat:

> […] ich will ihn [den Grafen] verwirren, verzweifeln, zerscheitern durch meine Gegenwart. Wie ein Gott will ich erscheinen, meine Blicke sollen Blitz sein, mein Othem Donner […]. Er soll in seinem Leben vor keinem Menschen, vor Gott dem Allmächtigen nicht

so gezittert haben – die verächtliche Bestie! Wenn
ich nur in Madrid wäre, ich ließ' ihn in meinem Tier-
garten anschließen!   (WuB 1,163)

Zu Graf Camäleon gehört noch der Diener Gustav und zu
Donna Diana die Amme Babet. – Und nicht zuletzt ist da
noch der schon erwähnte Prinz Tandi, der ›edle Wilde‹, dem
in Europa allerlei Enttäuschungen bevorstehen.

Nun zur Handlung. Der Prinz hat in Dresden Herrn von
Biederling kennen gelernt und ist nach Naumburg gekommen, wo er sich in Wilhelmine verliebt. Graf Camäleon, der
in einiger Entfernung Donna Diana hat sitzen lassen, taucht
auf, macht sich an Wilhelmine heran, wird aber vom Prinzen
in die Schranken gewiesen. Wilhelmine erwidert des Prinzen
Zuneigung, die Eltern willigen ein, so dass bereits im dritten
Akt die jungen Leute ein Paar sind. – Dazwischen geschoben
sind einige Szenen, die – mit Donna Diana im Zentrum – einen zweiten Handlungsstrang bilden. Donna Diana ist gerade noch dem Versuch von Camäleons Diener Gustav, sie zu
vergiften, entgangen, sie tobt und schäumt ohne Pause, greift
wiederholt nach dem Dolch, um ihren Vorstellungen Nachdruck zu verschaffen, und beschließt endlich, dem vor ihr ge-
flohenen Grafen Camäleon nachzureisen. Sie erfährt zwar
brieflich von ihrer Mutter und mündlich von ihrer Amme,
dass sie als Kind vertauscht worden und daher gar nicht
Donna Diana sei; das spielt aber für ihr Selbstverständnis
keine Rolle. Den erwähnten Typus des rasenden Weibs verkörpert sie eben nicht aus genetisch-biologischen, sondern
aus dramaturgischen Gründen, als Gegenfigur zu der sittsa-
men Wilhelmine.

Zurück zum ersten Handlungsstrang, der nun ebenfalls
mit Komplikationen ausgestattet wird. Herr von Zopf, von
weither heimkehrend, sucht Familie von Biederling auf und
verkündet den glücklich Vermählten Tandi und Wilhelmine,
die gerade auf dem Sofa miteinander turteln, eine erschüt-

ternde Neuigkeit: »Umarmen Sie sich. Sie sind Bruder und
Schwester« (WuB 1,159). Das ist eine Pointe, deren Verblüf-
fungseffekt bis heute wirksam sein dürfte. Dennoch äußert
Lenz selbstkritisch in einem Brief vom 28. August 1775 an
Herder: »Ich verabscheue die Szene nach der Hochzeits-
nacht. Wie konnt ich Schwein sie auch malen!« (WuB 3,333)
Offenbar wirkt da die Kritik nach, die der prüde Freund
Schlosser in seiner im selben Monat erschienenen Verteidi-
gung des *Neuen Menoza* an dieser Szene geübt hat: »Ach
Lenz vertilge die Szene, die du so ganz verzeichnet hast« (GS
2, 473).

Wie Herr von Zopf herausbekommen hat, ist Tandi der
verschollene Sohn der Familie. Dass Eheleute entdecken,
dass sie Geschwister sind, das kommt auch schon in Christian Fürchtegott Gellerts Roman *Leben der schwedischen
Gräfin von G**** vor und ist somit eine Pikanterie, auf die
nicht erst Lenz verfällt. Die Verzweiflung der Jungvermähl-
ten ist jedenfalls groß, und zwar derart, dass der mitfühlende
Herr von Biederling beschließt, nach Dresden zu reisen, um
von dem Konsistorium, der obersten religiösen Behörde des
Landes, eine Ausnahmegenehmigung für die ungewöhnliche
Ehe seiner Kinder zu erlangen. Erstaunlicherweise gelingt
ihm das – die Moralbegriffe der Theologen, die offenbar wie
Magister Beza meinen, »daß Gott die nahen Heiraten nicht
verboten hat« (WuB 1,174), sind offensichtlich laxer als diejenigen der sich sittsam sträubenden vermählten Geschwister und insbesondere des Wilden Tandi, der nicht im Zustand
der »Sünde« (WuB 1,170, 186) leben möchte. In der Folge
wird bekannt, dass Wilhelmine gar nicht zur Familie gehört,
sondern seinerzeit mit Donna Diana vertauscht worden ist.
Also ist Donna Diana die wahre Schwester Tandis, und Tandi und Wilhelmine können ein Paar bleiben, ohne der Religion und der Tugend zu nahe zu treten.

Es kommt zu einem furiosen Finale: während eines Mas-
kenballs versucht Graf Camäleon, die unter einer Maske verborgene vermeintliche Wilhelmine zu vergewaltigen und

dann, da sich unter dieser Maske in Wirklichkeit Donna Diana verbirgt, diese Letztere zu erwürgen. Donna Diana indessen ersticht ihn, und der Diener Gustav, der, rasend verliebt in Donna Diana, drauf und dran gewesen ist, seinerseits den Grafen zu erstechen, erhängt sich.[18] Und in einem angehängten Schluss wird der Student Zierau von seinem wackeren Vater verhauen, weil er diesem dessen ständige Besuche des Naumburger »Püppelspiels« madig machen wollte.[19]

Das Stück bietet eine nachgerade groteske Sammlung von Motiven und Themen, deren Verknüpfung das eigentliche dramaturgische Problem ist, während die Einzelelemente sich durchaus als zeittypisch erkennen und je für sich würdigen lassen. Im Zentrum der eigentlichen Lustspielelemente steht die mit mildem Spott dargestellte bürgerliche Familie – bürgerlich der Gesinnung nach –, ergänzt um einige eher schrullig wirkende und insofern typisch lustspielhafte Figuren. Das entsprechende Hauptmotiv, die Liebesgeschichte, wird angereichert um das nicht von vornherein komische, aber jedenfalls Spannung erzeugende Motiv der vertauschten Kinder.

Zu diesem ersten Komplex kommen zwei andere Komplexe hinzu. Da ist zum einen die mit einem Hauch Exotik versehene Figur des Prinzen Tandi und das Thema der Zeit- und Kulturkritik. Tandi, einerseits Lenz' Sprachrohr und andererseits ein Mitspieler, der als Einziger von aller karikaturistischen Relativierung ausgenommen bleibt (vgl. Rector, B 6: 1989), Tandi also ist – wie vor ihm der Vertreter des gleichen Typus – nach Europa gekommen, um »die Sitten der aufgeklärtesten Nationen Europens kennen zu lernen« (WuB

---

18 Auch Franz, Weislingens Bube im *Götz*, ist rasend verliebt in ein Machtweib, Adelheid von Walldorf, begeht einen Giftmord (an Weislingen) und nimmt sich das Leben. Trotz der Modifikationen (Gustavs Giftmordanschlag gelingt nicht, und er gilt Donna Diana und nicht seinem Herrn) sind die Analogien so auffällig, dass man annehmen kann, dass Lenz hier das Goethe'sche Stück ein wenig parodiert.

19 Zum Straßburger Marionettentheater vgl. Genton, B 12: 1966, 26–28.

1,133). Was er als der an das gottesfürchtige und gemein-
schaftsorientierte Leben in Cumba gewöhnte edle Wilde
(WuB 1,155 f.) in Europa indessen zu sehen bekommt, stößt
ihn ab: Oberflächlichkeit, Hinterlist, Wollust statt wahrer
Empfindung, Brutalität, unter Schminke verborgen, statt
echter Tugend, Laster, Niedertracht usw. So lautet jedenfalls
die Diagnose des Prinzen, der – in Opposition zu Gesellschaft und Zivilisation – die ›Natürlichkeit‹ des Menschen
verkörpert (vgl. Koneffke, B 6: 1990), eine Diagnose, die
ganz im Sinne Rousseaus ist (vgl. Diffey, B 5: 1981, 173–187),
auch wenn Lenz bis zu den Jahren 1774/1775 ein eher ambi-
valentes Verhältnis zu Rousseau hat (vgl. Diffey, B 5: 1981,
201 und pass.; vgl. auch Unglaub, B 6: 1989, 26). Da diese
Kritik sich auf die »aufgeklärtesten Nationen Europens« bezieht, ist die Zivilisationskritik zugleich Aufklärungskritik;
Tandi erweist sich in dieser Hinsicht als der wahrhaft Aufgeklärte. Insbesondere wird im Zusammenhang mit dem ver-
meintlichen Inzest die natürliche Sittsamkeit Tandis satirisch
kontrastiert mit den laxeren Moralauffassungen der angeblich höher stehenden Kultur und Religiosität.

Darüber hinaus – das bildet den zweiten der hinzukommenden Komplexe – wird jene Bürgerwelt der Biederlings
auch noch konfrontiert mit ausgesprochen fremdartigen Figuren aus dem Adel, mit dem ruchlosen Grafen Camäleon
und der exzentrischen spanischen Gräfin Donna Diana. Mit
diesen Figuren verbindet sich eine Handlung, die, wiewohl
blutig endend, aufgrund ihrer schrillen Momente wie eine
Tragödien-Parodie anmutet. Insofern wird man den *Neuen
Menoza* übrigens kaum als Tragikomödie einstufen können;
stattdessen ist unter anderem vorgeschlagen worden, das
Stück als eine »literarisierte Improvisationskomödie« (Pastoors-Hagelüken, B 6: 1990, 125, 176) zu sehen oder als »eine
apokalyptische Farce« (Liewerscheidt, B 6: 1983) oder als
eine in beliebige Richtungen zielende Rundum-Parodie (so
Gerth, B 6: 1988, der argwöhnt, Lenz habe die Kontrolle
über sein Stück verloren).

Zu guter Letzt erlaubt die Komödie sich in den beiden Schlussszenen noch eine Art Anhang, eine kleine poetologische Diskussion über die theatrale Illusion und die drei Einheiten und damit implizit den Hinweis, dass sie selbst sich nicht an die Normen der alten Regelpoetik gehalten hat.

Dass die Zeitgenossen die Diskrepanz dieser verschiedenen Komplexe nicht als ästhetisch reizvoll, sondern im Gegenteil als befremdlich empfunden haben, ist nachvollziehbar. Dennoch gibt es Spielelemente, die sich quer durch die verschiedenen Komplexe hindurch verfolgen lassen und die daher integrativ wirken. Dazu gehört zum Beispiel eine bemerkenswerte Beweglichkeit des Bühnengeschehens, eine Beweglichkeit, die zeitweise eine komödiantische Haltlosigkeit erscheint – zum Beleg dafür sei eine kleine Serie von Bühnenanweisungen zitiert: Wilhelmine fällt »in Ohnmacht« (WuB 1,128); Prinz »[w]irft sich nieder in ein Gesträuch« (WuB 1,136); Donna Diana »[w]irft sich auf einen Stuhl«, »springt auf und reißt sie [ihre Amme] zur Erde«, »[h]ebt sie auf«, »[f]ällt auf die Knie vor ihr« (WuB 1,139); Prinz liegt »[i]hr [Wilhelmine] ohnmächtig zu Füßen«; Wilhelmine »fällt auf ihn«; Herr von Biederling »[f]ällt hin« (WuB 1,152); Herr von Biederling »wirft ihn [Graf Camäleon] zu Boden« (WuB 1,154); Wilhelmine »fällt auf den Sofa zurück«, »fällt in Ohnmacht« (WuB 1,160); Gustav »fällt vom Pferde« (WuB 1,168); Lahmer »fällt überlang«, »fällt wieder zu Boden« (WuB 1,172f.); Prinz »[f]ällt auf eine Grasbank« (WuB 1,175); Gustav »[f]ällt« (WuB 1,182); Graf und Donna Diana »liegen beide auf der Erde« (so der Kommentar Zieraus); Donna Diana »[f]aßt ihn [Zierau] an Schopf und wirft ihn zum Grafen auf den Boden«; Gustav »hat sich erhenkt«, Graf »[f]ällt in Ohnmacht« (WuB 1,184f.).

Die Soldaten

Die Figur des Kämpfers, anknüpfend an überlieferte heroisch-kriegerische Gestalten, begegnet wiederholt in der Dramatik des Sturm und Drang – man denke an Goethes Götz oder Klingers Guelfo (*Die Zwillinge*) –, nicht jedoch in den wichtigeren Stücken Lenz' und vor allem nicht dort, wo man sie dem Dramentitel nach am ehesten erwarten könnte, nämlich in den *Soldaten*. Dieses zweite der beiden berühmteren Dramen ist 1774/1775 entstanden und 1776 erschienen und wird erst 1863 in stark bearbeiteter Form (unter dem Titel *Soldatenliebchen*) in Wien aufgeführt (vgl. Genton, B 12: 1966, 97–113).

Wie der Titel erkennen lässt, geht es um einen ganzen Berufsstand, und die ›Sache‹, mit der sich die Komödie befasst, ist die staatlich vorgeschriebene (und nur in Ausnahmefällen eingeschränkte) Ehelosigkeit der Soldaten mitsamt ihren sozialen Folgen. Lenz hat ja vom Frühjahr 1771 bis zum Herbst 1774 als Gesellschafter der Brüder von Kleist im französischen Kriegsdienst die Probleme des Soldatenstandes aus nächster Nähe kennen gelernt und ist insbesondere Zeuge des Liebesverhältnisses zwischen Friedrich Georg von Kleist, dem älteren der Brüder, und Cleophe Fibich, der Tochter eines Straßburger Goldschmieds, geworden – dies ein biographischer Hintergrund, von dem das Drama sich aber alsbald ablöst und über den hinaus es sich um einen Reformanstoß bemüht.

Das Stück spielt in mehreren Orten in Nordfrankreich (bzw. im heutigen Südbelgien), unter anderem in Lille und in Armentières. Wesentlich für die Dramaturgie sind die ständigen Ortswechsel, ähnlich wie im *Hofmeister* und im *Neuen Menoza*, hier aber noch auffälliger, weil die Szenen zum Teil noch kürzer sind. Abgesehen von der auch spürbaren Lust, gegen die Regel der Ortseinheit möglichst auffällig zu verstoßen, bringen diese schnellen Ortswechsel eine besondere Dynamik in den dramatischen Ablauf (vgl. Höllerer, B 6: 1958, 130 f.) – ein Brief, der in der ersten Szene geschrieben wird, ist in der zweiten bereits angekommen –, und sie suggerieren wie in den anderen beiden Dramen mit dem schnellen Perspektivenwechsel bisweilen die Vorstellung der Simultaneität von voneinander unabhängigen Vorgängen (besonders im vierten Akt). – Die zeitlichen Abmessungen liegen wohl bei zwei bis drei Jahren (zwischen dem vierten und dem fünften Akt liegen jedenfalls zwei Jahre).

Konstitutiv für die Handlung ist die Differenz der Stände Bürgertum und Adel. Das Bürgertum ist vertreten unter anderem durch die Familie Wesener in Lille, der Adel unter anderem durch die Offiziere einer Garnison in Armentières. Der Vater Wesener ist Galanteriewarenhändler, er handelt also mit Mode-, Putz- und Schmuckwaren und hat es daher von Berufs wegen mit Kundschaft aus dem »Rokoko-Adel« (Lützeler, B 6: 1987, 133 f.) oder solcher aus dem gehobenen Bürgertum zu tun. Das mag mit ein Grund dafür sein, dass er die Schranken zwischen den Ständen nicht für grundsätzlich unüberwindbar hält und jedenfalls die Möglichkeit einer Heirat mit einem Adligen für seine Tochter Mariane[20] nicht ausschließt. Die Mutter Wesener spielt nur eine Nebenrolle und besitzt nahezu kein eigenes Profil; in zwei der fünf Szenen, in denen sie vorkommt, sagt sie kein einziges Wort (I,5 und IV,7).

Zu der Familie Wesener gehören zwei Töchter, Charlotte, die ältere (vgl. WuB 1,201), die ebenfalls eher eine Nebenrolle spielt, und die keckere und hübschere Mariane, die der Liebling ihres Vaters ist und die als die zentrale Person gelten kann, nicht aber eigentlich als Hauptperson – ähnlich wie im *Hofmeister* und im *Neuen Menoza*, wo ja ebenfalls die Figuren, auf die der Titel zielt, im Gedränge der Personen etwas untergehen. Auch hier dient die Darstellung des Schicksals

20 Der Name ›Mariane‹ – so in der Handschrift – ist im Erstdruck, den manche Textausgaben zugrunde legen, geändert in ›Marie‹. Dass im Übrigen einmal von einem Bruder die Rede ist (WuB 1,241), ist wohl ein Versehen Lenz'.

einzelner Personen der weitergehenden Gesellschafts- und
Zustandsschilderung.

Unter den übrigen bürgerlichen Figuren sind noch Stolzius und seine Mutter zu nennen. Stolzius ist Tuchhändler in
Armentières und Tuchlieferant für die Garnison (was beiläufig ein Licht auf die auch wirtschaftliche Bedeutung der Soldaten für die bürgerliche Bevölkerung wirft). Vor allem aber
macht Stolzius sich begründete Hoffnung auf Mariane (und
er bezeichnet sie am Ende als seine ehemalige »Braut« [WuB
1,244]). Schließlich gibt es noch einige Nebenfiguren, unter
ihnen den Feldprediger Eisenhardt, der zur Garnison gehört,
und den Juden Aaron.

Im Kreis der Adligen steht allen voran eine Gräfin La
Roche, eine edelmütige Gestalt, in der Lenz der Schriftstellerin Sophie von La Roche seine Reverenz erweist. Hinsichtlich der Offiziere ist Lenz um Differenziertheit bemüht: der
Oberst Graf von Spannheim ist ein positiv gezeichneter
rechtlich denkender Mann, während andere Offiziere vor allem ihr mehr oder minder grobes Vergnügen im Kopf haben,
so der zynische Haudy oder der intellektuell minderbemit-
telte Rammler, den schon sein Name denunziert. Aus dem
Rahmen fällt der philosophierende Spinner Pirzel, der mit
seinen dauernden metaphysischen Problemen seiner Umgebung auf die Nerven geht und den Prediger Eisenhardt zu
dem Seufzer veranlasst: »O Soldatenstand, furchtbare Ehlo-
sigkeit, was für Karikaturen machst du aus den Menschen«
(WuB 1,221) – eine scherzhafte Abwandlung des Hauptthe-
mas. Wichtiger für die Handlung sind aus diesem Kreis der
Baron Desportes, der Marianes Unglück und das der Familie
Wesener verschuldet, und sein Freund Mary, der daran ebenfalls beteiligt ist. Desportes, der adlige Verführer, ist nicht
einfach die Verkörperung des schlechthin Bösen; aber er ist
vor allem auf sein Vergnügen aus, er ist leichtfertig und ver-
antwortungslos, dies auch in Gelddingen, und wenn ihn
doch einmal sein Gewissen bedrängt (WuB 1,240), dann bemüht er sich erfolgreich um dasjenige Maß an Zynismus, das

Jacob Michael Reinhold Lenz
Bleistiftzeichnung von Johann Heinrich Pfenninger

ihm über die Gewissensbisse hinweghilft. Mary, weniger kalt
als Deportes und zeitweilig »zum Rasendwerden verliebt«
(WuB 1,232) in Mariane, bekundet zwar während dieser Verliebtheit den Wunsch, sie zu heiraten (WuB 1,232, 242), lässt
sich davon aber alsbald wieder abbringen.

Das Stück ist zwar um ein Drittel kürzer als *Der Hofmeister*, auch kürzer als *Der neue Menoza*, und erscheint thematisch konzentrierter; aber auch hier werden dem Haupt-
handlungsstrang einige Anreicherungen beigegeben. Im
Zentrum steht die Geschichte Marianes, genauer: ihr Niedergang, verknüpft mit dem Niedergang ihrer Familie. Es
gibt aber zudem eine Reihe von Szenen, in denen – in etwas
lockerer Verknüpfung mit dem Hauptstrang – andere Personen wie die Gräfin La Roche und ihr Sohn in den Vordergrund treten. Und schließlich sind einige Einzelszenen
eingestreut, in denen das Leben und Treiben der adligen
Soldaten in Armentières episodisch geschildert wird.

Nun zur Handlung. Mariane ist verliebt in Stolzius, aber
nicht mit ihm verlobt, so dass beider Beziehung noch relativ
locker ist. Stolzius seinerseits ist so sehr in Mariane verliebt,
dass er davon sogar Kopfschmerzen bekommt. Indessen
lässt Mariane die Beziehung ruhen, als Baron Desportes ihr
den Hof zu machen beginnt. Der Vater Wesener reagiert darauf ohne Argwohn, da er Desportes' Eltern seit Jahren mit
Waren beliefert. Als Desportes freilich mit Mariane ins Theater gehen möchte, verweigert der Vater die Erlaubnis, was die
Tochter jedoch nicht von einem heimlichen Theaterbesuch
mit Desportes abhält. Der im Grunde schwache Vater ist erst
entrüstet, dann lenkt er ein und erlaubt sogar weitere Thea-
terbesuche – nur solle Mariane so tun, als wisse er, der Vater,
nichts davon. Schließlich meint er gegenüber Mariane:
»Kannst noch einmal gnädige Frau werden närrisches Kind.
Man kann nicht wissen was einem manchmal für ein Glück
aufgehoben ist« (WuB 1,204). Während es in vergleichbaren
Dramen dieser Zeit meist die Mütter sind, die mit einer Stan-

deserhöhung der Töchter liebäugeln, wohingegen die Väter die Standesschranken respektieren – so in Lessings *Emilia Galotti* (1772), Wagners *Kindermörderin* (1776) und Schillers *Kabale und Liebe* (1784) –, ist es hier der Vater selbst, der der eigenen Tochter Flausen in den Kopf setzt.

Das Unglück nimmt seinen Lauf. Stolzius wird immer verzweifelter, während Mariane immer mehr von Desportes umgarnt wird. Eines Tages freilich ist Desportes verschwunden und hinterlässt nur Schulden, für die indessen Wesener bürgt. Stolzius, der bei aller seiner Verliebtheit sich nicht zu einem entschlossenen Handeln aufraffen kann (vgl. McInnes, B 6: 1977, 98 f.), wird Soldat, und zwar als Bedienter des Offiziers Mary, der mit Desportes befreundet ist und mit dem Mariane anbandelt, um über ihn etwas über Desportes' Verbleib zu erfahren. Als nun auch noch – als eine neu eingeführte Figur – der Sohn der Gräfin La Roche sich für Mariane zu interessieren beginnt, greift die Gräfin selbst ein. Sie argwöhnt, dass Mariane, verführt durch falsche Lektüre, über ihren bürgerlichen Stand hinausstrebe und auf die schiefe Bahn zu geraten drohe, und nimmt sie daher zu sich, jedoch ohne dauerhaften Erfolg. Mariane entflieht, sie begibt sich auf den Weg zu Desportes, der jedoch, um sich ihrer zu erwehren, ihr einen seiner Jäger entgegenschickt und sie diesem als Beute überlässt (ob er es ernst meint, dass sein Jäger sie heiraten könnte, wie er später behauptet [WuB 1,242], bleibt offen).

Der fünfte Akt spielt zwei Jahre später. Die Familie Wesener ist aufgrund der verlorenen Bürgschaft (vgl. WuB 1,240) völlig heruntergekommen, Wesener hat sein Geschäft seit zwei Jahren darniederliegen lassen; Mariane ist verschwunden. Desportes, der sich zwischenzeitlich mit der Überlegung beruhigt hat: »Kann ich dafür daß sie so eine wird«? (WuB 1,240), konstatiert nun zynisch: sie »ist eine Hure vom Anfang an gewesen« (WuB 1,242). Stolzius, nach wie vor fixiert auf Mariane, nutzt seine Stellung bei Mary, um Desportes zu vergiften, er nimmt selbst Gift und stirbt mit den Worten: »Du bist gerochen meine Mariane! Gott kann mich nicht verdammen« (WuB 1,244). Wesener, der weiterhin um seine Tochter trauert, und Mariane, die als Bettlerin – und, wie wohl anzunehmen ist, als Prostituierte[21] – umherirrt, finden einander eher zufällig, so dass es noch eine Art Happy End für sie gibt (vgl. McInnes, B 6: 1977, 104).

Das Schlusswort gehört dem Obersten Graf von Spannheim, der sich bemühen will, das Unglück der Familie Wesener wenigstens zu mildern, und der im Gespräch mit der Gräfin La Roche überlegt, wie man »die Folgen des ehlosen Standes« (WuB 1,246) der Soldaten verhindern könnte. Die Gräfin meint, die Soldaten seien einem Ungeheuer aus der griechischen Mythologie vergleichbar, nämlich einem »Ungeheuer, dem schon von Zeit zu Zeit ein unglückliches Frauenzimmer freiwillig aufgeopfert werden muß, damit die übrigen Gattinnen und Töchter verschont bleiben«. Wie der Oberst zustimmend ergänzt, sollte der König »Konkubinen« besolden, die sich »dem äußersten Bedürfnis seiner Diener aufopferten« und die so »freiwillig« dazu beitrügen, dass die »zerrüttete Gesellschaft […] wieder aufblühen« (WuB 1,246) könnte.
Herder, dem Lenz das fertige Stück schickt, hat offenbar Einwände gegen den Schluss, die Lenz zu gewissen Veränderungen veranlasst. Anknüpfend an die abermals ausgebreitete Vorstellung von den Soldaten als einem »Ungeheuer«, dem man vorsorglich Opfer bringen müsse, wird jetzt die Einrichtung einer »Pflanzschule von Soldatenweibern« erwogen, die sich als »Amazonen« sähen und sich »freiwillig« den Soldaten und damit dem Staat aufopfern würden, so dass jede von ihnen sich als »Märtyrerin für den Staat« verstehen könnte (WuB 1,734).

21 Das scheint ihr Vater anzunehmen, da er sie, ohne sie gleich zu erkennen, mit den Worten abwehrt: »[…] ich bin kein Liebhaber von solchen Sachen« (WuB 1,244). Erhalten sind kurze Notizen Lenz', in denen Mariane als »Hure« (WuB 1,732) und »prostibulum« (lat., Hure [WuB 1,733]) bezeichnet wird.

Der Sache nach ähneln die Überlegungen immer noch denen in der ersten Fassung. Während dort aber der Anstoß von der Gräfin La Roche ausging, übernimmt jetzt der Oberst diesen Part. Die Gräfin dagegen stellt nunmehr Rückfragen und setzt der Männerphantasie (»Märtyrerin für den Staat«) skeptisch entgegen: »Wie wenig kennt ihr Männer doch das Herz und die Wünsche eines Frauenzimmers« (WuB 1,734). Der Oberst indessen hört gar nicht mehr zu und schwelgt ungestört fort in seinen Reform-Vorstellungen. Darin liegt sicherlich eine subtile Selbstironie Lenz': die geschlechtsspezifische Differenz der Perspektiven (vgl. Hill, B 6: 1988) deutet an, dass Lenz selbst von der Realisierbarkeit seines eigenen Reform-Konzepts nicht mehr überzeugt ist. In der Tat beschäftigt ihn das Problem der Ehelosigkeit der Soldaten auch weiterhin derart, dass er ihm eine unten noch zu besprechende Schrift mit dem Titel *Über die Soldatenehen* widmet und darin dann für die Aufhebung des Heiratsverbots plädiert.

Auch wenn man von dieser von Lenz selbst fortgeführten Diskussion nichts weiß, vermag man dem Drama zu entnehmen, dass Lenz sich hier – wie vorher schon im *Hofmeister* – um eine ›eingreifende‹ Dramatik bemüht, um ein Drama, das mit seiner Kritik in die gesellschaftlichen Gegebenheiten hineinzuwirken versucht (vgl. u. a. Titel, B 6: 1963, 226–253; Kreutzer, B 5: 1978; Pautler, B 5: 1999, 208–250). Bemerkenswert ist in diesem Sinne die Umsicht, mit der Lenz nicht nur die Zerstörung bürgerlicher Existenzen durch das verantwortungslose Treiben adliger Offiziere vorführt, sondern zugleich auch die Verführbarkeit der Bürger selbst zeigt. Viel mehr als die naive und unreife Mariane ist es Wesener, der bürgerliche Familienvater, der eine Mitschuld an der Zerstörung seiner Familie trägt, indem er seine Tochter in der Vorstellung bestärkt, sie könnte vielleicht einen Adligen zum Mann bekommen (vgl. Sørensen, B 6: 1984, 152f.). Dass indessen die Standesschranken unverrückbar sind, das gilt

nicht nur für Desportes' Vater und Familie, wie mehrfach
angedeutet wird (WuB 1,213, 225, 232, 236, 242), es ist auch
die Voraussetzung dafür, dass die Gräfin La Roche ihrem
Sohn eine weitere Verbindung mit Mariane verbietet und
Mariane in ihre Obhut zu nehmen versucht. Die Gräfin, die
zunächst wie eine Verkörperung der Empfindsamkeit erscheint, macht deutlich, dass Marianes Traum, einen adligen
Soldaten zu heiraten, auf eine revolutionäre Umwälzung
hinausliefe: »Sie wollten die Welt umkehren« (WuB 1,230f.).
Da die Gräfin nur die sozialen, nicht aber auch die sexuellen
Aspekte erfasst, erweist sie sich als »eine gute Sozial-, aber
eine schlechte Sexualpsychologin« (Lützeler, B 6: 1987, 139).
Und wenn sie alle Schuld bei Mariane sucht, deren Schönheit
und bezauberndes Wesen die Männer provoziere (WuB
1,229f.), macht sie sich sogar noch zur »Apologetin des Pa-
triarchats« (Luserke, B 6: 1993, 90). Weil jedenfalls die bestehende ständische Ordnung in den Augen auch des Autors
Lenz unerschütterlich ist, ist am Ende Stolzius' Tat, die Ermordung Desportes', eine individuelle Aktion, die keinesfalls auf irgendeine Art von Revolution zielt.

Diesem Hauptthema ist ein Nebenthema zugeordnet, das
einen möglichen Grund für die Verführbarkeit der Bürger
und besonders der bürgerlichen Töchter liefert. Als Mariane
nach dem verbotenen Theaterbesuch heimkehrt, ist sie so
sehr erfüllt von dem Erlebten, dass ihr die Worte einfach aus
dem Mund sprudeln. Sie ist damit ein lebender Beweis für die
problematischen Wirkungen des Theaters, über die in der
unmittelbar vorhergehenden Szene im Kreis der Soldaten
unter Einschluss des Predigers Eisenhardt gesprochen worden ist (vgl. Zelle, B 6: 1992). Der robuste Haudy sieht den
Wert des Theaters im bloßen Zeitvertreib oder, wie Mary ergänzt, im folgenlosen Amüsement. Folgenlos, so wendet Eisenhardt dagegen ein, sei das Theater keineswegs, es verführe
vielmehr zur Nachahmung der dargestellten Handlungen
und wirke verheerend, indem es das Böse verharmlose und
dazu anleite, einen »wachsamen Vater zu betriegen oder ein

unschuldig Mädchen in Lastern zu unterrichten« (WuB 1,201). Der Zyniker Haudy erklärt zwar provozierend: »Eine Hure wird immer eine Hure, gerate sie unter welche Hände sie will, wird's keine Soldatenhure so wird's eine Pfaffenhure« (WuB 1,199). Eisenhardt aber stellt diese Art von Prädestination in Frage: »eine Hure wird niemals eine Hure, wenn sie nicht dazu gemacht wird.« (WuB 1, 200) Und ebendem leiste das Theater Vorschub. – Eisenhardt steht sichtlich noch im Bann der aufklärerischen Überzeugung von der Wirkungsmacht des Theaters und von dessen Verpflichtung, diese Macht zu kontrollieren und zum Guten einzusetzen.

Entsprechende Befürchtungen können sich – wie im *Hofmeister* – auch auf die Romanlektüre beziehen: Sie haben »die Pamela gelesen [...], das gefährlichste Buch das eine Person aus Ihrem Stande lesen kann«, sagt die Gräfin La Roche zu Mariane. Die *Pamela*, der vielgelesene Roman Samuel Richardsons, führt eben vor, wie eine Bürgerliche am Ende von einem Adligen geheiratet wird. Mariane entgegnet dann zwar: »Ich kenne das Buch ganz und gar nicht«, aber die Gräfin antwortet: »So haben Sie den Reden der jungen Leute zuviel getraut« (WuB 1,229). Und darin soll ja gerade die besondere ›Gefährlichkeit‹ liegen, dass ein solches Buch zum Gesprächsthema wird und solcherart eine noch weitergehende Verbreitung erlangt.

Bemerkenswert hinsichtlich der Personengestaltung ist Lenz' gewachsene Kunst der indirekten Charakterisierung, d. h. der Charakterisierung der Personen durch ihre eigene Sprache (vgl. Höllerer, B 6: 1958, 132–134) und durch ihr Verhalten, was auch der Mimik und Gestik neue Spielräume eröffnet (vgl. Schulz, B 6: 1994). Die indirekte Charakterisierung bewährt sich gleich in der ersten Szene an der Gestalt der Mariane. Ohne irgendeine Exposition (vgl. McInnes, B 4: 1977, 88) beginnt das Stück ganz unvermittelt: Mariane, damit befasst, einen Brief zu schreiben, bittet ihre Schwester um Rechtschreibhilfe. Der Brief ist in einem geschraubten

Stil gehalten, gespickt mit (falsch geschriebenen) französischen Floskeln. Mariane, so wird deutlich, ahmt den Stil ihres Vaters nach. Neben ihrem Unvermögen, zwischen einem Geschäftsbrief und einem Privatbrief zu unterscheiden, wird überhaupt ihre Unselbständigkeit offenbar sowie, zumindest andeutungsweise, die besonders enge Beziehung zwischen ihr und dem Vater und nicht zuletzt auch noch die in der Familie vorherrschende Einstellung in Bezug auf soziale Aspekte: man orientiert sich nach ›oben‹ hin und sucht – zumindest im Briefstil – den Anschluss an den Adel. Durch den mehr andeutenden als aussprechenden »Lapidarstil« (Höllerer, B 6: 1958, 138) hindurch, dessen Lenz sich in diesem Drama noch mehr als vorher bedient, wird jedenfalls ein Gewinn an psychologischer Differenziertheit deutlich: Lenz entwirft hier komplexere, uneinheitlichere Figuren, als man sie ehedem gewohnt war, Figuren auch, die sich selbst und ihr eigenes Handeln nicht mehr restlos durchschauen, nicht zuletzt deshalb nicht, weil sie – alles andere als autonom Agierende – den »von der Gesellschaft aufgezwungenen Zielvorstellungen unterworfen sind« und überdies der »unbemerkt determinierende[n] Macht des Alltags« erliegen (McInnes, B 6: 1977, 116).

Bemerkenswert hinsichtlich der Szenengestaltung ist die Verknappung der Szenen gegen Ende hin (besonders im vierten Akt), die zusammen mit den häufigeren Schauplatzwechseln zu der schon erwähnten Dynamisierung führt und die eines derjenigen Charakteristika ist, um derentwillen *Die Soldaten* immer wieder als Beispiel für den Dramentypus der ›offenen Form‹ angeführt werden (vgl. z. B. Titel, B 6: 1963; Inbar, B 5: 1982, 215–255). Jene Verknappung verlangt dem Leser und Zuschauer ein erhöhtes Maß an Konzentration ab, da die Informationen, deren er bedarf, oft nur beiläufig gegeben werden und er den Zusammenhang der Szenen bisweilen erst erschließen muss: Mary erzählt in der dritten Szene des vierten Akts Mariane, Desportes habe ihm aus Armentières

geschrieben und gefragt, warum Mariane ihm nicht antwor-
te; bereits in der nächsten Szene hält Desportes einen Brief in
Händen, der zweifellos Marianes Antwortbrief ist, woraufhin er seinerseits einen Brief schreibt, und zwar offenkundig
an seinen Jäger, der diesen zweiten Brief dann in der achten
Szene liest. – Von einer wachsenden Autonomie der Einzel-
szene kann man nicht eigentlich in Bezug auf den Haupt-
handlungsstrang sprechen, wohl aber hinsichtlich der Episo-
denszenen, die das Soldatenleben veranschaulichen, etwa
hinsichtlich der ersten Szene des dritten Akts, in der dem
Soldaten Rammler von seinen Kameraden ein Streich gespielt wird (unter Einbeziehung des Juden Aaron, dessen
rein karikaturistische Darstellung im Übrigen die gängigen
Klischees reproduziert[22]). Mit jener Verknappung steht eine
des Öfteren symbolische Verdichtung im Zusammenhang,
etwa wenn die für die Handlung völlig entbehrliche und
auch nur ein einziges Mal auftauchende alte Mutter Weseners
durch die Stube »kriecht« und eine Art Volkslied »singt, oder
krächzt vielmehr«, in dem gleichnishaft Marianes Schicksal
vorweggenommen ist (eine Szene übrigens, die Georg Büchner zu dem berühmten Anti-Märchen der Großmutter im
Woyzeck angeregt hat).

Komisch im traditionellen Sinne sind nurmehr einige Einzelelemente, etwa Marianes unbeholfene Briefschreiberei in
der ersten Szene oder Stolzius' Verliebtheits-Kopfschmer-
zen in der zweiten, weiterhin Figuren wie der philosophierende Hauptmann Pirzel und die langweilige Jungfer Zip-
fersaat, also marionettenähnliche und fast automatenhaft wirkende Figuren (vgl. Duncan, B 6: 1976), zudem Spielmomen-
te wie das Aneinander-Vorbei-Reden Eisenhardts und Pir-
zels (WuB 1,205–207) und Ähnliches. Auch die Grobheiten
und Zynismen der Soldaten mögen als eine deftigere Variante des Komischen gelten können. Dass in den letzten beiden

---

22 Vgl. Gunnar Och, »Imago judaica. Juden und Judentum im Spiegel der deut-
    schen Literatur 1750–1812«, Würzburg 1995, S. 209 f.

Szenen Stolzius und seine Tat mit Stillschweigen übergangen
werden, dass Wesener und Mariane sich wiederfinden und
sogar noch eine finanzielle Entschädigung winkt (WuB
1,245), das verhindert jedenfalls die Einstufung des Stücks
als Tragödie. Im Übrigen hat Lenz ja in der vorhin zitierten
Rezension des Neuen Menoza Überlegungen zur Gattung
der Komödie angestellt, die durchaus auch auf *Die Soldaten*
passen: Die Komödie ist (im Unterschied zur Tragödie) »für
jedermann« da, sie liefert ein »Gemälde der menschlichen
Gesellschaft, und wenn die ernsthaft wird, kann das Gemälde nicht lachend werden. [...] Daher müssen unsere deutschen Komödienschreiber komisch und tragisch zugleich
schreiben« (WuB 2,703).

Dennoch ist die Diskrepanz zwischen der traditionellen
Komödienform und der kritisch-analytischen Darstellung
der aktuellen sozialen Gegebenheiten nicht zu verkennen
(vgl. McInnes, B 6: 1993). Zwischenzeitlich zieht Lenz daher
eine terminologische Modernisierung der Gattungsbezeichnung in Erwägung: zu einem Zeitpunkt, als das Stück zumindest zum Teil bereits gedruckt ist, überlegt er, ob man
»den barocken Titel Komödie« nicht noch in »Schauspiel«
ändern könne (WuB 3,395) – ›barock‹ vielleicht im Sinne der
herkömmlichen, also veralteten Orientierung an der Dicho-
tomie Tragödie – Komödie, derzufolge alles, was nicht eindeutig als Tragödie zu qualifizieren ist, Komödie genannt
werden kann (vgl. Schulz, B 6: 1991).

Pandämonium Germanicum

Ebenfalls im Jahr 1775 entsteht – wahrscheinlich zeitgleich
mit den *Soldaten* – das *Pandämonium Germanicum*, eine
»Skizze«, wie die Gattungsbezeichnung besagt. Nach dem
Vorbild des antiken Pantheon, des Tempels für alle Götter, er-
findet John Milton im 17. Jahrhundert (in seinem Epos *Par-
adise Lost*) ein Pandämonium als einen Tempel Satans und der

bösen Geister (vgl. Winter, B 5: 1995, 50 f.). Bei Lenz geht es – etwas harmloser – um die germanischen, also deutschen Geisteshelden und Dichter. Das Stück, das – vermutlich auf Goethes Wunsch hin – nicht veröffentlicht wird und so erst nach Lenz' Tod im Jahre 1819 im Druck erscheint, »ist neben genialer Literatursatire zugleich poetisch formulierte Literaturanalyse, Zeugnis eines intensiven Freundschaftsbekenntnisses zu Goethe und Herder, poetologische Programmschrift in dialogisierter Gestalt [...] und zugleich auch anrührendes Dokument Lenzscher Hoffnungen, Zweifel und Leiden« (Rieck, B 6: 1992, 79; vgl. auch Wefelmeyer, B 6: 1994).

Wie oben schon angedeutet, ist Wieland mit seinen erotischen Verserzählungen und seiner anakreontischen Diesseitigkeit nicht allein für Lenz ein rotes Tuch. Vor allem seit dem Erscheinen der *Comischen Erzählungen* (1765) gilt er als der ›epikureische Sittenverderber‹, obwohl diese Erzählungen – witzig-frivole Travestien – in ihren schlüpfrig-erotischen Partien sich häufig mit scherzhaften Andeutungen begnügen. Bereits in den früheren siebziger Jahren findet sich in Göttingen der ›Hain-Bund‹ in der gemeinsamen Begeisterung für Klopstock zusammen, fixiert andererseits auf das gemeinsame Feindbild des ›Wollustsängers Wieland‹. Im Hintergrund steht dabei nicht nur das Engagement für Tugend und Religion, sondern auch ein sich auf Klopstocks Bardendichtung berufender ›Patriotismus‹, von dem sich Wielands fortdauernde Orientierung an der Dichtung der Antike merklich abhebt und in dessen Namen es Wieland angekreidet wird, dass er sich nicht entschieden genug gegen die Dominanz der französischen Literatur einsetze.[23]

Etliche Vertreter des Sturm und Drang teilen diese Abneigung (vgl. Luserke, B 6: 1994). Goethe, der im Ganzen Wielands Werk hoch einschätzt, lässt sich dennoch durch dessen

---

23 Vgl. Alfred Kelletat, »›Der Bund ist ewig‹. Gedanken zur poetischen Topographie des Göttinger Hains« [Nachwort], in: »Der Göttinger Hain«, hrsg. von A. K., Stuttgart 1967, S. 401–446, bes. S. 413–415.

Stolz auf sein erfolgreiches Singspiel *Alceste* (1773) zu der
Farce *Götter, Helden und Wieland* verführen (erschienen
1774). Auch der Mitstreiter Heinrich Leopold Wagner verfasst eine Satire *Prometheus, Deukalion und seine Rezensenten* (erschienen 1775), eine Satire gegen die Rezensenten von
Goethes (Prometheus') *Werther* (Deukalion), in der unter
anderem abermals Wieland karikiert wird. Vor allem aber ist
es Lenz selbst, der unter literarischen und moralischen Vorzeichen Wieland aufs Korn nimmt. In Bezug auf die Differenz der literarischen Positionen, die für das *Pandämonium
Germanicum* von besonderer Bedeutung ist, spielt es sicherlich eine Rolle, dass Wieland, wie oben erwähnt, in seinem
Teutschen Merkur 1774 und 1775 verschiedene Werke Lenz'
sehr kritisch beurteilt hat.

Die Satire ist eingeteilt in drei Akte von unterschiedlicher
Länge, nimmt aber auf reale Bühnenverhältnisse keine Rücksicht. Der erste Akt spielt in freier Natur am Fuß eines stei-
len Berges. Goethe und Lenz treten auf. Es gelingt Goethe
spielend, den Berg zu besteigen; Lenz dagegen »kriecht auf
allen Vieren« (WuB 1,248) und schafft es nur mit Anstrengung hinaufzugelangen. Immerhin befinden sich dann beide
in einer Höhe, die sie unerreichbar macht für die auftauchenden Gruppen der »Nachahmer«, der »Philister« und der
»Rezensenten«. Das traditionelle Motiv der Bergbesteigung
– hier ist natürlich auch an den Parnass, den Musensitz aus
der griechischen Mythologie, zu denken[24] – dient hier der
Bestimmung des eigenen literarischen Standorts. An der
Überlegenheit Goethes bleibt kein Zweifel, dennoch kommt
die Verbindung zwischen Goethe und Lenz und die Sonder-
stellung beider deutlich zur Geltung. Es finden sich etliche
Anspielungen auf die aktuelle Literaturszene (vgl. Rieck, B 6:
1992), insbesondere eröffnet der Hinweis auf die »Nachahmer« die hernach wiederholt erneuerte Kritik an der Nach-

---

24 Auf den biblischen Rückbezug zur Versuchung Christi durch den Teufel auf
    einem »sehr hohen Berg« (Mt. 4,8) verweist Wefelmeyer, B 6: 1994.

ahmung (im Sinne der bloßen Imitation), besonders auch an
der Nachahmung der Franzosen. Das Thema der Nachahmung besitzt für den Autor Lenz noch eine individuellere,
ihn sichtlich schmerzende Seite: dass er von einem Haufen
Gaffer als »Nachahmer« Goethes (WuB 1,252) gesehen wird,
findet nämlich ebenso Erwähnung wie der Umstand, dass
seine anonym erschienenen Werke wiederholt Goethe zuge-
wiesen worden sind.

Der umfangreichere zweite Akt erweitert die Szenerie be-
trächtlich; er spielt in einem »Tempel des Ruhms« (WuB
1,256) und lässt fast in einer Art von Revue (vgl. Schmalhaus,
B 5: 1994a, 149) zahlreiche Vertreter der französischen und
der deutschen Literatur des 17. und besonders des 18. Jahrhunderts auftreten, die je nach geistiger Verfassung – hier
wimmelt es von Anspielungen – »zu allgemeiner Niederlas-
sung der Hosen« (WuB 1,258) auffordern oder »tiefsinnige
Diskurse« (WuB 1,259) anbieten. Wieland tritt auf und un-
terhält die Herren und Damen, die ihn umringen. In Sturm-
und-Drang-Manier erscheint Goethe:

> (*Goethe stürzt herein in [den] Tempel, glühend, einen
> Knochen in der Hand.*)
> GOETHE. Ihr Deutsche? – – Hier ist eine Reliquie eurer
> Vorfahren. Zu Boden mit euch und angebetet, was ihr
> nicht werden könnt.
> (*Wieland macht ein höhnisch Gesicht [...].*)
> GOETHE (*auf Wieland zu*). Ha daß du Hektor wärst und
> ich dich so um die Mauren von Troja schleppen könn-
> te. (*Zieht ihn an den Haaren herum.*)
> DIE DAMEN. Um Gotteswillen Herr Goethe, was ma-
> chen Sie?
>
>   (WuB 1,261)

»Lessing, Klopstock, Herder treten herein umarmt« (WuB
1,267), Shakespeare gesellt sich vorübergehend aus dem
Himmel dazu. Auch Lenz ist schließlich wieder da, er spricht
von den Trauerspielhelden der Zukunft, die in eine religiöse

Sphäre hineinragen (vgl. Menz, B 9: 1994). Von einem
»Halbgott« ist die Rede, der steigt und stürzt, und von einem
»schimpflich« sterbenden Gott (WuB 1,269) – gemeint ist
Christus und sein »*schimpflicher Tod*« (WuB 2,622; vgl. Wefelmeyer, B 6: 1994, 150; Winter, B 5: 1995, 54 f.); tatsächlich
ist Christus für Lenz »das Modell […] eines selbständigen
Helden, der auch noch sein Scheitern sich selbst als Tat zu-
rechnet« (Käser, B 5: 1987, 380). Im Übrigen wird auf Klopstocks biblische Dramen hingewiesen. Er selbst jedenfalls,
meint Lenz, werde diese Helden nicht zu schaffen vermögen.

> KLOPSTOCK, HERDER und LESSING. Der brave Junge.
>   Leistet er nichts, so hat er doch groß geahndet.
> GOETHE. Ich will's leisten.
>
>   (WuB 1,270)

Am Ende steht eine Verurteilung des gegenwärtigen Zeit-
alters, weil dieses unfähig sei, die Verdienste Klopstocks und
Herders gebührend zu rühmen. Dann erwacht Lenz »aus
dem Traum« (WuB 1,271), um den es sich somit bei dem Bisherigen gehandelt hat; der Schluss ähnelt dem der Goethe'schen Farce *Götter, Helden und Wieland*. – Im Detail er-
schließt der Witz dieser Skizze sich vor allem dem, der mit
den ins Spiel gebrachten Autoren und ihren Werken vertraut
ist. Unabhängig davon aber ist die Selbstbesinnung, die Reflexion der eigenen literarischen Position ein wesentliches
Element. Und wenn die Figur Lenz dem »Bruder Goethe«
(WuB 1,249) so unzweifelhaft den Vorrang einräumt und
sich in einen »Winkel« (WuB 1,268, 270) zurückzieht, dann
hat das etwas menschlich Anrührendes, zumal nicht ganz sicher ist, ob man sich da eine (erlittene) Zurücksetzung oder
einen (willentlichen) Rückzug in den »Winkel« vorstellen
soll. Für eine gewisse Ambivalenz in der Beziehung zu Goethe sprechen einige Differenzen im Wortlaut der beiden
Handschriften, die von dem *Pandämonium Germanicum* erhalten sind. So fällt zum Beispiel das Werben Lenz' um Goethe (in I,1) in der jüngeren Fassung weniger emphatisch aus;

und gleich eingangs hebt Lenz dort seine Selbständigkeit
mehr hervor. In der älteren Fassung nämlich sagt Lenz mit
Bezug auf den voransteigenden Goethe: »Wenn er hinauf-
kommt, werd ich ihn schon zu sehen kriegen. [...] Ich denk
er wird mir winken wenn er auf jenen Felsen kommt« (WuB
1,248). In der jüngeren Fassung dagegen will Lenz bezeichnenderweise nicht mehr auf die Winke warten: »Wenn er
heraufkommt, werd' ich ihn schon zu sehen kriegen. [...]
Unterdessen will ich [...] selbst zusehen wo heraufzukom-
men« (*Pandämonium Germanikum*, B 1: 1993, 11).

Im Hinblick auf die erwähnte Ambivalenz mag man durch
die Auftritte des Lenz'schen Goethe, dieser »vor Selbstbe-
wußtsein strotzenden Figur« (Wefelmeyer, B 6: 1994, 156),
verschiedentlich vielleicht einen Hauch von Ironie hin-
durchwehen spüren, wie denn auch die eben zitierte Goethe-
sche Äußerung »Ich will's leisten« ein klein wenig dadurch
parodiert wird, dass eine »Menge junger Leute [...] mit ver-
störten Haaren« hereinstürmt und ruft: »Wir wollen's auch
leisten« (WuB 1,270).

Die Freunde machen den Philosophen

Als Lenz am 23. Juli 1775 seine *Soldaten* an Herder schickt,
meint er zu dem Stück: »Es ist wahr und wird bleiben, mögen auch Jahrhunderte über meinen armen Schädel verachtungsvoll fortschreiten. Amen« (WuB 1,329). Mag Lenz vom
poetischen Wahrheitsgehalt seines Stücks überzeugt sein, so
sagt dies doch noch nichts über die Details der formalen Gestaltung. In dieser letzteren Hinsicht scheint der Autor sich
nicht so sicher. Im Zusammenhang mit dem Drama *Die
Freunde machen den Philosophen* notiert Lenz: »Alle meine
Stücke« müssen »in *Schauspiele* erst verwandelt werden [...],
so daß alle die Handlungen [ein] an einander hängendes Bild
machen« (WuB 1,750 f.). In die gleiche Richtung deutet ein
nicht veröffentlichtes Nachwort, in dem Lenz selbstkritisch

bemerkt, er habe einige ursprünglich »unverbundene Szenen« hier »unter einer andern Kombination«, als seine Einbildungskraft sie sich eigentlich vorstellt, vorgelegt – also
immerhin nicht mehr ›unverbunden‹ –, und zwar nicht weil
er schon zufrieden sei, sondern eher »um den Geschmack
des Publikums über ein und andere Stelle des Details zu son-
dieren«. Aus den vorerst nur »übelzusammenverbundene[n]
Materialien« werde er dereinst hoffentlich »ein harmoni-
scheres Ganze« (WuB 1,750) bilden können. Auch wenn die
Selbstkritik übertrieben sein sollte, lässt Lenz doch erkennen, dass er bereit ist, auf den Geschmack des Publikums
und dessen Harmoniebedürfnis Rücksicht zu nehmen.

Das Stück jedenfalls, eine fünfaktige Komödie, an der er
Ende 1775 und Anfang 1776 arbeitet, ist deutlich konventioneller gebaut und findet einen gewissen Anklang; der Theaterleiter Schröder, der, wie erwähnt, später (1778) den *Hofmeister* aufführt, trägt sich mit dem Gedanken, *Die Freunde
machen den Philosophen* auf die Bühne zu bringen, weil das
Stück ihm – Ludwig Tieck zufolge – das liebste von Lenz'
Dramen ist.

Das Stück spielt in Cádiz (in Südspanien) und in Marseille.
Lenz hat auf dieses fremdere Ambiente, das an den ebenfalls
in Spanien spielenden *Clavigo* (1774) Goethes erinnern mag,
auch schon in seiner Übersetzung von Plautus' Komödie
Captivi (*Freündschaft geht über Natur*, abgeschlossen 1775)
zurückgegriffen. Verglichen mit den Spielorten der ersten
drei Dramen, kann dieses Ambiente indessen nurmehr in geringerem Maße eine Schilderung aktueller sozialer Lebens-
zusammenhänge versprechen. Im Zentrum des Stücks steht
Strephon, »ein junger Deutscher, reisend aus philosophischen Absichten«. Was hier als »philosophisch« bezeichnet
wird, bezieht sich nicht im engeren Sinne auf die Philosophie
als geisteswissenschaftliche Disziplin; vielmehr geht es allgemein um die »Erforschung der Menschen« und um »Entwürfe zu ihrer Verbesserung« (WuB 1,274), also um ein An-
liegen schon der Aufklärung. Die »philosophischen Absich-

ten« können freilich durchaus zu einem Problem werden und damit zu der ›Sache‹, die, der Lenz'schen Dramentheorie entsprechend, in dieser Komödie behandelt wird. Im Sinne einer Gegenüberstellung von vita activa und vita contemplativa gilt hier nämlich eine Haltung der »beobachtenden Untätigkeit« (WuB 1,292) als eigentlich philosophisch. Wer diese Haltung einnimmt, verzichtet auf die Hälfte der Lebensmöglichkeiten – »ein bloßer Beobachter« ist »nur ein halber Mensch« (WuB 1,311) –, ja, wer sich dieser Art der Philosophie überlässt, droht schließlich das Leben selbst zu versäumen. So hat Strephon gegen Ende hin tatsächlich die »Reize« vor Augen, »die mein waren, die ich aus – Philosophie versäumte« (WuB 1,311), ein Thema, das auch in anderen Texten Lenz' eine Rolle spielt.[25]

Ein Philosoph dieser Art ist der genannte Strephon jedoch nicht nur aus freien Stücken, vielmehr ist er in einen Kreis von Freunden hineingeraten, die ihn allesamt ausnutzen und, während sie ihren eigenen Zwecken nachgehen, in die Rolle des unbeteiligten Beobachters hineindrängen, dies ganz dem Dramentitel entsprechend. Es ist eine unglückliche Rolle, zumal Strephon kein Geld hat und gezwungen ist, seinen Freunden immer wieder kleine Dienste zu erweisen. Sicherlich bezieht sich Lenz da auch auf seine eigene Situation in Straßburg in der ersten Hälfte der siebziger Jahre; ein Indiz für die autobiographische Dimension des Stücks mag der Umstand sein, dass Strephon den Vornamen »Reinhold« trägt (WuB 1,283).[26] Indessen hat Strephon, obwohl er nicht recht auf einen grünen Zweig kommt, auch keine Lust, nach

---

25 Die Figur Lenz im *Pandämonium Germanicum*: »Sie sagten, ich suche zu sehr, was zum Gutsein gehöre und versäume darüber das Sein« (WuB 1,249). Vgl. auch das Gedicht *Der verlorne Augenblick. Die verlorne Seligkeit* (WuB 3, 139–142).

26 Zudem hat Strephon (wie Lenz) »acht Jahr« lang seinen Vater nicht mehr gesehen, der (wie derjenige Lenz') »sehr aufgebracht« ist. Der Vorwurf, dass er »herumirrt« und seinen »nichtswürdigen Grillen folgt« (WuB 1,286), mutet wie ein Zitat aus einem Brief von Lenz' Mutter an: »Wie lange wiltu so herum irren, und Dich in solche nichtswürdige Dinge vertiefen« (WuB 3,339).

Hause zurückzukehren. Darauf angesprochen, erwähnt er seinen »Stolz«, seine »Freiheit« (WuB 1,278); und schließlich bricht es regelrecht aus ihm heraus: »[…] das stille Land der Toten ist mir so fürchterlich und öde nicht als mein Vaterland. Sogar im Traum, wenn Wallungen des Bluts mir recht angsthafte Bilder vors Gesicht bringen wollen, so deucht mich's, ich sehe mein Vaterland« (WuB 1, 286). Das ist offenbar genau das, was Lenz selbst bei dem Gedanken empfindet, von Straßburg in seine Heimat, nach Livland, zurückkehren zu sollen.

Zur Handlung: Strephon erhält von Don Alvarez das Angebot, ihn als Sekretär nach Marseille zu begleiten. Don Alvarez, ein Adliger, der merkwürdigerweise nicht lesen und schreiben kann, hat eine Schwester, Seraphine. Und Strephon ist – in ganz unphilosophischer Weise – in Seraphine verliebt, die freilich wiederum von dem edlen und liebenswürdigen Don Prado umworben wird. Was Strephon von Seraphine – eigentlich Donna Seraphina – trennt, ist, von seiner Mittellosigkeit abgesehen, seine niedrige soziale Stellung, eine Tatsache, die mehrfach unmissverständlich markiert wird.[27]

Also ist Strephon unglücklich. Daher greift er schon in der ersten Szene des zweiten Akts nach dem Dolch, dann abermals in der dritten Szene, dann sucht er in der dritten Szene des vierten Akts nach seinem Degen – er wird aber regelmäßig an der Benutzung dieses Requisits gehindert. In der ersten Szene des fünften Akts schließlich lädt er seine Pistole. Es hat inzwischen allerlei Durcheinander gegeben, wozu auch Strephon das Seine beigetragen hat; Don Alvarez, Seraphine und Strephon sind in Marseille gewesen, befinden sich nun aber wieder in Cádiz, und zwar auf Betreiben Strephons, der

---

27 Zu den autobiographischen Hintergründen gehört auch der Umstand, dass der Name ›Seraphine‹ sich zuerst auf Cleophe Fibich, die Verlobte des Barons Friedrich Georg von Kleist, bezieht (vgl. das Gedicht *Von dir entfernt, dir immer nah* [WuB 3, 110f.]), dass aber Lenz' Empfindungen für Henriette von Waldner im Jahr 1775 dann die Hervorhebung der Ständekluft motivieren.

auf diese Weise in Marseille eine Heirat zwischen Seraphine
und einem um sie werbenden französischen Adligen verhindern wollte. Seraphine, die ihrerseits Strephon liebt, ihn aber
wegen des sozialen Abstands nicht heiraten kann, wäre eine
Ehe mit dem Franzosen eingegangen, um ihr Herz zwar nur
platonisch, aber dauerhaft für den geliebten Strephon zu re-
servieren. Das mag Strephon nicht hinnehmen, also betreibt
er die Rückkehr nach Cádiz, wo Seraphine nun aber einer
Ehe mit dem edlen Don Prado nicht mehr entgehen kann.
Strephon beschließt also am Hochzeitstag, sich zu erschießen, setzt die Pistole schon an seine Stirn, wankt dann aber
ins Hochzeitshaus, um sich vor den Augen des Brautpaars zu
erschießen. Dort, im Brautgemach, eröffnet Seraphine noch
vor Strephons Eintreffen dem ihr soeben angetrauten Don
Prado, dass in Wirklichkeit ein anderer ihr Herz habe. Und
was erwidert der edle Don Prado, der eben noch glückliche
Bräutigam? »Ein anderer – Wo ist der Glückliche, daß ich
ihm die Nachricht bringe – daß ich ihm alles abtrete, um Sie
wieder lächeln zu sehen?« (WuB 1,313)

Denn der selbstlose Don Prado will allem Anschein nach
nicht selbst glücklich sein, sondern nur Seraphine um jeden
Preis glücklich sehen. Der staunende Leser hat schon Mühe,
mit dieser Reaktion zurechtzukommen. Vollends ans Absur-
de grenzt dann aber die Antwort Seraphines, die meint, einen
derart großmütigen Menschen zwar verehren zu können,
ihm aber just deshalb ihre Liebe versagen zu müssen: »Prado! Sie sind zu hoch über mir, als daß ich Sie lieben kann, ich
könnte vor Ihnen zeitlebens auf den Knien liegen, aber nimmer in Ihre Arme, an Ihren Busen fliegen anders als mit dem
Gefühl einer Tochter« (WuB 1, 313).

Ob Lenz hier die empfindsame Tugendverherrlichung der
sechziger Jahre – man denke etwa an Christian Felix Weißes
schon im Titel bezeichnendes Lustspiel *Großmuth für Großmuth* (1768) – aufnimmt und steigert oder ob diese Steigerung und Übersteigerung von vornherein parodistisch angelegt ist, mag offen bleiben. Für die letztere Möglichkeit

könnte der Umstand sprechen, dass just in dem Augenblick, in dem Prado erklärt, alles daransetzen zu wollen, dass Seraphine und Strephon ein Paar werden, ebendieser Strephon mit seiner Pistole durchs Fenster in das Brautgemach hereinsteigt, um sich dort zu erschießen. Darauf Don Prado: »Unglücklicher, was machst du? Sie ist dein!« (WuB 1,315) Also bekommen die Liebenden ihr Happy End, während Don Prado sich ihnen als »Beschützer« (WuB 1,316) anbietet und den Genuss des Verzichtens ausmalt.

Von den möglicherweise parodistischen Zügen abgesehen, erscheint der Schluss auch insofern wenig plausibel, als ja Don Prado und Seraphine bereits getraut worden sind, mithin sich scheiden lassen müssten und als der soziale Abstand, der bisher eine Verbindung zwischen Seraphine und Strephon verhindert hat, immer noch besteht, aber nunmehr, unter dem Schutze Don Prados, keine Rolle mehr spielen soll. Man mag hier an eine individuelle Überwindung der Ständeschranken denken oder auch gleich zu der Einsicht gelangen, dass der Schluss sich über die realen gesellschaftlichen Gegebenheiten hinwegsetzt und in eine utopisch-märchenhafte Sphäre hineinführt. Dafür gibt es sogar ein dramatisches Vorbild. Wenn nämlich am Ende Don Prado von der »künftigen Lebensart« spricht, die »unter uns dreien ein ewiges Geheimnis bleiben soll« (WuB 1,316), dann ähnelt dies der Ehe zu dritt, mit der *Stella*, Goethes (im Januar 1776 erschienenes) »Schauspiel für Liebende«, schließt und die ebenfalls die gesellschaftlichen Konventionen sprengt. Zu einer Ehe zu dritt kann Lenz sich wohl aus moralischen Gründen nicht durchringen; darum bleibt in seinem Drama das künftige Zusammenleben der drei miteinander verbundenen Figuren eben »ein ewiges Geheimnis«.

Interesse verdient das Stück überdies durch einige Einzelzüge, etwa dadurch, dass es die Situation des mittellosen, niedrig stehenden Intellektuellen darstellt, der tatsächlich aus eigenen Kräften nicht hochkommen kann. Auch erfährt das Thema ›Liebe‹ ähnliche Akzente wie in anderen Werken

Lenz'. Da ist zum Beispiel das Motiv der Fremdheit der Geschlechter: »O ihr Mannspersonen, wie wenig besitzt ihr das Geheimnis, in einer weiblichen Seele zu lesen!« (WuB 1,304);[28] und an entsprechende Stellen vor allem in Lenz' Lyrik erinnert die auf Petrarca zurückverweisende Verbindung von Liebe und Entbehrung bzw. Tod, so wenn von der Rolle eines »Petrarchischen Sylphen« (d. h. Luftgeists) die Rede ist (WuB 1,303) oder wenn Strephon sich bereit erklärt, ein von Seraphine über ihn verhängtes »Todesurteil« selbst »zu vollziehen« und dabei »glücklich« zu sein (WuB 1,302). Interessant ist aber auch im dritten Akt das Motiv des Theaters im Theater. Im Stück wird da nämlich nochmals ein Stück aufgeführt, in dem es – wie könnte es anders sein! – um das Thema ›Liebe‹ geht: ein junger Mann liebt eine ältere Prostituierte, die seine Liebe abwehrt und ihm, als er sich nicht abweisen lässt, offenbart: »Ich bin deine Mutter« (WuB 1,302), woraufhin der junge Mann sich ersticht. Ähnlich wie in Shakespeares *Hamlet* soll die Aufführung des Stücks im Stück eine verräterische bzw. offenbarende Reaktion provozieren (in *Die Freunde machen den Philosophen* soll Seraphine sich Strephon offenbaren). Jedenfalls greift Lenz hier vergleichsweise früh ein bühnenwirksames Motiv auf, das hernach im romantischen Lustspiel (bei Ludwig Tieck) an Bedeutung gewinnt und in der Moderne weite Verbreitung findet.

Der Engländer

Ebenfalls noch 1775 und 1776, vor Lenz' Reise nach Weimar, entsteht *Der Engländer*. Der Gattungsbezeichnung zufolge handelt es sich um eine »dramatische Phantasei«. Es passt somit nicht in die herkömmliche Ordnung der dramatischen

---

28 Vgl. die Gräfin La Roche in den *Soldaten*: »Wie wenig kennt ihr Männer doch das Herz und die Wünsche eines Frauenzimmers« (WuB 1, 734). Ähnliche Töne finden sich in Goethes *Stella*.

Gattungen (vgl. Glarner, B 6: 1992, 54–60); als Komödie lässt es sich nicht einstufen, da es zwar groteske Elemente enthält, aber mit dem Tod der Titelfigur endet, und als tragisch mag Lenz die dargestellten Vorgänge offenbar nicht ansehen. Es handelt sich um ein Kurzdrama, das zwar in fünf Akte gegliedert ist, von denen aber vier Akte aus jeweils nur einer Szene bestehen, so dass das Ganze nur zwanzig Seiten Umfang hat. Insofern kann man von einer Folge von sechs Szenen sprechen, denen das Fünf-Akte-Schema einfach übergestülpt wird, was ein wenig parodistisch wirkt. Wie Lenz aber in seinen ungefähr gleichzeitigen Schriften zu Shakespeare sich in dramentheoretischen Fragen gemäßigter und zurückhaltender gibt als vordem in den *Anmerkungen übers Theater*, so versucht er wohl auch im Bereich der Dramatik selbst, der Konvention, mithin den Publikumserwartungen etwas näher zu kommen (vgl. Glarner, B 6: 1992, 28-32).

Das Stück spielt in Turin, also abermals in einer eher fremden Umgebung. Der Titelheld, ein Engländer namens Robert Hot – ein sprechender Name –, ist rasend verliebt in die Prinzessin von Carignan, die mit ihrem Namen ›Armida‹ an die gleichnamige schöne Zauberin aus Tassos Epos *Das befreite Jerusalem* erinnert. Robert Hot – das entspricht der Konstellation im vorherigen Drama – weiß, dass er, wiewohl der Sohn eines englischen Lords, aufgrund der Rangdifferenz die Prinzessin nicht bekommen kann. Weder durch den Vater Lord Hot noch durch dessen Freund Lord Hamilton ist Robert Hot von seiner unsinnigen und lähmenden Verliebtheit abzubringen; er steigert sich vielmehr in regelrechte Wahnsinnszustände hinein, und als ihm der zynische Lord Hamilton eine Prostituierte schickt, um ihn von seiner Verirrung zu heilen, verletzt er sich tödlich, indem er sich mit einer Schere in den Hals sticht. Ein Arzt kommt, kann aber nichts mehr machen. Der Beichtvater kommt, mahnt ihn, an den Schöpfer zu denken. Robert Hot denkt aber nur an Armida und stirbt mit den Worten: »Behaltet euren Himmel für euch« (WuB 1,337).

Mehrere Motive können hier Beachtung finden. Da ist zunächst der Vater-Sohn-Konflikt, der sich aus Roberts Fixierung auf seine Liebe ergibt (vgl. Glarner, B 6: 1992, 83–99 und pass.). Robert beklagt sich über »die grausame Gewalt« und »die törichten Wünsche« (WuB 1,318) seines Vaters, während dieser seine Bemühung, den Sohn zu einer ›normalen‹ Lebensführung in England zu bringen, weder als ›grausam‹ noch als ›töricht‹ sieht. »Weg mit den Vätern!« (WuB 1,330), ruft Robert später aus; und was wie der allgemeine Schlachtruf einer aufbegehrenden jungen Generation klingen mag, ist im Falle Roberts besonders motiviert, denn hier ist in der Tat die Position des Vaters doppelt besetzt: durch Lord Hot und Lord Hamilton. Der Erstere, so zeigt es sich am Ende, ist der liebende Vater, der Tränen über den sterbenden Sohn vergießt, der Letztere ist der harte Vater, der die Situation mit den Worten kommentiert: »Besser ihn tot beweint, als ihn wahnwitzig herum geschleppt« (WuB 1,336).[29]

Auch Roberts Liebe mit ihrer morbiden Tendenz verdient Beachtung – den Engländern wird nämlich im 18. Jahrhundert allgemein eine Neigung zum Selbstmord nachgesagt. Schon auf der ersten Seite spielt Robert angesichts der baren Unerfüllbarkeit seiner Sehnsüchte mit der Vorstellung, sich zu erschießen. Wenig später meint er, es sei »alle Glückseligkeit des Lebens wert« (WuB 1,320), in dem Augenblick zu sterben, in dem er von der Prinzessin einen Blick des Mitleids empfangen und einen Seufzer gehört hat. Er bekräftigt dies hernach mit einem kleinen Liedchen:

---

29 Zu dieser Einschätzung ›lieber tot als wahnsinnig‹ passt der oben bereits zitierte Brief, den Lenz' Vater während der Krankheit des Sohnes im April 1779 an Herder schreibt (vgl. Käser, B 5: 1987, 357). Wenn »die Herstellung seiner [des Sohnes] Ruhe und Zurechtbringung in dieser Welt nicht mehr möglich wäre, o möchte er [Gott] ihn dann doch bald lieber durch ein seliges Ende in seine ewige Ruhe versetzen. Wie willig obgleich unter 1000 Vatertränen, wolte ich diesen Isaak ihm hinopfern« (LU 1,328).

> So geht's denn aus dem Weltchen 'raus,
> O Wollust, zu vergehen!
> Ich sterbe sonder Furcht und Graus,
> Ich habe sie gesehen.
> Brust und Gedanke voll von ihr:
> So komm, o Tod! ich geige dir;
> So komm, o Tod! und tanze mir.
>   (WuB 1, 321)

Mit der »Wollust, zu vergehen« ist prägnant formuliert, wonach Roberts Sinn steht. Allein das Diminutivum »Weltchen« markiert eine totale Divergenz zwischen den ›normalen‹ Begriffen und Bewertungen und derjenigen Wertskala, die für Robert Hot gilt. Die Vorstellung, dass die Welt klein und unwichtig sei, begegnet denn auch sonst allenfalls in einer ganz anderen, nämlich religiösen Sphäre (»Denn alle Welt ist dir zu klein«, heißt es – mit Bezug auf die Seele – in einem Kirchenlied). Roberts todessüchtige Liebe ist schließlich von Raserei kaum mehr zu unterscheiden: Bittet Robert eingangs noch die Prinzessin, ihn zu erstechen – der »Tod aus diesen Händen« ist »allein Wohltat« (WuB 1,322) –, so springt er hernach aus dem Fenster (WuB 1,327) und wird bei einem zweiten Mal daran gehindert (WuB 1,330).

Dennoch muss man sich fragen, ob das, was hier wie Wahnsinn erscheint, nicht ebenso eine konsequente Selbstverwirklichung ist (vgl. Winter, B 5: 1994b, 97–99), freilich eine »Selbstverwirklichung und Selbstbeseitigung« zugleich (Glarner, B 6: 1992, 109). Mit Roberts Todessehnsucht verbindet sich nämlich eine eigenartige Vorstellung vom Jenseits. Das »Leben nach dem Tode« (WuB 1,323) lässt ihn zurückschaudern, weil es eine ewige Trennung von Armida bedeutet, eine »lange, furchtbare Ewigkeit ohne sie« (WuB 1,335) und offenbar auch ohne die Möglichkeit, überhaupt nur an sie zu denken. Selbst wenn er »Höllenqualen« erdulden sollte, wünscht er sich, durch »das Andenken an sie« sich diese Qualen zu »versüßen« (WuB 1,335). Als daher am Ende der Beichtvater ihn ermahnt, sein Herz dem Schöpfer zuzuwenden, stellt Robert »Bedingungen«. Der Beichtvater ist schockiert, denn Robert verlangt, dass Gott ihm erlaube, »Armiden nicht zu vergessen«. Das kann der Beichtvater nicht versprechen; vielmehr betont er, dass Robert im Falle seiner Weigerung zu seiner eigenen »Marter« die Erinnerung an die für ihn verlorene Armida »auf ewig im Gedächtnis [...] behalten« werde. Der Sterbende zieht es jedoch vor, an seiner Liebe festzuhalten: »Armida! Armida. – Behaltet euren Himmel für euch« (WuB 1,337). Die Absage an den Himmel ist nicht einfach ein Bekenntnis zum Atheismus, aber sie hat doch etwas Ketzerisches und wird mit religiösen Zweifeln in Verbindung gebracht (WuB 1,335 f.). Sie ergibt sich aus einer Umwertung, die die irdische Liebe (statt der himmlischen) an die Spitze stellt und in deren Folge Gott keineswegs geleugnet, sondern zweimal als »furchtbarstes aller Wesen« (WuB 1,323, 335) angerufen wird, d. h. nicht als liebender und verzeihender, sondern als richtender und strafender Gott.

Zweifellos bleibt der Autor Lenz auf Distanz zu seiner Figur (vgl. Madland, B 6: 1994b), und man kann Robert Hot als ein nachgerade lebensunfähiges Opfer der »Melancholei« (WuB 1,321) sehen. Es muss aber offen bleiben, in welchem Maße Lenz diese Figur der Kritik aussetzen möchte und ob man angesichts der Radikalität und der Konsequenz, die dieser Gestalt eignen, hier nicht vielleicht eine jener (sonst bei Lenz nicht anzutreffenden) Sturm-und-Drang-Figuren sehen kann, die, von ihrer Leidenschaftlichkeit besessen, unbeirrbar ins Verderben marschieren (wie z. B. bei Friedrich Maximilian Klinger).

Weitere Dramen

Die beiden Alten

Die beiden zuletzt behandelten Stücke, *Die Freunde ma-chen den Philosophen* und *Der Engländer*, stellen unge-wöhnliche Personen ins Zentrum, ungewöhnlich hinsicht-lich der existentiellen Situation – wie im Falle des von allen ausgenutzten Strephon – oder hinsichtlich der Art des Empfindens – wie im Falle des radikal liebenden Ro-bert Hot –, und besitzen damit im Inhaltlichen ihr eigenes Gepräge. Sehr viel konventioneller in formaler und inhalt-licher Hinsicht nehmen sich demgegenüber *Die beiden Alten* aus. Das abermals kurze Drama, ordentlich in drei gleichgewichtige Akte gegliedert, trägt die Gattungs-bezeichnung »Ein Familiengemälde« und weist damit auf die von August Wilhelm Iffland und August von Kotze-bue verfertigten Rührstücke voraus (zum ›Gemälde‹ vgl. Demuth, B 5: 1994, 173–190).

Einem kurzen Vorwort zufolge liegt dem Drama ein Zei-tungsbericht zugrunde; es spielt dementsprechend in einer adligen Familie in Südfrankreich. Das Familienoberhaupt ist Oberst Rochefort, der erst gegen Ende auftritt. Er und sein Bruder, der General Rochefort, sind die beiden Alten, nach denen das Stück benannt ist, wohl weil sie beide wegen ihres Alters, ihres Rangs und ihrer Redlichkeit das höchste Anse-hen genießen. Der Oberst hat einen liederlichen Sohn na-mens St. Amand und eine liebreizende Tochter namens An-gelika, die mit dem hochanständigen Major Belloi verheiratet ist. Der liederliche Sohn St. Amand steht unter dem nega-tiven Einfluss seines Dieners Valentin und seiner Mätresse Rosinette, die zugleich die Schwester Valentins ist.

Die Handlung ist relativ konzentriert, weil Lenz mit eini-gem Geschick etliche Handlungsmomente in der Vorge-schichte untergebracht hat, vor allem das wichtigste: St.

Amand hat vor einiger Zeit ausgestreut, sein Vater, der Oberst, sei tot; tatsächlich aber hält er ihn unter Mithilfe Valentins in einem Kellergewölbe gefangen, um sich so vorzeitig in den Besitz des Erbes zu setzen und um zu verhindern, dass der Major, sein Schwager und zugleich der Schwiegersohn des Obersts, einen größeren Einfluss auf den Oberst gewinnt. St. Amand möchte noch ein Gut verkaufen – daher haben der General und der Major als potentielle Käufer sich eingefunden – und will dann, den Einflüsterungen Valentins und Rosinettes folgend, nach Paris gehen. Valentin und Rosinette planen freilich, dort St. Amand um sein Geld zu bringen. So weit die Vorgeschichte.

Der erste Akt und der größte Teil des zweiten machen mit den Figuren vertraut. Sie zeigen den Edelmut des Generals und die Bescheidenheit des Majors, der keinesfalls ein Rivale für St. Amand ist, im Kontrast mit der intriganten Hinterhältigkeit Valentins und Rosinettes und in Abhebung von der charakterlichen Schwäche und Verführbarkeit St. Amands. Dass moralisches Verhalten dumm ist und »daß Dummheit das einzige Verbrechen ist, das einzige Bubenstück, das nicht hoch genug bestraft werden kann« (WuB 1,345), das ist eine Maxime, die Rosinette dem ihr ergebenen St. Amand eintrichtert – mit Erfolg, denn am Ende des zweiten Akts erklärt St. Amand dem Diener Valentin: »Nichts ist unausstehlicher an einem Menschen als wenn er dumm ist. Alles andere läßt sich vergeben, vergessen, aber das bringt ihn an den Galgen« (WuB 1,351). Und um nicht dumm zu sein, befiehlt St. Amand seinem Diener, ihr gemeinsames Hauptproblem zu lösen, damit sie nach Paris gehen können. Das Hauptproblem ist der alte Oberst in seinem Keller. Man sollte ihn verhungern lassen, meint Rosinette im ersten Akt; der weniger kaltblütige St. Amand überlegt, ob man nicht warten könnte, »bis er vielleicht von selber stirbt« (WuB 1,344). Selbst Valentin fragt sich im zweiten Akt: »Wenn wir ihn – laufen ließen? […] Wir können ihn doch nicht auf den Kopf schlagen?« Woraufhin St. Amand, wie eben erwähnt, das Problem

delegiert: »Valentin – *(mit stotternder Stimme)* du kennst
mich – ich verlasse mich auf dich.« Valentin verspricht: »Lassen Sie mich nur sorgen, ich will die ganze Sache schon auf
mich nehmen« (WuB 1,351).

Tatsächlich bringt Valentin es im dritten Akt nicht fertig,
den rührend sterbensbereiten Oberst zu erstechen; er läuft
weg und lässt die Tür des Kellers offen. So kommt es, dass
mitten in der Nacht im Garten der Oberst sowie Bruder,
Tochter und Schwiegersohn eine Wiedervereinigung feiern
können. Der reumütige Sohn stürzt hinzu, bekennt und will
büßen, er erlangt Verzeihung, denn der Oberst ist ein liebender Vater – wie der biblische Vater, der den verlorenen Sohn
wieder annimmt. Am Schluss singt die Tochter eine »Arie auf
die Freude« (WuB 1,358), wobei ihr Mann sie auf der Flöte
begleitet.

Die typisierenden Züge der Charaktergestaltung (mit ei-
ner Neigung zu Schwarz-Weiß-Kontrasten) und die am
Ende mit »unechtem Pathos« (Rudolf, B 5: 1970, 194) her-
beigeführten rührenden Effekte vermitteln dem Stück die erwähnte Konventionalität. Auch einzelne Ausdrucksmittel,
Monologe etwa oder das Beiseite-Sprechen, deuten in diese
Richtung. Indessen sollte man auch nicht übersehen, dass
Die beiden Alten von vornherein nicht den Anspruch erheben, ein ›großes‹ Drama zu sein; die Kürze des Textes, die
Gattungsbezeichnung, auch die unselbständige Veröffentlichung[30] können dazu veranlassen, die Erwartungen angemessen zurückzuschrauben. Indessen gibt es doch ein paar
Einzelzüge, die hervorhebenswert sind. Zu den komischen
Elementen gehört zum Beispiel der Kontrast zwischen Rosinettes Durchtriebenheit und St. Armands Einfalt. Witzig
wirkt der Adelsstolz, den ausgerechnet der Diener Valentin
seinem Herrn St. Armand einzuflößen versucht, indem er
den nicht aus dem Adel stammenden, sondern wegen seiner

---

30 In der Sammlung *Flüchtige Aufsäzze von Lenz*, hrsg. von Philipp Christoph
   Kayser, Zürich/Winterthur 1776.

Verdienste geadelten Major als »Bürgerkerl« und »Bürger-
kanaille« (WuB 1,342) bezeichnet. Auch die »Arie auf die
Freude« am Ende verdient Aufmerksamkeit, weil sie offenkundig eine Anleihe bei der Gattung Singspiel ist – vielleicht
mit einem Seitenblick auf Goethes Singspiel *Erwin und Elmire* (1775)[31] – und überdies natürlich an Schillers spätere
Ode *An die Freude* (1786) denken lässt (und an entsprechende Oden von Hagedorn und Uz[32]). Nochmals an Schiller,
nämlich an dessen *Räuber* (1781), mag man sich insofern erinnert fühlen, als auch dort ein Sohn (Franz Moor) seinen
Vater (den alten Moor) einsperrt und für tot ausgibt.

Die Sizilianische Vesper

Während die ernste Dramatik des früheren 18. Jahrhunderts
– im Banne der französischen Klassik – sehr oft mythologi-
sche und historische Stoffe aufgreift, bringt das bürgerliche
Trauerspiel dann eine entschiedene Hinwendung zur Gegenwart. Schon Goethes *Götz* indessen und vor allem später
Goethes und Schillers Abwendung vom Sturm und Drang
lässt Mythologie (*Iphigenie*) und Geschichte (*Don Carlos*)
wieder auf die Bühne gelangen. Insofern verdient es Aufmerksamkeit, dass auch Lenz eine solche Hinwendung zur
Geschichte vollzieht. Wahrscheinlich schon in Straßburg befasst er sich mit dem Stoff der Sizilianischen Vesper und stellt
das entsprechende Drama dann wohl nach seiner Rückkehr
nach Livland oder auch in seiner ersten Moskauer Zeit, also
1780 und 1781, fertig.

Das Drama – mit der Gattungsbezeichnung »Ein historisches Gemälde« – nimmt sich in Bezug auf die historischen
Fakten einige Freiheiten heraus. Es geht um Sizilien, das im

---

31 In einem Brief an den Vater vom 18. November 1775 weist Lenz darauf hin,
  dass in der Zeitschrift *Iris* Goethes *Erwin und Elmire* und von ihm selbst eine
  Ossian-Übersetzung erschienen ist (WuB 3,352).
32 Friedrich von Hagedorn, *Freude, Göttin edler Herzen!* (1744), Johann Peter
  Uz, *Freude, Königin der Weisen* (1768).

ausgehenden 13. Jahrhundert unter der Herrschaft Karls I.
von Sizilien-Neapel (aus dem französischen Haus Anjou)
steht. ›Sizilianische Vesper‹ ist die überlieferte Bezeichnung
für den Aufstand der Bürger Palermos gegen die Herrschaft
Karls, einen Aufstand, der am Ostermontag 1282 zur Vesper
ausbricht, sich auf ganz Sizilien ausdehnt und nach dem Ein-
greifen Peters III. von Aragon, der Erbansprüche geltend
macht, europäische Dimensionen erreicht. Am Ende mehr-
jähriger Kämpfe steht die Niederlage Karls, die zugleich einen schweren Prestigeverlust des unter französischem Einfluss stehenden Papsttums darstellt.

   Lenz, der die Ereignisse von Palermo nach Messina verlegt, lässt vier Parteien antreten. Da ist zunächst der noch
amtierende Herrscher über Sizilien aus dem Hause Anjou,
nämlich (anstelle von Karl) Philipp III. von Frankreich. Philipp kann seine Herrschaft nur mit dem »Recht des Erobe-
rers« (WuB 1, 360) begründen, das er aber als »das erste
Recht in der Welt« (WuB 1,360) einstuft. Er hat eine Tochter
namens Isabelle, die sich mutig in die Geschehnisse mitein-
mischt. Philipp wird sich am Ende so rabiat verhalten, dass
es ihn die Sympathie des Lesers kosten muss und er somit
eher die Rolle des Bösen übernimmt. Sein Gegenspieler ist
Peter III. von Aragon, hier eingeführt als ›Don Pedro von
Arragonien‹, dem aufgrund seiner Erbansprüche eher die
Rolle des Guten zufällt. Seine Position bleibt freilich insofern undeutlich, als er weitgehend in den Hintergrund tritt,
während seine Frau Constantia als die politisch Handelnde
und sein Sohn, Prinz Xaver, als der militärische Befehlsha-
ber erscheinen. Die dritte Partei ist die der Sizilianer, die
durch zwei intrigant agierende Repräsentanten vertreten
werden, so dass ihr Kampf für Siziliens »Freiheit« (WuB
1,363) kaum eine moralische Legitimität erlangt. Ein päpst-
licher Legat vertritt schließlich eine vierte Partei, die Beziehungen zu allen sucht und hinterhältig-zynisch abwarten
will, wer siegt, um dann dem Sieger »an die Kehle« (WuB
1,363) zu fallen.

Die Handlung ist kompliziert, weil zwei Konflikte einander überlagern. Zum einen konkurrieren Pedro und Philipp um die Herrschaft auf Sizilien; aber ihre Konfrontation bleibt politisch-ideologischer Art, es kommt während des Dramas nicht zum Krieg zwischen ihnen. Denn die verheerenden Kämpfe zum andern finden zwischen Philipps Streitkräften und den Sizilianern statt, so dass es am Ende ein »Blutbad« (WuB 1,386) gibt und Messina in Schutt und Asche liegt, ohne dass der untätig und ungeduldig vor der Stadt wartende Pedro die Gelegenheit findet einzugreifen. Da die Kämpfe hinter der Bühne und zwischen den Akten stattfinden, wird das eigentliche Bühnengeschehen beherrscht von den (nicht sehr überzeugend motivierten) Aktivitäten Isabelles, der Tochter Philipps. Aus Liebe zu dem tugendhaften Prinzen Xaver (von der Gegenseite), dessen Tugenden sie nur vom Hörensagen kennt, versucht Isabelle, einen Frieden zu vermitteln. In dieser edlen Absicht verrät sie ihren Bruder an die spanische Gegenseite und taucht selbst auf dem Kampfplatz auf. Diese Aktionen können schon deshalb nichts bewirken, weil sie mit dem eigentlichen Geschehen, dem Aufstand der Sizilianer, nichts zu tun haben. Sie verschieben aber das dramatische Zentrum mehr und mehr in die Richtung eines Familien- und Liebeskonflikts. Der Bruder, mit dessen Auslieferung an die Feinde Isabelle »die Schuld der alleredelsten Liebe« (WuB 1,381) auf sich geladen hat, stirbt von sizilianischer Hand (ohne dass die Spanier etwas damit zu tun haben). König Philipp ist dem sizilianischen Aufstand entkommen, er *»kriecht auf allen vieren scheußlich entstellt unter einem glimmenden Ruinenberge hervor«*. Isabelle offenbart ihm ihren Verrat und wird von ihm erstochen, woraufhin Xaver, der nun auch seinerseits Isabelle liebt, wiederum Philipp ersticht, um anschließend sich selbst zu erstechen (das wird indessen verhindert).

Was Lenz vorführt, ist eine Politik (fast) aller gegen (fast) alle, eine allgemeine Orientierungslosigkeit, für die gleich eingangs eine Äußerung Pedros charakteristisch ist: »Ich

muß angreifen – – mich verteidigen –« (WuB 1,362). Dass die
Handlung etwas verworren wirkt, ergibt sich wohl zum Teil
auch einfach aus der Absicht, eine desolate Situation zu
schildern; der Verzweiflungsruf eines Herolds erscheint jedenfalls bezeichnend für die gesamte Lage: »O allgemeine
Verwirrung und Not!« (WuB 1,381) Dem entspricht auch die
Gestaltung der Charaktere. Die edel Gesonnenen bewundern und beweinen zwar sogar noch die ihnen charakterlich
ähnlichen Feinde (WuB 1,383 f.); im Ganzen aber wirken die
Figuren emotional auffällig sprunghaft und exaltiert und
schwanken des Öfteren zwischen Wut und Tränen. Möglicherweise ist es ja Lenz' ursprüngliche Intention gewesen,
ganz unparteiisch ein »historisches Gemälde« mit den dazu
gehörigen Interessengegensätzen, Konflikten und politischen Ränken zu entwerfen. Die Ausführung jedoch verzichtet dann doch nicht auf moralische Wertungen insbesondere im Zusammenhang mit der Charaktergestaltung, und
sie scheint das Element Liebe offenbar für unentbehrlich zu
halten – mit dem Ergebnis, dass die Liebe in der Politik als
Störfaktor gelten muss. Fazit: »Man kann nicht sagen, daß
das Stück besondere Vorzüge aufzuweisen habe« (Rosanow,
B 5: 1909, 412).

Myrsa Polagi oder Die Irrgärten

Ein letztes fertiggestelltes Stück, das hier noch zu bespre-
chen ist und als dessen Autor Lenz freilich nur angenommen
wird,[33] ist wieder ein Lustspiel, und zwar in zwei Akten. Es
trägt den Doppeltitel *Myrsa Polagi oder Die Irrgärten* mit
der Gattungsbezeichnung »Ein Lustspiel à la chinoise« und
ist wahrscheinlich schon 1776 in Weimar entworfen und
dann zwischen 1779 und 1781 in Livland oder in Moskau

---

33 Die in der Sekundärliteratur beigebrachten Gründe, die für Lenz als Verfasser
   sprechen, sind in WuS 2, 758–760, zusammengestellt.

fertiggestellt worden. Es spielt im hinterindischen Pegu, also in einer exotischen Ferne, bei der es dem Autor auf die tatsächlichen geographischen Verhältnisse nicht ankommt, so dass Persien, woher der Titelheld stammt, nahe bei Pegu und Siam liegt. Für die Namen der Figuren und die exotische Einkleidung greift Lenz auf eine verbreitete Reisebeschreibung zurück (vgl. Damm, WuB 1,757). Tatsächlich aber lassen sich hinter manchen Details Weimarer Gegebenheiten annehmen; so bezieht schon die Gattungsbezeichnung mit dem Hinweis »à la chinoise« sich auf die in Weimar und andernorts beliebten (›chinesischen‹) Schattenspiele, und mit den im Nebentitel genannten »Irrgärten« könnte das auch in Weimar existierende Labyrinth gemeint sein. Überdies wird man in der zentralen Figur des Sternsehers Abumasar ein Selbstporträt Lenz' sehen und einige weitere Figuren auf Weimarer Persönlichkeiten zurückbeziehen können.[34]

Myrsa Polagi ist ein persischer Prinz, der umherreist, um »die Menschen zu studieren« (WuB 1,414), und insofern ein wenig an Prinz Tandi (*Der neue Menoza*) erinnert. Begleitet wird er von einem Vorreiter und einem Schreiber. Lenz – dies sei hier kurz eingefügt – kostet den Reiz des Exotischen auch insofern aus, als er in den Sprecherangaben wie im gesprochenen Text zusätzlich zu den exotischen Namen auch noch die ebenso fremdartigen Bezeichnungen ungewohnter Tätigkeiten und Funktionen verwendet (was natürlich die Lektüre erschwert). So heißt der Erste der eben genannten Begleiter Chodabende, und er ist der »Jesaulkor, der dem Myrsa [dem Prinzen] auf der Reise vorreitet«. Und der zweite Begleiter ist Sefi, ein »Dawattar, eine Art gemeiner Schreiber, die die Myrsas mitnehmen, wenn ihnen etwas aufzuzeichnen vorfällt« (WuB 1,389). – Im Rang kommt dem Myrsa Polagi Nurmala gleich, »die Caßa oder Herrscherin von Siam und Pegu«. Einige weitere Figuren des vergleichsweise personen-

---

34 Für die Einzelheiten vgl. Titel/Haug, WuS 2,758–761, und (weniger detailliert) Damm, WuB 1,756–758.

reichen Stücks sind ein Strumpfweber,[35] der an der Gicht leidet, ein Gastwirt mit zwei Töchtern (eine heißt Kura) und ein Gaukler und eine Gauklerin.

Im Zentrum steht Abumasar, »ein Manazim oder Sternseher, in Kura verliebt« (WuB 1,389). Er ist »ein großer Gelehrter« und zugleich ein Tolpatsch, nämlich »schwach [...] in den gemeinsten Dingen des Lebens« (WuB 1,403). Mitunter wirkt er »lächerlich«, denn er »vergißt gar zu gern, daß er auf der Welt ist« – in der wirklichen Welt und nicht in irgendwelchen Phantasiewelten – »und gerät darüber in manche blinde Quergasse« (WuB 1,394). Als Gelehrter hat er sich bei den orthodoxen persischen Propheten den Ruf zugezogen, »ein Atheist« zu sein, »der die Gottheit der Gestirne und die Prophezeiungen aus den Sternen leugnet« (WuB 1,389), mit anderen Worten: er ist ein Aufklärer, der die Astrologie in Frage stellt. Teils auf der Flucht vor jenen Propheten, teils nach dem Fehlschlag eines von ihm betriebenen Projekts ist er jetzt im Dienst des Strumpfwebers gelandet und hilft – als Gelehrter – dem »lahmen Strumpfwirker Strümpfe weben« (WuB 1,393), wobei er schon einen Webstuhl zerbrochen hat.

Die Handlung ist zwar nicht leicht zu überblicken, weil, gemessen an der Kürze des Stücks, zu viele Hintergrundereignisse nur knapp berichtet und nicht auf der Bühne entfaltet werden. In ihrer Mitte steht aber jedenfalls zum einen das Porträt Abumasars und zum andern das lustspielgemäß verwendete Motiv des Irrgartens. Die erwähnten Gaukler erhalten den Auftrag, Myrsa Polagi zu unterhalten, indem sie Leute dazu bringen, den Irrgarten zu betreten und sich darin zu verirren. Sie wollen ihr Glück bei Abumasar versuchen,

---

35 Angesichts der auf die Weimarer Verhältnisse beziehbaren Momente können einem bei diesem Strumpfweber bzw. »Strumpfwirker« (WuB 1,393 u. ö.) die »Strumpfwürcker« im benachbarten Apolda einfallen, auf die Goethe sich bezieht, als er 1779 mit der Arbeit an seiner *Iphigenie* nicht recht weiterkommt: »es ist verflucht, der König von Tauris soll reden als wenn kein Strumpfwürcker in Apolde hungerte« (Brief an Charlotte von Stein, 6.3.1779; WA IV,4,18).

der jedoch vorerst von dem Strumpfweber bedrängt wird, den zerbrochenen Webstuhl zu ersetzen, und der, selbst mittellos, sich um Unterstützung an Sefi, den Schreiber des Prinzen, wendet. Sefi gefällt sich in der über seine Kräfte gehenden Rolle eines Beschützers der Wissenschaften und wird damit neben Abumasar und dem Strumpfweber zu einer weiteren belachenswerten Gestalt. Es gelingt den trickreichen Gauklern in der Tat, Sefi und den Strumpfweber in den Irrgarten zu lotsen, Abumasar gerät von selbst hinein. Nachdem sich Myrsa Polagi an der Szene vergnügt hat, wird dem Strumpfweber und Abumasar im zweiten Akt wieder aus dem Irrgarten herausgeholfen, Sefi findet allein ins Freie. Die Caßa tritt auf und hilft einem bedrängten jungen Paar, womit denn auch noch ein rührendes Element in das Spiel hereinkommt. Abumasar und Kura bestätigen einander ihre Neigung, und Myrsa Polagi, der selbst noch ein paar Wohltaten ausstreut, meint am Ende, »viel Glück« (WuB 1,417) an einem einzigen Tage genossen zu haben.

Das Stück greift auf allerlei lustspieltypische Elemente zurück: Geldnot (WuB 1,396 u. ö.), Prügel (WuB 1,406), Verkleidung (WuB 1,412), zum Guten eingesetzte Intrige (WuB 1,402 f.) und Ähnliches. Mit Hilfe des hinzukommenden rührenden Moments zielt Lenz dann auf eine gemischte Wirkung. So sucht der Prinz – in der Position eines Lustspiel-Zuschauers – nur einen Anlass zum Lachen, um hernach, gerührt durch die Großmut der Caßa, zu konstatieren: »Wir dachten nicht, daß wir weinen würden. Diese Unterhaltung ist süßer als jene« (WuB 1,414). Die Tränen der Rührung und das Vergnügen daran, das der gerührte Zuschauer empfindet, sind ein psychologisch-ästhetisches Dauerrätsel in der Dramentheorie, so in den Schriften von Bodmer und Breitinger, Lessing, Mendelssohn und noch Schiller. Einen gemischten Eindruck ruft natürlich besonders Abumasar hervor (wenngleich er nicht eigentlich rührt): er erscheint zwar »ehrwürdig«, soweit er als Aufklärer gegen »Vorurteile« (WuB 1,414) kämpft, aber eben zugleich auch lächerlich aufgrund seiner

Weltfremdheit. Zuletzt bedenkt Lenz denn auch noch die
ehrwürdige Seite Abumasars mit ein wenig Spott: wenn
nämlich Abumasar sich zu »Entdeckungen zum Besten der
Menschheit, zur Ehre des Schöpfers« (WuB 1,415) aufschwingen will, dann wird da nicht die Weltfremdheit, sondern die Maßlosigkeit eines solchen Forscherdrangs ironisiert.

Einakter

Unter Lenz' kürzeren Werken finden sich Verstexte, die
zwar in den Lenz-Ausgaben seit der Ausgabe von Ludwig
Tieck den Gedichten zugeschlagen werden, die aber aufgrund ihrer szenischen Einrichtung unzweifelhaft als dramatische Texte anzusehen sind. Das gilt für *Leopold Wagner
[…] im Walfischbauch* (WuB 3,208 f.)[36] mit der Bühnenanweisung: »Der Schauplatz stellt den Bauch eines Walfischs
vor […]«, und es gilt vermehrt noch für *Shakespears Geist*
(WuB 3,206 f.) mit der Gattungsbezeichnung »ein Monologe« und der Bühnenanweisung: »Der Schauplatz das Theater
zu London«, einen Text, in dem Shakespeares Geist miterlebt, wie der berühmte Schauspieler David Garrick die Rolle
des Hamlet spielt (vgl. Guthrie, B 6: 1994). Neben solchen
Texten, die sich zwar der dramatischen Form bedienen, aber
doch etwas Skizzenhaftes behalten, finden sich weitere dramatische Arbeiten, die aufgrund ihrer Abgeschlossenheit als
Einakter eingestuft werden können – Letzteres eine Dra-
men-Kategorie, die im 18. Jahrhundert weit verbreitet ist.
Dazu gehört *Henriette von Waldeck [oder] Die Laube* aus

---

36 Gemeint ist Heinrich Leopold Wagner, der Autor des Sturm-und-Drang-
 Dramas *Die Kindermörderin*. Zwischen die beiden Teile der Überschrift ist
 der den Namen erläuternde Zusatz eingefügt: »Verfasser des Schauspiels von
 neun Monaten« (WuB 3,208); in der *Kindermörderin* findet sich der Hinweis
 »[…] die Handlung währt neun Monat«.

dem Jahr 1776 (der Nebentitel *Die Laube* ist der, den Lenz in seinen Briefen verwendet). Das Drama, das aus nur zwei Szenen besteht, das in dieser Form aber abgeschlossen ist (vgl. Titel/Haug, WuS 2,779), entsteht in Weimar vor Lenz' Abreise nach Berka. Lenz schenkt es Goethe und erwägt später, es dem Leipziger Verleger Reich im Austausch für den *Engländer* zu überlassen, um dieses letztere Stück erst noch zu überarbeiten; er hält *Henriette von Waldeck* somit für druckreif.

Den Hintergrund bildet Lenz' unglückliche Verliebtheit in Henriette von Waldner. Das Drama hat nur ein einziges Thema, nämlich die Liebe: Die Titelheldin und ihr verarmter Vetter Constantin lieben sich; ihr Vater jedoch möchte davon nichts wissen, sondern möchte die Tochter mit einem ranghöheren Adligen verheiraten. Erst durch eine von Constantins Freund Gangolf inszenierte Intrige wird er davon abgebracht und willigt schließlich in die erwünschte Heirat ein.[37]

Es gibt von diesem inhaltlich und formal eher anspruchslosen Stück eine zweite Bearbeitung, die nicht abgeschlossen ist. Hier sind – unter dem Einfluss von Goethes Singspiel *Erwin und Elmire* – Arien in die Monologe und Dialoge eingefügt. Der Freund Gangolfs heißt hier übrigens Rothe, ein Name, der in der unten noch zu besprechenden Erzählung *Der Waldbruder* wiederkehren wird.

In Berka entsteht im Sommer 1776 *Tantalus*, »Ein Dramolet, auf dem Olymp« (WuB 3,198), so die Gattungsbezeichnung (ein Dramolett ist ein kurzer Text in dramatischer Form). Lenz verknüpft Elemente des Tantalus- und des Ixion-Mythos und führt – in sehr freiem Umgang mit der griechischen Mythologie – Tantalus als einen hoffnungslos Verliebten vor, über den die Götter sich lustig machen. Selbst wenn man der Gestalt des lächerlichen Verliebten tragikomische Züge zusprechen kann (vgl. Guthke, B 6: 1961), handelt

---

37 Zu den Weimarer Bezügen der von Lenz verwendeten Namen – u. a.: Gangolf = Wolfgang – vgl. Titel/Haug, WuS 2,779.

es sich eher um eine Scherzdichtung, die in der Forschung
verschiedentlich Lob gefunden hat (vgl. etwa Rosanow, B 5:
1909, 351–353), die aber wohl vor allem dann an Pointiertheit gewinnt, wenn man sie als eine Selbstverspottung Lenz'
(in der Rolle des Tantalus) auffasst und in den antiken Göt-
tern Anspielungen auf die Weimarer Größen sieht – der Gott
Amor spricht Tantalus mit den Worten »lieber Schatz« (WuB
3,203) an, genauso wie Wieland in einem Brief an Lenz nach
Berka das tut (WuB 3,492).

Dramatische Fragmente

Lenz hat eine ganze Anzahl dramatischer Fragmente hinterlassen, die in den *Werken und Briefen* immerhin einen
Raum von annähernd zweihundert Seiten in Anspruch
nehmen. Zumeist noch in Straßburg oder Weimar entstanden, lassen sie in thematischer wie formaler Hinsicht die
Bandbreite der Projekte erkennen, mit denen Lenz sich
beschäftigt, und deuten so auch die Richtung an, in die seine Dramatik sich – unter entsprechenden Voraussetzungen
– vielleicht hätte weiterentwickeln können.

Vermutlich noch 1775 und 1776 befasst Lenz sich mit *Catharina von Siena*, einem Drama, das die Heilige des 14.
Jahrhunderts ins Zentrum stellt.[38] Wie in der (erst später fer-
tiggestellten) *Sizilianischen Vesper* geht Lenz mit den historischen Zusammenhängen außerordentlich frei um (der Maler Correggio, dem Catharina in Liebe verbunden sein soll,
hat erst anderthalb Jahrhunderte nach der historischen Catharina gelebt). Das Drama wird zuerst als »Ein religiöses
Schauspiel«, dann als »Ein Künstlerschauspiel« bezeichnet

---

[38] Zu den verschiedenen Bearbeitungsstufen, denen die erhaltenen Fragmente
sich zuordnen lassen, und zur Entwicklung thematischer und motivischer
Aspekte vgl. Titel/Haug, WuS 2,764–770.

Zeichnung von Lenz in der Handschrift
der *Catharina von Siena*
Universitäts-Bibliothek Kraków, Lenziana

(Titel/Haug, WuS 2,762). Beide Bezeichnungen lassen erkennen, dass Lenz nach neuen thematischen Akzenten
sucht jenseits der realistisch gehaltenen Alltags- und Ge-
sellschaftsdarstellungen in den vorhergehenden ›Komödien‹. In die Richtung einer Neuorientierung weist auch
der Umstand, dass die Entwürfe zum Teil in Verse gefasst
sind, wobei die Zahl der Hebungen variiert; es finden sich
zahlreiche sechshebige Verse, daneben lässt sich aber auch
eine Tendenz zum (fünfhebigen) Blankvers erkennen, der
nun einmal *der* Vers des von Lenz verehrten Shakespeare
ist und der sich nach dem Beispiel Wielands und anderer
hernach in Deutschland durchsetzt. Allein diese Versifika-
tion zeigt, dass Lenz sich hier zu einem sehr frühen Zeitpunkt in eine Richtung bewegt, die später von der Weimarer Klassik eingeschlagen werden wird.
   Inhaltlich geht es um die Entscheidung Catharinas, Nonne
zu werden; im Zusammenhang damit werden die Motive

Demut und Stolz ausführlicher behandelt (vgl. Hill, B 5: 1992, 75 f.). Zu dieser religiösen Thematik kommt eine recht weltliche Liebesverwicklung hinzu, die in den einzelnen Bearbeitungen des Stoffs von unterschiedlichem Gewicht ist und zum Teil sogar dominiert; in der ersten Bearbeitung liebt Catharina den schon genannten Maler Correggio, von dem sie der Standesunterschied trennt (nachdem Lenz die historische Tochter eines Tünchers zur Adligen gemacht hat). Dazu gehören des Weiteren Catharinas Abneigung gegen einen vom Vater bevorzugten Freier und die nicht ungetrübte Beziehung zu einer Freundin. Zu den möglichen biographischen Elementen zählt wohl auch der Konflikt mit dem Vater: Catharina bringt dem Vater »Liebe« und »Ehrfurcht« entgegen, aber sie flieht um ihrer »Freiheit« willen vor ihm (WuB 1,429), denn seine »Liebe« ist für sie eine »Tyrannei« (WuB 1,428).

Besitzt *Catharina von Siena*, wenn man die verschiedenen Bearbeitungen zusammennimmt, einen Umfang von rund fünfzig Seiten, so heben auch die folgenden Dramen-Projekte – *Die Kleinen, Der tugendhafte Taugenichts* – sich durch den Umfang der jeweils erhaltenen Entwürfe und Fragmente von den übrigen Projekten ab. – Eine überwiegend moralische Thematik wird in dem Drama *Die Kleinen* behandelt, wahrscheinlich ebenfalls aus den Jahren 1775 und 1776. Es geht darin um die ›kleinen Leute‹, denen die Stürmer und Dränger – im Anschluss an Rousseau (vgl. Diffey, B 5: 1981, 187–193) – wiederholt Beachtung schenken. Dem Autor Lenz ist das Interesse an den ›Kleinen‹ möglicherweise wichtiger als manchen anderen zeitgenössischen Schriftstellern (wie ein Brief vom Juli 1775 an Sophie von La Roche ahnen lässt). Auch bei ihm aber gewinnt dieses Interesse keine so ganz klaren Konturen. Zunächst scheint die Hinwendung zu den Kleinen das soziale Gefälle zwischen Hoch und Niedrig zu akzentuieren, hernach geht es aber eher um intellektuelle und kulturelle Privilegien der Großen, die kritisch

behandelt werden, und schließlich um menschlich-morali-
sche Haltungen, um Karrieresucht und Demut (vgl. Hill,
B 5: 1992, 77 f.).

An der Spitze des Personenverzeichnisses steht Hanns
von Engelbrecht, »reisend aus philosophischen Absichten«
(WuB 1,473), wie ein Herausgeber-Zusatz besagt.[39] Anders
als Prinz Tandi und Myrsa Polagi ist Engelbrecht von
vornherein von der Verkehrtheit der üblichen Wertungen
überzeugt: in einem programmatischen Monolog wendet er
sich mit fast pathetischem Schwung ab von den Herr-
schern, den großen Männern, den überheblichen »Genies«,
um fortan »unter den armen zerbrochenen schwachen
Sterblichen«, den »lieben Kleinen«, seine wahren »Lehr-
meister« zu suchen, bei denen er »die unberühmten Tugenden […] studieren« will, »die jedermann mit Füßen tritt«,
und von denen er dasjenige lernen möchte, was den Großen wie auch ihm selbst noch fehlt, nämlich die »Demut«
(WuB 1,474).

Die Umwertung gängiger Maßstäbe ist unzweideutig, die
dahinterstehende kontrafaktische Haltung hat ihren Ursprung letzten Endes in der Bibel, im Alten Testament: ausgerechnet »das kleinste unter allen Völkern« ist das auser-
wählte Volk (5. Mose 7,7), und im Neuen Testament mit der
Bergpredigt und ihrer Aufwertung der Kinder: »Sehet zu,
daß ihr nicht jemand von diesen Kleinen verachtet« (Mt.
18,10). So eindeutig Engelbrecht zunächst vom Gefälle zwischen Herrschenden und Beherrschten ausgeht: »Wer seid
ihr [die Herrschenden], die ihr auf ihren [der Beherrschten]
Schultern steht und sie zertretet?« (WuB 1,474), so sehr lässt
er sich wohl dann vom religiösen Hintergrund seiner programmatischen Äußerungen in die Haltung eines Erbarmers
und Beglückers drängen:

---

39 Bei den Texten, bei denen Damm (WuB) einfach der Ausgabe von Titel/Haug
(WuS) folgt, muss man dem Anhang der Letzteren entnehmen, welche Elemente (z. B. Personenverzeichnisse) von einem Herausgeber stammen.

Willkommen ihr lieben Kleinen! kommt an meine
Brust, hier ist ein Herz, das euch tragen kann, das eure
Größe in sich vereinigen möchte, wie eine große Haupt-
stadt alles was schön und vorzüglich im Königreich ist,
in sich verschlingt und dadurch allein Hauptstadt wird.
(WuB 1,474)

Vermutlich ist dem Verfasser bei dem eigenartigen Vergleich nicht bewusst geworden, dass die molochähnliche
Hauptstadt sich mit der angeblich demütigen Haltung des
angebotenen Herzens nicht so recht zusammenreimen will.
Engelbrecht begibt sich auf Reisen. In der Wildnis begegnet er einem Einsiedler, der einst von seinem, des Einsiedlers
Bruder aus der Gunst des Fürsten verdrängt worden ist und
sich in Demut und Entsagung von der Welt zurückgezogen
hat (vgl. Sato, B 6: 1994) – was sehr deutlich auf die Rührung
des Zuschauers zielt. Dann lernt Engelbrecht allerlei Menschen aus dem ›einfachen Volk‹ kennen, in deren »unschuldi-
gen Herzen« (WuB 1,484) nichts von der unnatürlich-verfei-
nerten Gefühlskultur gehobener Kreise zu finden ist. Trotz
der intendierten Aufwertung der schlichteren Denk- und
Verhaltensweisen der kleinen Leute wirkt die Forscher-Atti-
tüde merkwürdig herablassend, mit der der Adlige Engelbrecht jene Verhaltensweisen »zu studieren« (WuB 1,474)
und »zu untersuchen« (WuB 1,491) bestrebt ist, indem er den
Bauern beim Kartenspielen zuschaut (WuB 1,484) oder ein
Liebespaar »*belauscht*« (WuB 1,488). In (wohl) ungewollt
überheblicher Weise meint er zudem, erst seine Anteilnahme
bringe die Leute zu einem vollen Bewusstsein ihrer eigenen
Freude und ihres eigenen Leids (WuB 1,492).
    Das Drama trägt zwar die Gattungsbezeichnung »Komö-
die«; die Sittenschilderungen indessen laufen auf ein »Gemälde« (WuB 1,497) hinaus, dem es an dramatischer Dynamik mangelt. Daher nimmt Lenz den Faden wieder auf, der
sich eingangs mit dem entsagenden Einsiedler angesponnen
hat. Engelbrecht gelangt zu einem ehemaligen Staatsminister,

in dem er den vordem intriganten, jetzt aber reumütigen Bruder des Einsiedlers erkennt. Er bringt die Brüder zusammen, der Einsiedler liegt bereits im Sterben, der Staatsminister ersticht sich, um sich selbst zu strafen – Kain und Abel (vgl. WuB 1,492) im Tode vereint. Dieser hochtheatralische Komplex passt zwar nicht mehr zu dem Thema der kleinen Leute, aber es handelt sich hier eben um Fragmente, denen man keine dramatische Geschlossenheit abverlangen kann.

Der tugendhafte Taugenichts, entstanden vermutlich 1775 und 1776, geht auf eine von Christian Friedrich Daniel Schubart 1775 veröffentlichte Anekdote zurück, auf die auch Schillers *Räuber* sich beziehen. Es geht um den Konflikt zwischen einem einfältig-empfindsamen älteren Bruder und einem intelligent-intriganten jüngeren, der den Vater für sich einzunehmen versteht. Der Ältere möchte die Gnade des Vaters erzwingen, er zieht in den Krieg und überlebt, was aber der Jüngere mit Hilfe einer Briefintrige vor dem Vater geheim zu halten versucht. Aufgrund des fragmentarischen Charakters der beiden Bearbeitungen bleibt der Schluss offen, zumal Lenz relativ frei mit Schubarts Anekdote umgeht und deren Schluss vielleicht nicht übernommen hätte. Immerhin lässt das Drama, das keine Gattungsbezeichnung trägt, sich aufgrund einiger Elemente als Komödie ansehen: es gibt zum Beispiel einen Kleidertausch, und die Figur des handfesten Vaters der beiden Brüder gehört zweifellos in das lustspieltypische Rollenfach des polternden Alten. Vor allem aber lässt der lustspielartige Titel erwarten, dass der ältere Bruder – ein »Taugenichts« nur im Sinne eines eigentlich nicht lebenstüchtigen Menschen – alle Intrigen überstehen wird und aufgrund seiner Tugend sogar einiger rührender Wirkungen sicher sein kann.

Die übrigen Entwürfe und Fragmente beziehen sich auf elf verschiedene dramatische Projekte von geringerem Gewicht.

Das Thema ›Liebe‹ spielt in den meisten von ihnen eine mehr
oder minder bedeutende Rolle. *Die alte Jungfer* knüpft in
drei sehr divergierenden Entwürfen zum Teil an die Ereignisse an – vor allem das gebrochene Eheversprechen –, die
den *Soldaten* zugrunde liegen, übernimmt aber auch Motive
aus einem Roman Sophie von La Roches. – Das Trauerspiel
Zum Weinen oder Weil ihrs so haben wollt wirkt geradezu
wie ein dramatisches Experiment. Es lässt in einem ersten
Entwurf zwei Männer zwei Frauen lieben und bei ihnen Ge-
genliebe finden und lässt sie dann dennoch aus verschiedenen Gründen die jeweils falsche Frau heiraten. Daraus ergeben sich emotionale Komplikationen und hitzige Begegnun-
gen, an deren Ende erst die beiden Männer, dann die beiden
Frauen einander erstechen. In einem zweiten Entwurf bringt
Lenz die Entwicklung bis zu einem Punkt, an dem er plötzlich – ohne Rücksicht auf die Illusion – seine, des Autors
Herrschaft über seine Dramenfiguren sichtbar werden lässt:
er führt die vier noch unverheirateten Beteiligten zusammen,
die beiden Männer »geraten an einander, die beiden Mädchen
stellen sich in der größten Hitze des Gefechts in die Mitte –
dies ist die letzte und stärkste Situation – nun steht's bei mir,
ob alle sterben oder alle leben und glücklich sein sollen«
(WuB 1, 570).

Unverkennbar ist die Lust an der Willkür, mit der der
Schöpfer über seine Geschöpfe gebietet. Bei der erwogenen
glücklichen Variante passt natürlich die Gattungsbezeichnung ›Trauerspiel‹ nicht mehr – ein Indiz dafür, dass die
Konstellation nicht mehr an sich tragisch oder komisch ist,
dass mithin die überkommene Alternative ›Tragödie oder
Komödie‹ vollends funktionslos geworden ist.

Die Familie der Projektenmacher behandelt ironisch – und
vielleicht auch selbstironisch – die Realitätsferne mancher
Projekte; so sollen sämtliche Steuern abgeschafft werden
(WuB 1,584), und als das adlige Familienoberhaupt in einer
sozialen Anwandlung einen Bettler von der Straße herein an

den Esstisch nötigt – »Iß und trink, guter Freund, […] Wart, ich will dir meinen Überrock holen« (WuB 1,586) –, nutzt der verdutzte Bettler die erste Gelegenheit, sich davonzumachen, weil er das Ganze für bloßen Spott hält.

Einige weitere Entwürfe,[40] darunter auch eine Bearbeitung des Faust-Stoffs[41], sind zu rudimentär, als dass sich viel über sie sagen ließe. Dass Lenz – vermutlich in experimentell-spielerischer Weise – Stoffe und Themen aus dem früheren 18. Jahrhundert nochmals aufnimmt, zeigen *Cato*, eine Art dramatisch-sprachlicher Übung auf vier Seiten, sodann *Graf Heinrich* (mit der Gattungsbezeichnung *Eine Haupt- und Staatsaktion*), eine Schilderung des höfischen Lebens und der intrigant-zynischen Hofleute, sowie *[Ein Lustspiel in Alexandrinern]*, das 1777 in der Schweiz entsteht. Hervorgehoben sei *[Boris]*, eine einzelne Szene, die der Moskauer Zeit Lenz' zugehört und die sich auf einen hernach auch in Schillers *Demetrius* aufgegriffenen Stoff aus der russischen Geschichte bezieht.

Genannt seien noch zwei weitere Texte, die »aus der Zeit in Rußland« (Blei, GS 5,392) stammen und die sich zum Teil einer dramatischen Form bedienen. *Divertissement zum Nachspiel: Die Christen in Abyssinien oder Die neue Schätzung* (GS 5, 223–240), so lautet die Überschrift eines Textes, in dem in zwei Szenen in orientalischer Umgebung Religionsdifferenzen behandelt werden, und zwar in Form von vielen Gesprächen mit nur wenig Handlung. – Nicht vor 1786 entstanden (vgl. Meinzer, B 7:1996, 20) ist der fragmentarische Text *Ueber Delikatesse der Empfindung oder Reise des berühmten Franz Gulliver, ehemals unter dem Namen Paoli bekannt* (GS 5, 241–298; *Ueber Delikatesse der Empfindung*, B 1: 1996). Bei dem außerordentlich anspielungsreichen und nicht immer leicht zugäng-

---

40 *Magisters Lieschen*, thematisch der Erzählung *Zerbin* nahestehend; *[Caroline]*; *[Die Baccalaurei]*.
41 *Fragment aus einer Farce Die Höllenrichter genannt* (vgl. Menz, B 6: 1993).

lichen Text handelt es sich um ein »Monodrama« (GS
5,241; *Ueber Delikatesse der Empfindung*, B 1: 1996, 28),
also um ein Ein-Personen-Stück, in dem aber außer dem im
Titel genannten Gulliver noch ein sprechender »Luftgeist«
mitwirkt; die daher eigentlich nicht passende Bezeichnung
›Monodrama‹ mag unter anderem die Zusammengehörigkeit von Körper (Gulliver) und Geist (Luftgeist) signalisieren (vgl. Meinzer, B 7: 1996, 190), sie könnte aber zudem
satirisch gemeint sein, da etliche der zeitgenössischen Me-
lodramen sich der Form des Monodramas bedienen. Im
Ganzen lässt sich der Text nicht ohne Weiteres einer bestimmten Gattung zuordnen, da er zwischen szenischer
Darstellung und Erzählung wechselt, und dies in offenbar
kalkulierter Weise und nicht einfach, weil er ein Fragment
geblieben ist. Als Belege seien die Überschriften der ersten
drei Szenen bzw. Abschnitte angeführt: »Erste dramatische
Darstellung«, »Zweite dramatisch-epische Vorstellung«,
»Dritte dramatische Darstellung«. Zudem oszilliert der
Text zwischen Fiktion und theoretischer Abhandlung. Der
Titel meint mit der ›Empfindung‹ die religiöse Empfindung, die »Sensibilität gegenüber der göttlichen Offenbarung« (Meinzer, B 7: 169), und mit der ›Delikatesse‹ die
Feinheit und Verfeinerung dieser Empfindung. Dementsprechend hat der Text auf der Basis einer phantastisch-
fiktiven Handlung (Gulliver und der Luftgeist) einen weitgehend erörternden Charakter und handelt von Problemen
der Kommunikation und den Vorurteilen der Christen
gegeneinander, von moralischen, religiösen und literarischen Themen. Unter anderem wird der ehedem von Lenz
immer verteidigte Werther scharf kritisiert: Werther könne
seine Begierden nicht zügeln, es gehe ihm nicht wirklich
um Lotte, die vielmehr durch jede andere ersetzbar sei;
Lotte ihrerseits fühle sich in ihrer Eitelkeit geschmeichelt
(vgl. GS 5, 256–261; *Ueber Delikatesse der Empfindung*,
B 1: 1996, 43–48).

Lenz zugeordnet werden schließlich drei satirische Szenen aus der Zeitschrift *Für Leser und Leserinnen* (Mitau/Kurland), deren Dritte gegen Wieland gerichtet ist: *Der Arme kömmt zuletzt doch eben so weit. Ein Dialog nach dem Lucian* (*Drei unbekannte poetische Werke*, B 1: 1985, 265 f.); *Merkur und Mistreß Modish* (GS 5, 343–347); *Elysium* (GS 5, 349–353).

Prosa

Autobiographische Texte

Das Tagebuch

Wenngleich *Das Tagebuch* wiederholt den ›Prosadichtungen‹ zugeordnet wird (vgl. WuB 2, WuS 1), wird man den Text doch wohl besser als autobiographisch ansehen, nicht zuletzt um ihn von einem durch und durch fiktionalen Text – wie der Erzählung *Zerbin* – abheben zu können. Das bedeutet nicht, dass ein strikter Gegensatz zwischen literarischer Autobiographie und Fiktion anzusetzen wäre. Vielmehr steht die literarische Autobiographie dieser Zeit – im Unterschied zu traditionellen autobiographischen Zweckformen wie der Gelehrten-Autobiographie oder der pietistischen Autobiographie – in einem spannungsvollen Wechselverhältnis mit Erzählung und Roman, und zwar hinsichtlich der Darstellungsweisen ebenso wie hinsichtlich des Umgangs mit ›Erlebtem‹.[1] Insofern kann man in Lenz' *Tagebuch* durchaus literarische Züge entdecken wie zum Beispiel die »tagebuchuntypischen Vorausdeutungen« (Stötzer, B 7: 1992, 46), und man kann sich fragen, ob hier nicht möglicherweise »ein reales Tagebuch nach dem Maßstab eines fiktiven geführt« wird (Käser, B 5: 1987, 319); man muss aber deshalb den Text nicht gleich aus der Rubrik ›Autobiographie‹ in die – vielleicht ein wenig vornehmer anmutende – Rubrik ›Prosadichtung‹ befördern. Entsprechendes gilt na-

---

1 Vgl. Klaus-Detlef Müller, »Autobiographie und Roman. Studien zur literarischen Autobiographie der Goethezeit«, Tübingen 1976 (Studien zur deutschen Literatur, 46), bes. S. 333–342 (»Grundtendenzen in der Geschichte der literarischen Autobiographie von Jung-Stilling bis Goethe«).

türlich auch für die im Anschluss vorgestellte *Moralische Bekehrung eines Poeten*. Im Übrigen hat man in Bezug auf beide Texte auch von »autobiographiebezogenen Prosatexten« (Demuth, B 5: 1994, 204) gesprochen.

Das Tagebuch umfasst einen Zeitraum von dreißig Tagen im Herbst 1774 und schildert einen Teil derjenigen Vorgänge, die Lenz dann in seinen *Soldaten* dramatisch gestaltet. In Kurzform: Der älteste der Kleist-Brüder, als deren ›Mentor‹ Lenz nach Straßburg gekommen ist, Friedrich Georg von Kleist, hat der Straßburger Juwelierstochter Cleophe Fibich ein Heiratsversprechen gegeben und ist dann nach Kurland zurückgekehrt. Inzwischen trifft der jüngste Kleist-Bruder, Christoph Hieronymus Johann von Kleist, ein, um in Straßburg zu studieren, und tritt, was Lenz' ›Mentorschaft‹ betrifft, in die Rechte des ältesten Bruders ein. Auch beginnt er, Cleophe Fibich zu umwerben; Lenz, der diese davor zu schützen versucht, verliebt sich nun seinerseits in sie. Die Schilderung bricht zu dem Zeitpunkt ab, zu dem Lenz sich aus der Abhängigkeit von Kleist löst.

Lenz schenkt das Manuskript im Sommer 1775 Goethe. Dieser ist in der Tat der erste Adressat, nämlich derjenige Leser, an den *Das Tagebuch* sich gleich eingangs wendet – »Ich muß dir lieber Goethe – zum Verständnis […] einige Nachrichten voranschicken« (WuB 2,289) – und auf dessen Verschwiegenheit es bei Gelegenheit auch pocht (WuB 2,328). Die Namen der betroffenen Personen sind verändert; der älteste Kleist heißt ›Scipio‹, der jüngste wird ›der Schwager‹ genannt, was auf das eigentlich vorgesehene künftige Verwandtschaftsverhältnis verweist. Cleophe Fibich trägt den Namen ›Araminta‹ (einmal auch nennt Lenz sie versehentlich ›Clephchen‹ [WuB 2,301]). Sich selbst lässt Lenz als »Herr –z« (WuB 2,302) und »Herr L–z« (WuB 2,326) ansprechen. Im Übrigen sind die Verhältnisse in der Familie Fibich und die Straßburger Gegebenheiten getreulich wiedergegeben. An der Vorgeschichte ist Lenz, wie er betont, emotional nicht beteiligt gewesen; er hat die Briefe zwischen Scipio und Araminta hin- und herbefördert und für Scipio auch Texte verfasst, mit denen dieser allerlei Beifall eingeheimst hat. Er hat dann die Einführung des Schwagers im Haus von Aramintas Vater gefördert und ist erst unruhig geworden, als der Schwager sich allzu sehr für Araminta zu interessieren beginnt.

Von da an werden die Ereignisse Tag für Tag wiedergegeben. Im Zentrum der Schilderungen stehen die Besuche Lenz' und des Schwagers bei Araminta sowie deren Verhalten ihnen beiden gegenüber, ihre Launen und Beschäftigungen. Für Spannung sorgt Lenz' zunehmend komplizierte Situation. Er verliebt sich offenkundig in Araminta und gerät damit in einen Loyalitätskonflikt gegenüber dem fernen Scipio, von dessen Treue er insgeheim gar nicht überzeugt ist. Er wird in verhohlener Weise zu einem Rivalen des ihm im sozialen Rang überlegenen und intellektuell unterlegenen Schwagers, der seinerseits zwischen seiner Loyalität gegenüber seinem Bruder und seinem Interesse an Araminta schwankt. Dass in dieser Situation die Beteiligten sich nicht klar über ihre Empfindungen äußern (sofern sie sich überhaupt darüber im Klaren sind), sondern sich in ein kokettgeselliges Spiel von Andeutungen, indirekten Offenbarungen und Zurücknahmen verstricken, das verleiht dem Text einigen psychologischen Reiz. Dazu gehört, dass Lenz einerseits bei allen emotionalen Schwankungen doch zu der Überzeugung gelangt, »von ihr [Araminta] geliebt zu sein« (WuB 2, 303), während er andererseits ehrlicherweise erkennen lässt, wie sehr er allerlei oft vage Indizien allererst in seinem Sinne deuten und vielleicht auch zurechtbiegen muss.

Das Tagebuch ist in einem schlichten und dennoch wohlgeformten Stil geschrieben (was nicht den Charakter eines autobiographischen Textes in Frage stellt). Dass bisweilen einige rhetorische Floskeln vorkommen, braucht da nicht zu stören. Die Formulierung etwa »Verräterisch Herz! wie wenig kenn ich dich« (WuB 2,325) kündigt keine unerwarteten tiefenpsychologischen Einsichten an, sondern ist eine gängige Formel für den uralten Zwiespalt zwischen dem eigentlich

Gebotenen (dem, was das Ich will oder wollen zu sollen meint) und dem insgeheim Erwünschten (dem, was das Herz wünscht – ›verräterisch‹, weil es das Ich und den Willen hintergeht). Dennoch nimmt *Das Tagebuch* nicht zuletzt dadurch für sich ein, dass es einen ganz unmittelbaren Einblick in das Innere seines Verfassers zu gewähren scheint. Insofern kann es als ein Zeugnis einer im Laufe des 18. Jahrhunderts fortschreitenden Erkundung des Seelenlebens gelten, einer ›empirischen‹ Erkundung jenseits der traditionellen Vermögenspsychologie (dazu mehr im Zusammenhang mit den moralisch-theologischen Schriften).

Moralische Bekehrung eines Poeten
von ihm selbst aufgeschrieben

Wie eine Weiterführung des *Tagebuchs*, aber unter sehr veränderten Voraussetzungen, mutet ein zweiter autobiographischer Text an, der ebenfalls Elemente der fiktionalen Prosa enthält (vgl. Stötzer, B 7: 1992, 67 f.), nämlich *Moralische Bekehrung eines Poeten von ihm selbst aufgeschrieben* (vgl. Rudolf, B 5: 1970, 218-220). Entstanden ist der Text im Frühjahr und Sommer 1775, nachdem Lenz Cornelia Schlosser, Goethes Schwester, in Emmendingen kennen gelernt hat. Lenz bringt ihr eine schwärmerische Verehrung entgegen und betrachtet – im Banne dieser Begegnung – seine vorherige Verliebtheit mit äußerst kritischen Augen. Hat er vordem im *Tagebuch* über Cleophe Fibich geschrieben: »Ich sehe Tiefen des Genies in ihr« (WuB 2,303), so kommentiert er jetzt in der *Moralischen Bekehrung*: »Ich erinnere mich der Zeit noch wohl da ich Tiefen des Genies in meiner geliebten C. zu entdecken glaubte«, aber »die Schönheiten die Vollkommenheiten die ich ihrem Geist und Herzen lieh, haben bloß in meiner Imagination gesteckt«, der »Zauber« ist der Desillusionierung gewichen (WuB 2,331). Über mehrere Seiten hin geht Lenz mit der Koketterie und der Eitelkeit Cleophes und mit seiner eigenen Verblendung ins Gericht, bevor er sich

Cornelia Schlosser als der eigentlichen Adressatin dieses
zweiten Textes zuwendet. »Engel, Trost, Beglückung meines
Lebens, Kleinod das der Himmel meinem Herzen zuwarf«
(WuB 2,339), »Retterin! Engel des Himmels meine verirrte
Seele auf die rechte Bahn zu leiten« (WuB 2,335), so spricht er
sie an. Aber was für eine Bahn ist dies eigentlich? Es ist, näherhin besehen, der Weg in eine neue Verliebtheit, freilich
eine solche, die sich als Verehrung geben und nur aus »reine[n] Flammen« (WuB 2,337) bestehen möchte, in die dann
aber auch allerlei unerlaubte Vorstellungen miteinfließen, so
dass eine desto gesteigertere Anbetung der »Hausgöttin«
Cornelia (WuB 2,340) nötig wird, um jene Anfechtungen zu
überwinden. Der Konflikt ist kaum lösbar (vgl. Käser, B 5:
1987, 330–339): Lenz schwankt sichtlich zwischen der ganz
ernst gemeinten Sehnsucht nach einer Veredlung seiner See-
lenregungen und dem ihn gelegentlich dennoch anwandeln-
den Wunsch nach einer ein klein wenig konkreteren Beziehung zu der Angebeteten (vgl. Rudolf, B 5: 1970, 219). In der
letzteren Hinsicht schmerzt es ihn, dass eine »lächerliche Ge-
wissenhaftigkeit« – die er wohl nicht wirklich für lächerlich
hält – ihn daran gehindert hat, im passenden »Augenblick«
eine Annäherung an die Geliebte zu riskieren (WuB 2,337) –
darauf bezieht sich wohl auch das Gedicht *Der verlorne Augenblick. Die verlorne Seligkeit* (WuB 3, 139–142), auf das
unten noch einzugehen ist. Im Sinne der ersehnten Veredlung soll der aufgeschriebene Text der *Moralischen Bekehrung* ihm selbst Halt geben, wenn er in Gefahr geraten sollte,
vom »Sturmwind der Leidenschaft« über die »Grenzen der
Klugheit« hinausgetrieben zu werden (WuB 2,344).

Etwa in der Mitte des Texts findet die mehr oder minder
religiös getönte Verherrlichung der Adressatin Cornelia
Schlosser einen gewissen Abschluss. Statt nur mit seiner
Beziehung zu Cornelia beschäftigt Lenz sich im Folgenden
vermehrt mit seiner Stellung in der Gesellschaft, seiner »Ver-
einzelung« (WuB 2,344), und mit dem Verhalten der
Straßburger Bürger. Er mahnt sich, die Mitmenschen nicht

zu verachten, bedenkt sein Verhältnis zu Goethe und versucht, sich mit ähnlichen Worten wie im *Pandämonium Germanicum* einzureden, dass es doch eigentlich ein Vorteil sei, wenn seine Werke dem Freund Goethe zugeschrieben werden und dadurch vermehrt Interesse finden (WuB 2,345 f.).

Dass sein Weg und der Goethes sich trennen werden, diese Ahnung steht am Ende: »Ach ich muß von ihm, Länder zwischen uns setzen, Goethe erster Gespiele meiner Jugend, Goethe – muß unser Weg auseinander? Wir Unzertrennliche?« (WuB 2,353) Gemeint sein mag damit zunächst die geographische (und nicht gleich auch eine innere) Trennung, da Lenz im Sommer 1775 noch die Hoffnung hat, einen jüdischen Bankierssohn während des Winters auf einer Reise nach Italien begleiten zu können. Die letzte Überlegung gilt dem Verbleib des Textes der *Moralischen Bekehrung* selbst. Lenz mag den Text nicht bei sich behalten, damit sein »Reisegefährt«, vermutlich der eben erwähnte Bankierssohn, ihn nicht zu sehen bekommt; am besten wohl wäre er bei Cornelia aufgehoben, obwohl er ihr eigentlich »nie zu Gesicht kommen« sollte, zumal er ja, wie Lenz nochmals beteuert, »nur für mich selbst geschrieben ward« (WuB 2,353).

Darin liegt eine bezeichnende Dialektik. Lenz ist vorgeblich nach dem Vorbild Lavaters bemüht, »mir selber von meinen Empfindungen, ihrem Wechsel, Veränderung und Fortgang Rechenschaft zu geben« (WuB 2,330), er teilt diese Selbsterforschung in fünfzehn »Selbstunterhaltungen« ein und behauptet am Ende, sein Herz »in der Stille vor mir selbst ausgeweidet« zu haben (WuB 2,353). Tatsächlich aber geschieht dies nicht nur um seiner selbst oder um der »Nachwelt« (WuB 2,346) willen. Wie *Das Tagebuch* ist vielmehr auch die *Moralische Bekehrung* auf einen bestimmten Adressaten, hier eben auf die potentielle Leserin Cornelia Schlosser, hin entworfen. Ein solcher Adressatenbezug ist konstitutiv auch für einen autobiographischen Text; er eröffnet daher noch nicht den Raum der Fiktion und macht aus dem Text darum auch keinen »Roman« (Damm, WuB 2,864).

Prosadichtungen

Zerbin oder die neuere Philosophie

Die Gattung ›Erzählung‹, die uns heute als etwas ganz Selbstverständliches erscheint, hat im Barock des 17. Jahrhunderts ihre Eigenständigkeit gegenüber dem Roman weitgehend verloren, so dass sie sich im 18. Jahrhundert – nicht zuletzt unter dem Einfluss der *Moralischen Erzählungen* des Franzosen Jean-François Marmontel und gefördert durch das Medium der so genannten ›Moralischen Wochenschriften‹ – wieder neu konstituiert.[2] Auch Lenz leistet dazu seinen Beitrag. Seine erste Erzählung, *Zerbin oder die neuere Philosophie*, entsteht Ende 1775 und erscheint 1776. In einem Brief spricht Lenz von einer »Erzählung in Marmontels Manier, aber wie ich hoffe nicht mit seinem Pinsel« (WuB 3,358). Gemeint sind damit die eben erwähnten *Moralischen Erzählungen* (*Contes moraux*) von Marmontel, die seit 1766 in deutscher Übersetzung erscheinen. Es geht darin um den Konflikt zwischen den »kollektiven Normen des gesellschaftlichen Lebens« und »den Ansprüchen des Individuums, seinen natürlichen Neigungen« und um den »vernünftigen Ausgleich zwischen beiden«.[3] Während die Charaktere bei Marmontel freilich noch weitgehend typisiert erscheinen, angelehnt an die Figuren der (rührenden) Komödie, ist Lenz um eine weitergehende Individualisierung bemüht, wenngleich der Name »Zerbin« noch ein typisierendes Element bewahrt (*zerbino* ist im Italienischen der ›Stutzer‹, der ›Geck‹ [vgl. Voit, B 7: 1988, 125]). Mit dieser weitergehenden Individualisierung ergibt sich auch eine deutlichere Profilierung der dargestellten Konflikte, und da Lenz am Schluss auch

---

2 Vgl. Wolfgang Proß, »Nachwort«, in: »Deutsche Erzählungen des 18. Jahrhunderts. Von Gottsched bis Goethe«, hrsg. und komm. von Heide Hollmer [u. a.], München 1988, S. 315–335.

3 Ebd., S. 324. Vgl. auch Rudolf, B 5: 1970, 223–229.

noch den komödiengemäßen Ausgleich verweigert, meint er zu Recht, sich nicht des ›Pinsels‹ Marmontels bedient zu haben, sondern einen eigenen Stil gefunden zu haben. Dass über ein »Charaktergemälde« (Voit, B 7: 1988, 149 f.) hinaus zugleich allgemeinere Zusammenhänge vermittelt werden sollen, deutet der Nebentitel *die neuere Philosophie* an. ›Philosophie‹ meint hier die Weltanschauung überhaupt, die Denkweise im Allgemeinen. Wie sich hernach zeigt, sind mit der ›neueren‹ Philosophie bzw. mit der »Modephilosophie« (WuB 2,354) die gängigen kaltblütig-zweckrationalen Auffassungen von der Aufgabe der Ehe und der Liebe gemeint.

Wesentlich für Lenz (und den Sturm und Drang im Ganzen) ist nicht nur ein gesteigertes Interesse für Charaktere und charakterliche Komplexität, sondern besonders auch für die Frage nach dem Zusammenhang zwischen den individuellen Anlagen und der Entwicklung eines Menschen, mithin die Frage nach der Bedeutung äußerer, also gesellschaftlicher Einflüsse. So handelt die vorliegende Erzählung vom moralischen Niedergang (und schließlich auch physischen Untergang) eines Menschen – einem Niedergang nicht zuletzt infolge äußerer Faktoren. Insofern kann die Erzählung als eine entwicklungspsychologische Studie gesehen werden. Bemerkenswert ist sie freilich auch darin, dass sie das für den Sturm und Drang wichtige Motiv des Kindesmordes und der Kindesmörderin aufgreift, das ja nahezu alle Autoren der Zeit beschäftigt hat.

»Wie mannigfaltig sind die Arten des menschlichen Elends!«, mit diesem Ausruf wird gleich im ersten Satz an die »Menschenliebe und Empfindsamkeit« (WuB 2,354) des Lesers appelliert. Es wird also nicht um Abenteuer gehen, sondern um Unglück und Schuld, um Menschenfreundschaft in der Theorie und Mitleidlosigkeit in der Praxis. Und durchaus noch an aufklärerische Intentionen anknüpfend, beansprucht der Erzähler, Einsichten zu vermitteln und Einstellungen zu verändern, Letzteres, soweit der abgestumpfte Leser seine Mitleidfähigkeit verloren haben sollte. In der gleichen Art und Weise eröffnet übrigens ein Jahrzehnt später Schiller seine Erzählung vom *Verbrecher aus verlorener Ehre* – freilich um (anders als Lenz) das Thema ›Moral‹ erst einmal abzuhaken und sich dann ganz den spannenden Geschehnissen zu überlassen.

Obwohl der Erzähler sich im zweiten Abschnitt in der Ich-Form selbst ins Spiel bringt, obwohl er das zu Berichtende als »Erzählung« (WuB 2,354) einstuft und sich zwischendurch ausdrücklich an seine »Leser« (WuB 2,356) und »Leserinnen« (WuB 2,365) wendet, beharrt er – in zeittypischer Manier – auf der Authentizität des zu Erzählenden. Die Einbeziehung realer Orte und Personen – der Universitätsstadt Leipzig und des Professors Christian Fürchtegott Gellert (WuB 2,356) – soll ebenso als Authentizitätssignal wirken wie das gelegentliche Eingeständnis, er, der Erzähler, wisse etwas nicht (vgl. WuB 2,360), und die betonte Abgrenzung der hier zu berichtenden Ereignisse von einem fiktiven Roman-Geschehen wie dem im *Werther* (vgl. Wurst, B 7: 1993).

Zerbin ist ein vielversprechender junger Mann von edler Gesinnung, ganz im Gegensatz zu seinem skrupellosen Vater, einem Kaufmann, der ständig versucht, seinen Sohn ebenfalls zu korrumpieren – aber vergeblich: Zerbin verlässt um der Reinheit seines Gewissens willen schließlich sogar das Elternhaus und die Vaterstadt. Er verfolgt zwei Ziele: er möchte alles, was er erreicht, sich selbst zu verdanken haben – das entspricht der aufklärerischen Idee der Autonomie –, und er möchte als gemachter Mann zurückkehren und alle von seinem Vater angerichteten Schäden wieder heilen, um so selbst bekannt zu werden – das ist pure Eitelkeit. Lenz erlaubt sich also die psychologische Unwahrscheinlichkeit, seinen heranwachsenden Helden gegen die Korrumpierungsbemühungen des Vaters zu feien; er ist aber zugleich um den Entwurf eines zweideutigen Helden, eines gemischten Charakters bemüht. Wenn der Erzähler überlegt, ob »Zerbins Gradheit des Herzens« nicht vielleicht als »Stolz« zu bezeichnen sei (WuB 2,355), dann rückt dies den Helden merklich ins Zwielicht (vgl. Rector, B 7: 1994, 302). Und der skeptische Hinweis, wirkliche Tugend bestehe nicht im »Plan«, sondern in der »Ausführung schwieriger Plane« (WuB 2,356), bringt einen Maßstab ins Spiel, mit dem Zerbin zu messen sein wird (vgl. Dedert, B 7: 1990, 41).

Zerbin geht nach Leipzig und gerät dort in adlig-großbürgerliche Kreise. Er wird der Mentor – Privatlehrer und Gesellschafter – eines Grafen Altheim. Er wird eingeführt im Hause eines Bankiers und verliebt sich in dessen unverheiratete Schwester Renatchen, die äußerlich wunderschön, aber innerlich leer ist. Renatchen interessiert sich eher für den Grafen Altheim und versucht, ihn auf dem Umweg über den begriffsstutzigen Zerbin für sich zu interessieren. Als ihr das gelingt, lässt sie den unglücklichen Zerbin fallen. Dieser, dessen Bild der weiblichen Tugend einen Stoß bekommen hat, wendet sich Hortensie, der Tochter seines bürgerlichen Vermieters, zu. Zerbin sucht ein Objekt der Anbetung und Liebe, Hortensie jedoch will nur unter eine Haube kommen, egal unter welche:

> [...] er wollte lieben. Er wollte Anheften, Anschließen eines Herzens an das andere ohne ökonomische Absichten – er wollte keine Haushälterin, er wollte ein Weib, die Freude, das Glück, die Gespielin seines Lebens; ihre Absichten gingen himmelweit auseinander; er steuerte nach Süden, sie steuerte nach Norden; sie verstunden sich kein einzig Wort.   (WuB 2,366 f.)

Es wird also nichts mit Hortensie; Zerbin mit seiner Liebessehnsucht gerät an Marie, seine Aufwärterin, ein reines Goldgeschöpf vom Lande, »ein junges, schlankes rehfüßiges, immer heitres und lustiges Mädchen« (WuB 2,367). Und hier fängt »das Schreckliche seiner Geschichte an« (WuB 2,367). Der Erzähler unterbricht seinen Bericht für ein kleines Räsonnement über das Strafrecht, er plädiert für die Berücksichtigung der jeweiligen besonderen Anlässe und Motive einer Handlung, also, juristisch gesehen, für das Täterstrafrecht, das auch mildernde Umstände kennt, anstelle des bloßen Tatstrafrechts. Für den Leser hat dieses Räsonnement natürlich nicht nur eine belehrende, sondern auch eine spannungssteigernde Funktion.

Zerbin und Marie finden zusammen: »er schloß sie in seine Arme«, »sie verstummten – sie gleiteten – sie fielen« (WuB 2,369). Was Lenz im Anschluss daran mehr behauptet, als psychologisch zwingend dartut, ist ein Prozess der Desillusionierung. Trotz der unzweifelhaften »Trunkenheit des Glücks«, die Zerbin erlebt, verlieren sich seine »hohe[n] Begriffe von der Heiligkeit, aufgesparten Glückseligkeit, von dem Himmel des Ehestandes« (WuB 2,369). Der vorherrschenden ›Philosophie‹ entsprechend, erscheint ihm die Ehe nurmehr als »eine wechselseitige Hülfleistung«, d. h. als eine vertragliche Vereinbarung, und die Liebe als »eine vorübereilende Grille«. Und »eine Mißheirat«, wie es die mit der von einem Bauernhof stammenden Marie wäre, »schien seinem aufgeklärten Verstande nun ein eben so unverzeihbares Verbrechen, als es ihm ehemals der Ehebruch und die Verführung der Unschuld geschienen hatten« (WuB 2,369). Offenkundig mündet die Desillusionierung Zerbins nicht in den Gewinn eines realistischen Weltbildes, sondern in blanken Zynismus.

Zu einem »Philosophen« (WuB 2,369) geworden, für den es keine Werte mehr gibt, beschließt Zerbin, »Professor der ökonomischen Wissenschaften, neben an des Naturrechts, des Völkerrechts, der Politik und der Moral, zu werden« (WuB 2,370), er fängt an,

ein Kollegium [eine Vorlesung] über die Moral und eins über das Jus naturae [Naturrecht] zu lesen, das ihm gar kein Kopfzerbrechen kostete und ungemein gut von der Lunge ging. Er bekam einen Zulauf, der unerhört war, und es währte kein halbes Jahr, so ließ er für seine Lesestunden ein neues Kompendium der philosophischen Moral, gepfropft aufs Natur- und Völkerrecht, drucken,

das in allen gelehrten Zeitungen bis an den Himmel erhoben ward.   (WuB 2,371)

Es ist klar, dass die Erzählung hier zwischenzeitlich zu
einer puren Wissenschaftssatire wird, bevor sie wieder zu
Marie zurückkehrt, die inzwischen schwanger ist. Da Zerbin
sie nicht heiraten will – wegen des sozialen Abstands zu der
Bauerntochter und um seiner akademischen Karriere willen –, bringt Maria ihr Kind insgeheim zur Welt. Das Kind ist
zwar tot, und Marie versteckt es, der Leichnam wird aber
entdeckt, und Marie kommt ins Gefängnis, da sie sich allein
aufgrund der »verhehlte[n] Schwangerschaft« (WuB 2,375)
strafbar gemacht hat.[4] Voller Edelmut weigert sie sich, den
Namen des Verführers preiszugeben, sie wird zum Tode verurteilt, und das Urteil wird vollstreckt.

»Zwei, drei Tage war alles in der Stadt in Bestürzung«,
»Zerbin ging […] wie betäubt umher« (WuB 2,377 f.), und
der schockierte Leser fragt sich, wie diese Erzählung enden
soll. Der Erzähler meint dazu: »Wenn ich einen Roman
schriebe, so würde ich es nimmer wagen, meine Geschichte
mit einem Selbstmorde zu schließen, um den Verdacht der
Nachahmung zu vermeiden, da diese Saite nun einmal von
einer Meisterhand ist abgegriffen worden« (WuB 2,378).
Die Rede ist natürlich von Goethes *Werther*. Die vorliegende Geschichte soll nun einmal kein Roman sein,
sondern aus dem »Nachlaß« (WuB 2,354) Zerbins stammen;
also muss der Erzähler sich an seine »Urkunde« (WuB 2,378)
halten. Freilich gestattet Lenz sich dann doch noch eine
zweite Parallele zu Goethes Roman. Wie nämlich dort gegen
Ende hin der fiktive »Herausgeber« das Wort ergreift und
passagenweise aus Werthers letztem Brief zitiert, den man
»auf seinem Schreibtische gefunden« hat,[5] so zitiert auch

---

4 Vgl. dazu Jan Matthias Rameckers, »Der Kindesmord in der Literatur der
Sturm-und-Drang-Periode. Ein Beitrag zur Kultur- und Literatur-Geschichte
des 18. Jahrhunderts«, Rotterdam 1927, S. 23 f; zu *Zerbin* vgl. ebd. S. 179–188.
5 WA I,19,159.

Lenz' Erzähler zwei »Papiere, die man in seinem [Zerbins] Schreibpult gefunden« hat (WuB 2,378), und lässt solcherart Zerbin in Ich-Form zu Wort kommen. Zerbin bekennt darin seine Schuld und zieht die Folgerung aus seinem Verhalten: »ich warne alles Frauenzimmer vor einer so grenzenlosen Liebe gegen unwürdige Gegenstände« wie der Liebe Maries zu ihm selbst. »Ich wollte ihr nichts aufopfern; sie opferte mir alles auf. Ich kann mich nicht hassen, aber ich verachte mich!« (WuB 2,379)

Dann geht er ins Wasser. »Jedermann erschrak; bis endlich, bei Durchsuchung seiner hinterlassenen Papiere, den Leuten die Augen aufgingen. Hortensia ward schwermütig, und Renatchen soll nach der Zeit die Religion verändert haben und in ein Kloster gegangen sein« (WuB 2,379). Katholisch zu werden, ist ja möglicherweise in den Augen des Protestanten Lenz eine gehörige Strafe. Dass indessen diese beiden Frauen, die ihrerseits sich nicht ernsthaft für Zerbin interessiert haben, sich das Ganze so zu Herzen nehmen, überrascht einigermaßen und wirkt doch ein wenig kolportagehaft.

Was die Erzählung vorzuführen sucht, ist die psychologisch möglichst zwingend erscheinende Veränderung eines Menschen, der, ursprünglich edel gesonnen, einen moralischen Niedergang erlebt bis zum Tiefpunkt der Selbstverachtung. Die Entwicklung hat innere und äußere Gründe. Die inneren sind, wie Zerbin am Ende selbst bekennt, seine »eingebildete Gelehrsamkeit« und sein »Hochmut« (WuB 2,378). Die äußeren sind die korrumpierenden Einflüsse, die von den Frauen in seiner Umgebung ausgehen, Renatchens Frivolität, die »den letzten Keim der Tugend in seinem Herzen vergiften« (WuB 2,366) muss (da trägt Lenz, bezogen auf den vergleichsweise frühen Zeitpunkt, etwas zu dick auf), dann Hortensies seelenlose Äußerlichkeit und schließlich in anderer Weise auch Maries Hingabe, die ihm im Besitze des Genusses alle Sehnsucht nach dem Genuss austreibt. In diesem Sinne übrigens hebt Lenz in seinen moralisch-theologi-

schen Schriften immer wieder die nicht gestillte Begierde, die
Konkupiszenz, als eine wertvolle Triebkraft hervor. Wirklich korrumpierend wirken die von den Frauen ausgehenden
Einflüsse sich aus, weil der desillusionierte Zerbin der herrschenden ›Philosophie‹ verfällt, also der bis zum Zynismus
hin zweckrationalistischen Bewertung höchster Dinge.

Es scheint von vornherein quasi zur Versuchsanordnung
der Erzählung zu gehören, dass Zerbins Stellung zur ›weiblichen Welt‹ überwiegend schief ist, sei es, dass er, in Illusio-
nen befangen, in den Frauen »lauter überirdische Wesen«
sieht (WuB 2,361), sei es, dass er, desillusioniert, sein Verhältnis zu ihnen von zynischer Egozentrik bestimmt sein lässt.
Nicht der Kritik preisgegeben wird freilich der Umstand,
dass Zerbin am Ende die tote Marie als eine »Heilige« (WuB
2,378) ansieht. Das entspricht ganz der Art, in der Lenz in
der autobiographischen *Moralischen Bekehrung* Cornelia
Schlosser mit »heiliger Engel« (WuB 2,338) und »heiliger
Schutzgeist« (WuB 2,349) anspricht. Lenz verbindet mit der
Erzählung von Zerbins Niedergang am Ende eben auch ein
Rührstück über Maries heldenhaftes Leiden und Sterben.
Trotz der damit verbundenen idealisierenden Momente, die
ja vielleicht auch eine Konzession an den Publikumsge-
schmack sind, ist Lenz im Ganzen um eine realistische Darstellung bemüht. Dieser Realismus ermöglicht zugleich kritische Akzente. Eigentliche Moralität, die die inneren Werte
über den Nutzen setzt, ist bezeichnenderweise nur bei der
vom Lande stammenden Marie zu finden, nicht bei Adel
oder Bürgertum. Vor allem aber gilt die Kritik natürlich der
Strafrechtspraxis. Denn wenn Marie in Übereinstimmung
mit der Rechtslage als Kindesmörderin verurteilt wird, obwohl sie tatsächlich keine ist, muss dies natürlich die Empö-
rung des Lesers hervorrufen. Und selbst ohne diese besondere Zuspitzung bleibt das Plädoyer für eine die mildernden
Umstände berücksichtigende Justiz ein Akzent, den diese
Erzählung mit etlichen anderen Texten der Zeit teilt.

Der Waldbruder ein Pendant zu
Werthers Leiden

Dass Zerbins Ende keine *Werther*-Nachahmung sein soll, hebt Lenz ausdrücklich hervor. Die Parallele ist dennoch nicht zu übersehen. Dagegen ist Lenz' nächste Prosadichtung, *Der Waldbruder*, sogar ausdrücklich mit dem Nebentitel *ein Pendant zu Werthers Leiden* ausgestattet.[6] Sie ist 1775/1776 entstanden (vgl. Weiß, B 7: 1993, 93) und Fragment geblieben und sei hier nur kurz behandelt. Lenz verarbeitet in ihr mancherlei biographische Motive, unter anderem seine unglückliche Verliebtheit in Henriette von Waldner, seine Erfahrungen am Weimarer Hof und seine Beziehung zu Goethe. Konzipiert ist das Werk als »ein kleiner Roman in Briefen von mehreren Personen« (WuB 3,403). Im Unterschied zu dem Goethe'schen Briefroman ergibt sich aus der Mehrzahl der Briefpartner ein gewisser Perspektivismus (vgl. Wurst, B 7: 1990, 70; Stötzer, B 7: 1992, 85–91) wie in der *Geschichte des Fräuleins von Sternheim* der von Lenz verehrten Sophie von La Roche oder wie zuvor schon in Rousseaus *Nouvelle Héloïse* (vgl. Diffey, B 5: 1981, 193–198); übrigens fällt der Name Rousseaus im Text selbst (vgl. WuB 2,382).

Im Zentrum stehen die beiden Freunde Herz und Rothe, die, wiewohl Freunde, sich charakterlich auffällig unterscheiden. Herz ist der ›Waldbruder‹, also ein Einsiedler, der sich aus dem Getriebe der großen Welt in eine ländliche Waldregion zurückgezogen hat (vgl. Wurst, B 7: 1990, 72–74); er ist der Empfindsame, der im Grunde Lebensuntaugliche, der sich in der Gesellschaft nicht zurechtfindet und sich daher in die Einsamkeit flüchtet, in der er sich frei fühlt. Rothe ist demgegenüber der Weltgewandte, der in der Hofgesellschaft bestens zurechtkommt, der Pragmatiker und Realist, der Genussmensch, der sich nichts entgehen

---

6 Dass Lenz sich dabei eher vom *Werther* abzugrenzen suche, betont Stockhammer, B 7: 1994.

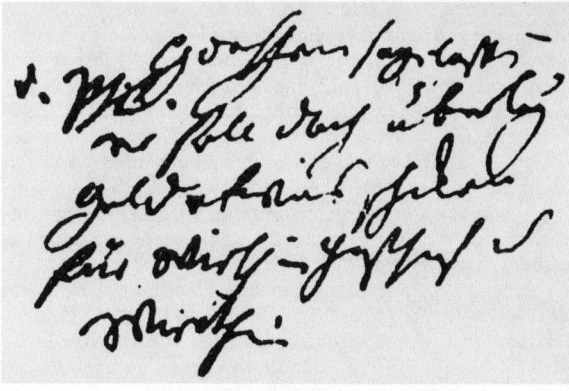

Notizzettel von Lenz' Hand (Berka, Sommer 1776):
»Goethen sagen lassen d.[urch] Phil.[ipp]
er soll doch überley Geld etwas schiken
für Wirth in [im?] Gasthof & Wirthin«

Universitäts-Bibliothek Kraków, Lenziana

lässt. Komplikationen kommen in das im Prinzip selbstgenügsame Leben Herz', weil er sich in die für ihn unerreichbare Gräfin Stella verliebt (es liegt nahe, bei diesem Namen an Goethes ›Schauspiel für Verliebte‹ *Stella* zu denken). Diese Verliebtheit wird zum Anlass für eine Intrige, an der verschiedene Personen mit verschiedenen Interessen beteiligt sind und die den empfindsamen Einsiedler zu zerstören droht, so dass sein Freund Rothe eine Gegenintrige inszeniert, deren Ausgang offen bleibt, weil der Roman eben ein Fragment geblieben ist.

Man hat in der Forschung bald unterstellt, dass Herz im Grunde das Spiegelbild Lenz' sei und Rothe ein Porträt Goethes – schon die klangliche Ähnlichkeit der Namen verführt ja zu einer solchen Spekulation. Man hat dann aber auch gesehen, dass Herz und Rothe gewissermaßen als Komplementärfiguren aufeinander zu komponiert und entsprechend weniger auf reale Personen zurückführbar sind (wenn man sie nicht gar auf einer tieferen Ebene als zwei Teile einer Person sehen will [vgl. Stephan, B 7: 1994, 291]). Zudem besitzen sie beide auf jeweils eigene Weise eine gewisse Einseitigkeit, so dass erst ein aus ihnen bzw. ihren Vorzügen zusammengesetzter Mensch ein Ideal wäre. Auch Herz nämlich, wenngleich er für sich einnimmt, wird keineswegs unkritisch dargestellt. Er erscheint als ein durchaus problematischer Charakter (vgl. Voit, B 7: 1988, 156), als ein Phantast, der geneigt ist, »alle Menschen und Handlungen in einem idealischen Lichte anzusehen« (WuB 2,409), als ein Leidender, dem das Leiden wiederum zu einer »Quelle von Lust« wird (Stötzer, B 7: 1992, 103); und wenn die anderen Personen einander ständig zu täuschen versuchen, so hält auch Herz es nicht um jeden Preis mit der Wahrheit (vgl. Heine, B 7: 1979/80, 184 f.). Eine der Personen beurteilt schließlich sein Leben sogar als ein »unerträgliches Gemisch von Helldunkel«, angesichts dessen man »lachen und weinen zugleich muß« (WuB 2,400), was ihn denn als tragikomische Figur erscheinen lässt (vgl. Guthke, B 6: 1959, 276 f.).

Ansatzweise scheint Lenz im Übrigen gegen Ende des Fragments bemüht, Herz mit einer in offenkundigerer Weise fiktiven Biographie auszustatten: Herz stammt demnach nämlich aus »Rußland« (WuB 2,410) und ist »der unechte [illegitime] Sohn einer verstorbenen großen Dame, die vor einigen zwanzig Jahren noch die halbe Welt regierte« (WuB 2,407). Bei dieser Regentin kann es sich nur um die Zarin Elisabeth Petrowna (geb. 1709; 1741–1762), eine Tochter Peters des Großen, handeln. Herz wächst unter der Obhut eines Grafen auf, gelangt nach Frankreich, dann nach Leipzig, wo er Deutsch lernt (WuB 2,408), nach Holland, »wo Peter der Große Schiffszimmermann gewesen« ist (WuB 2,408), dann wieder nach Deutschland, und er ist am Ende des Textes im Begriff, als Adjutant eines Obersts nach Amerika zu gehen.

Es ist vielleicht kein Zufall, dass der Roman an der Stelle abbricht, an der ein entschiedenerer Übergang zur Fiktion nötig gewesen wäre.

Der Landprediger

Fehlschläge, Versagen, Scheitern in existentiellen Belangen wie insbesondere in den Beziehungen zum anderen Geschlecht, diese Motive kehren in Lenz' Werk häufiger wieder. Umso auffälliger erscheint es, dass seine umfangreichste Erzählung, *Der Landprediger*, wie von vornherein auf Erfolg und Sieg des Protagonisten in allen möglichen lebenspraktischen Zusammenhängen programmiert wirkt, mithin auf ein rundum geglücktes Leben. In diesem Sinne scheint der vorweg fixierte positive Ausgang rückwirkend dafür zu sorgen, dass die zu ihm hinführenden Schritte jeweils als gelungen zu gelten haben, wie wenig plausibel dies bisweilen auch sein mag. Die Erzählung ist 1777 entstanden und erscheint in drei Heften von Heinrich Christian Boies Zeitschrift *Deutsches Museum*. Offenbar beginnt der Druck bereits, bevor der Text abgeschlossen ist (vgl. Damm, WuB 2,874), so dass am Ende ein Nachtrag (unter der Überschrift ›Anhang‹) steht, der an früherer Stelle einzufügen gewesen wäre und der in einer gedanklich und stilistisch unglücklichen Weise mit dem vorausgegangenen Abschluss der Erzählung kontrastiert (dazu unten mehr). Lenz macht sich später an eine (unvollendete) Überarbeitung, die diesen Kontrast hätte vermeiden können (vgl. Damm, WuB 2,875 f.).

Der Erzähler gibt sich als »Geschichtschreiber« (WuB 2,414), der nicht einen »Roman« (WuB 2,422) liefert, sondern die Lebensgeschichte eines Menschen beschreibt, wie sie sich von den »Voraussetzungen der Erziehung und der Umstände« (WuB 2,414) her folgerichtig ergibt. Erzählt wird die Lebensgeschichte des Pfarrers Johannes Mannheim. Einzelne Züge dieser Gestalt lassen vielleicht an den Pfarrer Oberlin denken oder auch an Schlosser (vgl. Burger, B 5:

1973, 119 f.) oder an den Freund Christoph Kaufmann (vgl. Stötzer, B 7: 1992, 134–137). Mannheim hat als Kind einige Zeit bei einem Freund seines Vaters verbracht, der viel Interesse nicht nur in seine eigene Haus- und Gutswirtschaft steckt, sondern auch in das Studium kameralistischer Schriften.[7] Da der Kameralismus von Konzepten des privatwirtschaftlichen Verhaltens ausgeht (und diese auf den Staat überträgt), bezieht der Freund von Mannheims Vater das Gelesene auf seine eigenen wirtschaftlichen Verhältnisse, sodass er sein Einkommen steigern und recht komfortabel leben kann.

Geprägt von solchen Einflüssen, kommt der junge Mannheim auf die Universität, um Theologie zu studieren. Er erlebt dort, dass die Theologen großartige Gedankengebäude errichten, um den Atheismus zu widerlegen – was ihn aber gar nicht interessiert. Er schwänzt die Vorlesungen, beschäftigt sich mit den Kameralwissenschaften, mit Chemie und Mathematik und erweitert solcherart seine Kenntnisse. Er gewinnt auch so viel Zugang zur ›großen Welt‹, also zur Welt des Adels, dass er zwei einander entgegengesetzte Vorurteile revidieren kann: er sieht die höheren Stände nicht mehr im Glanz eines falschen Firnis, wie das die niederen Stände gern tun; ebenso wenig meint er umgekehrt, dass jeder Höherstehende von vornherein mit Argwohn zu betrachten sei und dass ihm die Achtung nicht zukommen könne. »Er fühlte das große Prinzipium der Gleichheit alles dessen, was gleich denkt, das durch alle Stände und Verhältnisse geht« (WuB 2,417), also die Gleichheit aufgrund des gleichen Denkens unabhängig von der ansonsten fortbestehenden Differenz der Stände – ein Prinzip des Freimaurertums.

Eine kleine Störung im Leben Mannheims tritt in Gestalt einer unglücklichen Verliebtheit auf, die aber vorübergeht und weiter keinen Schaden anrichtet. Mannheim besteht

---

7 »Camera« ist die fürstliche Schatzkammer, »Kameralismus« ist dementsprechend die Lehre vom Staatshaushalt und von der ertragreichsten Gestaltung der Staatseinkünfte.

sein Examen und bekommt eine Pfarrstelle auf dem Lande. In seinem kirchlichen Unterricht, insbesondere in der Sonntagspredigt spricht er freilich nicht von den theologischen Fragen, die auf der Universität behandelt worden sind, also »weder von der Ewigkeit der Höllenstrafen, noch von der Vereinigung der beiden Naturen [menschliche und göttliche Natur in Christus], noch von den Geheimnissen des Abendmahls« (WuB 2,422 f.), er lehrt seine Zuhörer vielmehr

> ihre Pflichten gegen ihre Herrschaft, gegen ihre Kinder, gegen sie selbst. Er wies ihnen, wie sie durch eine ordentliche Haushaltung sich den Druck der Abgaben erleichtern könnten, deren Notwendigkeit er ihnen deutlich machte. [...] Er erzählte ihnen einzelne Beispiele von Hauswirten, die durch ihren Fleiß und Geschicklichkeit sich empor gebracht, bewies ihnen, daß [...] Vereinigung ihrer Kräfte, ihrer Herden, ihrer Ländereien und Verträglichkeit und Freundschaft unter einander die Grundfeste ihrer und der ganzen bürgerlichen Wohlfahrt wären. (WuB 2,423)

Ganz im Sinne der lebhaften zeitgenössischen Diskussion über Physiokratismus und Agrarreform, d. h. über die zeitgenössische Wirtschaftstheorie, die vor allem auf die Landwirtschaft setzt (vgl. Stötzer, B 7: 1992, 153–159; Pautler, B 5: 1999, 398–417), führt Lenz sein Plädoyer für genossenschaftliches Wirtschaften und für Kooperation noch um einiges weiter aus. Später heißt es dann:

> Die Vesper des Sonntags nachmittags verwandelte er [Mannheim] in eine ökonomische Gesellschaft und zwar auf folgende Art. Er hielt ein kurzes herzliches Gebet in der Kirche, alsdann versammlete er die Vorsteher und die angesehensten Bürger des Dorfs um sich herum und sprach mit ihnen von wirtschaftlichen Angelegenheiten. (WuB 2,423 f.)

Mannheim kooperiert sogar wirtschaftlich mit einigen Bauern und erzielt einen Gewinn, so dass sein Beispiel Schule macht. Das Dorf wird »in kurzer Zeit [...] eines der wohlhäbigsten in der ganzen Gegend«. Die Adligen in der Nachbarschaft werden aufmerksam, »und sein Genie, das nie rastete, teilte sich nach einigem Widerstande allen mit« (WuB 2, 424). Der selbstbewusste Bürger nötigt somit den Adligen die Einsicht ab, dass sein ›bürgerlicher‹ Weg in eine bessere Zukunft führt.

An dieser Stelle könnte der bereits erwähnte Nachtrag eingefügt werden, eine Passage, in der Mannheim sich vor einem Vorgesetzten für seine unorthodoxe Seelsorgerpraxis verantworten muss. Der Vorgesetzte ist konsterniert, als er Mannheim »über ›*die beste Art, die Wiesen zu wässern*‹ predigen« hört (WuB 2,457). Es gelingt Mannheim indessen darzutun, dass er sein religiöses Amt und seine Förderung des wirtschaftlichen Gemeinwohls unter einen Hut zu bringen vermag. Dabei wird das »Gefühl für andere und deren Glück« (WuB 2,462) im Grunde bereits als Bewährung des Glaubens gesehen, so dass die altruistisch-karitative Ausbreitung des Glücks (»wenn wir andere glücklich machten« [WuB 2,415]) wie ein zureichender Maßstab für die Religiosität erscheint. Mannheim beweist sich in seiner Praxis als ein Anhänger der Neologie,[8] also der schon erwähnten Hauptströmung der Theologie des Aufklärungszeitalters. An einer ›vernünftigen‹ Religionsauffassung orientiert, schiebt die Neologie die praktisch unfruchtbaren Lehren wie die von der Erbsünde, der Ewigkeit der Höllenstrafen, der Verdammnis der Heiden beiseite und wendet sich verstärkt der Lebenspraxis zu.[9] In ihrem Zeichen entstehen dann unter anderem »Nützlichkeitspredigten« – dafür ein paar Beispiele:

8 Vgl. Dedert, B 7: 1990, 63–65, der besonders auf den Neologen Johann Joachim Spalding hinweist. Über diesen äußert Lenz sich begeistert im Brief vom 7. September 1772 an Salzmann (WuB 3,271).
9 Vgl. »Die Religion in Geschichte und Gegenwart«, 3. Aufl., Bd. 5 (1961), Sp. 790–800, bes. Sp. 794 f.

Naturpredigten gab Mosche […] heraus, worin er z. B.
[…] eine P[redigt] mit dem Thema bietet: »von der acht-
samen Betrachtung des Wassers als einer kräftigen
Erweckung zur Verherrlichung der Ehre Gottes«.
Bayer predigt »über den unaussprechlichen Segen des
Kartoffelbaus« […] ; H. Gottlieb Zerrenner gibt in
seinen »Natur- und Ackerpredigten« (1783) einen aus-
führlichen landwirtschaftlichen Unterricht; Röller redet in seinen »Dorfpredigten« (1790–91) z. B. »von
den Zwistigkeiten und Zänkereien der Eheleute«, von
»den heilsamen Wirkungen der Gewitter an der Erde
und unsern Herzen« oder von »der Herrlichkeit Gottes
im Winde«.[10]

Mannheim ist somit keineswegs ein theologischer Außenseiter, sondern eben der Vertreter einer neueren Strömung.
Und wenn er seinen Vorgesetzten so rasch vom Erfolg seiner
Tätigkeit überzeugen kann, so weil dieser Vorgesetzte möglicherweise mit Mannheim – und mit dem Erzähler – die
Auffassung von der Ausstrahlungskraft eines Vorbilds teilt;
in diesem Sinne hat Mannheims »Beispiel« erst auf »das ganze Dorf« Eindruck gemacht und wird dann auch auf »die benachbarten Dörfer« ausstrahlen und dereinst »für das ganze
menschliche Geschlecht ansteckend« wirken (WuB 2,442).
    Bei so gewachsenem Wohlstand wird es allmählich Zeit
für Mannheim, ans Heiraten zu denken. Er reist eher zufällig
in die Stadt, in der er studiert hat, und verliebt sich dort in
Albertine, die jüngste Tochter seines ehemaligen Vermieters.
Dass es ihm gerade in die Planung passt zu heiraten und dass
er sich tatsächlich verliebt, das fällt »glücklich zusammen«
(Dedert, B 7: 1990, 72). Er hält um Albertines Hand an und
bekommt sie, und damit ist der erste Teil der Geschichte zu
Ende.

---

10 »Die Religion in Geschichte und Gegenwart«, 2. Aufl., Bd. 4 (1930), Sp. 1422.
   Vgl. auch: »Die Religion in Geschichte und Gegenwart«, 3. Aufl., Bd. 5
   (1961), Sp. 524 f.

Der zweite beginnt mit dem Einzug des jungen Paares im Dorf. Einige Besuche werden gemacht; ausführlich geschildert wird vor allem der Besuch bei der Grundherrschaft des Dorfes. Insbesondere geht es Lenz dabei um ein Porträt adligen Verhaltens. Einige Mitglieder der adligem Familie »hatten noch alle[s] das Rauhe, Herbe und Ungenießbare des Adelsstolzes«. Andererseits kennt der Erzähler auch »einen Stolz der niedern Stände, der eben so unerträglich ist«, und einen »Trotz«, der wiederum die »Unterdrückung« provoziert (WuB 2,431 f.). Im Grunde, so der Erzähler, sind der Adlige und der edle Bürger einander unentbehrlich und sollten darum einander mit Großmut begegnen – also eine Art Versöhnung dieser beiden Stände. Der Pfarrer Mannheim jedenfalls gibt sich im Umgang mit dem Adel sehr selbstbewusst und kann sich das auch erlauben, weil er eben die gehörigen Kenntnisse in Weltdingen besitzt und weil seine ökonomische Praxis den Erfolg gepachtet hat.

Mannheim ist »das Musterbild eines aufgeklärten patriarchalischen Familienoberhaupts, das seinem Hausstand – im kleinen das Modell und die Keimzelle einer besseren Gesellschaft – mit Autorität und Einfühlungsgabe vorsteht« (Voit, B 7: 1988, 158). Das Eheleben wird entsprechend geschildert. Albertine fühlt sich etwas einsam, bis eine ihrer Freundinnen mit ins Haus zieht. Mannheim seinerseits öffnet das Haus für vielversprechende junge Männer, solange diese noch nicht in einem Beruf Fuß gefasst haben – es kommt aber nicht (wie später in Goethes *Wahlverwandtschaften*) zu irgendwelchen Über-Kreuz-Beziehungen. Albertine gewöhnt ihrem Mann mit allerlei Tricks das Rauchen ab, Mannheim gewöhnt seiner Frau mit allerlei Tricks das Kaffeetrinken ab. Sie essen stattdessen Obst.

Hernach werden beide – je für sich – Opfer einer Versuchung. Mannheim verfällt auf den Gedanken, einen (immer phantastischer werdenden) Roman zu schreiben, um »öffentlich bekannt zu werden« (WuB 2,442). Dieser Gedanke »drückte und folterte ihn Tag und Nacht«, bis er sich eines

Tages mit dem Schrei »Hol der Henker Roman und alles« von dieser teuflischen Anwandlung (WuB 2,444) befreit. Albertine erlebt Ähnliches: Sie beginnt, schwärmerische Gedichte zu schreiben, bis ihr Mann ihr diese Grille austreibt.

Dann wendet sich die Aufmerksamkeit des Erzählers dem inzwischen geborenen Sohn des Paares zu, vielleicht weil ihm allmählich der Stoff ausgeht. Es folgt – wie könnte es in dieser so didaktischen Erzählung anders sein! –, es folgt also ein Abschnitt über Erziehungsmethoden (vgl. Stötzer, B 7: 1992, 160–163). Mannheims Grundsatz besagt, »daß alles, was aus dem Menschen wird, aus ihm selber kommen muß« (WuB 2,451) – also Entfaltung von innen her, und zwar nach dem Prinzip der Neugier: wenn der kleine Johannes etwas fragt, bekommt er ein Buch, in dem diese Frage beantwortet wird; und da er jedes Buch gierig verschlingt, ist er alsbald ungeheuer beschlagen. Der Erzähler ist offenbar geneigt, dieses Verfahren für ein verallgemeinerbares Rezept zu halten. Jedenfalls fügt er ohne alle Ironie noch hinzu: »Die Sprachen lernte der Bube alle von sich selbst« (WuB 2,452).

Die weitere steile Karriere des Buben wird im Zeitraffertempo vorgeführt: er studiert, reist, schreibt eine Abhandlung und wird Sekretär eines Gesandten, erhält einen wichtigen politischen Auftrag, den er zur höchsten Zufriedenheit des Hofes erledigt, und wird zum Baron erhoben. Er erfährt, dass seine Eltern krank sind, eilt nach Hause, erlangt den elterlichen Segen – und: »Ob es die Freude über sein Wiedersehen war, sie starben beide desselben Tages« (WuB 2,453). Da möchte man nun nach einem Ironiesignal suchen: einen Tod zu zweit und gar noch einen Tod aus Freude – was könnte es Schöneres geben! Wie wenig Lenz indessen an Ironie denkt, zeigt im Anschluss daran über drei Seiten hin die Beschreibung der Trauer- und Gedenkfeierlichkeiten, die der Sohn organisiert. Dieser beerdigt die Eltern und errichtet eine kleine Grabkapelle:

An der Türe dieser kleinen Kapelle standen die beiden Büsten dieses unvergleichlichen Paars aus Mar-
mor, die er [der Sohn] schon bei ihrem Leben von einem der ersten Künstler des Landes hatte verfertigen
lassen und die unverbesserlich ausgefallen waren. Bei
dieser Kapelle erbauete er eine Art von Landhaus mit
einem schönen Garten, wo er seine Tage im Frieden
zuzubringen gedachte, wenn er der Welt müde wäre.

(WuB 2,453 f.)

Das könnte ganz idyllisch wirken, wenn nicht ein Hauch
von Morbidität über einem Ruhesitz läge, der eine Art Ne-
bengebäude zu einer Grabkapelle ist. Indessen treibt der
Sohn das Totengedenken in maßlose und nachgerade unge-
heuerliche Extreme:

Eine ganz besondre Art hatte er, den Todestag seiner
Eltern zu feiern, auf die er sehr viel Kosten wendete.
Alle drei Jahre war die große Feier; er lud zu dieser ein
Vierteljahr vorher die berühmtesten Gelehrten, nicht
allein seines Landes, sondern auch der benachbarten
Provinzen ein, die er acht Tage lang auf die köstlichste
Art bewirtete, da er bloß für sie ein Gasthaus, das sonst
nie bewohnt war, mit den geräumigsten Zimmern hatte
erbauen lassen [...] Den ersten Abend nach ihrer Ankunft tat die ganze Gesellschaft präzis um Mitternacht,
jedes einen Myrtenzweig in Händen, eine Wallfahrt zu
der Kapelle, wo sie von einer dazu neugesetzten Trau-
ermusik bewillkommt wurden. Die schwarzen Kleider,
die Myrten und die Fackeln, die alles dieses erleuchte-
ten, gaben der Prozession eine traurige Feierlichkeit,
die auch die kältesten Herzen nicht ungerührt lassen
konnte.   (WuB 2,454)

Es folgen einzelne Details dieser alle drei Jahre zelebrier-
ten Feier, gefolgt von Erläuterungen einer jeweils anschließend stattfindenden »Mädchenfeier« mit ihrer eigenen Pro-

zession, die »Zuschauer aus den entferntesten Ländern herbeizog« (WuB 2,455). Die Beschreibung geht weiter und weiter – Musik, Kahnfahrten, Illuminationen auf dem Fluss, Kanonenschüsse. Offensichtlich verliert Lenz sich hier an eine Verherrlichung des höfisch-absolutistischen Zeremoniells bis hin zu einer erstaunlichen Detailliertheit, mit der auch noch die Nebensächlichkeiten beschrieben werden (vgl. Dedert, B 7: 1990, 85–90).

In Frage gestellt und in ihrer Versteigenheit fast bloßgestellt werden diese letzten Seiten durch den Nachtrag, in dem Lenz, wie erwähnt, den Landprediger – nun wieder in dem ursprünglichen Rahmen einer realistischen Schilderung – sich erfolgreich gegenüber seinem Vorgesetzten rechtfertigen lässt (vgl. Dedert, B 7: 1990, 94).

Was soll man von diesen letzten Seiten halten und wie sich dann im Ganzen zu dieser Erzählung stellen? Die Erzählung teilt mit der Aufklärung den Glauben an »eine gewisse Anlage zum Guten« im Menschen (WuB 2,462), mithin den Glauben an seine Erziehbarkeit. Sie ist überdies bemüht, die Richtigkeit dieses Glaubens mittels der regelmäßigen Erziehungserfolge, die Mannheim bei seinen Bauern wie bei seinem Sohn erzielt, darzutun. Daher lässt sie ihren Protagonisten immer wieder im Fluge die möglichen Hindernisse überwinden, die seinen Unternehmungen entgegenstehen könnten und die meist nur beiläufig erwähnt werden (vgl. Pautler, B 5: 1999, 441–460). Nebenbei: die erzählerische Spannung leidet natürlich darunter, dass einerseits »ein Höchstmaß an sozialer Phantasie und an Fortschrittsbewußtsein« (Scherpe, B 5: 1977, 214) investiert wird und andererseits alle die Projekte so widerstandslos realisierbar sind (vgl. Osborne, P 6: 1975, 81), als wären sie eher banal. – Voraussetzungen sind in jedem Fall die unangetastete ständische Ordnung und die unerschütterten patriarchalischen Verhältnisse mit dem ihnen zugehörigen Gewaltpotential (vgl. Müller, B 5: 1984, 149–156). Im Grunde basiert Lenz' Konzept »auf massiver Sozialdisziplinierung, die nahezu

vollständig individuelle Bedürfnisse der gesellschaftlichen
Nutzbarkeit unterwirft« (Pautler, B 5: 1999, 465). Kritik
wird nie an der Ordnung im Ganzen, sondern nur an einzelnen Personen und deren Fehlverhalten geübt. Zwar verzichtet Lenz zunächst nicht auf Ironie, auch meint er eingangs noch, einen dieser eher unwahrscheinlichen Mannheim'schen Erfolge eigens erläutern zu sollen (WuB 2,422).
Offenbar aber lässt die Dominante der regelmäßigen Voll-
treffer es den Autor schließlich vergessen, dass er eigentlich
nur das erfüllte Leben eines bürgerlichen Landpfarrers darstellen wollte, und verführt ihn dazu, wenn nicht den Pfarrer
selbst, so doch wenigstens dessen Sohn einen Siegeszug über
die Grenzen des Bürgertums hinaus antreten zu lassen.

Die Einführung dieses hochbegabten Sohns und vor allem dessen Karriere in der Welt der Politik und sein Aufstieg in den Adel bilden im Grunde einen Bruch in der
Konzeption, in dessen Folge dann jene bombastischen
Trauerfeierlichkeiten fast schon konsequent sind. Stilistisch
spiegelt sich dieser Bruch in den zunehmend idealisierenden
Zügen und in der Verklärung »ins Märchenhafte« (Voit, B 7:
1988, 160), nachdem der Stil am Anfang ja durchaus realistisch gehalten ist, und im Verzicht auf alle Ironie. Auch die
psychologische Genauigkeit, um die Lenz in seinen anderen
Erzählungen zumindest bemüht ist, verliert sich entsprechend.

Andererseits, darf ein Autor, der in manchen Texten deutlich Kritik geübt hat, Kritik zumal am Fehlverhalten sozial
Höhergestellter, darf ein solcher Autor nicht dennoch in einem anderen Text einen ganz affirmativen Wunschtraum
nach Karriere und sozialem Aufstieg träumen? Und ist es
denn ein unerfüllbarer Wunschtraum? Lenz' jüngerer Bruder Johann Christian, auch er ein Pfarrersohn, macht Karriere als Jurist, wird 1791 in den Adelsstand erhoben und
stirbt schließlich als kaiserlich russischer Kollegienrat in
Riga.

Weitere Prosatexte

Vermutlich gleichzeitig mit dem *Landprediger* entsteht ein fragmentarischer Prosatext mit dem Titel *Briefe eines jungen L– von Adel an seine Mutter in L– aus ** in *** (WuB 2,827–830). Mit der Abkürzung ›L–‹ ist ›Livländer‹ bzw. ›Livland‹ gemeint. Überliefert ist nur ein einziger Brief. Der junge Adlige betont darin, dass die Bauern eigenes Land zur Bewirtschaftung brauchen – so weit verkündet er sicherlich auch Lenz' Meinung – und dass er ihnen Land zur Verfügung stellen wolle. Zudem aber bekundet er mit einem unbekümmerten Zynismus (vgl. Werner, B 5: 1981, 202), welche Vorteile er sich davon verspricht, nämlich die gefahrlose Erhöhung der »Fronen« und »Zehnten« (WuB 2,828f.), also der Dienstleistungen und Abgaben. Auch will er für Konkurrenz unter den Handwerkern und Kaufleuten sorgen, um so die Preise zu drücken. Überdies will er sich auf den Geldverleih einlassen und dann auch noch die anderen Adligen in seine kapitalistische Praxis einweihen (vgl. Preuß, B 5: 1983, 9–11) – den Ausgang lässt das Fragment offen. Unklar bleibt auch, ob die satirische Darstellung mehr auf den jungen Möchtegern zielt oder eher die zynischen Geschäftspraktiken enthüllen soll.[11]

Nach Lenz' Rückkehr nach Livland entsteht wahrscheinlich 1779 ein kürzerer Prosatext, der dann unter dem Titel *Etwas über Philotas Charakter (Ein Veilchen auf sein Grab)* 1781 erscheint. Der Name ›Philotas‹ spielt auf den kriegerischen Sohn des Parmenion, eines Feldherrn Alexanders des Großen, an. Auch Lessing, auf den Lenz sich nicht bezieht, hat diesen Namen bereits verwendet, nämlich in seinem einaktigen Trauerspiel *Philotas* (1759). Den Anlass für Lenz' Text bildet der Tod des Rigaer Freundes Otto Ernst von Vietinghoff, mit dem Lenz auch in Straßburg zusammen gewe-

---

11 In jedem Fall gehört der Text nicht zu den ›Gesellschaftspolitischen Schriften‹ (WuB 2,827–830), sondern zu den ›Prosadichtungen‹ (WuS 2,323–326).

sen ist.[12] Der Text besteht aus sieben Briefen an einen jungen
Baron, der ebenfalls um den Verstorbenen trauert. Da die
Briefe eher locker miteinander verbunden sind, erweckt der
Abbruch der Reihe nach dem siebten Brief nicht die Vorstellung eines Fragments, obwohl der Text ursprünglich wohl
einen größeren Umfang erhalten sollte, denn es ist eingangs
von »Briefen an die Freunde des Verstorbenen« (WuB 2,464)
die Rede.

Die Briefe skizzieren einzelne Züge des Toten, erzählen
von dem früheren Zusammensein und von manchen Gesprächen – auch über den *Werther* (WuB 2,474f.) – und bieten
dem Autor die Gelegenheit, allerlei eigenen Gedanken nach-
zuhängen. Das Interesse des Verstorbenen für »die militärischen Wissenschaften« (WuB 2,477) trifft sich mit dem des
Autors und gibt Anlass unter anderem zu einer Verteidigung
der allgemeinen »Begierde«, just »durch das hervorzuste-
chen, worin wir unsern Wert fühlen«. Möglicherweise
spricht Lenz hier auch in eigener Sache, da ja auch ein
Schriftsteller, der sich vielleicht dafür rechtfertigen muss,
dass er auf dem Weg zum literarischen Ruhm bleiben möchte, diese Begierde empfindet (vgl. Damm, WuB 2,882). Im
Übrigen wird betont, dass der Verstorbene wirklich an einer
körperlichen Krankheit gestorben sei und nicht an einer
»Krankheit des Geistes« (WuB 2,476), eine in der Tat eigenartige Versicherung (vgl. Damm, WuB 2,882). Gegen Ende
hin kommen die Feldzüge Alexanders des Großen zur Sprache (WuB 2,477f.) und damit vielleicht der Anlass für den im
Titel gewählten Namen.

Der Text kann nur in eingeschränktem Maße als Prosadichtung eingestuft werden, zumal er ja von vornherein nur
den Anspruch auf einen biographisch-dokumentarischen
Charakter erhebt. Überdies verzichtet die eher lockere An-
einanderreihung von Briefen hier auf diejenigen kohärenz-

12 Vgl. *Drei unbekannte poetische Werke*, B 1: 1985, 257f. Salzmann erwähnt
   Vater und Sohn von Vietinghoff in seinem Brief vom 20. Dezember 1776 an
   Lenz (WuB 3,522).

schaffenden Elemente – wie etwa eine fortlaufende Handlung –, deren ein Briefroman natürlich bedarf. Immerhin kann der wohlgeformte Stil auffallen, der den Tonfall der gedämpften Trauer trifft und ihn in bisweilen weitgespannten syntaktischen Bögen durchhält.

Einige weitere Texte seien nur kurz berührt. Ein *Fragment über die Mode* (GS 4,379–383), im selben Jahr erschienen, geht eher spöttisch-satirisch mit seinem Gegenstand um und zählt allerlei Torheiten der Kleider- und Haarmode auf, wie sie besonders bei den Franzosen, aber auch bei den Deutschen, am Hofe wie unter der Geistlichkeit und bei allen beiden Geschlechtern anzutreffen seien. – *Geschichte des Felsen Hygillus* (GS 5,215–221) und *Die Fee Urganda* (*Gesammelte Schriften*, B 1: 1828, 3,285–293) sind zwei allegorisch-märchenhafte Erzählungen (vgl. Osborne, B 7: 1994), deren Letztere Fragment geblieben ist und in deren Ersterer, wie oben bereits erwähnt, Lenz möglicherweise seine Erlebnisse am Weimarer Hof verarbeitet. – *Sangrado. Eine Schutzschrift wider Irrtümer und Augenschwächen. An die beiden verkannten großen Männer unserer Zeit* (GS 5,299–312), so lautet der Titel einer Schrift über Erziehung und Reformen. Die beiden verkannten Männer sind die Kardinäle Richelieu und Fleury. Fürsten, so wird hervorgehoben, brauchen viele Erzieher aus vielen verschiedenen Lebenszusammenhängen und Schichten. – Ein harmlos-märchenhafter Text trägt die Überschrift *Empfindsamster aller Romane oder Lehrreiche und angenehme Lektüre fürs Frauenzimmer* (GS 5,313–341; vgl. dazu: Preuß, B 5: 1983, 71–73; Winter, B 7: 1993, 453–461; Winter, B 5: 1994a, 90–94). Erzählt werden Lebensgeschichten, an denen Menschen, zwei Schildkröten und eine Maus beteiligt sind; der Stil ist ein wenig scherzhaft-ironisch getönt. Auffällig ist eine dem Text vorangestellte »Zueignung an meine Frau«.

Versdichtung

Jugendwerke

Während Lenz in der Dramatik ersichtlich neue Wege beschreitet, erweist er sich in der Lyrik eher als eine Gestalt des Übergangs; seine Gedichte knüpfen dementsprechend zunächst an ältere Traditionen an, bevor sie dann auch neuere lyrische Haltungen erkennen lassen. Deutlich wird das, wenn man eine – missverständliche – Äußerung Lenz' aufgreift. In einem Brief erklärt er nämlich beiläufig, dass »bei einem lyrischen Gedicht eine gewisse Dunkelheit unvermeidlich ist« (WuB 3,618). Das lässt an die Unerschöpflichkeit des individuellen poetischen Ausdrucks und an die Unergründlichkeit der Individualität überhaupt denken, es klingt mithin wie ein Bekenntnis zur Ästhetik des Sturm und Drang. Aber das ist hier nicht gemeint. Lenz bezieht sich vielmehr auf ein von ihm selbst verfasstes (nicht erhaltenes) Huldigungsgedicht, das einem adligen Gönner zugedacht ist und das sich »der heidnischen Mythologie« als einer Einkleidung bedient. In einem Brief an den Vater gibt Lenz dazu einige Erläuterungen:

> [Die Göttin] Semele bedeuten [bedeutet] die Zuschauer und Rußland überhaupt. Sie bat sich von Jupitern dem Vater der Götter die Gunst aus, ihn ohne Wolke zu sehen. Sie ward ihr gestattet, und sie ward von dem Feuer verzehrt, das ihn umgab. – – – Das übrige wird Ihnen Freund Hartknoch [der Rigaer Verleger] mit erraten helfen, da bei einem lyrischen Gedicht eine gewisse Dunkelheit unvermeidlich ist, denn sobald man Erläuterungen dazu setzt, ist es nicht lyrisch mehr. Unverständlich wird es den Personen, die es angeht nicht sein

da es in der Sprache ihres Hofes und in Beziehung auf ihre Taten geschrieben ist. (WuB 3,618 f.)

Entscheidend ist somit der Zweck, dem das Gedicht – eben als Huldigungsgedicht – dient: es wendet sich an bestimmte »Personen, die es angeht«, es bezieht sich inhaltlich auf deren »Taten« und bedient sich hinsichtlich des Stils der Sprache des Hofes, dem diese Personen angehören. Und selbst noch die poetische Einkleidung greift auf ganz traditionelle Motive zurück, die ihre »Dunkelheit« verlieren, sobald man die Anspielungen »erraten« hat, die also keinesfalls dauerhaft dunkel bleiben. (Würde der Poet selbst die Erläuterungen mitliefern, dann würde das Gedicht wohl den Charakter von Lehrdichtung erhalten und darum nicht mehr »lyrisch« sein.) Die Verständlichkeit schließlich, also die Rücksicht auf die Adressaten, ist natürlich ein Haupterfordernis eines Huldigungsgedichts.

Zweifellos finden sich hernach auch bei Lenz die ›Dunkelheiten‹ des individuellen Ausdrucks im Sinne der Sturm-und-Drang-Ästhetik. Dennoch sind zuerst einmal die Rückbindungen an die Tradition verschiedentlich zu erkennen, besonders natürlich in Lenz' frühen Gedichten, die bereits in den sechziger Jahren entstanden sind. – Die älteste erhaltene literarische Hervorbringung – *Neujahrs Wunsch an meine hochzuehrende Eltern* (WuB 3,7 f.) – ist vermutlich zu Neujahr 1763 verfasst von dem damals erst zwölfjährigen Lenz. In Langzeilen gehalten, alternierend und gereimt, dankt es Gott für den bisherigen Schutz und bittet ihn um seinen weiteren Segen insbesondere für die Eltern. Bemerkenswert sind manche recht kräftigen religiösen Töne, etwa, bezogen auf den Lobgesang, den der junge Autor da gerade anstimmt: »Laß dich Schöpfer, laß dich doch von verfluchtem Staub besingen« oder, bezogen auf die Wirksamkeit der Predigten des Vaters: »Laß den Herzen seinen Vortrag lauter Spieß und Nägel sein« (WuB 3,7; vgl. Hayer, B 10: 1995, 38).

Entsprechendes gilt auch für das erste veröffentlichte
Gedicht des nunmehr fünfzehnjährigen Lenz, *Der Versöhnungstod Jesu Christi* (1766); den Druck (in einer Rigaer
Zeitschrift) vermittelt der Pastor Theodor Oldekop, ein
Freund der Familie, der eine kleine Einführung mitliefert
und darin versichert, er habe an dem Gedicht nur einige kleine Änderungen vorgenommen. Den Einfluss des Klopstock'schen *Messias*, auf den auch Oldekop hinweist, legt bereits die Versform – Hexameter – nahe. Lenz beschreibt in
dem Kurz-Epos, wie man das über zehn Seiten lange Gedicht
auch nennen könnte, die Kreuzigung Jesu, indem er sich
zahlreicher plastischer Bilder in kräftigen Farben bedient
und offenkundig auf die Erschütterung seiner Leser zielt
(vgl. Bertram, B 8: 1994a, 27). Aus den Worten Jesu in Geth-
semane: »Mein Vater, ist's möglich, so gehe dieser Kelch an
mir vorüber; doch nicht wie ich will, sondern wie du willst!«
(Mt. 26,39), aus diesen wenigen Worten wird bei Lenz:

> Wende den Kelch deines Zorns und der unerträglichen
> > Qualen.
> Vater, soll ich dein Sohn verzehrendes Feuer austrinken?
> Doch, nicht mein, sondern dein, o Vater, dein Wille
> > geschehe!
> Ja, Gott, donnere Tode in meine morschen Gebeine,
> Laß mein innerstes Mark vor deinen Gerichten
> > vertrocknen,
> Leg nie empfundene Strafen auf meine büßenden
> > Schultern:
> Nur des Blutes der Menschen, Vater, Erbarmer,
> > verschone!
>
> (WuB 3,10)

Die Neigung des Verfassers zu pointiert-antagonistischen
Formulierungen (»sprach unaussprechliche Worte« [WuB
3,10]) kommt zur Geltung insbesondere aufgrund der religiösen Paradoxie des Gottmenschentums Christi: »Gott, der
Unsterbliche stirbt« (WuB 3,16). Zwar enthält das Gedicht

nicht wenige rhetorische Versatzmotive – ›himmlische Klarheit‹, ›dumpfes Grab‹, ›staunender Blick‹, ›namenloses Entzücken‹ usw. (WuB 3,18f.) –, es finden sich aber auch etliche individuellere Momente, so in dem Vergleich, mittels dessen der heranwachsende Lenz das Gefühl der Gottverlassenheit Jesu am Kreuz zu beschreiben sucht; er schildert nämlich den Albtraum eines »blühende[n] Knabe[n]«, der – im Traum – von Naturgewalten bedroht wird

> Und vergeblich den Vater, der ihn [ihm] nicht helfen
> kann, anschreit,
> Dann plötzlich erwacht, und zitternd den Vater
> erblicket,
> Dann mit zärtlichen Tränen ihn kindlich umhalset und
> küsset,
> Und halb Wehmut halb Freude: Wo warst du, Vater? ihn
> anred't
> So erwachte jetzt Jesus aus den betäubenden Qualen,
> Rang seine Klagen zum Vater, die Täler hallten sie
> wider:
> »Gott, mein Gott, warum hattest du mich in der Hölle
> verlassen!«
> (WuB 3,15)

Unter psychologischen Gesichtspunkten könnte es interessant sein, die verschiedenen Facetten der Vatergestalt – vom (geträumten) machtlosen Vater bis zum allmächtigen himmlischen Vater – auseinander zu sortieren. Hier mag es genügen, die durchaus anrührende Art zu vermerken, in der der noch junge Autor ein Element seiner eigenen Erfahrung bildhaft einsetzt.

Wenn religiöse Themen in Lenz' früher Lyrik dominieren, so mag dies nicht zuletzt mit dem pietistisch gestimmten Elternhaus begründbar sein. Ähnliches begegnet aber auch bei anderen jungen Poeten in dieser Zeit. Auch Lessing plant mit zwanzig Jahren eine Dichtung in mindestens sechs Gesängen

mit dem Titel *Die Religion*; erhalten ist nur ein Fragment des
ersten Gesangs (bereits im Umfang von zehn Seiten). Und
von dem sechzehnjährigen Goethe gibt es ein Gedicht mit
dem Titel *Poetische Gedanken über die Höllenfahrt Jesu
Christi* (mit einem Umfang von sechzehn Strophen zu je
zehn Versen).

Dass der junge Lenz indessen auch andere Stoffe aufgreift,
zeigt etwa der Anschluss an Tassos Epos *Das befreite Jerusalem* (in *Schreiben Tankreds an Reinald* [WuB 3,26–30]). Und
die rund fünfzig Seiten lange epische Dichtung *Die Landplagen* geht sogar auf mehr oder minder aktuelle Nöte ein und
behandelt in sechs Büchern die Themen ›Krieg‹, ›Hungers-
not‹, ›Pest‹, ›Feuersnot‹, ›Wassersnot‹ und ›Erdbeben‹. Die
Plagen, anklingend an die ›ägyptischen Plagen‹ des Alten
Testaments (2. Mose 7–13), sind Katastrophen, die das ganze
Land verheeren. In den Darstellungen begegnet zwar mitunter ein gehobener Tonfall, wie man ihn in den Epen von Homer bis Klopstock kennt, so z. B. am Beginn des zweiten
Buchs: »Dich will ich singen, du bleicher Hunger, mit allen
den Schrecken« (WuB 3,46). Beherrschend aber ist eine eher
realistisch-bildkräftige Beschreibung, die vor krasseren Details nicht Halt macht, etwa bei der Schilderung der Verwüstungen, die der Krieg anrichtet:

> Blut besprenget das Pflaster: verworrene kreischende
> Stimmen
> Tötender und Getöteter steigen zum zürnenden Himmel.
> Von dem Schrecken ergriffen gebären schwangere Frauen:
> Unbändig stürzen die Krieger in ihre Kammern und
> reißen
> Den bekümmerten Ehmann hinweg von der Seite der
> Liebsten
> Und vor ihren Augen ermorden sie ihn. Ach! vergeblich
> Strebt der Gebärerin matte Hand, zum Himmel zu ringen,
> Ihr Mund stammelt und stöhnt vergeblich: sie sieht ihn
> durchstochen

Und eine tiefe Ohnmacht verlöscht ihr glimmendes
                    Leben.
Bräute bitten und schluchzen für die bedrohten
                    Geliebten:
Mörder sind taub dem Girren der Liebe. Geschändete
                    Jungfraun
Opfern dem schröcklichen Stahl ihr schönes Leben,
                    nachdem sie
Viehischen Lüsten die Tugend geopfert. Es rauchet des
                    Säuglings
Eingedrückter Schädel; in seinen goldgelben Locken
Klebt Gehirn. [...]

                                        (WuB 3,37 f.)

Und so geht das noch einige Zeit weiter. – Was die realistisch anmutenden Schilderungen betrifft, mag Lenz zwar
auch auf die eine oder andere eigene Erfahrung zurückgegriffen haben, etwa das Erlebnis des großen Brandes in Dorpat im Jahre 1763 (vgl. Titel/Haug, WuS 1,586). Aber die
Schilderung von Selbsterlebtem wie überhaupt die Kategorie
›Erlebnis‹ sind zur Zeit der Entstehung des Gedichts, also
vor dem Sturm und Drang, noch keine leitenden literarischen Konzepte. Vielmehr knüpft Lenz auch hier an die Tradition an (vgl. Schmalhaus, B 5: 1994a, 39–49), und statt einer besonderen Freude am Grässlichen beweist er vielmehr
seine besonders ehrgeizige Bemühung um Plastizität. Immer
noch besteht eine wesentliche Leistung der poetischen Imagination eben darin, das aus unterschiedlichen literarischen
Quellen Geschöpfte und Zusammengetragene in eine ein-
heitliche Konzeption zu verschmelzen. Lenz schöpft denn
auch aus einer ganzen Reihe von Quellen – von der Bibel und
dem antiken Schriftsteller Flavius Josephus bis hin unter anderem zu Ewald von Kleist und besonders Edward Youngs
Nachtgedanken (vgl. Titel/Haug, WuS 1,585–591).
  Dass die verschiedenen Katastrophen, die über die Menschen hereinbrechen, Strafgerichte Gottes sind, wird zwar re-

gelmäßig festgestellt, aber allenfalls im sechsten Buch breiter ausgeführt, hier in Verbindung mit einem visionären Ausblick auf das Jüngste Gericht. Das heißt: nicht erst die religiöse Motivierung des Themas, sondern die Darstellung und plastische Ausmalung der ›Landplagen‹, für sich genommen, fesselt den jungen Epiker. Auf den pietistischen Hintergrund verweist allerdings die wiederkehrende Feststellung der Unbelehrbarkeit der Menschen, wie denn der »moralistische Impetus« (Bertram, B 8: 1994a, 32), der allenthalben in Lenz' Frühwerk zu spüren ist, natürlich auch hier zum Vorschein kommt. Im Sinne der poetischen Abwechslung steht übrigens am Ende der einzelnen Bücher jeweils ein etwas helleres Bild.

Auffallen kann einem die gewisse Sorglosigkeit, mit der Elemente der antiken Mythologie (z. B. der Unterweltfluss Styx [43]) und solche von jüdisch-christlicher Herkunft (etwa ein Engel [44]) nebeneinandergestellt werden, so dass dann auf einer und derselben Seite der alttestamentliche Noah und Homers Odysseus (»der mäonische Held«) sowie Circe vorkommen (WuB 3,41) oder aber die Morgenröte in Gestalt der römischen »Göttin Aurora« auf das alttestamentliche Jerusalem herabschaut (WuB 3,50f.). Überdies tragen dann noch die Menschen, die in dieser kombinierten Landschaft herumlaufen, wiederholt die Namen der Figuren aus der Schäferpoesie des Rokoko (Damon [WuB 3,40], Doris [WuB 3,45]) – was freilich der Lebendigkeit der Schilderung keinen Eintrag tut.

Huldigungsgedichte, Gedichte auf literarische Vorbilder

Den *Landplagen* vorangestellt ist ein Widmungsgedicht: *Ode an Ihro Majestät Catharina die Zweite, Kaiserin von Rußland.* Natürlich greift dieses Widmungsgedicht, dem Zweck entsprechend, auf die üblichen Schmeicheleien zurück und preist die Weisheit und Gerechtigkeit der Zarin usw. Selbst die besonders hervorgehobene Friedensliebe gehört zum Standardrepertoire des Fürstenlobs. Nachgerade aus dem Rahmen fällt das Widmungsgedicht, indem es dann einzelne Motive aus den *Landplagen* aufgreift und, um der Zarin besonders zu huldigen, die Trauer ausmalt, die dereinst nach ihrem Tod unter ihren Untertanen herrschen wird. Dass freilich die Adressatin dieser Beschreibung sich durch den Hinweis auf die »schwarze Gruft«, in der sie dann liegen wird, besonders angenehm berührt gefühlt haben wird – falls sie das Gedicht überhaupt zur Kenntnis genommen hat –, kann bezweifelt werden.

Zu der so genannten Gelegenheitslyrik, der das erwähnte Widmungsgedicht zuzuordnen ist, gehört auch das Huldigungsgedicht, das als lyrische Gattung sich mitsamt den anderen poetischen Formen der Huldigung (unter Einschluss der Huldigungsrede) bis in die Antike zurückverfolgen lässt (›Panegyrikus‹). Solche Huldigungsgedichte, die im 18. Jahrhundert noch eine als selbstverständlich angesehene lyrische Gattung darstellen, bringen die Verehrung für eine im Rang höhergestellte, an Einfluss überlegene oder einfach berühmte Persönlichkeit zum Ausdruck und ermöglichen es dem Huldigenden, auf sich selbst aufmerksam zu machen oder sich in Erinnerung zu bringen oder auch seine Dankbarkeit für erwiesene Huld und Förderung zu offenbaren. – Nebenbei: Wenn solche Arten der Lyrik später in Misskredit geraten, dann weil inzwischen das Verständnis von Lyrik und Literatur überhaupt sich gewandelt und jede Verknüpfung mit einem Zweck verpönt ist (in Kants *Kritik der Urteilskraft* wird just die Absichtslosigkeit zur ästhetischen Einstellung schlechterdings erhoben).

Ein Huldigungsgedicht sind auch die oben bereits erwähnten *Empfindungen eines jungen Russen der in der Fremde erzogen seine allerhöchste Landesherrschaft wieder erblickte* (WuB 3,227–230). Das Gedicht ist 1780/81 nach

Lenz' Rückkehr ins Baltikum entstanden und steht im Zusammenhang mit seinen Bemühungen, am Hof der Zarin
Katharina II. eine Anstellung zu erhalten. Übrigens hat vordem auch Herder, der aus dem seit 1758 von Russland be-
setzten ostpreußischen Mohrungen stammt, vergleichbare
Huldigungsgedichte verfasst, so 1762 auf Zar Peter einen
Gesang an den Cyrus und (nach Peters Ermordung) 1764/65
einen *Lobgesang am Neujahrsfeste* und eine Ode *Auf Katha-
rinas Thronbesteigung*, mithin auf Peters Gattin und Nach-
folgerin (mit deren Billigung Peter gestürzt und ermordet
wurde).[1] Huldigungsgedichte sind bestrebt, die umworbene
Persönlichkeit nach möglichst vielen Seiten hin hervorzuheben, und benötigen daher einen größeren Umfang. Das gilt
auch für die über drei Seiten hin ausgebreiteten *Empfindungen eines jungen Russen*, von denen hier der Anfang zitiert
sei:

> So ward ich denn noch dazu aufgehoben [es war mir
>   noch vergönnt]
> Das Angesicht zu sehn, das unter Still und Nacht
> Und Sturm und Sonnenschein wie eine Gottheit oben
> So manches Tagewerk ausbildend schon vollbracht
> Und Völker, welche sie in hundert Sprachen loben,
> Zu einer Nation gemacht.
> Da stehn sie um sie her, mit Flammen in den Blicken
> Die Glücklichen, den Segen auszudrücken,
> Der ihr seit der Vereinigung
> Von einer halben Welt gelung. –

>   (WuB 3,227)

Erlaubt Lenz sich einige Freiheiten hinsichtlich der Vers-
länge und der Reimstellung, so ist der Tonfall konsequent auf
Huldigung gestimmt: allein nur das »Angesicht« der Zarin
sehen zu dürfen, ist erhebend für das Ich, das sich in seinem

---

1 Vgl. Mechthild Keller, »›Politische Seeträume‹. Herder und Rußland«, in:
»Russen und Rußland aus deutscher Sicht. 18. Jahrhundert. Aufklärung«, hrsg.
von M. K., München 1987, S. 364f.

Lob eins weiß mit lauter beglückten und gesegneten Untertanen. Freilich, was da in den ersten Versen hervorgehoben wird, ist eine in der Tat gewichtige politische Aufgabe, nämlich das Vielvölkergebilde zu »einer Nation« zusammenzuschließen. Und da diese Leistung auch gleich als bereits vollbracht dargestellt wird, kann eben selbst ein deutschsprachiger Untertan wie Lenz sich (in der Überschrift) als einen ›Russen‹ bezeichnen, ohne hinter den möglicherweise doch noch ›russischeren‹ anderen Russen mit seinen Hoffnungen auf »seine allerhöchste Landesherrschaft« zurückstehen zu müssen. – Zum Inhalt des Gedichts muss man sich wohl vergegenwärtigen, dass die Zarin bei ihrem Amtsantritt 1762 tatsächlich viele Erwartungen geweckt (und offenbar bis zur Entstehungszeit des Gedichts noch nicht endgültig enttäuscht) hat; immerhin folgt noch 1775 Diderot einer Einladung der Zarin an ihren Hof. Auch muss man gerade im Falle Lenz' berücksichtigen, dass er, wie oben erwähnt, schon als Dreizehnjähriger im Jahre 1764 die Zarin in seiner Heimatstadt Dorpat gesehen hat und dass dies einen bleibenden Eindruck bei ihm hinterlassen haben wird.

Übertreibungen gehören indessen einfach zu der Gattung ›Huldigungsgedicht‹. Und so fehlt es daran auch hier keineswegs: Überblick und überlegene Klugheit werden im Fortgang des Gedichts gepriesen, Menschlichkeit und Bescheidenheit, Fleiß und Beharrlichkeit; selbst noch der Sohn, der spätere Zar Paul, und dessen Frau werden in das Lob miteinbezogen. Dabei darf man allerdings zu guter Letzt nicht vergessen, dass derartige Formen des Fürstenpreises traditionell auch als Mittel der Erziehung oder Lenkung des Fürsten gedacht sind, indem dem Fürsten Tugenden beigelegt werden, die ihm tatsächlich fehlen, nach denen er aber streben sollte.

Dass freilich ein Huldigungsgedicht auch scherzhafte Töne verträgt, zeigt das Gedicht *Auf die Musik zu Erwin und Elmire von Ihrer Durchlaucht, der verwittibten Herzogin zu Weimar und Eisenach gesetzt* (WuB 3,188 f.), ein Gedicht auf die Musik, die die Weimarer Herzogin zu Goethes

Singspiel *Erwin und Elmire* komponiert hat. Dass von der
Musik nichts außer deren belebender und beseligender Wirkung vermeldet wird, passt zu einem Huldigungsgedicht,
das ja nicht den Anspruch erhebt, gründliche Analysen vor-
zutragen.

Als eine Art Huldigungsgedicht eigener Art mag vielleicht
noch das Gedicht *An meinen Vater* (mit dem Untertitel *Von
einem Reisenden*) gelten (WuB 3,185), mit dem sich der in
der Ferne weilende Lenz an seinen Vater wendet (erschienen
ist das Gedicht im Januar 1777 in Wielands *Teutschem Merkur*). Hervorgehoben sind darin zwar die väterliche Fürsor-
ge und die (um Ehrfurcht und schlechtes Gewissen angerei-
cherte) Liebe des Sohns zum Vater. Aber der ›Reisende‹ hat
auch die – nicht zuletzt im Temperament – höchst unterschiedlichen Landschaften vor Augen, nämlich die (zugege-
benermaßen leichtfertiger gesonnenen) »wärmern Gegen-
den« am »vielentscheidenden« Rhein einerseits und »die be-
schneiten Gefilde« Livlands voller »Einfalt« und »Ruh«, ein
Gegenüber, das natürlich die Bevorzugung der Ersteren nahe
legt, auch wenn dies nicht ausdrücklich gesagt wird. So mündet das Gedicht denn auch keineswegs in eine Beteuerung
des Reisenden, heimkehren zu wollen. Vielmehr meint der
Autor – in Erinnerung an »ein Blümchen«, das ihm einst sein
Vater zum Abschied überreicht hat –, nun ein Gegenge-
schenk überreichen zu können, offenbar in Gestalt des gedruckten Gedichtes selbst als eines poetischen Blümchens.

Als ein Gelegenheitsgedicht par excellence kann ein Gedicht auf Immanuel Kant angesehen werden, dessen Vorlesungen Lenz während des Studiums in Königsberg offenbar
bevorzugt besucht hat. Der barock anmutende Titel nennt
gleich die Gelegenheit, auf die das Gedicht reagiert: *Als Sr.
Hochedelgebornen der Herr Professor Kant den 21sten August 1770 für die Professor-Würde disputierte*. Kant wird in
dem Gedicht als »Der Menschheit Lehrer« (WuB 3,83) gepriesen, etwas persönlicher wirkt es, dass Lenz ihn auch als

Lenz-Porträts aus dem dritten Band von Johann Caspar Lavaters
Physiognomischen Fragmenten zur Beförderung der Menschen-
kenntnis und Menschenliebe

Leipzig 1777

»unsern Lehrer« (WuB 3,84) bezeichnet; von der Kantischen
Philosophie, die sich ja im Übergang zur ›kritischen Philosophie‹ befindet (die *Kritik der reinen Vernunft* erscheint
1781), erfährt man indessen nichts. – Auch an einige andere
Zeitgenossen hat Lenz bei verschiedenen Gelegenheiten Gedichte adressiert, so an Lavater (WuB 3,137) und an Wieland
(WuB 3,194–197).

Soweit die Zeitgenossen, an die manche Gedichte sich
wenden, als Mitstreiter anzusehen sind, bekräftigen die Gedichte die Solidarität der Stürmer und Dränger untereinan-
der. Dem entsprechen einige weitere Bezugnahmen auf
Gleichgesinnte, auf den »Bruder Goethe« (WuB 3,114; vgl.
auch WuB 3,121) etwa oder den Freund Schlosser (WuB
3,122).

In einem erweiterten Horizont aber kommen zu diesen
Personen auch die älteren Vorbilder hinzu, an denen und an
deren Werk Lenz sich orientiert. Das gilt für den italienischen Renaissance-Dichter Petrarca, dem Lenz eine abermals
eher zum Epischen tendierende Dichtung in drei ›Gesängen‹
widmet (WuB 3,124–133). Inspiriert von Francesco Petrarcas
Lyrik (und vielleicht unter dem Einfluss auch Ewald von
Kleists [vgl. Titel/Haug, WuS 1,607]), werden hierin – mit einiger Freiheit – das Leben Petrarcas und seine berühmt gewordene Liebe zu der für ihn unerreichbaren Laura geschildert. Die Dichtung entsteht 1775, nachdem Cornelia Schlosser Lenz einen Band Petrarca geschenkt hat. Vermutlich sieht
Lenz seine Neigung zu Cornelia Schlosser in einer Parallele
zu Petrarcas Liebe zu Laura. Entsprechend emphatisch betont er die Authentizität von Petrarcas Liebe: »Du einziger,
der fühlte was er sang« (WuB 3,125). Petrarca wird damit von
seinen Nachahmern abgehoben, die bis ins 18. Jahrhundert
hinein dem ›Petrarkismus‹ verpflichtet bleiben, einer einflussreichen, aber in ihren Motiven und Formen zunehmend
verfestigten Stilrichtung der europäischen Liebeslyrik. Dass
petrarkistische Motive sich auch bei Lenz finden, kann somit

nicht verwundern. Und wenn Petrarca die Landschaft »ver-
herrlicht [...], in der sie [die Geliebte] lebt, das Gras, das ihr
Fuß berührt, die Luft, die sie atmet, den Fluß, der ihr Bildnis
zurückwirft, die Bäume, die sie sehen dürfen«,[2] dann ist zumindest ein gedämpfter Nachklang solcher Motive verschiedentlich auch bei Lenz zu vernehmen.

Das Bekenntnis zu literarischen Vorbildern schließt natürlich – explizit oder implizit – auch Stellungnahmen zu bestimmten poetologischen Fragen mit ein. Derartige Fragen
werden gelegentlich gleich in den Überschriften von Gedichten genannt (WuB 3,115–117, 234–239), ohne dass man
jedoch von einer selbständigen Gruppe ›poetologischer Gedichte‹ sprechen könnte.

Liebe

Auch in Lenz' zahlreichen Liebesgedichten, zumal in den
früheren, ist die Anknüpfung an vorausgehende Traditionen
erkennbar. Das gilt für allerlei empfindsame Züge im Anschluss an die Dichtung Ewald von Kleists, auch für den
eben schon berührten petrarkistischen Einfluss und für die
mancherlei Rückbezüge zur Anakreontik, denen gemäß die
Angebetete den Namen »Phyllis« (WuB 3,106, 107 u. ö.)
trägt und als »Gottheit« (WuB 3,107), »Göttliche« (WuB
3,108, 110), »Huldgöttin« (WuB 3,110) und »Götterbild«
(WuB 3,110) angesprochen wird. Rhetorische Fragen – »Ist
das ein Traum, was mir geschah?« (WuB 3,110) – und spielerische Übertreibungen – »Man kann mir zwar das Leben
nehmen, / Doch meine Liebe ewig nicht« (WuB 3,110) –, solche Stilzüge weisen ebenso auf das Rokoko zurück wie die
scherzhafteren Momente und Pointen, für die Lenz eine be-

2 Maria Gräfin Lanckoronska, »Vorwort«, in: Francesco Petrarca, *Sonette an
  Madonna Laura*, Ital./Dt., Nachdichtung von Leo Graf Lanckoronski, Stuttgart 1956, S. 10.

sondere Ader hat. Es fällt hier oftmals nicht leicht, zwischen
den elegisch-petrarkistischen und tändelnd-anakreontischen
Motiven, die ohnehin schon ein schillerndes Ensemble ergeben, auch noch die existentiell-individuellen Momente her-
auszulesen (vgl. Vonhoff, B 8: 1990, 67–77). So beginnt das
Gedicht *Auf ein Papillote* [d. h. Bonbon] *welches sie mir im
Konzert zuwarf* (WuB 3,107–109) mit dem Vers: »Meinstu
mit Zucker willst du meine Qual versüßen?« Das wirkt noch
traditionell spielerisch. Indessen steigert sich gerade in diesem Gedicht der Liebende dann in die leicht morbid anmutende Vorstellung hinein, dass die Umschwärmte sich an seinem Leiden erfreue, ja dass sie ihn – mit seiner Zustimmung
– töten könnte und er als Geist ihr dann so nah sein könnte,
wie er als Lebender es nicht sein kann:

> Ich soll dich sehn und fliehn? Dein Lächeln sehn und
> > meiden?
> Und du verstehst es wohl wo mirs am wehsten tut
> Du hassest meine Ruh, es scheint dich freut mein Leiden
> Du wünschst es größer noch, es scheint du willst mein
> > Blut
> So nimm es Göttliche! ein kleines Federmesser
> Eröffnet mir die Brust, wie sanft würd es mir tun?
> Ach tu's, durchbohr mein Herz
> […].
> Ja tu's! von deiner Hand wie kann der Tod mich
> > schröcken
> Es ist das größte Glück das ich erhalten kann
> Ein Stoß so ists geschehn: wie süß wird er mir schmecken
> Ein kleiner Stoß und denn geht erst mein Leben an
> Dann will ich zärtlich dir als Geist zur Seite schweben
> Dann wehrt es niemand mir, du selber wehrst es nicht
> […]
> Und tust dus nicht – denn Gott! erhalt mir den
> > Verstand! –
> > > (WuB 3,108 f.)

Mögen diese Vorstellungen etwas morbid anmuten, so knüpfen sie indessen auch an den Petrarkismus an. Die Geliebte – in dem Bild, das der Petrarkismus von ihr entwirft – ist »grausam«, sie »erfreut sich offenbar an den Qualen« des Liebenden und haßt ihn«,[3] so dass man hier sogar von »einer masochistisch-sadistischen Einstellung«[4] sprechen kann. Der Liebende kann »ernsthaft […] behaupten, aus Liebeskummer zu sterben«, oder er kann »die endliche Gewährung der Gunst als süßen Liebestod besingen.«[5] Bezogen auf das letztere Motiv übrigens, begegnet in dem zitierten Gedicht Lenz' die Umkehrung: der süße Liebestod (»wie süß wird er mir schmecken«) ist die Folge nicht der gewährten Liebe, sondern der ›gewährten‹ Tötung.

»Die Todesmotivik durchläuft in der Geschichte des Petrarkismus alle Stufen von der realen Bedeutung über das witzige Spiel mit dem Gegensatzpaar Tod–Leben bis zur bloßen stilisierten Metapher«.[6] Ohne dass Lenz allzu weitgehend in den Horizont des Petrarkismus platziert werden soll, sei doch darauf hingewiesen, dass auch in seiner Lyrik die Verbindung von Liebe und Tod mit einer gewissen Häufigkeit wiederkehrt, so in einem Gedicht, in dem das Ich das für die Geliebte ersehnte Glück ständig mit der Vorstellung eigenen Leidens verknüpft: »Und wär ich in der Sklaverei / Und hätte nur den Trost dabei / Für dich für dich zu leiden […]«. Die Schlussstrophe dieses Gedichts lautet:

> Nur sie nur sie muß glücklich sein
> Nur sie nur sie verdients allein
> Und ging die Welt zu Grunde
> Ich selber mit – o wie so schön
> Würd ich alsdenn zu Grunde gehn
> Schlag bald du schöne Stunde!
>
> (WuB 3,112)

---

3 Gerhart Hoffmeister, »Petrarkistische Lyrik«, Stuttgart 1973 (Sammlung Metzler, 119), S. 25.
4 So Hoffmeister, ebd., mit Verweis auf die Forschung.
5 Ebd., S. 27.
6 Ebd.

Mögen einerseits die poetisch unbeholfenen Verdoppelungen ins Auge fallen (»Für dich für dich«, »Nur sie nur sie«), so mutet andererseits, bezogen auf den Inhalt, die Lust an der imaginierten eigenen Vernichtung fast masochistisch an, zumal eine logisch-kausale Verknüpfung dieser Vernichtung mit dem Glück der Geliebten fehlt.

Auch das Gedicht *Der verlorne Augenblick. Die verlorne Seligkeit* erweckt den Eindruck, dass die Vernichtung des Liebenden durchaus eine Steigerung der Liebe darstellt. Wohl aufgrund seiner Schüchternheit, hinter der sich »die christliche Tabuierung der Sinnlichkeit« (Bertram, B 8: 1994b, 366) vermuten lässt, hat das Ich die einmalige Gelegenheit, die Geliebte zu küssen, ungenutzt verstreichen lassen. Trostlos klagt das Ich nun: »Ach er ist hin der Augenblick / Und der Tod mein einziges Glück« (WuB 3,141). Dann freilich stellt das Ich sich vor, wie es im Fall einer unverhofften zweiten Chance die Gelegenheit nunmehr beim Schopf ergreifen würde, und malt sich sogar noch eine besondere Pointe aus: »Und in dem Wonnerausch / In den Entzückungen / Bräche mein Herz« (WuB 3,142).[7] Dass das Ich diesem ›Tod durch Entzückung‹ uneingeschränkt zustimmt, ist offensichtlich. In ganz ähnlichem Sinne heißt es an anderer Stelle: »Ach wie so glücklich ist der Mann / Der dir zu Füßen sterben kann« (WuB 3,186).

Biographisch motiviert ist in einigen der Lenz'schen Liebesgedichte aus den Straßburger Jahren die Klage über die Ferne der Geliebten, so in *Wo bist du itzt, mein unvergeßlich Mädchen* (WuB 3,95 f.) und in *Ach bist du fort?* (WuB 3,96 f.). Die beiden Gedichte sind an Friederike Brion gerichtet und wurden in deren Nachlass gefunden, und sie haben in der älteren Forschung nicht zuletzt deshalb einige Aufmersam-

---

7 Vonhoff druckt eine andere Fassung ab, die mit den Worten endet: »Und springe mit Freuden / In endlosen Schmerz« (Vonhoff, B 8: 1990, 226; vgl. im Übrigen ebd. 120–126).

keit gefunden, weil man längere Zeit nicht sicher war, ob sie
nicht von Goethe stammen. Es handelt sich um Gedichte des
Übergangs von der anakreontischen Liebeslyrik zum Ausdruck individuellen Erlebens, wie man ihn dem Sturm und
Drang zuschreibt.[8] Dass die Gedichte sich nicht mehr an eine
»Phyllis« wenden, sondern an eine reale Person, eben Friederike Brion, der sie dann sogar übereignet werden, ohne
gleichzeitig vom Autor publiziert und damit der literarischen Öffentlichkeit unterbreitet zu werden, das deutet
zweifellos auf die Relevanz der individuellen Bezüge hin, die
den Gedichten zugrunde liegen. Es schließt aber nicht aus,
dass die lyrische Vermittlung des mit neuartiger Intensität
empfundenen Liebesschmerzes nicht dennoch auch auf kon-
ventionellere Darstellungsmittel zurückgreift. Wenn das erste Gedicht die Geliebte beschwört wiederzukehren, »sonst
wird es Winter werden / Im Monat Mai« (WuB 3,96), dann
liefert es damit eine intellektuell-spritzige Pointe, die eher an
den ›Witz‹ (d. h. Esprit) als Stilideal der Aufklärung erinnert
als an den ›Erlebnis-Ausdruck‹ des Sturm und Drang. Und
das andere Gedicht, das von der Ich-Form – wohl um der
Gewinnung von Distanz willen – in die dritte Person wechselt, beschreibt den verlassenen ›Jüngling‹ in nachgerade ma-
nieristisch-kühner Manier:

> Wie ist die Munterkeit von ihm gewichen.
> Die Sonne scheint ihm schwarz, der Boden leer,
> Die Bäume blühn ihm schwarz, die Blätter sind verblichen
> Und alles welket um ihn her.
>
> (WuB 3, 96)

Das ist pointiert und prägnant formuliert – und besonders
mag die ›schwarz scheinende Sonne‹ beeindrucken –, aber
der Stil behält eine Künstlichkeit, die zweifellos ihren eigenen Reiz besitzt. Nur muss man sich überlegen, wie man sich

---

8 Vgl. zu den beiden Gedichten Vonhoff, B 8: 1990, 59–67, und Bertram, B 8:
1994a, 85–102.

zu den kühnen Manierismen stellen will, wenn einem insgeheim die (Sturm-und-Drang-gemäße) ›Natürlichkeit‹ als das
eigentliche Stilideal vorschwebt.

Es geht dabei, wohlgemerkt, nicht um die Echtheit oder
Unechtheit des Gefühls, sondern um die literaturgeschicht-
liche Position des Gefühlsausdrucks. Wenn man die erste
Strophe des zuletzt zitierten Gedichts betrachtet:

> Ach bist du fort? Aus welchen güldnen Träumen
> Erwach' ich itzt zu meiner Qual?
> Kein Bitten hielt dich auf, du wolltest dich nicht säumen
> Du flogst davon – zum zweitenmal
>
>   (ebd.)

dann wird man keinen Grund haben, an der Echtheit des
Schmerzes zu zweifeln; die Situation des Verlassenen ist
unmittelbar verständlich, und die Sprache ist von einer un-
verkrampften Leichtigkeit und Natürlichkeit. Anders die
Schlussstrophe:

> Wie? nie dich wiedersehn? – entsetzlicher Gedanke!
> Ström alle deine Qual auf mich
> Ich fühl' ich fühl' ihn ganz – es ist zuviel – ich wanke –
> Ich sterbe Grausame – für dich –
>
>   (WuB 3, 97)

Der Empfindungslaut »Ach«, mit dem das Gedicht be-
gann, mag alles andere als originell sein, aber er mutet doch
spontaner an als die rhetorische Frage »Wie?« am Anfang der
Schlussstrophe. Und wenngleich der Wechsel der Anreden –
die Geliebte, dann der Gedanke (»Ström [usw.]«), dann
nochmals der Gedanke, nunmehr in der dritten Person,
schließlich wieder die Geliebte –, wenngleich dieser Wechsel
quasi mimetisch die Konfusion des Ich vermitteln mag, kann
doch die klangliche Konstruiertheit auffallen (etwa die
i-Laute in »Wie? nie dich wiedersehn?«), ebenso die Wiederholung »Ich fühl' ich fühl'«, die wohl intensivierend wirken

soll, sodann die sehr traditionelle (petrarkistische) Apostrophierung der Angesprochenen (»Grausame«), des Weiteren
die Pointiertheit, mit der das letzte Wort auf die Geliebte
zielt, und vor allem das mit Hilfe der Gedankenstriche signalisierte Stocken der Sprache, das das gleichzeitige Sterben des
Ich vermittelt. Mit stockender Stimme, aber in wohlgeformten Reimen im Gedicht sterben – das ist ein Kunststück der
Rhetorik.[9]

Sehr viel individueller wirkt ein Gedicht ohne Überschrift,
das mit den Worten »Ich suche sie umsonst« beginnt und
vielleicht 1775 oder 1776 entstanden ist. Was den biographischen Hintergrund betrifft und hinsichtlich der weiblichen
Gestalt, von der in dem Gedicht die Rede ist, kann es sich auf
Cornelia Schlosser oder Charlotte von Stein beziehen:

> Ich suche sie umsonst die heilige Stelle
> Häng hier umsonst am Sturz des Berges hinüber
> Schau über Bäumen zur Wiese hinab
> Finde sie nicht
> Hier wars, hier wars wo die Bäume sich küssen
> Sich still und heilig auf ewig umarmen
> Hier wars wo die unermüdete Quelle
> Sanft nach ihr weint – nimmt meine Tränen mit
> Hier wars, hier wo der grausame Himmel
> Hinter dem freundlichern Laube verschwindt
> Und mein schont. Empfange mich Erde
> Daß du mein Grab wärst – ich soll euch verlassen
> Sie verlassen, von ihr vergessen
> Wie ein vorübergewehter Windhauch
> Ach ich beschwör' euch ihr schöner zu grünen
> Wenn der Frühling sie wieder hieher lockt
> Wenn sie unter Gelächter und Freunden

---

9 Der Schluss »für dich«, so Vonhoff, B 8: 1990, 281 Anm. 263 (mit Verweis auf
   das *Deutsche Wörterbuch* der Brüder Grimm), bedeutet so viel wie: durch dich.

Und ihrer Kinder Jubelgetümel
Zu euch kehret, euch blühender macht
Unglückliche! ihr könnt nicht zu ihr
Euer Wehen eure Seufzer
Eure Klagen höret sie nicht.
Aber sie wird wenn sie euch vorbeigeht
Süßere Schauer empfinden, sie wird euch
Mit ihren Blicken segnen, ihr werdet
Glücklicher sein als ich.

(WuB 3,122 f.)

Etliche Momente des Gedichts erscheinen uneindeutig
oder sogar rätselhaft, was damit zusammenhängen könnte,
dass das Gedicht den biographischen Zusammenhängen in
einem besonderen Maße noch verhaftet ist. Der Ausgangspunkt beim Ich und seiner Situation jedenfalls ist offenkundig. Das Ich befindet sich am Rande eines bewaldeten Ab-
hangs, es schaut auf eine Wiese hinunter und sucht nun –
nicht nach der Geliebten, nein, es sucht viel bescheidener
nurmehr nach der Stelle unten auf der Wiese, an der die Geliebte sich ehedem aufgehalten hat, vielleicht auch damals
schon – wie dereinst im nächsten Frühling wieder – »unter
Gelächter und Freunden«. Darf sie überhaupt als die ›Geliebte‹ des Ich bezeichnet werden? Sehnsüchtig verliebt ist
offenbar nur das Ich, und es muss wohl wirklich befürchten,
alsbald von der Angebeteten »vergessen« zu werden »Wie
ein vorübergewehter Windhauch«. Schon vordem hat es
nicht zu den »Freunden« der Angebeteten gehört, schon
vordem hat es nur von ferne zuschauen können. Es erkennt
seinen Beobachterposten wieder, die »Bäume«, die »Quelle«,
den vom Laub verborgenen Himmel, ›grausam‹, weil er keine Erfüllung der Sehnsucht gewährt, und selbst noch die
»Erde«. Es ist ein Zustand der Entbehrung, in dem das Ich
sich befindet: es soll sich entfernen von der Angebeteten, sich
trennen von der umgebenden Natur, die doch immerhin so
etwas wie eine vage Nähe gewährt hat. Und darum projiziert

es nicht nur sein Empfinden in die Natur, deutet es nicht nur
das Wehen des Winds im Laub als »Seufzer« und »Klagen«,
die der fernen Angebeteten gelten. Darum beschwört es nun
diese Natur sogar, ihre Schönheit der Angebeteten darzubie-
ten, »ihr schöner zu grünen« und umgekehrt wiederum von
ihr zu empfangen, »blühender« – und dies in der Hoffnung,
dass die um die Empfindungen des Ich gleichsam angerei-
cherte Natur intensiver wirken, »Süßere Schauer« hervorrufen wird und wenigstens anstelle des dann fernen Ich den
von den Blicken der Geliebten gespendeten Segen empfangen wird.

Eigentümlich ist die Vorstellung einer ausgesprochen
menschennahen Natur. Es fällt nicht nur auf, dass das Ich die
Naturelemente jederzeit als Du anspricht und dass es vor allem in der zweiten Hälfte des Gedichts seine Empfindungen
gleichsam hemmungslos in die Natur hineinprojiziert. Vielmehr ist bereits auch das, was sich in der ersten Hälfte des
Gedichts noch wie eine Art Ortsbeschreibung ausnimmt,
von vornherein anthropomorphisch gefasst: dass die Bäume
sich »küssen« und »umarmen«, diese Behauptung gibt sich
gewissermaßen wie selbstverständlich, wie eine rein sachli-
che und keineswegs besonders kühne Mitteilung. Zu dieser
Nähe zwischen Mensch und Natur kommt nun freilich noch
die Nähe des Heiligen hinzu. Mag es für die Willkür des verliebten Ich zeugen, dass dieses die gesuchte Stelle als eine
»heilige« Stelle ansieht, dass jedoch die Bäume sich »still und
heilig auf ewig umarmen«, diese Feststellung sieht das Heilige als integriert in die Natur, ohne als Feststellung will-
kürlich zu erscheinen. Und wenn am Ende des Gedichts die
Blicke der Angebeteten die Natur »segnen« werden, dann
besagt dies, dass im Prinzip eben auch der Mensch in die
Verbindung von Heiligem und Natur hereingenommen ist.

Die Momente von Verheißung und Erfüllung – Frühling,
Jubel, Glück – scheinen dennoch nur in den Umkreis der
Angebeteten zu gehören. Das Ich ist davon ausgeschlossen:
seine Sehnsucht bleibt unerfüllt, es erscheint auch in sozialer

Hinsicht wie ein Außenseiter, ein Ausgeschlossener, es wird sich, wie der Schluss anklingen lässt, mit dem Verzicht auf Glück abfinden müssen. Die Klage über unerfüllte Liebessehnsucht ist in einem weiteren Sinne eine fast schon resignative Beschreibung einer unerfüllten Existenz überhaupt und des Verzichts auf einen eigenen Anspruch auf Glück. Denn dieses Ich, einsam oben an seinem Bergabhang, während das ehedem bunte Leben unten auf der Wiese längst verschwunden ist und nicht einmal mehr die Stelle sich ausmachen lässt, wo es vorhanden war, dieses Ich steht so sehr und so gründlich am Rande und außerhalb, dass es kaum je zu den Glücklichen gehören wird.

Das Gedicht – trotz aller scheinbaren Kunstlosigkeit – ist sorgsam komponiert. Es lebt von den vielerlei internen Bezügen vom ersten (»Ich«) bis zum letzten Wort (»ich«). Dazu gehören Entsprechungen ebenso wie Oppositionen, also einerseits Parallelismen wie das anaphorische ›Hier wars‹ (V. 5, 7, 9) oder Wortwiederholungen wie ›heilig‹ (V. 1, 6) und Motivzusammenhänge wie ›Bäume‹ (V. 3, 5) und ›Laub‹ (V. 10), auch solche von etwas subtilerer Art wie ›Quelle‹ (V. 7) und ›Tränen‹ (V. 8), sowie auch klangliche Korrespondenzen wie zum Beispiel die ü-Laute in den Versen 15–20 (›grünen‹, ›Frühling‹, ›Getümmel‹, ›blühender‹, ›Unglückliche‹). Dazu gehören andererseits aber auch Oppositionen wie ›Himmel‹ (V. 9) und ›Erde‹ (V. 11), ›Unglücklich‹ (V. 20) und ›Glücklich‹ (V. 26). Ein Oxymoron wie »Süßere Schauer« (V. 24) mag im Grunde ein wenig rhetorisch anmuten. Wenn aber das Gedicht dann tatsächlich einmal ein gänzlich konventionell-verbrauchtes Bild enthält – »die unermüdete Quelle« (V. 7) –, so entschädigt es dafür alsbald wieder durch eine eigene poetische Schönheit – »vergessen / Wie ein vorübergewehter Windhauch« (V. 13 f.).

Wenn das Gedicht sich in formaler Hinsicht den Schein des Unkonventionellen gibt – reimlose Verse in freien Rhythmen mit zwei bis fünf Hebungen bzw. vier bis elf Silben –, dann erhebt es damit natürlich implizit den Anspruch, in der wechselreichen Form sich ganz dem Inhalt und dessen wechselnden Aspekten anzupassen. Die eben hervorgehobenen Elemente der Komposition, die Entsprechungen und Oppositionen, haben daher für formale Konzentration und Dichte zu sorgen und müssen sich dabei dem Inhalt anscheinend gänzlich unterordnen, ohne ihre tatsächliche kompositorische Gewolltheit auffällig werden zu lassen. Dies jedenfalls, nämlich die Anpassung der Form an den Inhalt, entspricht gewissermaßen dem Geist der freien Rhythmen, wie sie nach dem Vorbild Klopstocks in der Lyrik des Sturm und Drang Verwendung finden. Wenn dann freilich dennoch einmal die kompositorische Gewolltheit erkennbar wird, ohne in zureichendem Maße durch den Inhalt bedingt zu erscheinen, dann mag dies, vom erwähnten ›Geist der freien Rhythmen‹ her gesehen, wie ein ›Fehler‹ erscheinen. Als ›gewollt‹ in diesem Sinne, mithin als nicht vom Inhalt bedingt mag das Schlusswort »ich« erscheinen, das allzu deutlich in Korrespondenz mit dem Anfangswort »Ich« für eine poetische Rundung zu sorgen hat. Kritisierbar erscheint das Schlusswort, weil das Ich sich in Vers 15 zum letzten Mal als Ich genannt hat und sich danach ganz zurückgenommen zu haben scheint. Und genau dies, die Selbstzurücknahme des Ich, entspricht völlig dem Gehalt des Gedichts. Würde das Ich sich nicht mehr nennen und damit gleichsam aus dem Gedicht verschwinden, so könnte man dies als eine formale Konsequenz inhaltlicher Vorgaben ansehen. In diesem Sinne mag es denn als ein ›Fehler‹ gelten können, dass unvermittelt im letzten Wort des Gedichts das Ich sich trotzdem noch einmal zu Wort meldet.

Es gibt noch manche eher elegisch getönte Gedichte, die das Thema ›Liebe‹ umkreisen, unter ihnen auch das Gedicht *So soll ich dich verlassen, liebes Zimmer,* das am Ende eines Aufenthalts bei Charlotte von Stein entstanden ist und das in die Resignation des Einsamen und Ausgeschlossenen mün-

det, der Lenz ja tatsächlich war: »Ich aber werde dunkel
sein / Und gehe meinen Weg allein« (WuB 3,206). – Indessen
sei hier der Hinweis auf das verwandte Thema der Freundschaft angeschlossen am Beispiel eines eher unscheinbaren
Vierzeilers mit dem Titel *Der Wasserzoll*. »Wasserzoll« ist
der Name eines Wirtshausgartens in der Ruprechtsau an der
Ill bei Straßburg. Lenz verbrachte dort gemeinsam mit Goethe die Nacht vom 24. zum 25. Mai 1775. Das Gedicht ent-
stand im Anschluss daran und erschien noch 1775 mit der
Unterschrift »L. an G.«, also Lenz an Goethe. Der autobiographische Bezug ist somit recht deutlich.

Der Wasserzoll
Denkmal der Freundschaft

> Ihr stummen Bäume, meine Zeugen,
> Ach käm' er ungefähr
> Hier wo wir saßen wieder her:
> Könnt' ihr von meinen Tränen schweigen?

(WuB 3,122)

»Denkmal der Freundschaft«, diese zweite Überschrift
bezieht sich nicht primär auf den Inhalt, sondern auf das Gedicht selbst, auf dessen Funktion: das Gedicht hält eine Erinnerung wach, es selbst ist daher das Denkmal. Der Begriff
»Freundschaft« signalisiert, dass es sich um die Beziehung
zweier Männer handelt – die häufig begegnende Formel ›Liebe und Freundschaft‹ meint im Grunde eine Alternative –, so
dass das Gedicht, auch wenn es von einer innigeren Beziehung handelt, nicht eigentlich als von einer Frau gesprochen
gedacht werden kann.

Von der Form her erscheint das Gedicht mit seinen vierhe-
bigen Jamben (im zweiten Vers nur drei) eher anspruchslos.
Die unreinen Reime scheinen auf eine gewisse formale Sorglosigkeit hinzudeuten, wenngleich wir heute einräumen
müssen, dass erst die Lyrik von Klassik und Romantik unser

Ohr derart geschult hat, dass unreine Reime uns besonders
auffallen, während im Falle dieses Gedichts die Reime vielleicht von vornherein eher als Assonanzen einzustufen sind
und daher gewissermaßen als Endassonanzen zu den Bin-
nenassonanzen – Bäume/Zeugen, käm/ungefähr/Tränen –
einfach hinzutreten.

Wie die Interjektion »Ach« deutlich macht, kehrt auch
hier das Motiv der Klage wieder. Der Freund hat sich entfernt, das Ich ist verlassen zurückgeblieben. Die Überlegung, wie es wäre, wenn –, ist rein hypothetisch. Sie zeugt
von einer Sehnsucht, die alle Menschen mitunter anwandelt,
nämlich etwas Vergangenes wiederholen zu können, etwas
Verlorenes wiederzugewinnen. Aber zu dieser allgemein
vertrauten Sehnsucht gesellt sich hier nun plötzlich die
zweite, weiterreichende Überlegung, dass das Ich sich dann
schämen müsste, wenn sein Leiden unverhofft enthüllt, ja
bloßgestellt würde. Dass die Scham verlangt, dieses Leiden
zu verstecken, dies begründet die Frage, ob die Zeugen dieses Leidens und der Tränen, nämlich die Bäume, schweigen
könnten. Das ist nun freilich eine rhetorische Frage, denn
die Bäume müssten in jedem Falle schweigen, weil sie eben
stumm sind, wie es der erste Vers ja ausdrücklich sagt. Rhetorische Fragen sind natürlich in Wahrheit Mitteilungen; die
hier gestellte Frage wendet sich – als Mitteilung – nicht an
die Bäume, sie gilt vielmehr dem Freund, dem abwesenden,
der in Wirklichkeit nicht von »ungefähr« wiederkehren
wird und der die Frage bzw. Mitteilung vielleicht nie vernehmen wird.

Es geht in diesem Vierzeiler im Grunde um das Spiel von
Verschweigen und Mitteilen. Wo die Scham das Verschweigen verlangt, da möchte die Sehnsucht die Mitteilung. Und
was das Ich dem Freund, solange er anwesend war, wohl
nicht offenbart hat und was es dem fernen Freund aufgrund
der Entfernung nicht mehr offenbaren kann – nämlich einfach seine Zuneigung –, das teilt dann dennoch das publi-
zierte Gedicht seinen Lesern und unter ihnen vielleicht auch

dem Freund mit. Spielerisch ist in diesem Sinne dann auch
der Titel: der Wirtshausgarten in der Ruprechtsau mag alle
Mal »Wasserzoll« heißen, in *diesem* Gedicht sind die Tränen
der Zoll, der flüssige Zoll, den das Ich entrichtet. Und vielleicht sind – bevor hernach das Gedicht entsteht – die Tränen überhaupt das erste und eigentliche »Denkmal der
Freundschaft« gewesen, freilich dann ein sehr vergängliches
Denkmal.

Über all dem Kummer, den Liebe und Freundschaft be-
reiten, sei nicht der scherzhaftere Ausdruck vergessen, den
gerade auch der Liebesschmerz bei anderer Gelegenheit findet:

An das Herz

Kleines Ding, um uns zu quälen,
Hier in diese Brust gelegt!
Ach wer's vorsäh', was er trägt,
Würde wünschen, tätst ihm fehlen!

Deine Schläge, wie so selten
Mischt sich Lust in sie hinein!
Und wie augenblicks vergelten
Sie ihm jede Lust mit Pein!

Ach! und weder Lust noch Qualen
Sind ihm schrecklicher als das:
Kalt und fühllos! O ihr Strahlen,
Schmelzt es lieber mir zu Glas!

Lieben, hassen, fürchten zittern,
Hoffen, zagen bis ins Mark,
Kann das Leben zwar verbittern;
Aber ohne sie wär's Quark!

(WuB 3, 105 f.)

Die Anrede an das eigene Herz – als ein »Kleines Ding« – hat etwas Rokokohaft-Spielerisches.[10] Ironisch ist natürlich der Gedanke, derjenige, der vorher wüsste, was es mit dem Herzen auf sich hat, würde sich wünschen, dass es ihm fehlte – ironisch, weil das Herz bekanntlich noch andere Aufgaben hat als die, den empfindsamen Menschen zu quälen. – Der Gedanke dann, dass selbst die Qualen weniger schrecklich sind, als die gänzliche Gefühllosigkeit es wäre, geht auf die (Kunst-)Theorie des französischen Gelehrten Jean-Baptiste Dubos[11] zurück, die im 18. Jahrhundert eine breite Rezeption findet. – In der letzten Strophe endlich ist die Einebnung der Emotionen bemerkenswert: sogar Liebe und Hoffnung können zur Bitterkeit führen. Der Schlussvers mit dem überraschenden stilistischen Fehltritt bringt die ironisch-spielerische Dimension wieder zur Geltung, eine Dimension, die mit der Einstufung des Herzens als eines ›kleinen Dings‹ eröffnet worden ist, die aber angesichts der existentiell-ernsthafteren Töne in den mittleren Strophen in den Hintergrund getreten ist und die nun erneut akzentuiert wird. Insofern erweist sich der stilistische Fehltritt natürlich als die Pointe, auf die das Gedicht von Anbeginn an zielt.

Scherzgedichte, Satiren

In Lenz' Versdichtungen gibt es eine ganze Anzahl von Texten, in denen es einerseits um das Thema ›Liebe‹ geht und die andererseits in einem scherzhaften Stil gehalten sind, so dass sie ebenso gut unter der einen wie unter der anderen Überschrift behandelt werden können. Das gilt zum Beispiel für das Gedicht *Piramus und Thisbe* (WuB 3,101–104), das in die

---

10 Vgl. Bertram, B 8: 1994a, 118–131, der dem Gedicht wohl zu viel an existentieller Schwere zuschreibt. – Winter, B 5: 1984, 30 f., spricht von ›ironischer Distanzierung‹.
11 Jean-Baptiste Dubos, *Réflexions critiques sur la Poësie et sur la Peinture* (1719).

Tradition des scherzhaften Erzählgedichts gehört, wie sie –
mehr zur Unterhaltung als zur Belehrung – unter anderem
von Christian Fürchtegott Gellert fortgeführt worden ist.
Das Gedicht vereint zuerst zwei Liebende miteinander, es
lässt sie dann aber unter Mitwirkung eines Löwen den Tod
finden, woraufhin der Löwe vor Schreck auch stirbt (vgl.
Vonhoff, B 8: 1990, 55–59). – Ebenfalls in einem ausgesprochen scherzhaften Ton beginnt die Verserzählung *Die Liebe
auf dem Lande* (WuB 3, 97–100):

> Ein wohlgenährter Kandidat
> Der nie noch einen Fehltritt tat,
> Und den verbotnen Liebestrieb
> In lauter Predigten verschrieb,[12]
> Kehrt einst bei einem Pfarrer ein,
> Den Sonntag sein Gehülf zu sein.

Der Kandidat wird der Nachfolger des Pfarrers, er bewirbt sich um dessen Tochter, die, obwohl sie sich zuerst
sträubt, seine Frau wird. Die Verserzählung erhält – jenseits
des scherzhaften Tonfalls – eine überraschende Tiefendimen-
sion dadurch, dass plötzlich ein Blick in das Innere der Pfarrerstochter gewährt wird: sie lebt ganz und gar der Erinnerung an einen flüchtigen Geliebten, dem ihre erste und einzige Liebe gegolten hat und weiterhin gelten wird und den sie
ständig und allerorten vor ihrem inneren Auge hat:

> In ihrer kleinen Kammer hoch
> Sie stets an der Erinnrung sog
> An ihrem Brotschrank an der Wand
> Er immer, immer vor ihr stand,
> Und wenn ein Schlaf sie übernahm
> Im Traum er immer wieder kam.
> (WuB 3,97 f.)

12 Verschreiben‹ bedeutet ›wegschreiben‹, d. h. durch Schreiben verdrängen.
   Das ist zwar ironisch formuliert; im Hintergrund steht jedoch die religiös
   begründete Anstrengung, durch Rückbesinnung auf den Glauben sinnliche
   Begierden zum Schweigen zu bringen.

Sie, die Verlassene, erträgt in der Folge das Ehejoch und
denkt fortwährend an den ehemaligen Geliebten:

> Denn immer, immer, immer doch
> Schwebt ihr das Bild an Wänden noch,
> Von einem Menschen, welcher kam
> Und ihr als Kind das Herze nahm.
>
> (WuB 3,100)

Ein anrührendes Porträt einer verlassenen Liebenden, das
die unheilbare emotionale Gespaltenheit der jungen Frau mit
bemerkenswertem Einfühlungsvermögen beschreibt. Das
Erzählgedicht, das so ironisch typisierend beginnt – mit einem ›wohlgenährten Kandidaten‹, der stimmgewaltig »auf
der Kanzel schreit« –, dieses Gedicht verwandelt sich, zumindest tendenziell, in eine individualisierende psychologische Studie. Für die Pfarrerstochter des Gedichts hat, wie
man weiß, die Pfarrerstochter Friederike Brion das Vorbild
geliefert. Goethe, dem Lenz das Gedicht geschenkt hat, muss
den (freilich nicht explizit ausgesprochenen) Vorwurf der
Treulosigkeit vernommen haben; er hat das Gedicht jedenfalls nicht veröffentlicht, sondern es erst nach Lenz' Tod an
Schiller für dessen Musen-Almanach für das Jahr 1798 weitergegeben.

Sehr viel strenger als in den Scherzgedichten geht es bei
den satirischen Auseinandersetzungen mit bestimmten Personen zu, so dass diese Personalsatiren einen pointierten Gegensatz zu den Huldigungsgedichten bilden. Gegen Wieland
insbesondere sind die 1775 erschienenen Vers-Satiren *Menalk und Mopsus* und *Éloge de feu Monsieur ** nd* gerichtet.
Wieland, der, wie erwähnt, in den Augen etlicher jüngerer
Autoren als ›Wollustsänger‹ gilt, wird in der Gestalt des
Mopsus in der erstgenannten Satire attackiert (WuB
3,152–160); mit der Figur des Menalk ist der nicht weiter be-
kannte Straßburger Maler und Dichter Kamm gemeint (vgl.
Schmidt, B 5: 1880, 179–184; Daunicht, B 5: 1941, 13–17).

Die Gattungsbezeichnung lautet ›Eine Ekloge nach der fünften Ekloge Virgils‹. In den *Eklogen* (›Hirtengesängen‹)
nimmt Vergil die aus alter griechischer Tradition stammende
Hirtendichtung auf und entwirft gattungsgemäß das Bild
von Arkadien als einem märchenhaft-utopischen Traumland
des Singens und Liebens. Der fünften Ekloge entstammen
die Namen ›Menalcas‹ und ›Mopsus‹, während das Motiv des
Sängerwettstreits eher auf die dritte Ekloge verweist. Wegen
der zahlreichen Anspielungen und der in den Text integrier-
ten Zitate ist Lenz' Satire nur unter Zuhilfenahme der entsprechenden Erläuterungen zu verstehen (vgl. Schmalhaus,
B 5: 1994a, 119–130). Wieland jedenfalls kommt im Grunde,
verglichen mit dem Straßburger Kamm, gar nicht so schlecht
weg. – Menalk besucht im Traum den »Nebenbuhler« Mopsus, der ihm in erotischen Darstellungen überlegen ist. Beide
liefern sich einen »Wettgesang«. Menalk erweist sich als poetischer Stümper, nicht fähig, »das Wahre […] vom Falschen
[zu] unterscheiden«. Mopsus dagegen zitiert Elemente einer
erotischen Szene und lässt einige seiner poetischen Tricks erkennen: er verhüllt die Nacktheit durch »Schleier«, um sich
»gegen die Kritik zu decken«, er macht »Noten«, d. h. Fuß-
noten mit Andeutungen, und kleidet das Ganze »in *Moralen*
ein«, also in moralische Belehrungen. Menalk erkennt die
Masche:

> Wie man voll Ungeduld sich drin [in Mopsus' Text]
>   verirrt,
> Und doch am Ende nichts gereichet wird.
> Wie wißt Ihr doch das Ding so zierlich zu verstecken,
> Und witzig den Priap bald auf- bald zuzudecken.
>
> (WuB 3,158)

Priapos, der antike Fruchtbarkeitsgott, steht hier für das
Unzüchtige, und dessen halbe Verhülltheit macht Mopsus'
Erfolg aus. Dieser gesteht denn auch sein »Geheimnis«: es
sind die Leser selbst, die mit »Stolz, Einbildungskraft, In-
stinkt« sich Dinge ausmalen, die der Autor gar nicht wirklich

dargestellt hat, für die er sich dann aber bezahlen lässt. Eine kleine Extra-Pointe besteht noch darin, dass, wie eingangs mitgeteilt worden ist, Mopsus bei seinen Schilderungen gar nicht auf eigene Erfahrungen zurückgreift, sondern nur einen Verschnitt aus all den verbotenen Lesefrüchten bietet, die er seit »den frühsten Knabenjahren« angesammelt hat.[13]

Hingewiesen sei noch auf die erwähnte zweite Satire, einen fiktiven Nachruf mit dem Titel *Éloge de feu Monsieur **nd* (›Lobrede auf den verstorbenen Herrn **nd‹), der sich (wie die vorhergehende Satire) auf Wielands Epos *Der neue Amadis* bezieht und unter anderem die Grazien darüber klagen lässt, dass sie entehrt worden seien (WuB 3,162–167; vgl. Schmidt, B 5: 1880, 184–188; Schmalhaus, B 5: 1994a, 131–137). – Nach der Versöhnung mit Wieland bedauert Lenz es, wie schon erwähnt, dass er vordem nicht genügend zwischen der wirklich schlüpfrigen Literatur und der recht eigentlich komischen unterschieden habe, die – wie eben gerade bei Wieland – die menschlichen Schwächen dem Gelächter preisgibt und die auf diese Weise unterrichtend wirkt. Überdies verfasst Lenz in Versform eine *Epistel eines Einsiedlers an Wieland* (WuB 3,194–197), die Ende 1776 erscheint und die seine veränderte Einstellung öffentlich dartun soll (vgl. Schmalhaus, B 5: 1994a, 138–141). Darin wird Wielands geschmacksbildende Leistung gelobt, es wird die Freude als Lebenselement seiner Dichtung hervorgehoben und ihr Nuancenreichtum gepriesen (»die feinen Übergänge / Vom Licht zum Schatten, von Wahrheit zum Scherz«, WuB 3,196), die falsche Wieland-Rezeption wird angeprangert, die »jedes reizende Bild« für ein »Verbrechen« hält (WuB 3,195), und schließlich wird Wieland sogar die Rolle eines Lehrers angetragen, der gemeinsam mit Goethe die

---

13 Von dem zu den Stürmern und Drängern zählenden Autor Friedrich Müller, genannt Maler Müller, erscheint im selben Jahr 1775 eine humoristische Prosa-Idylle *Der Satyr Mopsus*, die direkt an die antike Hirtendichtung anknüpft; Lenz äußert sich darüber begeistert in einem Brief an Müller (vgl. WuB 3,347).

Veredlung des »Waregischen Wilden« (WuB 3,197) übernimmt, als den sich Lenz hier einstuft (die ›Waräger‹ sind die
Wikinger).

Dass die Kritik übrigens auch an die eigene Adresse gerichtet
sein kann, zeigt die scherzhaft-satirische Bloßstellung einer
Haltung, die man als ›Großmannsucht der Stürmer und Dränger‹ bezeichnen könnte. In einem etwas längeren Gedicht mit
dem Titel *Aus einem Neujahrswunsch aus dem Stegereif. Aufs
Jahr 1776* (WuB 3,172–176) wird eingangs auf die Übereinstimmung zwischen den Poeten und dem Publikum hingewiesen: die Poeten wollen gefallen, und wenn dem Publikum der
Sinn nach Enthusiastischem steht, nach dem »Taumel« der
»Entzückung«, dann stehen die Poeten eben mit ihrer
»Schwärmerei« zu Diensten. Das Gedicht malt den Furor Poe-
ticus in der Folge immer heftiger aus, bis aus der Schwärmerei
pure Kraftmeierei geworden ist, bis die unbändigen Geister –
»wir Götter« (WuB 3,174) – sich unsterblich wähnen und keinerlei Grenzen mehr respektieren: »ewig leben wollen wir«,
»Ha immer unersättlich«, und »dringen brüllend fort, zur
Unausfüllbarkeit / Der grenzenlosen Ewigkeit« (WuB 3,175).

Scherzhaft ohne satirische Anteile sind manche Gelegen-
heitsgedichte, so das *Hochzeitscarmen für einen abtrünnigen
Musensohn* (WuB 3,117–119), der als Überläufer aus dem
Lager Apolls in dasjenige Amors bezeichnet wird, oder die
Verserzählung *Matz Höcker*, in der ein alter Schulmeister
seine naiv-einfältigen Ansichten über das verkünstelte Geha-
be der Gesellschaft dartut (WuB 3,143–151).

Religiöse Gedichte

Religiöse Themen sind nicht auf die frühe Lyrik begrenzt.
Gerade auch in den Straßburger Jahren noch entstehen etliche religiöse Gedichte, so *Die Auferstehung* (WuB 3,86–88),

eine ›Cantate‹, die 1776 im Druck erscheint, oder *Die Demut*
(WuB 3,88–92; vgl. Bertram, B 8: 1994b, 358–362). Einzelne
Gedichte – wie *Ausfluß des Herzens. Eine esoterische Ode*
(WuB 3,92 f.) und *Eduard Allwills erstes geistliches Lied*
(WuB 3,93–95) – sind bemüht, irdische Liebessehnsucht und
religiöse Inbrunst eng miteinander zu verbinden. Überhaupt
kann man des Öfteren registrieren, dass einzelne Gedichte
von beliebigen und jedenfalls nicht primär religiös kon-
notierten Motiven her einen Übergang in eine religiöse Dimension finden. Das Gedicht *Nachtschwärmerei* (WuB
3,119–121) aus dem Jahr 1775 beginnt mit den Versen:

> Ach rausche rausche heiliger Wasserfall
> Rausche die Zeiten der Kindheit zurück in mein
>   Gedächtnis
> Da ich noch nicht entwöhnt von deinen Brüsten
> Mutter Natur mit dankbar gefühliger Seele
> Dir im Schoß lag dich ganz empfand

> (WuB 3,119)

Davon, dass das Ich sich wirklich der Erinnerung überlie-
ße, kann kaum die Rede sein. Vielmehr kehrt es sich bald von
den Naturmotiven und dem Thema ›Kindheit‹ ab und wendet sich – nunmehr tatsächlich ›schwärmend‹, wie die Überschrift sagt – Gott zu, in der Hoffnung auf das Jenseits, um
»Zeuge dort seiner Macht« zu werden: »Schaffe mir Adern
du Allmächtiger dann! und Pulse / Die dir erhitzter entgegen
fliegen / Und einen Geist der dich stärker umfaßt« (WuB 3,
120).

Mit dem Tod wird für das Ich geradezu der »glücklichste
der Tage / Unter allen glücklichen« seines Lebens anbre-
chen, wenn nämlich endlich der himmlische Donner

> Diese zu enge Atmosphäre [das Irdische]
> Mir zerbricht, mir Bahn öffnet, weiter –
> In deinen Schoß Unendlicher
> Ach wie will ich, wie will ich alsdenn dich

> Mit meinen Glaubensarmen umfassen
> Drücken an mein menschliches Herz
> Laß nur ach laß gnädig diesen Anteil von Erde
> Diese Seele von Erde mich unzerrüttet
> Ganz gesammlet dir darbringen zum Opfer
> Und dein Feuer verzehre sie. –
>
> (WuB 3,120 f.)

In durchaus kalkulierten Bildern sucht das Gedicht die paradoxe Verbindung von Materiellem und Immateriellem zum Ausdruck zu bringen – ›Glaubensarme‹ und ›Seele von Erde‹ –, eher schwärmerisch dagegen wirkt die Lust an der Selbstaufopferung, der das Ich sich dann überlässt.

Bemerkenswerterweise findet das Gedicht von da aus trotzdem noch den Weg zurück ins Irdische: die Erinnerung an die Freunde, insbesondere an den namentlich genannten Freund Goethe, und der Gedanke an eine Geliebte sind schließlich stark genug, das Ich nochmals »zur Erde hinunter« zu ziehen – was es sich gefallen lässt, indem es scherzhaft vom Freund und von der Geliebten verlangt: »macht mir die Erde zum Himmel« (WuB 3,121).

Zu den Gedichten, in denen Lenz' religiöse Bindung besonders zur Geltung kommt, auch wenn das lyrische Thema zunächst vielleicht nicht in diese Richtung weist, gehört das Gedicht *An den Geist*, das wahrscheinlich 1774 entstanden ist (vgl. Vonhoff, B 8: 1990, 86–89). In der Forschung ist dieses (vordem auf Ende 1777 datierte) Gedicht – ohne Rücksicht auf die religiöse Fundierung – wiederholt als poetische Darstellung einer »Bewußtseinsspaltung« (Stern, B 8: 1966, 168), mithin sogar als Ankündigung von Lenz' bevorstehender ›Verrückung‹ aufgefasst worden:

> O Geist Geist der du in mir tobst
> Woher kamst du, daß du so eilst?
> O verzeuch [warte] noch himmlischer Gast
> Deine Hütte vermags nicht

All ihre Bande zittern
Kann nicht weiter empor.

Sei nur getrost, bald bist du frei
Bald wird dirs gelungen sein, grausamer
Teurer grausamer Gast!
Bald hast du dein steinern nordisch
Treues Haus übern Kopf dir zertrümmert
Ach da stehst du wie Simson und wirfst
Wirfst – strebst – wirfsts übern Haufen
Weh uns allen, schone noch, schone
Dieser treuen Hütte Trümmer
Möchten dich sonst unter sich begraben.

Sieh noch hält sie mit schmeichlenden Banden
Dich zurück, verspricht dir reine
Tausend reine Lebensfreuden
Zur Belohnung für deine Müh.
Schone noch Grausamer, Undankbarer
Kehre zurück, heft' ihre Gelenke
Wieder mit zarter Selbstlieb zusammen
Denn Gott selber baute sie dir,
Klein und gebrechlich wie sie da ist.

Wenn sie ausgedauret dann breche sie
Erst wenn der Baum gesaftet geblüht
Früchte mehrjährig getragen, verdorr' er,
Gehe sein Keim ins ewige Leben
Aber jetzt, heilige himmlische Flamme
Jetzt – Erbarmen! – verzehr ihn noch nicht.

                                              (WuB 3,226 f.)

  Das Gedicht besitzt eine außerordentlich freie Form: Strophen von ungleicher Länge, freie Rhythmen mit meist vier
Hebungen, bisweilen aber auch drei (so in der zweiten Hälfte der Eingangsstrophe) und unter Umständen sogar fünf
(wenn man den vorletzten Vers mit einem Hebungsprall

liest: jétzt, héilige), reimlos. Die Hinwendung zum eigenen
Geist mag an die Anrede an das eigene Herz erinnern, um die
es vorhin gegangen ist. In einer solchen Hinwendung wird
vor allem Distanz vermittelt, der Versuch, mit sich selbst ins
Reine zu kommen. Was freilich im vorliegenden Gedicht mit
zum Ausdruck kommt, ist auch eine Dissonanz zwischen
dem körperhaften Ich und seinem Geist, über den das Ich
nicht ohne Weiteres verfügt. Dass der Geist ›tobt‹ – so der
Eingangsvers – scheint jedenfalls ein Zeichen dafür, dass er
nicht problemlos ein Teil eines Ich ist (vgl. Käser, B 5: 1987,
286 f.).

Freilich spielt schon die Bezeichnung des Geistes als eines
›himmlischen Gasts‹ auf die philosophisch-theologische
Vorstellung an, dass der immaterielle und unsterbliche Geist
in eine und dieselbe – ›himmlische‹ – Sphäre gehöre wie alles
Geistige und wie schließlich auch das Göttliche. Dementsprechend kann er am Ende des Gedichts – als »heilige
himmlische Flamme« – sogar dem Bereich des Heiligen zugeordnet werden. Während des menschlichen Lebens wohnt
der Geist daher nur vorübergehend einem sterblichen Körper inne, eben wie ein Gast sich zeitweilig in einer gebrech-
lichen Hütte aufhält oder in einem zwar steinernen, aber
dennoch zertrümmerbaren Haus (wie die zweite Strophe
dieses Bild fortführt). Gebeten wird dieser Geist, doch zu
warten, da er offenbar unaufhaltsam »empor«-strebt (V. 6),
also seiner himmlischen Heimat entgegenstrebt, während
der Körper – seine »Hütte« – mit diesem Drängen nicht mit-
halten kann.

Das ›Streben‹ (V. 13) des Geistes, sein Freiheitsdrang (vgl.
V. 7), wird in allen vier Strophen in verschiedenen Bildern als
Bedrohung für das materielle Behältnis dieses Geistes gedeu-
tet (wobei die Anspielung auf den biblischen Simson auch an
Lenz' ›Werther-Briefe‹ erinnert; dort ist Simson ein Bild für
die Unabhängigkeit des Geistes [vgl. WuB 2,687] – im weiteren Horizont des Themas ›Selbstmord‹). – Regelrechte Mahnungen werden dem Geist zuteil, indem ihm seine Verbin-

dung mit dem Körper am Ende der dritten Strophe sogar ausdrücklich als gottgewollt und dann in der vierten im bildhaften Vergleich auch noch als naturgemäß vorgestellt wird. Und wenn am Ende dann – mit einem erneuten Bildwechsel – der Geist nunmehr als Flamme gefasst wird, ist dies verbunden mit der Bitte an ihn, mit der Zerstörung seines Behältnisses noch zu warten.

Was das Gedicht in vielleicht etwas zu breit ausgeführten Bildern vorführt, ist der Gedanke, dass der immaterielle Geist und der materielle Körper zweierlei sind, dass folglich der (gemeinhin als höherwertig eingestufte) Geist aus dem (gemeinhin als minderwertig geltenden) Körper herausstrebt und dass dieses Streben über das Irdische hinaus den dem Irdischen verhafteten Körper der Vernichtung preisgibt. Indem das Gedicht sich – in fast provozierender Weise – zum Anwalt des Körpers macht und den Geist zur Rücksicht mahnt, nimmt es einen anderen Standpunkt ein als Lenz' theoretische Schrift *Stimmen des Laien* (vgl. Titel/Haug, WuS 1,542), die mit Berufung auf den »Geist«, den der Mensch in seinen »Adern fühlen« kann, das immer während de »Streben« als die »ganze Existenz« des Menschen bestimmt, ein Streben, das »nie nachläßt, als bis diese himmlische Flamme in ihm ausgelöscht ist, die ihn streben macht« (WuB 2,593 f.). Auch hier also ist der Geist eine »himmlische Flamme«, aber eine solche, die den trägen Körper allererst in Bewegung setzt.

Nimmt man aus der *Nachtschwärmerei* noch die ›irdene Seele‹ hinzu (»Seele von Erde«), die vom göttlichen Feuer verzehrt wird (soweit sie eben der Erde zugehört), oder aber die Vorstellung der Seelenwanderung, die Lenz in seinen theoretischen Äußerungen vertritt,[14] dann hat man es hier insgesamt mit durchaus unterschiedlichen Akzentuierungen der Frage zu tun, wie im Falle des Menschen das Immate-

---

14 »Seelenwanderung« als der Weg, den »die Seelen der Gottlosen« durch wechselnde Körper hindurch zurücklegen müssen, bis sie sich geläutert haben und dann »ewig Leben« ([*Catechismus*], B 1: 1994, 51).

riell-Geistige und das Materiell-Körperliche sich zueinander verhalten, und man wird jedenfalls vor diesem Hintergrund in dem Gedicht *An den Geist* eine durchaus eindrucksvoll gestaltete Variante dieser Thematik erkennen können, ohne jedoch meinen zu müssen, dass darin eine pathologische Zerrüttung – »kurz vor dem psychischen Zusammenbruch« (Damm, WuB 3,817) – dargestellt werde.

Andere Motive

Naturmotive kommen in Lenz' Lyrik meist in Verbindung mit anderen Motiven vor und verselbständigen sich in der Regel nicht derart, dass man eine eigenständige Gruppe von Naturgedichten ansetzen könnte. In der oben angeführten *Nachtschwärmerei* ist die Kindheit diejenige Zeit, »Da ich noch nicht entwöhnt von deinen Brüsten / Mutter Natur mit dankbar gefühliger Seele / Dir im Schoß lag dich ganz empfand« (WuB 3, 119).

An Klopstock erinnernd – »Schön ist, Mutter Natur, deiner Erfindung Pracht« (*Der Zürchersee*) –, wird die Natur hier personifiziert; sie bildet dann aber nur den Rahmen und nicht den Gegenstand der *Nachtschwärmerei*. Und wenn ein anderes Gedicht auf »Blüt' und Laub und was wir Göttlichs sehen / In der Natur« (WuB 3,187) bezieht oder wenn vom »Tempel der Natur« (WuB 3,193) gesprochen wird, dann ist Natur da jeweils das Vehikel für übernatürliche Qualitäten.

Ansonsten versteht es sich von selbst, dass in Lenz' zahlreichen Gedichten die verschiedensten Motive und Themen aufgegriffen werden, von Banalitäten wie dem Schnupfen (WuB 3,190 f.) über Schicksalsschläge, in balladenhafter Weise gestaltet (*Die Geschichte auf der Aar*, WuB 3,209–211), bis zu existentiellen Themen wie Geburt (WuB 3,213) und Tod (WuB 3,85 f., 187, 231). Ein Beispiel für diese Vielfalt kann das *Lied zum teutschen Tanz* sein, das wahrscheinlich 1776 in Weimar entstanden ist (denn die Schreibung des Adjektivs geht wohl auf den Einfluss Wielands und auf dessen Zeitschrift *Teutscher Merkur* zurück):

Lied zum teutschen Tanz

O Angst! o tausendfach Leben
O Muth den Busen geschwellt
Zu taumeln zu wirbeln zu schweben
Als giengs so fort aus der Welt
Kürzer die Brust
Athmet die Lust
Alles verschwunden
Was uns gebunden
Frey wie der Wind
Götter wir sind
Freyer als Wind
Ach wir nun sind
Ach wir Götter thun was uns gefällt[15]

In einer bemerkenswert freien Form – freie Rhythmen erst mit drei, von Vers fünf ab mit zwei Hebungen, fünf Hebungen im Schlussvers – versucht das Gedicht, nicht ein Lied (einen Text) zu einem Tanz zu liefern, sondern das Phänomen Tanz selbst zu beschreiben. ›Deutscher Tanz‹ ist die deutsche Bezeichnung für die Allemande, eine Tanzform für mehrere Paare, der im 16. und 17. Jahrhundert ein Reigentanz und im 18. Jahrhundert der Ländler zugrunde lag. Evoziert werden am Anfang emotionale Verfassungen: Angst und Mut. Die Angst, überraschenderweise an den Anfang gestellt und nicht weiter begründet, bezeichnet wohl eine grundlegende Empfindung angesichts des Daseins überhaupt. Freilich erfolgt der sofortige Umschwung ins Gegenextrem: evoziert werden die Intensität eines vervielfältigten Lebens und der

---

15 Ich zitiere eine längere Fassung als die bei Damm wiedergegebene nach: Vonhoff, B 8: 1990, 228. Zu dem Gedicht vgl. ebd., S. 130–132.

Mut, der – schon aufgrund der anaphorischen Stellung – an die Stelle der Angst tritt. Mit »taumeln«, »wirbeln« und »schweben« wird über die bloße Bewegtheit, die Tanzbewegung, hinaus ein Zustand der Exaltiertheit, der Erregung und Gehobenheit bezeichnet. Die Empfindung der räumlichen Entgrenzung – »fort aus der Welt« – entgegnet dem Motiv der Enge, das in dem Wort »Angst«, etymologisch gesehen, ja enthalten ist. Die syntaktischen Verkürzungen – Ausrufe, Partizip, Infinitive – suggerieren die Vorstellung von Dynamik, von Ungebändigtem.

Das verstärkt sich noch mit dem deutlicher akzentuierten Rhythmus im zweiten Teil des Gedichts – wenn man von Vers fünf an (aufgrund des Wechsels zum Initialakzent und der Verkürzung der Verse) einen solchen zweiten Teil ansetzen will: die Atemlosigkeit wird als lustvoll empfunden (wobei die Ersetzung von ›Luft‹ durch ›Lust‹ etwas Spielerisches hat), das Gefühl der Befreiung und Entfesselung verweist implizit auf das sonst vielfältig Bindende der Wirklichkeit, die Empfindung der gänzlichen Freiheit schließlich mündet in die Vorstellung der Gottähnlichkeit, wie sie zu Zeiten dem Lebensgefühl der Stürmer und Dränger eigentümlich ist. – Es mag nicht zuletzt an dem Thema ›Tanz‹ liegen – der Tanz ist ja eine geordnete Bewegung, er bringt, wie Lenz in einem Brief schreibt, »die Begriffe von Takt und Ordnung« in die Seele (WuB 3,556) –, es mag an diesem Thema liegen, dass die Entfesselung nicht zu Formlosigkeit führt; vielmehr ist, vom Rhythmischen ganz abgesehen, auch in klanglicher Hinsicht die Komponiertheit des Gedichts erkennbar, vor allem in den a- und u-Lauten, die, zuerst vernehmbar in »Angst« und »Mut«, dann wiederkehren in »Atmet die Lust«, »Alles verschwunden« und »Was uns gebunden«.

Das Gedicht beschreibt den Weg von der Angst und der Enge zur Befreiung und Entfesselung, ja zur Überwindung menschlicher Schranken. Aber wie so oft bei Lenz (und im Sturm und Drang überhaupt) bleibt auch hier ein Moment von Gebrochenheit, von Relativierung erhalten: Die Steige-

rung von »Frey wie der Wind« zu »Freyer als Wind« hat et-
was von einer Übersteigerung ins Maßlose, die Willkür, von
der der Schlussvers spricht, scheint, wie die Interjektion
»Ach« andeutet, nicht schlechthin Wunscherfüllung zu ga-
rantieren. Im Grunde ist jene Relativierung schon im vierten
Vers merklich, nämlich in dem unübergehbaren Irrealis des
»Als giengs so fort aus der Welt«. In Wirklichkeit bleiben die
Grenzen bestehen, und nur der Tanz, der Zustand des
Rauschs, erlaubt vorübergehend das Gefühl der unbegrenz-
ten Freiheit und der Überlegenheit über menschliche
Schranken. Das Gedicht endet auf einem Höhepunkt des
Hoch-Gefühls und überlässt es dem Leser, in die nüchternen
Niederungen der Alltagsrealität wieder hinabzusteigen.

Was sollte auch jenseits jenes Höhepunkts noch liegen
können? Doch nur das Überschreiten der Lebensgrenzen
überhaupt. Lenz lässt diese weitergehende Bewegung in seinem Drama *Der Engländer* in einem oben schon zitierten
Liedchen anklingen, das der lebensmüde Engländer Robert
Hot singt:

> So geht's denn aus dem Weltchen 'raus,
> O Wollust, zu vergehen!
> [...]
> So komm, o Tod! ich geige dir;
> So komm, o Tod! und tanze mir.
>
> (WuB 1,321)

Der vorherige Irrealis »Als giengs so fort aus der Welt«
verkehrt sich hier gewissermaßen in den ›Realis‹ »So geht's
denn aus dem Weltchen 'raus«. Während der ›vernünftige‹
Irrealis die Differenz zwischen Wirklichkeit und Wunsch fixiert, hat Robert Hots ›unvernünftige‹ Freude darüber, die
Welt zu verlassen, etwas Wahnhaftes.

Im Horizont des Sturm und Drang ist es fast unvermeidlich, dass zumindest Seitenblicke immer wieder auf Goethes
Werk fallen. Was insbesondere die Gedichte des jungen Goe-

the betrifft, so pflegt man ja deren Subjektivität und die Unmittelbarkeit des lyrischen Ausdrucks zu preisen. Im Vergleich damit mag man konstatieren, dass bei Lenz eine solche Unmittelbarkeit seltener begegnet und dass bei ihm der lyrische Ausdruck in vergleichsweise höherem Maße sich noch an allgemeinere Bilder und Vergleiche hält, so dass das individuell Empfundene und Erlebte in einer verhalteneren Art zum Ausdrucks kommt. Das heißt natürlich nicht, dass es nicht auch bei Lenz die ›poetischen Stellen‹ gäbe, die gern zitiert werden. So wird etwa das Motiv der Einsamkeit (vgl. Vonhoff, B 8: 1990, 106–116) poetisch eindrucksvoll gefasst in einem Bild der Resignation: »Ich aber werde dunkel sein / Und gehe meinen Weg allein« (WuB 3,206).

Solche existentiellen Momente, elegisch getönt und poetisch eingängig gefasst, begegnen zwar in Lenz' Lyrik, ohne aber ein Übergewicht zu besitzen. Es wäre in diesem Sinne der Eigenart der Lenz'schen Gedichte nicht angemessen, diesen Abschnitt mit einem besonders ›schönen‹ Gedicht zu beschließen. Vielmehr muss man sich sogar eingestehen, dass der Gang von Lenz' lyrischem Schaffen, soweit die chronologische Folge der späteren Gedichte überhaupt fixierbar ist, eher vom Existentiellen wegführt, zu spröderen Gegenständen hin und zu argumentativ-zweckorientierten Sprechhaltungen. So sei schließlich noch auf ein spätes Gedicht eingegangen, das in der Ausgabe der *Werke und Briefe* die Abteilung der Lyrik beschließt. Es ist zwischen 1781 und 1791 entstanden und Fragment geblieben und scheint gerade auch in seiner Unfertigkeit und mit seiner gewissen Unkonzentriertheit – gut 200 Verse auf knapp sechs Seiten (WuB 3,234–239) – charakteristisch für die Orientierungen und Intentionen, die dem Autor in den achtziger Jahren wichtig sind (vgl. Vonhoff, B 8: 1990, 170–174). Der Titel *Was ist Satire?* passt am ehesten auf den ersten poetologischen Teil des Gedichts. Darin tritt Lenz unter Berufung auf Horaz für die gemäßigte Variante der Satire ein, die auf »Laster«, »Torheit« und »Schwachheit« zielt und die edlen und schätzbaren Per-

sonen verschont. Ja, den »Edlen«, die in Gefahr sind, sich
nicht mehr zurechtzufinden, erleichtert die Satire sogar das
Leben, indem sie das Lächerliche kenntlich macht und den
»Eigensinn« und die »Wut der Torheit« geißelt. Das Edle –
»Vernunft / Und Schonung [Toleranz]« – ist nie gegen den
»Kot« gefeit – ein Gedanke, an den Lenz Überlegungen zu
allerlei anderen Missständen anknüpft, womit er sich dann
von dem poetologischen Thema entfernt. Insbesondere provoziert ihn zunächst die religiöse Intoleranz, mit der sich übrigens auch die (nicht vor 1786 entstandene) Schrift *Ueber
Delikatesse der Empfindung* beschäftigt. Die Intoleranz, die
»Bekehrungswut«, hat pure Gleichmacherei zum Ziel. Zwar
kann der Einzelne, freiwillig oder der Not gehorchend, sich
an anderen orientieren und deren Verhalten zum Muster
nehmen. Was der religiöse »Eifrer« aber erstrebt, ist Gleichmacherei im Sinne der menschenunwürdigen, affenhaften
Imitation. »Die Mäurer [Freimaurer] und die Moralisten«
werden angeprangert – obwohl Lenz sich in Moskau in Frei-
maurer-Kreisen bewegt –, weil sie, naturfern und bücher-
fixiert, die Jugend und die Leidenschaft verurteilen. Sehr
prägnant formuliert wird die ganze Verkehrtheit der herrschenden Bewertungen in den folgenden Versen:

> Ein Edler stirbt. Man tanzt und lacht.
> Ein Glas zerbricht; es wird ein Kriegsverhör
>   gehalten –
> Und alle Stirnen stehn in Falten,
> Als wäre dies des Erdballs letzte Nacht.

Mit den unmittelbar anschließenden Versen: »Der Knabe
soll im Takt und nach der Trommel lernen / Und tanzen und
verdaun [...]« (WuB 3,238) gleitet das Gedicht hinüber zu
den Verkehrtheiten in der Erziehung, um dann über die
Fehleinschätzung des Theaters und die verkannte erzieheri-
sche Potenz der Shakespeare'schen Dramen zum willkür-
lich-despotischen Verhalten des sozial Höhergestellten gegenüber dem Niedrigerstehenden zu gelangen und zum Mi-

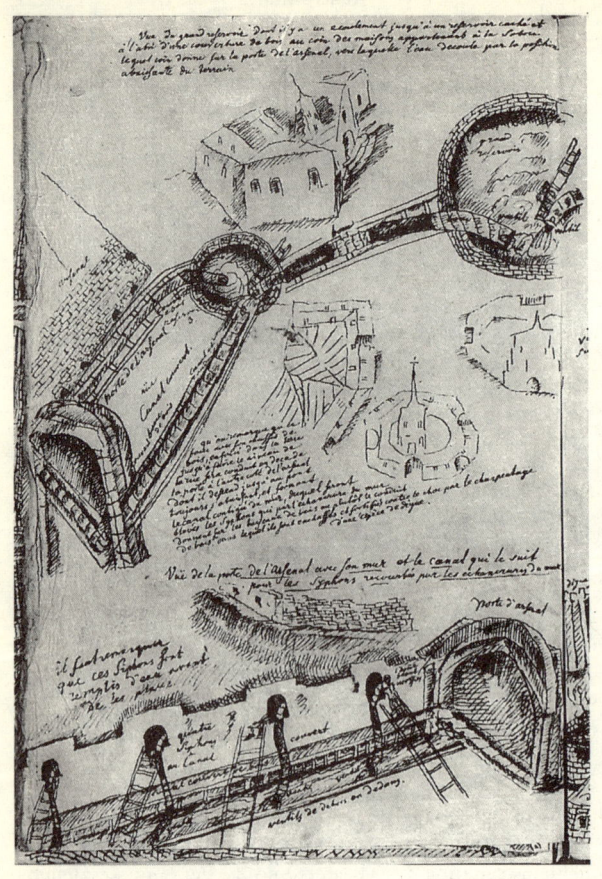

Aus Lenz' in französischer Sprache verfassten Überlegungen
zur Wasserversorgung Moskaus

Universitäts-Bibliothek Kraków, Lenziana

litärwesen, bei dem Lenz den in der Praxis bewährten Heerführer vom automatenhaft agierenden Soldaten abhebt. Mit
der daran sich anschließenden Öffnung ins Allgemeine – »so
gehts mit jeder Kunst / Die Staatskunst selbst nicht ausgenommen« – endet das Fragment, ohne dass so recht deutlich
würde, wie es sich schließlich hätte runden und eine Rückkehr zum Thema Satire hätte finden sollen.

So unkonzentriert das Gedicht mit seinen thematischen
Sprüngen anmutet, so nachvollziehbar erscheint es dennoch
mit seinen kritischen Akzenten, und wenn es, zwischen 1781
und 1791 entstanden, also als ein Gedicht des dreißig- bis
vierzigjährigen Lenz, sich so unverdrossen zu Jugend und
Leidenschaft bekennt, dann kann es eben auch als ein respektables Zeugnis der Treue zur eigenen Vergangenheit gelten.

Übersetzungen

Dramen:
Plautus und Shakespeare

Nahezu alle bedeutenderen Autoren des 18. Jahrhunderts betätigen sich auch als Übersetzer, zumal insbesondere das Theater ständig auf der Suche nach spielbaren Stücken mit literarischem Anspruch ist. Dem entspricht bereits der Titel *Lustspiele nach dem Plautus fürs deutsche Theater*, unter dem 1774 Lenz' Prosabearbeitungen von fünf Lustspielen des römischen Komödiendichters erscheinen. Da es hier in der Tat um spielbare Stücke für die deutsche Bühne geht (vgl. Conrady, B 9: 1954, 391 f.), sind Lenz' Übersetzungen im eigentlichen Sinne Bearbeitungen, die sich an den Wünschen des Publikums orientieren und die Stücke inhaltlich den aktuellen Lebensverhältnissen anpassen (vgl. Pelzer, B 9: 1987).

Plautus' Stücke, nach griechischen Vorbildern gearbeitet, enthalten all die bekannten Lustspielelemente – von Verwechslungen, Irrtümern, Intrigen über die skurrilen Charakter-Typen bis hin zu Sprachwitz, gestisch-mimischer Komik und handfester Prügelei –, von denen die abendländische Lustspieltradition lebt. Lenz' Beschäftigung mit Plautus, die in die Straßburger Zeit fällt, ist sicherlich durch eine gewisse innere Nähe motiviert. Wie er sich mit seinen eigenen Stücken »der ganzen deutschen Nation« (WuB 3,317) zuwenden möchte und »das ganze Volk«, den »Pöbel« eingeschlossen, als sein Publikum sieht (WuB 3,326), so meint er, eine vergleichbare Offenheit bei Plautus vorzufinden.[1] Dazu gehört nicht zuletzt die Möglichkeit, mittels der komischen

---

1 Vgl. zu den gattungsgeschichtlichen Aspekten, besonders hinsichtlich der Entwicklung seit der Antike, Bauer, B 9: 1977 und B 8: 1990.

Elemente auch kritische Aspekte zur Geltung zu bringen (vgl. unter anderem Rudolf, B 5: 1970, 153, mit Verweis auf Kindermann, B 5: 1925, 75).

Die Aneignung der Vorlagen beginnt schon bei den lateinischen (und eigentlich sogar griechischen) Namen. Das wird besonders dort deutlich, wo Lenz zuerst noch an den alten Namen festhält und sie erst in der zweiten Fassung seiner Übersetzung ändert. Da gibt es dann zum Beispiel einen König Seleukus in Syrien (WuB 2,81), aus dem hernach der König von Preußen wird (WuB 2,134). Und wenn ursprünglich Phronesium den von Lemnos nach Athen wiedergekehrten Dinarchus willkommen heißt (WuB 2,187), so begrüßt in einer zweiten Fassung Julchen den aus Danzig nach Königsberg zurückgekehrten Herrn Fischer (WuB 2,220). Es geht aber nicht nur um die Übertragung von Namen und geographischen Bezeichnungen, auch das Milieu und die konkreten Alltagsgegebenheiten werden entsprechend verändert. Aus den antiken Sklaven werden neuzeitliche Diener, und das Hetären-Wesen, das bei Plautus eine nicht geringe Rolle spielt, erscheint weitestgehend kaschiert. Überhaupt werden manche Details gemildert. So sind die bei Plautus recht unverblümten Drohungen, den »miles gloriosus« (in den *Entführungen*) am Ende zur Strafe nicht nur zu verprügeln (was geschieht), sondern auch zu kastrieren (was dann nicht geschieht), von Lenz weniger breit ausgeführt und in der zweiten Fassung nochmals kürzer gehalten. Darüber hinaus liefert Lenz mitunter kleine Zusätze. Im Ganzen jedoch strafft er die Dialoge, so dass die Bearbeitungen zum Teil merklich kürzer sind als die Originale.

Ein wenig näher betrachtet sei *Die Aussteuer* (*Aulularia*, die ›Goldtopf-Komödie‹), die als Vorbild für Molières Komödie *L'Avare* (*Der Geizige*) gedient hat und die die Motive Geld und Hochzeit miteinander verbindet. Da ist zum einen der Besitzer eines Goldschatzes, der einen krankhaften Geiz unter Beweis stellt und der sogar seinen Haushahn erschlägt, da er argwöhnt, der Hahn versuche, den im Garten vergrabenen Schatz herausscharren. Und da ist zum andern die Hochzeit, bei der Eile geboten ist, da ihr nämlich vor neun Monaten eine Vergewaltigung vorausgegangen ist und der reuige Vergewaltiger just zum gegenwärtigen Zeitpunkt die Vergewaltigte heiraten möchte. Was in der so genannten ›Neuen Komödie‹ der Antike ein häufiger begegnendes Motiv gewesen sein mag,[2] muss für die Bühnen des 18. Jahrhunderts abgemildert werden; also ist bei Lenz nurmehr von einer Verführung die Rede, und die hochschwangere Verführte, die auch bei Plautus nur hinter der Bühne zu vernehmen war, taucht überhaupt nicht auf. Zwar übergeht Lenz ein paar allzu rüde Ausdrücke und Anspielungen, er unterdrückt aber das Handfest-Burleske durchaus nicht. Die Verbalkomik besonders in den wechselseitigen Beschimpfungen, aber auch im Aneinandervorbeireden der Figuren und in den ausgewalzten Missverständnissen kehrt durchaus wieder. Mitunter legt Lenz etwas größeren Wert auf die Motivierung als der antike Dramatiker, und bisweilen bringt er auch noch einen etwas feineren Scherz unter: so wendet sich Plautus' Geizhals an seinen Goldtopf mit den Worten: »Beim Pollux, mein Topf, fürwahr, du hast viele Feinde«,[3] während der Lenz'sche in Anspielung auf das Hochzeit-Thema ausruft: »Armer Geldtopf! Wie viel Freier hast du?« (WuB 2,59) Indessen liegt die Hauptleistung Lenz' sicherlich wiederum in der Anpassung der römischen Verhältnisse an die neuzeitlichen deutschen.

Die anderen Stücke seien kürzer vorgestellt. In der Komödie *Das Väterchen* (Plautus: *Asinaria*, ›Eselskomödie‹), die von den Motiven Geldbetrug, Trunksucht und Ehebruch lebt, versucht der im Titel genannte Vater, sich (erfolglos) an die Geliebte seines Sohnes heranzumachen, und wird am Ende von seiner Frau wieder eingefangen und nach Hause abgeschleppt. *Die Entführungen* (*Miles gloriosus*, ›Der auf-

2 Vgl. T. Maccius Plautus, *Aulularia. Goldtopf-Komödie*, Lat./Dt., übers. und hrsg. von Herbert Rädle, Stuttgart 1978, S. 96, Anm. 64.
3 »edepol ne tu, aula, multos inimicos habes«. Plautus, V. 580, ebd. S. 60.

schneiderische Offizier‹) bringen den im abendländischen Lustspiel überaus erfolgreichen Typ des aufschneiderischen Soldaten auf die Bühne, der unter dem Namen ›Bramarbas‹ noch im 18. Jahrhundert beliebt ist. *Die Buhlschwester* (*Truculentus*, ›Der Grobian‹) passt mit ihrer negativen Sittenschilderung kaum in die literarischen Kontexte des 18. Jahrhunderts. Die Titelfigur, bei Plautus eine Hetäre, prellt kaltblütig und mit krimineller Energie ihre bornierten Liebhaber um deren Geld. Am Ende der ersten Fassung verweist Lenz, offenkundig um das Stück zu rechtfertigen, auf den erzieherischen Erfolg durch Abschreckung. In der überarbeiteten Fassung wird der Schluss verändert, nicht allerdings gemildert. Die Kokotte hetzt hier erst noch ihre Liebhaber aufeinander, bevor sie sich dann auf den Weg nach Livland macht, um ihrem »geliebten Petersburg näher [zu] kommen« (WuB 2,246). – *Die Türkensklavin* (*Curculio*, ›Der Kornwurm‹) handelt von Liebe und Geld und fügt dem noch eine Wiedererkennung von Bruder und Schwester hinzu.

Nicht in der Sammlung der *Lustspiele nach dem Plautus* enthalten ist das für Lenz eigentlich wichtigste Stück (vgl. Luserke/Weiß, B 9: 1991, 61), das 1775 fertig vorliegt, dann aber nicht mehr zum Druck gelangt. Es handelt sich um *Freundschaft geht über Natur* mit dem Nebentitel *Die Algierer*, eine Bearbeitung von Plautus' *Captivi*. Mit der im Titel genannten Natur ist der natürliche Egoismus, der Selbsterhaltungstrieb gemeint, die Freundschaft dagegen ist eine soziale Tugend, der Altruismus, der hier den Sieg über den Egoismus davonträgt. Schon das lässt ahnen, dass das Stück auch rührende Elemente enthält. Plautus' Stück spielt vor dem Hintergrund der Feindschaft zwischen den griechischen Stämmen Ätolien und Elis: Ein Vater in Ätolien hat nacheinander zwei Söhne verloren, der erste ist geraubt und als Sklave nach Elis verkauft worden, der zweite ist im Kampf gegen Elis in Gefangenschaft geraten. Es ergeben sich allerlei Verwechslungen, in deren Verlauf der erste Sohn und ein gleichaltriger Freund aus Elis – trotz ihrer unterschiedlichen Herkunft – ihre Freundschaft selbstlos bewähren, bis am Ende alles aufgeklärt wird und der Vater seine beiden Söhne wiederhat.

An Interesse gewinnt Lenz' Bearbeitung dadurch, dass bereits Lessing 1750 die *Captivi* unter dem Titel *Die Gefangnen* übersetzt hat. Bei »der (nicht eben peinlich exakten) Übersetzung« – so der Herausgeber Guthke[4] – bemüht Lessing sich dennoch um einige Nähe zum Original, er steuert zahlreiche Anmerkungen bei, in denen er, von bloßen Kommentaren abgesehen, auf textkritische Fragen und Übersetzungsprobleme, besonders bei Wortspielen, eingeht. Lenz' Bearbeitung, im Umfang allenfalls halb so lang wie Lessings Übersetzung, greift wesentlich mehr ein. Er verlegt das Geschehen in die Gegenwart und siedelt es in Südspanien, in Cartagena, an (vgl. Kes-Costa, B 9: 1993, 167f.), um mittels der Bezüge zu Nordafrika, namentlich Algier, eine Grundlage für den Sklavenhandel zu finden. Er vereinfacht die Handlung, indem er den zweiten der Söhne streicht, und passt die Lustspieltypen dem Gewohnten an: so wird aus einem Schmarotzer (bei Plautus) ein aufschneiderischer Zeitungsschreiber, eine Karikatur des Intellektuellen (vgl. Kes-Costa, B 9: 1993, 169–171). Den Konflikt im Hintergrund erweitert er ansatzweise zu dem zwischen Christentum und Islam und lässt die Agierenden einander als »Christenhund« bzw. als »Saracenischen Hund« beschimpfen (*Freündschaft geht über Natur*, B 1: 1991, 88 und 81). Die staunende Frage: »Können Saracenen so zärtlich seyn?« (ebd., 83) enthüllt die Vorurteile der Christen. So fällt denn am Ende der dauerhaften Freundschaft der »Algierer« – von denen einer ein christlicher Spanier ist – die Aufgabe zu, in gut aufklärerischer Manier auch noch den Graben zwischen den Religionen zu überbrücken – ein Vorverweis auf den Lessing'schen *Nathan* (1779) (vgl. Kes-Costa, B 9: 1993, 166–168).

---

4 Karl S. Guthke, »Erläuterungen«, in: Gotthold Ephraim Lessing, *Werke*, hrsg. von Herbert G. Göpfert, Bd. 3, bearb. von K. S. G., München 1972, S. 750.

Sicherlich hat Lenz in der Beschäftigung mit Plautus seinen eigenen Sinn für dramatische Details geschult und besonders für eine Fertigkeit, die nicht nur an Plautus, sondern auch an ihm selbst zu rühmen ist, die Fertigkeit nämlich, durch »einzelne Striche [...] ganze Charaktere zu malen« (WuB 2,697). Dass er indessen mit den in der Sozietät vorgetragenen Bearbeitungen auch auf Kritik gestoßen ist, geht aus einer Verteidigungsschrift hervor.[5] Lenz betont darin die Notwendigkeit, die römischen Gegebenheiten den ›deutschen Sitten‹ anzupassen, und meint, dass diese Anpassung »ganz im Geiste Plautus'« (WuB 2,696) sei, der ja seinerseits so auch mit seinen griechischen Vorbildern verfahren sei (vgl. WuB 2,694).

Abermals im Bereich des Dramas befindet Lenz sich mit zwei Shakespeare-Übersetzungen, die nicht zuletzt natürlich Zeugnisse der (von ihm kräftig mitbeförderten) allgemeinen Shakespeare-Rezeption sind. *Amor vincit omnia* (›Die Liebe besiegt alles‹), die Übersetzung der Komödie *Love's Labour's Lost* (›Liebes Leid und Lust‹, auch ›Verlorne Liebesmüh‹), erscheint 1774 im Anhang der *Anmerkungen übers Theater*. Das (in Wielands Shakespeare-Übersetzung nicht berücksichtigte) Stück – ein »Volksstück« (WuB 2,670), so Lenz in den *Anmerkungen* – ist eine Art Hoheslied auf die Macht der Liebe, es zeigt, dass es verlorne Liebesmüh ist, wenn man vorsätzlich der Liebe abzuschwören und die menschliche Natur asketisch zu unterdrücken versucht, denn am Ende setzt die Liebe sich ja doch durch. In den *Anmerkungen übers Theater* hebt Lenz Shakespeares Sprache besonders hervor. Dementsprechend kann man Ähnlichkeiten zwischen diesem Stück und Lenz' eigenen Dramen entdecken, nämlich was die Verwendung der Sprache zur sozialen und psychologischen Charakterisierung der Figuren

---

5 Sie trägt den Titel: *Verteidigung der Verteidigung des Übersetzers der Lustspiele* (WuB 2,691–698) und ist offenbar nach einer »ersten Schrift« (WuB 2,696) bereits eine zweite Verteidigung. Auch deutet Lenz an, sich bereits irgendeinem Angriff ausgesetzt zu haben (»wie ich schon einmal getan« [WuB 2,692]).

betrifft (vgl. Blunden, B 9: 1974). Dennoch muss man registrieren, dass Lenz' in Prosa gehaltene Übersetzung dem an Handlung armen, aber an sprachlicher Differenziertheit reichen Stück nicht ganz gerecht zu werden vermag, insbesondere was die unterschiedlichen Stilebenen (und darunter vor allem auch die höfische) betrifft (vgl. Schwarz, B 9: 1976, 140), eine Tatsache, die man unter Umständen auch als eine konsequente Übertragung des Höfischen »ins Volkstümlich-Menschliche« (Inbar, B 5: 1982, 133) sehen kann.

Die Übersetzung des Trauerspiels *Coriolan* ist »ein Auszug, d. h. im Sprachgebrauch des 18. Jahrhunderts eine Nacherzählung oder Kurzfassung« (Inbar, B 5: 1982, 155). Sie bietet eine Prosafassung (mit zusammenfassenden Überleitungen) von etwa einem Drittel des Originaltexts. Lenz konzentriert sich auf den Titelhelden (vgl. Brunkhorst, B 9: 1973, 32 f.), offenkundig ist er gefesselt durch dessen Charakter, nämlich einerseits durch dessen moralische Unbeugsamkeit wie andererseits durch die unverhüllte Verachtung, die Coriolan dem Volk entgegenbringt. Insbesondere die Letztere beschäftigt Lenz, der sich – einem Brief an Herder zufolge – selbst mitbeschimpft fühlt, wenn Coriolan auf das Volk schimpft, und der doch zugleich ein Gefühl für Coriolans ›Herrentum‹ hat (vgl. WuB 3,334).[6]

Nur kurz erwähnt sei, dass Lenz in seinem Aufsatz *Das Hochburger Schloß* einige dialogische Passagen aus Shakespeares *Perikles, Fürst von Tyrus* wiedergibt, ergänzt um eine Inhaltsangabe (WuB 2,756–758) – aus *Perikles* stammt übrigens auch das Motto, das die Erzählung *Zerbin* eröffnet (vgl. Clarke, B 9: 1896, 400 f., Anm. 3). Übersetzt – »mit unge-

---

6 Nebenbei: die in der Sekundärliteratur verschiedentlich bestaunte Selbstbeschimpfung, mit der Lenz im selben Brief in Bezug auf seinen *Neuen Menoza* mit sich selbst ins Gericht geht, nämlich: »Ich, der stinkende Atem des Volks« (WuB 3,333), ist ein leicht abgewandeltes Zitat aus *Coriolan*: »the people, [...] their stinking breaths« (II,1) – vgl. bei Lenz WuB 1,681; vgl. Müller, B 9: 1930, 14.

wohnter Genauigkeit und sprachlichem Geschick« (Inbar, B 5: 1982, 174) – hat Lenz auch eine Szene aus dem pseudoshakespearischen Stück *Sir John Oldcastle* (GS 3,451–453).

Weitere Übersetzungen

Um epische und lyrische Texte handelt es sich bei einigen weiteren Übersetzungen aus dem Griechischen, dem Lateinischen und dem Italienischen. Aus dem *Gastmahl* des Xenophon übersetzt Lenz anderthalb Seiten, die er der Sozietät vorträgt (vgl. WuB 2,751–753). Eine Passage von 49 Versen aus der Homerischen *Ilias* (IX,307–355) ist enthalten in einer *Epistel an Herrn B. über seine homerische Übersetzung* (Schmidt, B 1: 1909, 999–1001; GS 4,266–269) – ›Herr B.‹ ist Gottfried August Bürger –, und in den *Briefen über die Moralität der Leiden des jungen Werthers* (WuB 2,683) findet sich, ohne eigens gekennzeichnet zu sein, »eine nahezu detailgetreue Prosaübertragung« (Schmalhaus, B 5: 1994a, 89) von 22 Versen ebenfalls aus der *Ilias* (V,297–318).

Solche meist kleineren Übersetzungen haben durchaus etwas von poetischen Fingerübungen. Das gilt wohl auch für die Übersetzung von Vergils erster Ekloge, deren »Einfalt« (WuB 2,636) Lenz gegenüber der Sozietät zu erweisen sucht. Die Übersetzung ist außerordentlich schlicht, sie verkürzt bisweilen komplexere Argumentationen und ersetzt vor allem die Hexameter durch Prosa. Ein Beispiel: Dass ein Beschenkter das Bild seines Gönners im Herzen bewahren will (I, V. 59–63), lautet in einer relativ wörtlichen Übersetzung folgendermaßen:

> Eher weidet darum der flüchtige Hirsch in den Lüften,
> eher verebbt die See und läßt stranden den Fisch
> am Gestade,

eher vertauschen die Völker ihr Land, und das Wasser
der Saône
trinkt der Perser, oder am Tigris trinkt der Germane,
ehe aus unseren Herzen das Bild dieses Mannes
entschwindet.[7]

Diese schwülstig-übertriebene Beteuerung gewinnt bei
Lenz einiges an Verständlichkeit: »Dafür werd ich auch sein
Bild in meinem Herzen behalten es soll nicht aus meinem
Herzen und sollte sich die ganze Natur umkehren und soll-
ten die Hirsche in den Wolken laufen und die Fische auf den
Bergen schwimmen –« (WuB 2,635).

Ähnlich um Einfachheit und Eingängigkeit bemüht Lenz
sich – wiederum in einem Vortrag vor der Sozietät – bei
einer Passage aus den *Metamorphosen* des Ovid (WuB
2,710–713).

Aus dem Italienischen übersetzt er Teile zweier Kanzonen
Petrarcas[8] (WuB 3,133–136) im Anhang seiner eigenen Dichtung *Petrarch*. Einer Vorbemerkung zufolge sieht er es als
eine besondere Aufgabe, »das ganze Abgebrochene, Stoß-
weise Seufzende, Notgedrungene, wahrhaftig Leidenschaftliche des Originals« (WuB 3,134) wiederzugeben. Was ihn
also reizt, abgesehen vom Motiv der Liebesklage, ist offensichtlich die sprachliche Gestaltung der emotional aufge-
wühlten Seelenlage, also eben das »Leidenschaftliche« – und
nicht die wortwörtliche Wiedergabe – »des Originals«. Seine
Übersetzung fällt daher meist sehr frei aus, so dass sie eher
als Nachdichtung zu charakterisieren wäre.[9]

Schließlich gibt es noch eine weitere Übersetzung aus dem
Englischen: *Ossian fürs Frauenzimmer* (B 1, 1775/1776);

7 Vergil, *Hirtengedichte (Eklogen)*, übers. und erl. von Harry C. Schnur, Stuttgart 1968, S. 5.
8 Francesco Petrarca, *Canzoniere*, hrsg. von Gianfranco Contini, Turin 1964,
  S. 99–101 (Nr. LXXII: »Gentil mia donna«) und 337–339 (Nr. CCLXVIII:
  »Che debb'io far?«).
9 Den Hinweis verdanke ich Prof. Richard Schwaderer (Kassel).

Lenz bezieht sich darin eingangs auf den *Werther,* der ein verbreitetes Interesse an *Ossian* geweckt habe (vgl. Clarke, B 9: 1896, 406–413).

In seinem letzten Lebensjahrzehnt bemüht Lenz sich, die russische Kultur und Geschichte in Deutschland bekannter zu machen (WuB 3,664 u. ö.). Wie eine Grundlage dazu erscheint die *Uebersicht des Russischen Reichs* des Geographen und Staatsmannes Sergej Pleschtschejew, die in knapper Form über die Geographie und die Verwaltungseinheiten des riesigen Reichs informiert. Lenz liefert von ihr »eine getreue Übersetzung« (Rosanow, B 5: 1909, 422), die 1787 erscheint und 1790 sogar eine zweite Auflage erlebt. Weiterhin beschäftigt er sich mit der *Russiade* von Michail Matwejewitsch Cheraskow (1733–1807), den die Zeitgenossen als den »russischen Homer« feiern, und übersetzt die ersten fünf Gesänge (vgl. Damm, WuB 3,663) dieses (zwölf Gesänge umfassenden) heroischen Epos; die Übersetzung ist verlorengegangen (Rosanow, B 5: 1909, 424). Die »Lieblingsbeschäftigung der letzten Jahre« (Rosanow, B 5: 423) ist offenbar die Übersetzung der umfangreichen *Historischen Beschreibung des russischen Handels* des Schriftstellers und Historikers Michail Dmitrijewitsch Tschulkow (1743 oder 1744–1792).

Theoretische Schriften

In seinen theoretischen Schriften äußert Lenz sich zu moralisch-theologischen ebenso wie zu ästhetischen und kultur-
und gesellschaftspolitischen Fragen. Die Schriften entstehen
vor allem in der ersten Hälfte der siebziger Jahre, und zwar
meist als Beiträge für die Sozietät bzw. die ›Deutsche Gesellschaft‹. Dass Lenz hier seinen kulturreformerischen Überlegungen Gehör zu verschaffen sucht, erklärt den bisweilen etwas drängend-appellierenden Impetus. In jedem Falle
kommt wiederholt ein deutlich lehrhafter Gestus zum Vorschein, der mitunter fast überheblich wirkt. Das mag auch
damit zusammenhängen, dass Lenz in diesem Kreis der Rüh-
rigste ist (und sogar zum Ehrenmitglied der Sozietät ernannt
worden ist). An der Ernsthaftigkeit seiner didaktisch-aufklä-
rerischen Intentionen ist im Übrigen nicht zu zweifeln, auch
wenn er sich wiederholt zu kleinen Frechheiten hinreißen
lässt – so wenn er vom Thema abschweift und dann meint:
»Nehmen Sie m. H. [meine Herren] diese kleine Note als
eine Grille aus meinem eigenen Reisetagebuch an, die hie
oder da vielleicht manchem in ähnlichen Fällen Dienste tun
kann« (WuB 2,738).

Es ist natürlich eine Zumutung, dass die Zuhörer noch aus
einer »Grille« des Vortragenden Nutzen ziehen sollen. Indessen wendet Lenz sich ja an einen überschaubaren Zirkel
von ungefähr Gleichaltrigen und ähnlich Gesinnten. Daher
kann er sich eine eigenwilligere und des Öfteren übermütige
Art der Darbietung seiner Ansichten erlauben. Das gilt besonders für den Verzicht auf die systematische Entfaltung
von Theorien zugunsten einer scheinbar sprunghaften und
bloß assoziativen Präsentation, die den Eindruck erweckt,
als handle es sich um den mündlichen Vortrag spontaner
Einfälle ohne bereits feststehendes Ziel: »Hier lassen Sie uns

eine kleine Pause bis zur nächsten Stunde machen, wo ich mit Kolumbus' Schifferjungen auf den Mast klettern, und sehen will, wo es hinausgeht. Noch weiß ich's selber nicht« (WuB 2,648 f.).

Der suggerierte Eindruck der Unfertigkeit eines *work in progress* und zumal die scheinbare Nähe zur Mündlichkeit – »Wollte sagen – was wollt ich doch sagen? –« (WuB 2,648) – wirken besonders ironisch (und selbstironisch), da Lenz auch in der veröffentlichten Fassung seiner Beiträge an diesem Stil festhält. Er erregt damit Anstoß bei manchen älteren Zeitgenossen, etwa, wie erwähnt, bei Wieland, der die *Anmerkungen übers Theater* barsch abkanzelt. Aber auch heute noch wird in diesem Stil mitunter ein Zeichen nicht der gedanklichen Eigenwilligkeit, sondern eher der kreativen Schwäche gesehen (vgl. Leidner, B 5: 1993).

Trotz des lehrhaften Gestus nutzt Lenz diese Schriften vielfach auch, um sich selbst Klarheit zu verschaffen, denn in mancherlei weltanschaulichen Fragen

schwankt er, abhängig auch von wechselnden persönlichen Befindlichkeiten und Stimmungen, unsicher hin und her zwischen einer eher optimistisch-metaphysischen und einer eher pessimistisch-empiristischen Weltsicht – und ist zugleich immer auf der Suche nach einer Vermittlung und Versöhnung beider Extreme, theologisch wie ästhetisch.   (Rector, B 6: 1989, 199)

Moralisch-theologische Schriften

Von der späteren ›kritischen‹ Philosophie Kants her kann man bei der Überschrift ›Moralisch-theologische Schriften‹ eine Vermengung verschiedenartiger Fragen argwöhnen. Es entspricht aber einer verbreiteten ›popularphilosophischen‹ Einstellung, moralische Fragen auf der Grundlage des Glaubens zu behandeln (vgl. Pautler, B 5: 1999, 102–115), und

zwar orientiert an der ›Neologie‹, der zwischen 1740 und
1790 vorherrschenden Spielart der Theologie der Aufklärung. Die philosophierenden Reflexionen Lenz', entstanden
überwiegend zwischen 1771/72 und 1774, gehen dementsprechend häufig über die Grenzen der einzelnen Diszipli-
nen hinaus. Sie kreisen um die Fragen nach der Bestimmung
des Menschen, nach dem göttlichen Willen, dem Ursprung
des Guten und des Bösen und nach den moralischen Geboten, und sie bemühen sich insbesondere immer wieder um
eine religiös fundierte Auseinandersetzung mit der Sexualität. Hinzu kommen Überlegungen zur Rolle Christi im göttlichen Heilsplan und zu einzelnen biblischen und dogmati-
schen Elementen.

Auch wenn die Schriften nachfolgend je für sich vorgestellt werden, scheint es angebracht, vorab einige Grundüberzeugungen zu erwähnen, in denen Lenz weitgehend mit
der Neologie übereinstimmt und die er zum Teil auch in
mehreren Briefen an Salzmann aus dem Jahr 1772 äußert
(vgl. Rudolf, B 5: 1970, 196–201). Diese Briefe, in denen es
um die gleichen Fragen wie in den Schriften geht und in
denen Lenz sich mit Leibniz auseinandersetzt (vgl. Hayer,
B 10: 1995, 89–119), seien hier miteinbezogen.

Lenz setzt eine weitestgehende Kompatibilität von Vernunft und Offenbarung voraus, sofern beide kritisch betrachtet werden, sofern also ein angemessenes Verständnis
von Offenbarung gesucht und die Grenzen der Kompetenz
der Vernunft reflektiert werden (vgl. Hayer, B 10: 1995,
51–54). »Der theologische Glaube ist das *complementum*
[die Ergänzung] unserer Vernunft« (WuB 3,293). Es gibt
zwar »Geheimnisse« in der Religion (WuB 3,283), aber die
›übernatürlichen‹ Einwirkungen Gottes, also die Wunder,
sind gleichsam Sonderfälle, denen »unser kurzsichtiger
schielender Verstand« (WuB 3,292) noch nicht gewachsen ist
(vgl. Chantre, B 5: 1982, 76–78). »Je mehr sich aber unsere
Vernunft entwickelt«, desto mehr verwandelt sich der Glaube, d. h. das ehedem nur Geglaubte, »in eine Überzeugung

der Vernunft« (WuB 3,293) – zu guter Letzt wird es also keine Differenz mehr zwischen Vernunft und Glauben geben (nebenbei: zwischen Vernunft und Verstand wird häufig nicht unterschieden).

Wie hierin setzt Lenz auch sonst sein Vertrauen auf den Fortschritt, so in Bezug auf die Gotteserkenntnis (WuB 3,284) und den Zustand der irdischen Welt (WuB 3,286); er ist vom allgemeinen Anwachsen von Erfahrung und Vernunft überzeugt (WuB 2,483; vgl. Hayer, B 10: 1995, 208–221) und denkt verschiedentlich an Prozesse einer Höherentwicklung.

Von den ›übernatürlichen‹ Einwirkungen abgesehen, beeinträchtigt das Wirken Gottes in der Welt die Mündigkeit des Menschen nicht. Statt ›lenkend‹ in das Weltgeschehen einzugreifen, begnügt Gott sich damit, die in den Menschen und die Natur gelegten Kräfte und Fähigkeiten zu ›unterstützen‹ (WuB 3,281, 283). In diesem Sinne besteht sein Wirken in der Erhaltung der ein für alle Mal geschaffenen Welt und nicht in einer fortgesetzten Schöpfung (WuB 3,281). Andernfalls müsste das Böse, das nun einmal in der Welt ist, als etwas von Gott Gewolltes fortdauernd von ihm miterschaffen statt nur eben geduldet werden.

Was die Frage nach dem Guten und dem Bösen betrifft, so hat Gott »Kräfte und Fähigkeiten« (WuB 3,289) in den Menschen gelegt, und der Mensch kann diese Kräfte anwenden oder brachliegen lassen. Das Gute ist »der gehörige und rechtmäßige Gebrauch […] von unseren Fähigkeiten« (WuB 3,283) – daher immer wieder der Appell an den Menschen, die »vis activa« (WuB 3,289) zur Geltung zu bringen. Das Böse ist demgegenüber – ganz im Sinn der an Leibniz anknüpfenden Aufklärung – nicht eine selbständige Gegenkraft, sondern das Fehlen des Guten, weil der Mensch die in ihn gelegten Kräfte nicht gebraucht (vgl. WuB 3,280).

Zu den Prämissen der Lenz'schen Reflexionen gehört auch die Rolle Christi. Ohne die Göttlichkeit Christi in Frage zu

stellen,[1] verweist Lenz bemerkenswert oft auf den Menschen
Christus (vgl. Hayer, B 10: 1995, 266): dieser ist »der allervoll-
kommenste« Mensch (WuB 3,284; vgl. WuB 3, 294), »ein
ganz reiner vollkommener Mensch« (WuB 3,294), ein »Mitt-
ler« (WuB 3,287), dessen »Lehre und Beispiel« (WuB 3,294)
uns anleiten soll, »zu Gott, als dem höchsten Gut, hinauf zu
steigen« (WuB 3,295). Daher ist das Leiden Jesu für Lenz wiederholt der Anlass emphatisch-inbrünstiger Empfindungen.

Und schließlich ist vorab auch die geistig-körperliche
Doppelnatur des Menschen hervorzuheben, ein Thema, das
wie ein Basso continuo unter allen anderen Themen beglei-
tend mitläuft. Wir sind, sagt Lenz im Scherz, »Hermaphro-
diten, gedoppelte Tiere« (WuB 2,502) aus Geist und Fleisch,
ausgestattet mit Vernunft und sinnlicher Begierde und vor
die Wahl zwischen moralischer Freiheit und natürlichem
Trieb gestellt (vgl. u. a. Zierath, B 5: 1995, 18).

Hinsichtlich der anthropologisch-philosophischen Grund-
lagen knüpft Lenz an die aufklärerische Vorstellung vom Menschen an. Das zeigt ein kurzer Text mit dem Titel *Meine wahre
Psychologie* (GS 4,29–31). ›Psychologie‹ meint hier noch nicht
die individuelle Psychologie, sondern die allgemein-philoso-
phische Seelenkunde, d. h. die Lehre von den verschiedenen
Vermögen der Seele. Demnach verfügt der Mensch über zwei
Grundvermögen, das Vorstellungsvermögen (auch ›Erkennt-
nisvermögen‹ genannt) und das Begehrungsvermögen – oder,
etwas populärer ausgedrückt: das Denken und das Wollen.
Hinzu tritt dann das Fühlen, das im Laufe des 18. Jahrhunderts
zunehmend als ein drittes Grundvermögen anerkannt wird
(wobei es in Bezug auf ›Gefühl‹ und ›Empfindung‹ einige be-
griffliche Schwankungen gibt).

Lenz setzt dieses Schema voraus, ohne ihm genau zu
folgen. Er beginnt mit dem dritten Grundvermögen und

---

1 Zu den in dieser Hinsicht radikaleren Entwicklungen in der Neologie vgl. Karl
   Aner, »Die Theologie der Lessingzeit«, Halle 1929, reprogr. Nachdr. Hildesheim 1964, S. 174 f., 300–303 und pass.

kommt dann zu dem traditionell ersten Grundvermögen, dem Vorstellungsvermögen, das er in einzelne Kräfte unterteilt (Verstand, Gedächtnis, Einbildungskraft und Vernunft). Und er geht schließlich auf das zweite Grundvermögen ein, das Begehrungsvermögen oder den Willen bzw. die Konkupiszenz, so der von Lenz meist benutzte Ausdruck. Die begehrenden Kräfte haben zwar in der Sexualität ihren Anfang, sie reichen aber vom instinktgesteuerten Trieb bis zu den edelsten Entschlüssen, denn sie können vom Menschen vernünftig beherrscht und veredelt werden.

Mit diesem letzteren Hinweis ist freilich der Horizont der Vermögenspsychologie bereits überschritten. Während nämlich die Psychologie nur das Vorhandensein von Kräften zu konstatieren hat, bringt Lenz hier auch Bewertungen ins Spiel. Da die begehrenden Kräfte die Quellen unserer Entschlüsse und Handlungen sind, verknüpft Lenz die Betrachtung der begehrenden Kräfte mit einer Beurteilung der begehrten Gegenstände und der auf sie bezogenen Handlungen. Damit mündet die Psychologie in die Morallehre. Lenz unterstellt, dass der Mensch in der Befriedigung sinnlicher Begierden seine Energie verbraucht – ein immer wiederkehrender Gedanke. Versagt der Mensch sich diese Befriedigung, dann kann er sich wertvolleren Gegenständen und Zielen zuwenden, seine Kräfte veredeln sich entsprechend. Die Konkupiszenz selbst wird »größer, stärker und edler«, wenn wir auf die Befriedigung verzichten. Und »desto edler« werden wir selbst, »Helden, Halbgötter, Herkulesse, der Gottheit näher und ihrer Gnade würdiger« (GS 4,31). Die moralphilosophische Konsequenz liegt auf der Hand: der Mensch ist zur Sublimierung seiner Kräfte angehalten.

Vorausgesetzt ist dabei natürlich die menschliche Freiheit, um die es in einer kleinen Schrift mit dem Titel *Über die Natur unsers Geistes* geht. Lenz folgt seiner »Unabhängigkeitssehnsucht« (Rudolf, B 5: 1970, 205; vgl. auch Käser, B 5: 1987, 272–296), indem er sich von der materialistischen Strömung der französischen Aufklärungsphilosophie (Helvetius) absetzt. Im Sinne der erwähnten Doppelnatur ist der Mensch einerseits als naturhaftes Wesen den Einwirkungen der Umwelt unterworfen, d. h. er leidet. Andererseits vermag er als geistiges Wesen sich kraft seines Denkvermögens über das Leiden und die Empfindung des Schmerzes zu erheben und darin die Gewissheit seiner »Unabhängigkeit« (WuB 2,620), also Autonomie, zu finden. Leistet dies bereits das Denken, weil der menschliche Geist sich mittels der analysierenden Bewusstheit gegenüber den bedrängenden Empfindungen behauptet, so bestätigt sich der Mensch, über das Denken hinausgehend, im Handeln seine wahre Unabhängigkeit. In unüberbietbarer Weise führt Christus als Mensch die geistige Selbständigkeit vor (vgl. WuB 2,623), die sogar noch über das bis zur völligen Erniedrigung ausgedehnte Leiden hinaus sich bewährt.

Nochmals mit der Freiheit befasst sich eine Schrift, die die etwas irreführende Herausgeber-Überschrift *Entwurf eines Briefes [...]* trägt. Tatsächlich ist sie nur der Kommentar zu einem Briefentwurf; der (nicht mitüberlieferte) Entwurf selbst stammt von fremder Hand und ist an einen Theologiestudenten adressiert.[2] Was die »moralische Freiheit« (WuB 2,484) betrifft, so kann der Mensch, ohne seine Naturgebundenheit ganz aufgeben zu können, doch »den Trieben der Natur« (WuB 2,485) in geringerem oder höherem Maße widerstehen, also im Prinzip mit zunehmender Enthaltsamkeit auch »immer freier« werden (WuB 2,486). Die Freiheit wird jedenfalls nicht dadurch in Frage gestellt, dass Gott vorher weiß, wie der Mensch sich entscheiden wird. Und Gottes

2 Der Titel *Entwurf eines Briefes [...]* (so in GS 4,20 und WuB 2,483) lautet im Erstdruck: *Ueber: Entwurf eines Briefes an einen Freund, der auf Academieen Theologie studirt*. Lenz liefert somit nicht seinerseits einen Briefentwurf, sondern kommentiert den eines anderen. Andernfalls wäre es unverständlich, warum er sich in seinem Text wiederholt auf den »Verfasser« dieses Entwurfs (WuB 2,483, 484, 485) bezieht und sich auch von ihm distanziert. Den Erstdruck vgl. in: »Johann Gottfried Röderer«, B 1: 1874.

Providenz wiederum ist für Lenz ebenso wenig ein Gegenstand der Diskussion wie die Frage der Theodizee, denn es erscheint ihm selbstverständlich, mit Leibniz die Welt für die beste aller möglichen Welten zu halten (vgl. Rudolf, B 5: 1970, 202 f.).

Wie die genannten drei Schriften bereits zeigen, kommt Lenz immer wieder auf die gleichen Fragen zurück, indem er ihnen unterschiedliche Akzente gibt und sie um weitere Themen ergänzt. Auch der zunächst ganz philosophisch ansetzende *Versuch über das erste Principium der Moral* entdeckt alsbald die Doppelnatur des Menschen und gerät unweigerlich wieder auf theologisches Terrain. Dieser *Versuch* verweist ausdrücklich auf eine der Sozietät unterbreitete Abhandlung Salzmanns (WuB 2,506) und verdeutlicht damit abermals den Kommunikationszusammenhang, in den Lenz' Schriften gehören. Der Verstand, so führt Lenz aus, bemüht sich, in allen Wissenszweigen zu einem ersten Prinzip zu gelangen. Ja, er huldigt einer regelrechten »Einheitssucht« (WuB 2,500). Da aber der Mensch aus Geist und Materie zusammengesetzt ist, sollte man nicht nach *einem* ersten Prinzip in der Moral suchen. Wenn der Mensch sich selbst betrachtet, entdeckt er in seinem Innern zwei »Grundtriebe«, nämlich den nach »Vollkommenheit« und den nach »Glückseligkeit« (WuB 2,503). Zwischen beiden ist zu unterscheiden, weil die Vollkommenheit eine »Eigenschaft« und die Glückseligkeit ein »Zustand« ist (WuB 2,506). Beide hängen aber zusammen, da wir nur in dem Maße glücklich sind, in dem unsere Kräfte nach Vollkommenheit streben. Es ist von Gott so gewollt, dass unser Zustand von unserem Streben abhängt. Wie auch in anderen Schriften wendet Lenz die uns abverlangte Aktivität in die soziale Dimension und formuliert »seinen kategorischen Imperativ« (Rudolf, B 5: 1970, 204): »*Wir müssen suchen andere um uns herum glücklich zu machen.*« (WuB 2,510) Da Lenz diesen Impuls nicht nur als philosophisch begründet, sondern eben als gottgewollt betrachtet, bemüht er sich so-

dann, das menschliche Streben nach Vollkommenheit mit
der »Sendung Christi« (WuB 2,511) in eine Verbindung zu
bringen, in der Hoffnung, wie er etwas kokettierend meint,
dass »Gott vom Himmel das bestätigt, was mir mein Herz
zugeflüstert hat« (WuB 2,512), dass also die theologische
Auslegung der Bibel und die philosophisch-moralische
Selbstbefragung in ihren Ergebnissen konvergieren. Natürlich bedarf es nicht dieser nachträglichen Bestätigung, Glaube und Reflexion sind vielmehr von vornherein aufeinander
abgestimmt. Daher kann die philosophische Abhandlung
auch zwischendurch zur Predigt werden und sich zu einem
Lobpreis dessen aufschwingen, »der da wohnet in einem
Licht, da niemand zukommen kann, welchen kein Mensch
gesehen hat, noch sehen kann, Ihm sei Ehre in Ewigkeit.
Amen« (WuB 2,514).

Lenz orientiert sich bei seiner Beschäftigung mit solchen moralisch-theologischen Fragen zwar verschiedentlich
an Leibniz – auch Baumgarten wird erwähnt (WuB 2,503,
513) –, oft aber philosophiert er auch auf eigene Faust, also
nicht systematisch und auch nicht immer ganz einhellig. So
spricht er zu Beginn der gleich noch zu behandelnden *Philosophischen Vorlesungen*[3] von der Schönheit, womit er sich ja
anscheinend in den Bereich des Ästhetischen begibt. Dann
jedoch verbindet er die »höchste ideale Schönheit« (S. 4) mit
Gott, er meint also in Wirklichkeit gar nicht das Ästhetische
im engeren Sinne, sondern allgemein etwas Ideal-Vollkom-
menes, und darum kann er dann in einer weiteren Grenz-
überschreitung jene Schönheit auch mit »der von Gott ge-
ordneten Natur« (S. 21) gleichsetzen, ohne tatsächlich die
Verschiedenheit der einzelnen Bereiche ernsthaft zu registrieren. Auch in einem Brief an Salzmann bezeichnet er –
aller systematischen Philosophie zum Graus – Gott schlicht-

---

3 *Philosophische Vorlesungen für empfindsame Seelen*, B 1: 1780 (Seitenzahlen
nach dieser Ausgabe im Text).

weg als »Schönheit *in abstracto*« und die Schöpfung als »Schönheit *in concreto*« (WuB 3,286).[4]

Dass es sich bei solchen Überlegungen nur um rhapsodische Darbietungen handelte, kann man nicht behaupten, auch wenn Lenz in einer der Abhandlungen erklärt, er liefere abermals in seiner »gewöhnlichen Art« lediglich »einige leichte, ohne Zusammenhang scheinende Anmerkungen« (WuB 2,499). Die Intention, auf die Rezipienten im Kreis der Sozietät einzuwirken (auch in einem späteren Brief an Goethe ist davon die Rede [WuB 3,306]), ist dennoch unverkennbar – nicht zuletzt in manchen etwas forscheren Anweisungen an die Zuhörer: »sperrt doch die Augen des Verstandes auf!« (*Philosophische Vorlesungen*, B 1: 1780, 39 f.) Dennoch nutzt Lenz die Vortragsgelegenheiten, wie erwähnt, auch zur Klärung der eigenen Anschauungen und kann darum (in einem Brief an Salzmann) plötzlich mitteilen: »Ich bin ein Christ geworden – glauben Sie mir wohl, daß ich es vorher nicht gewesen?« (WuB 3,293)

Beides, der didaktische Impetus und die Bemühung um Selbstvergewisserung, charakterisiert auch die drei umfangreicheren Schriften, die im Folgenden zu behandeln sind. In den *Philosophischen Vorlesungen für empfindsame Seelen* geht Lenz, wie eben erwähnt, von der Schönheit aus und gelangt dann alsbald in den Bereich der Moral, nämlich zur Begierde (nach dem Schönen) und zur »Konkupiscenz« (S. 5 u. ö.), die beim »Geschlechtertrieb« (S. 51) ihren Ausgangspunkt hat. Und hier sieht Lenz sich mit dem Dilemma konfrontiert, die sexuelle Begierde einerseits bejahen zu wollen, ohne ihr andererseits jeden beliebigen Freiraum zuzugestehen.

Was das menschliche Begehren im Allgemeinen betrifft, hat Lenz keine Probleme. Er sieht – übrigens in Überein-

---

4 Rudolf, B 5: 1970, 198, führt diese Fixierung auf die Schönheit auf den Einfluss Spaldings und Shaftesburys zurück.

stimmung mit der Philosophie der Aufklärung – das Streben
nach der eigenen Glückseligkeit und die Beförderung der allgemeinen Glückseligkeit als das gottgewollte Ziel des Menschen an – dazu meint schon der *Versuch über das erste Principium der Moral*: »unsere Bestimmung« ist »ein immerwäh-
rendes Wachsen, Zunehmen, Forschen und Bemühen [...].
Wir sollen immer weiter gehen und nie stille stehen« (WuB 2,
504).

Das Streben – so die *Philosophischen Vorlesungen* – soll
die menschliche Trägheit überwinden und bedarf daher der
Anregung. Und just hierin kann das Begehren seine Schub-
kraft entfalten. Die Begierde ist ein Stimulans, eine Trieb-
feder zur Tätigkeit und daher in der Lage, den Menschen auf
seine Bestimmung, die im Handeln, in der »Selbstwirksam-
keit« (S. 17) liegt, zu verweisen – das Handeln ist »die gröste
aller menschlichen Realitäten« (S. 15).[5] Darum empfiehlt es
sich, die Begierde möglichst lange ungestillt zu lassen und
sich nicht durch die Erfüllung von Wünschen im Weiter- und
Höherstreben beirren zu lassen. »Geistige Vergnügungen
gesucht, des Fleisches Geschäfte getödtet!« (S. 20), so lautet
der entsprechende Imperativ. Denn Genuss schwächt die
Konkupiszenz – davon war schon die Rede –, und das genos-
sene Gut ist der Konkupiszenz allemal an Wert unterlegen
(vgl. S. 17).

Aber auch die sexuelle Begierde gehört zu der von Gott
geschaffenen Naturordnung hinzu, sie ist »eine Gabe Gottes«, und sie ist sogar »die herrlichste aller Gaben Gottes«
(S. 14). Das ist ein höchst bemerkenswerter Punkt. Alle bisher ausgebreiteten moralisch-theologischen Überlegungen
Lenz' schienen ja eher auf die Verneinung der Sexualität hin-
auszulaufen. Indessen bemüht Lenz sich ernsthaft, die Sexualität als dem Menschen zugehörig zu bejahen, ja, er ver-
herrlicht sie fast. Dass die Begierde von Gott »als ein Seegen

---

5 ›Realität‹ meint hier nicht so sehr ›Wirklichkeit‹, sondern eher ›Verwirkli-
   chung‹, ›Selbstverwirklichung‹.

in die ganze belebte Natur gelegt« (S. 56) ist, zeigt sich allenthalben: die verstreuten Geschöpfe suchen sich einander zu
nähern, und dies »ist die Quelle der Geschlechterliebe«
(S. 55), die aus dem Geschlechtertrieb hervorgeht. Un-
freundliche Charaktere werden menschlicher, gütiger, wohl-
wollender (vgl. S. 66 f.), ja, zu guter Letzt ist der Geschlechtertrieb sogar »die Mutter aller unserer Empfindungen«
(S. 68) und unserer sozialen Tugenden wie Zärtlichkeit,
Dankbarkeit, Pietät, Treue usw.

   Wie erst am Ende der Schrift ganz deutlich wird, meint
Lenz hier den Geschlechtertrieb nicht als ein biologisches
Faktum, sondern als den bereits domestizierten und veredel-
ten Trieb. Wird der Trieb nämlich nicht veredelt, sondern
einfach vergeudet, dann hat dies eine seelische Ödnis zur
Folge, es erzeugt »kalte und leere« Gemüter (S. 68), in denen
allerlei Laster wurzeln können: »Hochmuth und Ehrgeitz«,
»Kleinmuth und Furcht«, »Neid, Geiz, Tüke und Schaden-
freude« (S. 68). Dennoch bleibt es erstaunlich, in welche
Nähe zueinander der naturgegebene Trieb und das moralisch
Gute hier gebracht werden, ja dass der Trieb und dessen Veredlung »zum ersten Grundsatz der Moral« (Sauder, B 9:
1994, 23) erhoben werden.

   Dass Lenz es ernst meint mit der Bejahung der Begierde,
geht auch aus anderen Überlegungen hervor. Nachdem er in
einer der *Vorlesungen* sich mit dem Paradies-Thema befasst
hat (vgl. Hayer, B 10: 1995, 128–134, 139–150, 156–158 und
pass.) und die Vorstellung einer Erbsünde abgelehnt hat –
durchaus in Übereinstimmung mit etlichen Vertretern der
Theologie der Aufklärung (vgl. Sauder, B 9: 1994, 17–21)[6] –,
greift er dieses Thema nochmals auf und stellt die fast ketze-
rische Frage, wie die Güterabwägung wohl ausgehen müsste,
die Adam nach der Vertreibung aus dem Paradies anstellen
könnte:

6 Auch der junge Goethe lehnt in seiner Schrift *Brief des Pastors zu *** an den
   neuen Pastor zu **** aus dem Jahr 1773 den Gedanken einer Erbsünde ab und
   betont die unermessliche Liebe Gottes.

[...] nachdem der liebe Gott die ersten Menschen aus
seinem Garten gejagt hatte, [...] wußte Adam [...] für
die paradiesische Vergnügungen, welche er verloren,
sich auf keine andere Weise schadlos zu halten, als daß
er jezt von der Wohlthätigkeit seines Schöpfers Gebrauch machte und sein Weibchen erkannte, und es ist
eine grosse Frage ob er in diesem Augenblick nicht seinen Verlust für hinlänglich ersezt hielt, ja auch so gar
alsdenn für ersezt hielt, wenn er sich diese nächtliche
Glükseeligkeit bei Tage durch den Schweiß seines Angesichts verdienen mußte.   (S. 58)[7]

Das ist nun schon fast ein wenig frivol, und Lenz bittet
denn auch darum, keinen Anstoß »an der Freimüthigkeit,
mit der ich über diese Sachen rede« (S. 59), zu nehmen. Trotz
des verbalen Freimuts plädiert er für »die Zähmung unsers
Geschlechtertriebes« (S. 69), und er findet auch einen biolo-
gischen Grund dafür, »der Heftigkeit des bloß thierischen
Triebes Zügel anzulegen« (S. 70): Jede Triebbefriedigung
schwächt auf die Dauer den Körper. Davon ist in ähnlicher
Weise schon die Rede gewesen; nur betont Lenz hier die bio-
logisch-medizinische Seite. Jedenfalls empfiehlt sich Mäßi-
gung, und zwar auch in der Ehe: »Die Ehe ist die grosse von
Gott etablirte Ordnung, in der wir diesen Trieb mäßig stillen
dürfen«. Die Folgerung ergibt sich von selbst: »Also – nur
frisch geheirathet, ihr Herren« (S. 61). Mit dieser Einschätzung der Ehe verbindet sich ein striktes Verbot aller außer-
ehelichen Triebbefriedigung (unter stillschweigender, aber
deutlich intendierter Einbeziehung der Masturbation). Dass
Lenz sich nunmehr wieder auf religiösem Terrain befindet –

---

7 Christoph Weiß hebt im Nachwort zu den *Philosophischen Vorlesungen* diese
erstaunliche Stelle hervor (B 10: [1994], S. 98*). Im Übrigen: dass Lenz Eva als
Adams »Weibchen« bezeichnet und sie damit im Tierreich ansiedelt, lässt erkennen, was er, der zeittypischen männlichen Sicht verhaftet, vom weiblichen
Geschlecht im Ganzen hält, auch wenn er immer wieder einzelnen Frauen gegenüber eine besondere Ehrerbietung bekundet.

jenseits biologischer Argumente –, zeigt der Begriff der
›Sünde‹: jemand, dem das Schicksal – unter welchen Voraussetzungen auch immer – eine Eheschließung verwehrt hat,
begeht eine »Sünde«, wenn er jenem Trieb nachgibt (S. 62;
vgl. S. 69).

Der Geschlechtertrieb kann zwar unterdrückt und »getödtet« (S. 70) werden; aber dann kann diese »Mutter aller
unserer Empfindungen« ihre segensreichen Wirkungen nicht
mehr entfalten. Eigentlich erstrebenswert ist vielmehr die
bereits erwähnte Sublimation des Triebes, seine Verwand-
lung in eine »empfindsame Liebe«, die »ein weit reicheres
Maaß von Vergnügungen« verspricht, als »der letzte Genuß
geben könnte« (S. 71; vgl. Weiß, B 9: [1994], 101*).

Strengere Überlegungen, zumal was die Sexualität betrifft
(vgl. Sauder, B 9: 1994, 12), stellt Lenz in einer zweiten umfangreicheren Schrift an, nämlich in einem (titellosen) Text,
der von seinen Herausgebern mit verschiedenen Überschriften versehen worden ist. Zuerst veröffentlicht wurde er in einem Teildruck unter der Überschrift *Meine Lebensregeln*
(WuB 2,487–499),[8] dann vollständig unter der abweichenden
Überschrift *Vom Baum der Erkenntnis Guten und Bösen*
(GS 4,31–70)[9] und nunmehr in handschriftengetreuer Wiedergabe unter der Überschrift *Catechismus* (B 1: 1994). Hält
man sich an den Teildruck (*Meine Lebensregeln*), dann
scheint der Text rein privater Natur zu sein; er mutet wie der
Versuch des Autors an, sich selbst auf eine »rigorose Askese«
(Rudolf, B 5: 1970, 206) einzuschwören und diese in praxis-

---

8 Die Wiedergabe in WuB folgt dem Teildruck des Textes im Anhang der
Lenz-Monographie von Rosanow, B 5: 1909. Von Rosanow stammt die Überschrift.
9 Blei lässt dem vollständigen Text irrtümlich zwei Supplemente folgen (GS 4,
70–78), die in die *Philosophischen Vorlesungen* gehören, und gibt, von dem ersten Supplement ausgehend, dem Ganzen die falsche Überschrift *Vom Baum
der Erkenntnis Guten und Bösen*.

bezogene Regeln zu gießen, um solcherart sogar noch Ausschweifungen in der bloßen Phantasie zu verhindern. So gesehen, müsste es geradezu schamlos erscheinen, wenn die
Lenz-Forschung sich neugierig über diesen Text hermacht
und in die Geheimnisse des Autors einzudringen sucht. Indessen finden sich schon in dem Teildruck, vor allem aber im
vollständigen Text zahlreiche Passagen, in denen Lenz sein
Bibelverständnis erläutert und diese Erläuterungen in das
gleiche pädagogische Frage-Antwort-Schema bringt wie die
privat erscheinenden Appelle an das eigene Ich, ein Schema,
das in seiner prinzipiell dialogischen Form über eine reine
Introspektion hinausgeht. Der vollständige Text beginnt folgendermaßen:

> Welches ist die erste von allen Lehren die wir aus dem
> Beyspiel Christi und auch aus seinen Reden und geäus-
> serten Gesinnungen abziehen [abstrahieren]?
> Daß wir nicht begehren sollen, sondern lieben und
> empfinden. Der unterste Grad der Geschlechterliebe ist
> Freundschaft, der oberste und letzte die eheliche Liebe,
> wenigstens sollte es so seyn und die Begier nicht eher als
> auf dem höchsten Grad dieses höchsten Grades in der
> Ehe selber mässig folgen.
>
> (*Catechismus*, B 1: 1994, 39; GS 4,31)

Das ist in der Tat ein Katechismus – ein Ausdruck, den
Lenz selbst verwendet –, also ein Lehrbuch in Frage- und
Antwortform mit dem Anspruch auf überindividuelle Geltung. Das gilt auch für anscheinend intimere Überlegungen –
ein Beispiel:

> Welches wären einige Cautelen [Vorsichtsmaßnahmen]
> im Umgang mit Frauenzimmern gegen die Verirrungen
> der Liebe und der Zärtlichkeit
>
> 1. Kein Frauenzimmer jemals anders anzurühren als
>   auf der Hand und auf dem Munde, welches unschul-

dige Ausdrücke der Werthschätzung und Hochachtung sind[10]

2. Gegen verheyrathetes Frauenzimmer noch zurückhaltender seyn

3. Sobald sich wollüstige Begierden in mir regen, oder
ich merke daß ich welche in einem Frauenzimmer
rege mache, mich von demselben entfernen

(*Catechismus*, B 1: 1994, 62; GS 4,62 f.)

Just am Ende dieser Überlegungen, die ja höchst privat anmuten, findet sich die beiläufige Bemerkung: Ich »schreibe
[...] dieses nicht für mich, sondern für andere die einmal dies
Papier finden könnten.« (*Catechismus*, B 1: 1994, 62; GS
4,63) Daraus folgt, dass auch diese Überlegungen in einem
Zwischenbezirk zwischen Intimität und Öffentlichkeit angesiedelt sind, einem Zwischenbezirk, in dem sich auch Texte
anderer Zeitgenossen befinden wie etwa Lavaters *Geheimes
Tagebuch. Von einem Beobachter Seiner Selbst*, erschienen
1771. Übrigens begegnet auch darin unter der Überschrift
»Tägliche Grundsätze« eine Reihe von Selbstermahnungen.[11]

Hinsichtlich seines Inhalts befindet der *Catechismus* sich
in Übereinstimmung mit Lenz' übrigen Schriften, nur dass
er sich eng an den Lehren und Taten Christi orientiert und
im Frage- und Antwortspiel eine ganze Reihe von Detailaspekten abhandelt, die sowohl die Bibelexegese als auch die

---

10 In seinem autobiographischen *Tagebuch* erzählt Lenz, in seinem »Vaterlande
küsse man sobald man in eine Gesellschaft käme jeder Dame erst die Hand
und sodann den Mund« (WuB 2,307).

11 Vgl. [Johann Kaspar Lavater], *Unveränderte Fragmente aus dem Tagebuche
eines Beobachters seiner Selbst; oder des Tagebuches Zweyter Theil [...]*,
[Leipzig 1773.], bearb. von Christoph Siegrist, Bern/Stuttgart 1978. Am Ende
dieser Ausgabe befinden sich Auszüge aus dem vorausgehenden Werk:
Geheimes Tagebuch. Von einem Beobachter Seiner Selbst, Leipzig 1771.
Die »Täglichen Grundsätze« vgl. ebd., mit eigener Paginierung, S. 14–17. –
Der Herausgeber Siegrist weist in seinem Nachwort auf die Formulierung
ähnlicher Regeln bei Johann Jacob Bodmer und Albrecht von Haller hin; vgl.
ebd., mit abermals eigener Paginierung, S. 21–38, hier S. 30.

eigene Lebenspraxis betreffen. Dass der Text die Gestalt
Christi so besonders in den Vordergrund rückt, wird von
Lenz selbst als eine Art Neuorientierung hervorgehoben. Er
stellt sich gegen Ende die Frage: »Zu welcher Lehre bist du
nach allen diesen Verirrungen die aber dennoch nicht weit
von der Wahrheit abstanden gekommen«? Die Antwort lautet: »Daß Jesus Christus derselbige einige ewige Gott seye
den ich unter dem Namen des Vaters bisher angebethet.«
(*Catechismus*, B 1: 1994, 60; GS 4,60)

Hinsichtlich der einen oder anderen Glaubensfrage bezieht Lenz mit der Theologie der Aufklärung Stellung gegen
die Orthodoxie. So schiebt er die Frage nach »der Hölle und
der Ewigkeit der Höllenstraffen« beiseite, indem er seinen
Glauben an die »Seelenwanderung« betont (*Catechismus*,
B 1: 1994,51; GS 4,48), d. h. an einen Weg der Läuterung, den
eine Seele durch verschiedene Körper hindurch nimmt (so
dass von einer ›ewigen‹ Strafe nicht die Rede sein kann).[12]
Auch das Jüngste Gericht und das »Ende aller Dinge« will
Lenz ausdrücklich nur »symbolisch« verstanden wissen und
es auf das individuelle Lebensende beziehen, das mit dem
Gericht Christi über den einzelnen Menschen verbunden ist;
andernfalls würde ja die Ewigkeit von Gottes Wirken und
der »fortgehenden Schöpfung« in Zweifel gezogen (*Catechismus*, B 1: 1994, 52 f.; GS 4,50). Übrigens möchte Lenz in
einem Brief an Lavater sogar auch »den Tod Christi […] als
ein Symbol« auffassen; und was Christi »Leben und Taten«
im Ganzen betrifft, so konstatiert er pauschal: »alles symbolisch« (WuB 3,297).

In der Schöpfung sieht Lenz die »unendlich fortgehende
Bildung alles Materiellen zur Form bis zum Geist hinauf,
welcher die höchste Form ist« (*Catechismus*, B 1: 1994, 55;
GS 4,54). Diese (nie an ein Ende gelangende) Sublimierung,
auf die vorhin – im Zusammenhang mit Lenz' Glaube an ver-

---

12 Die traditionelle Vorstellung der Hölle, »wie sie sich unsere lieben Voreltern
gedacht« haben, wird auch an anderer Stelle in Zweifel gezogen (WuB 2,487).

schiedene Prozesse der Höherentwicklung – mitverwiesen
worden ist, diese Sublimierung gibt (neben den sonst angeführten Christenpflichten wie Demut, Uneigennützigkeit
usw.) der eigenen Lebenspraxis eine Richtschnur vor. Abermals bilden die Vorschriften der Sexualmoral den Ausgangspunkt (vgl. *Catechismus*, B 1: 1994, 39 f.; GS 4,32). »Daß wir
nicht begehren sollen, sondern lieben und empfinden«, ist,
wie bereits zitiert, die erste Lehre, die uns das Vorbild Christi
gibt (vgl. auch *Catechismus*, B 1: 1994, 62; GS 4,63). Die Ablehnung der Begierde konkretisiert sich zu der anspruchs-
vollen Aufgabe, in den verschiedensten Hinsichten Maß zu
halten und selbst »Hunger und Durst« nur »zu stillen – nicht
zu befriedigen« (*Catechismus*, B 1: 1994, 50; GS 4,46). Weitere restriktive Vorschriften sollen unter anderem der
Wollust, der Hoffart und der Neigung zu »sinnlichen Kützel-
ungen wie Taback, Opium Brandtwein, Bäder[n]« (*Catechismus*, B 1: 1994, 50; GS 4,46) entgegenwirken.

Das Fazit lautet: »Ueberhaupt ists gut das Fleisch zu kas-
teyen und zu kreutzigen damit der Geist wachsen und sich
bilden könne« (*Catechismus*, B 1: 1994, 62; GS 4,63). Der
Text macht jedenfalls erneut deutlich, wie sehr die lebenspraktischen Maximen, die Lenz sich selbst vorgibt, religiös
fundiert sind – mit dem Ergebnis, dass Verstöße gegen jene
Maximen zugleich Sünden sind. Dies bildet den Hintergrund
für die Selbstbeschuldigungen, die Lenz später brieflich gegenüber dem Vater formuliert: »ich habe gesündigt« (WuB
3,568) und: »Ich habe gefehlt, 1000mal gefehlt« (WuB 3,671).

Die vorhin unter den Grundüberzeugungen Lenz' mitan-
geführte Wichtigkeit des menschlichen Tätigseins wird erneut bekräftigt: »*thun* ist unsere Hauptbestimmung [...] –
thun, handeln, thätig seyn mit Geist und Leib wo es am meisten nützlich seyn, Heil bringen kann zur Ehre Gottes an den
Menschen und so von Form zu Form übergehen ins ewige
Leben« (*Catechismus*, B 1: 1994, 61; GS 4,61 f.).

Auch hier denkt Lenz wohl an eine Höherentwicklung,
ähnlich der Seelenwanderung, die als ein Weg der Läuterung

am Ende, beim Übergang in die Ewigkeit, den letzten Körper gleichsam mitvergeistigt, so dass dieser Körper zu »einem ätherischen Körper« (*Catechismus*, B 1: 1994, 52; GS
4,49) entmaterialisiert wird, also quasi ewigkeitstauglich.

Die *Meinungen eines Laien* – mit einem Umfang von rund
hundert Seiten – gelten als Lenz' moralisch-theologische
Hauptschrift und finden schon bei den interessierten Zeitgenossen gehörige Beachtung. Lavater schreibt einen begeis-
terten Brief über die anonym erschienene Schrift und bietet
dem ihm noch unbekannten Verfasser seine Freundschaft an
(vgl. WuB 3,310 f.), bei anderer Gelegenheit meint er freilich
einschränkend: »ein herrliches Büchelchen, jedoch noch viel
unverdautes, disharmonisches« (LU 1,130). Auch Herder interessiert sich für den Verfasser und fragt angelegentlich bei
Lenz an, ob er es sei (WuB 3,400). Lenz selbst hat die *Meinungen* übrigens als den »Grundstein« seiner Dichtung bezeichnet: »*Die Meinungen eines Layen* sind der Grundstein
meiner ganzen Poesie, aller meiner Wahrheit, all meines Gefühls, der aber freilich nicht muß gesehen werden« (GS
4,283 f.). Eine theologische Schrift als Grundstein der Poesie
– diese Feststellung hat wiederholt Aufmerksamkeit gefunden (vgl. z. B. Hayer, B 10: 1995, 12 f.). Indessen meint die
Formulierung, dass in den *Meinungen* die Grundlage der
Lenz'schen Existenz überhaupt zur Sprache komme, mithin
auch die Grundlage seines Empfindens (»all meines Gefühls«), seines Selbstverständnisses (»aller meiner Wahrheit«) und seines poetischen Schaffens.

Die Schrift hat zwei Teile, »Meinungen eines Laien den
Geistlichen zugeeignet« und »Stimmen des Laien auf dem
letzten theologischen Reichstage im Jahr 1773«. Der erste
Teil behandelt die »Offenbarungen Gottes an den Menschen« (WuB 2,524) in Anlehnung an die ersten Bücher
Mose sowie die ›Mosaische Gesetzgebung‹. Lenz ist bemüht,
sich mit Hilfe der »Imagination […] in jene Zeiten zurück zu
setzen« und »von unserer ganzen heutigen Welt« abzusehen

(WuB 2,540), obwohl er zwischendurch ganz unhistorisch sich auf »unsere tägliche Erfahrung« beruft (WuB 2,557). Jedenfalls versucht er, in zugleich erzählender und reflektierender Weise das Verhalten der biblischen Menschen als naturgemäß und psychologisch plausibel darzustellen. Im Einzelnen ist vom Paradies die Rede und vom Verbot und dessen Übertretung, einem Vorgang, ohne den der Mensch gar keine Vorstellung von der Erhabenheit Gottes hätte gewinnen können; dabei wird die Lehre von der Erbsünde abermals beiseitegeschoben (WuB 2,525, 532). Dann geht es um den Brudermord, die Sintflut und eine Anzahl weiterer biblischer Erzählungen, in denen Lenz jeweils einzelne göttliche Offenbarungen sieht, und zwar in dem Maße an Komplexität zunehmend, in dem sich »Geist und Herz der Menschen erweitern« (WuB 2,549; vgl. auch 523 f.). Den Schluss bilden breiter angelegte Ausführungen zu Moses und seiner Gesetzgebung, in deren Rahmen vor allem die Sexual- und Ehegesetze erläutert werden, eine Gesetzgebung, die jedenfalls, wie Lenz resümiert, Gott »als den zärtlichst besorgtesten Vater für das Wohl seiner Kinder« (WuB 2,561) zeigt. – Dass Lenz sich hier des Öfteren an Herder orientiert, machen gleich der erste Satz mit der Erwähnung einer Herder'schen Schrift und wiederholte Bezugnahmen auf Herder deutlich. Auch an Lessings *Erziehung des Menschengeschlechts*, erschienen 1780, fühlt man sich verschiedentlich erinnert.

Der zweite Teil der Schrift, »Stimmen des Laien«, geht von der Fiktion eines ›theologischen Reichstags‹ aus nach dem Vorbild der ›Landtage‹ in Klopstocks *Deutscher Gelehrtenrepublik* (1774). Der Text soll sich – und wird sich schließlich auch – auf die Offenbarung konzentrieren, die in Christus liegt. Vorderhand aber schweift er in mancherlei Fragen umher, so in der, warum der Mensch überhaupt einer Offenbarung bedürftig sei, gefolgt nach knapp fünf Seiten von der Entschuldigung für die »mehr als poetische Digression« (WuB 2,569), also Abschweifung, um dann auf die

Patriarchen zu kommen und hernach auf die Propheten sowie des Weiteren auf die Frage der Vereinbarkeit von biblischen Schriften und schönen Künsten. Diese Vereinbarkeit
wird behauptet, aber nicht eigentlich gezeigt, denn die weiteren Ausführungen zu diesem Punkt bestehen vornehmlich in einer Attacke gegen »die französische Belliteratur«
(WuB 2,582), garniert mit zum Teil albernen Gegenüberstel-
lungen – deutsches Bier (der »alten Sitte getreu«) versus
französischen Champagner (WuB 2,580f.) –, woraufhin
Lenz mit den Worten »Wo gerate ich hin?« abbricht und
neu ansetzt.

Es geht um die Frage, ob es eine universale Moral gebe
»für alle Zeiten – für alle Völker« (WuB 2,590). Abschweifungen scheinen auch bei der Erörterung dieser Fragen nicht
vermeidbar (»Das war eine animalische Digression – denn
ich komm eben vom Mittagessen zurück« [WuB 2,591]).
Schließlich aber gelangt Lenz doch zu einem Ergebnis, dass
es nämlich in der Tat, begründet in der menschlichen Natur,
eine allgemeine Norm gebe, eben »das in uns liegende Na-
turgesetz« (WuB 2,602), und dass die Offenbarung des göttlichen Willens in Christus nicht ein neues moralisches Sys-
tem sei, sondern die Erfüllung des alten.

Lenz' didaktische Intentionen kommen auch in dieser
Schrift immer wieder zum Vorschein. Indessen stehen diesen
Intentionen mancherlei Unordentlichkeiten der Darlegung
entgegen, mit denen Lenz wohl den stilistischen Anschluss
an denjenigen rhapsodischen Denk- und Darstellungsstil
sucht, in dem etliche Stürmer und Dränger ihre theoretischen Schriften verfassen. Gerade Herders Schrift über das
erste Buch Mose, die *Älteste Urkunde des Menschengeschlechts*, auf die Lenz sich ausdrücklich bezieht (vgl. WuB
2,522), führt den gänzlich unorthodoxen Stil vor, in dem da
ein Angehöriger der jüngeren Generation sich über religiöse
Gegenstände äußert. Freilich wirkt Herders Darstellung
trotzdem noch wie ein geschlossenes Ganzes, wohingegen
Lenz sich von seinem Mutwillen zu mancherlei ganz und gar

nicht mehr didaktischen Abschweifungen verleiten lässt, die eben, soweit sie den Leser an der Nase herumführen, auch etwas leicht Überhebliches haben. Insofern muten gerade in stilistischer Hinsicht die *Meinungen eines Laien* wie ein theologisches Pendant zu Lenz' ästhetischer Hauptschrift an, seinen *Anmerkungen übers Theater.*

Wenngleich Lenz trotz der Ernsthaftigkeit seiner moralisch-theologischen Schriften sich einige Scherze auf Kosten seiner Rezipienten leistet, gelingen ihm in diesem Stil immer wieder auch geistreiche Pointen: »Plato zog seine Linie in die Sphären, Diogenes in den Kot, Zeno in eine absolute Notwendigkeit, Epikur grade in das Weinglas« (WuB 2,501). – Im Übrigen fällt nebenbei einiges Licht auf Lenz' Kunstverständnis, wenn er meint, dass ein ›tiefer‹ liegender Sinn nicht sofort rezipierbar sein muss: die Worte, in denen die Offenbarung übermittelt ist, haben

> einen bestimmten Sinn auszudrücken. Sie können aber auch mehr ausdrücken und tiefer gehen, als es beim ersten Anblicke scheint, wie wir diesen Effekt bei allen Schriften von einiger Vortrefflichkeit wahrnehmen, die oft erst bei der dritten, vierten Lesung recht hell, erwärmend und belebend werden.   (WuB 2, 570)

Ästhetische Schriften

Den Gegenständen nach sind es recht unterschiedliche Texte, die sich unter dem Sammeltitel der ›Ästhetischen Schriften‹ zusammenfinden und die sich um mehrere Zentren gruppieren. Zum einen stehen da die Gattung Drama und dramentheoretische Aspekte im Vordergrund (unter Einschluss der Äußerungen zu Shakespeare). – Zum andern geht es um die literarische und allgemeiner auch um die kulturelle und weltanschauliche Neuorientierung, die im Zeichen des Sturm und Drang steht. Gemeint sind hier konkret Lenz'

Jacob Michael Reinhold Lenz

Bleistiftzeichnung von unbekannter Hand (um 1777)

Kommentare zu den Werken der Mitstreiter aus der jüngeren Generation, besonders Goethes, Herders und Lavaters, dazu auch die kritischen Auseinandersetzungen mit den Älteren, besonders mit Wieland. – Zum Dritten schließlich bildet die Dichtung der Antike einen Bezugspunkt für mehrere Schriften.

In der *ersten Gruppe* ragen zweifellos die *Anmerkungen übers Theater* heraus. Diese *Anmerkungen*, die als die wichtigste dramentheoretische Schrift des Sturm und Drang überhaupt anzusehen sind, fallen bereits der Art der Darbietung nach ganz aus dem Rahmen des Gewohnten. Sie bieten alles andere als eine systematisch entwickelte Theater- und Dramentheorie, sie sind auch nicht eigentlich essayistisch angelegt, vielmehr liefern sie mit übermütigem Schwung und in scheinbar ungezügelter Spontaneität – »rhapsodienweis« (WuB 2,641), also eher bruchstückhaft vorgetragen – eine Vielzahl dramentheoretischer Überlegungen, die indessen – trotz der oftmals elliptischen Sätze, der kühnen Bilder und der sprunghaft erscheinenden Gedankenführung – ein zusammenhängendes Ganzes ergeben. Ganz offenkundig sollen schon der Art der Darbietung nach die *Anmerkungen* provozierend wirken: der spontan-genialisch erscheinende Wurf verdrängt die gelehrte Abhandlung von ehedem, das Rhapsodische fegt von vornherein jede Erinnerung an eine Regelpoetik hinweg. Neben eher darlegende Passagen treten daher mitunter emphatisch gehobene; vor allem aber ist nicht selten ein ironisch-spöttischer Tonfall in das Ganze mit hineingemischt (vgl. Morton, B 9: 1988). Da mag es sich nicht zuletzt auch um einen stilistischen Einfluss des englischen Romanciers Laurence Sterne handeln (vgl. Madland, B 6: 1982, 116 f.), den Lenz in der Schrift selbst erwähnt (WuB 2,646).

Mit dem rhapsodischen Charakter verträgt es sich ganz gut, dass die Schrift tatsächlich nicht ganz aus einem Guss ist. Beginnend wohl mit dem Winter 1771/72, entsteht sie nach und nach, um in einzelnen Teilen der Sozietät vorgetragen zu werden. Überarbeitet für den durch Goethe vermittelten Druck, erscheint sie dann 1774 zusammen mit Shakespeares Komödie *Love's Labour's Lost* in Lenz' Übersetzung (unter dem Titel *Amor vincit omnia*). Diese Kombination mag die in der Schrift enthaltenen Ausführungen zu Shakespeare noch besonders motivieren – über die freilich ohnehin verbreitete Shakespeare-Begeisterung hinaus, die Lenz mit Herder, Goethe und anderen der jüngeren Autoren teilt.

Die Schrift lässt sich in fünf Teile gliedern. »Der Wert des Schauspiels«, d. h. des Theaters, so konstatiert Lenz im einleitende *ersten* Teil, ist »in unsern Zeiten« unzweifelhaft (WuB 2,642). Das ist übrigens nicht immer so gewesen; gut vierzig Jahre vorher, nämlich 1729, hält Johann Christoph Gottsched – ebenfalls vor einer Gesellschaft – in Leipzig eine Rede zur Verteidigung des Theaters und rechtfertigt sich eigens dafür, dass er sich »einer gemeiniglich so verachteten Sache, als die Schaubühne ist«,[13] annimmt. Bevor Lenz dann in die Details geht, reitet er erst einmal im Galopp quer durch die Dramengeschichte. Im ersten »Departement«, wie er sich ausdrückt, befinden sich »die großen Meisterstücke Griechenlands« (WuB 2,642), im zweiten dann die römischen Dramen, unter ihnen – Lenz neckt seine Zuhörer und Leser damit ein wenig – die »Trauerspiele des Ovids« (ebd.), die es in Wirklichkeit nicht gibt (da Ovids einziges Trauerspiel, *Medea*, nicht erhalten ist). Im dritten Departement befinden sich die italienischen Dramen mit ihren »Helden ohne Mannheit« (WuB 2,643). Dann kommt an vierter Stelle das französische Departement. Lenz nutzt hier die Gelegenheit – nicht zuletzt nach dem Vorbild der *Hamburgischen Dramaturgie* Lessings –, mit satirischen Seitenhieben Kritik am französischen Drama zu üben, das im höfisch-galanten Stil Imitationen der antiken Dramen liefere:

13 Johann Christoph Gottsched, *Die Schauspiele und besonders die Tragödien sind aus einer wohlbestellten Republik nicht zu verbannen*, in: J. Chr. G., *Schriften zur Literatur*, hrsg. von Horst Steinmetz, Stuttgart 1972, S. 3.

4Ästhetische Schriften 259

Ich öffne also das vierte Departement, und da erscheint
– ach schöne Spielewerk! da erscheinen die fürchter-
lichsten Helden des Altertums, der rasende Oedip, in jeder Hand ein Auge, und ein großes Gefolge griechischer
Imperatoren, römischer Bürgermeister, Könige und
Kaiser, sauber frisiert in Haarbeutel und seidenen
Strümpfen, unterhalten ihre Madonnen, deren Reifröcke
und weiße Schnupftücher jedem Christenmenschen das
Herz brechen müssen, in den galantesten Ausdrücken
von der Heftigkeit ihrer Flammen, daß sie sterben, ganz
gewiß und unausbleiblich den Geist auf[zu]geben sich
genötigt sehen, falls diese nicht [...]. (WuB 2,643)

Genau das Entgegengesetzte begegnet im fünften Departement, dem des elisabethanischen Theaters. Hier – so Lenz,
der sich damit zum Scherz den Gegnern Shakespeares zuge-
sellt –, hier werde die Natur »mutterfadennackt« ausgezo-
gen, und »den drei Grazien des gesellschaftlichen Lebens«,
nämlich »Wohlstand [Anstand], Geschmack und Moralität«
(WuB 2,643 f.), werde der Krieg erklärt.

Das sechste Departement schließlich ist das deutsche: »ein
wunderbares [seltsames] Gemenge« alles vorher Genannten
– »Deutsche Sophokles, deutsche Plautus, deutsche Shakespears, deutsche Franzosen, deutsche Metastasio« (WuB
2,644). Dass es keine selbständige deutsche Dramatik gebe,
dies ist kurz zuvor, 1769, die von Lessing im letzten Stück
der *Hamburgischen Dramaturgie* geäußerte Kritik.

Nach dieser eher munteren Einleitung holt Lenz im *zweiten* Teil nun doch eine systematischer argumentierende
Grundlegung nach. Er bezieht sich dabei »auf die Worte
eines großen Kunstrichters mit einem Bart« (WuB 2,645),
nämlich auf die Poetik des Aristoteles, die er freilich »noch
nicht ganz durchgelesen« (WuB 2,646) habe – eine Frechheit,
mit der er nicht nur auf das Gelächter seiner Zuhörer rechnet, sondern sich auch von dem Vorgänger Lessing absetzt
(vgl. Duncan, B 9: 1975). Lenz meint, wie Aristoteles zwei

Ursprünge der Dichtung erkennen zu können. Den einen
bildet »die Nachahmung der Natur« (WuB 2,645). Diese
durch das ganze 18. Jahrhundert hindurch zentrale Konzeption erhält wie schon vordem so auch bei Lenz eine doppelte
Ausdeutung. Gemeint ist zunächst die Nachahmung (d. h.
poetische Abbildung, Darstellung) »aller der Dinge, die wir
um uns herum sehen, hören *etcetera*« (ebd.), mithin der geschaffenen Natur (philosophisch gesprochen: der natura na-
turata), und gemeint ist sodann die Nachahmung (d. h. Imitation) der schaffenden Natur (der natura naturans), also der
schöpferisch hervorbringenden Natur, mithin des Schöpfers
selbst. Neben diesem einen Ursprung der Dichtung findet
Lenz – nunmehr unabhängig von Aristoteles und eher im
Gefolge ästhetischer Konzepte, die an Alexander Gottlieb
Baumgarten und Moses Mendelssohn anknüpfen – den
anderen Ursprung in dem menschlichen Bedürfnis nach
Anschaulichkeit und nach Veranschaulichung des begriff-
lich-abstrakt Erfassten (vgl. Rector, B 9: 1991; Rector, B 9:
1994).[14]

Im daran anschließenden *dritten* Teil geht es – in der Auseinandersetzung mit Aristoteles – um zwei dramentheoretische Aspekte, um das Verhältnis von Handlung und Charakteren und um die drei Einheiten. Lenz zitiert Aristoteles mit
der Feststellung, das Drama (oder genauer die Tragödie bzw.
das Trauerspiel) sei – unter dem Gesichtspunkt der Nachahmung der Natur – primär die Nachahmung einer Handlung.
Daran nimmt Lenz Anstoß. Er fragt sich, wie Aristoteles zu
seiner Auffassung kommen könne, da doch die Handlungen
in Wirklichkeit ihren Ausgangspunkt in den Charakteren
hätten, und er meint, den Grund im mythisch-religiösen
Weltbild der Antike zu finden. Lenz argumentiert also histo-
risch, er unterstellt, dass die Antike an ein »eisernes Schick-

14 Zu dem auf Leibniz zurückverweisenden Begriff des ›Standpunkts‹ des
Künstlers, der in diesem Zusammenhang fällt, vgl. Blunden (B 5: 1978) und
Leidner (B 5: 1986). Auf die Herkunft des Begriffs auch aus der Militärwis-
senschaft verweist Kagel, B 10: 1998.

sal«, an ein Fatum, geglaubt habe und dass daher aus Glaubensgründen dieses Fatum (und nicht ein Held und sein Charakter) als Ausgangspunkt aller Begebenheiten angesehen worden sei. An einer religiösen Grundlage der Dramatik hat Lenz im Grunde gar nichts auszusetzen – im Gegenteil: es stört ihn sogar, wenn die Frömmigkeit problematisiert wird. So kritisiert er ein Ödipus-Drama Voltaires, weil Ödipus darin ausruft:

> *impitoyables dieux, mes crimes sont les vôtres* [›unerbittliche Götter, meine Verbrechen sind die euren‹]. Gott verzeihe mir, so oft ich das gehört, hab ich meinen Hut andächtig zwischen beide Hände genommen, und die Gnade des Himmels für den armen Schauspieler angefleht, der Gotteslästerungen sagen mußte, weil er sie gelernt hatte.   (WuB 2,667)

Solange also ein vermeintliches Fatum herrscht, sind die Handlungen auf dieses Fatum zurückzubeziehen. Unter den Bedingungen der Neuzeit, so Lenz, geht das nicht mehr an; uns sind die Individuen und ihre ganz individuellen Psychologien wichtig. Lenz meint sogar hinsichtlich der dramentauglichen Stoffe: »Handlungen und Schicksale sind erschöpft«, und Entsprechendes gilt auch für »die konventionellen Charaktere, die konventionellen Psychologien« (WuB 2,653). Ihm ist gelegen an »Charakteren, die sich ihre Begebenheiten erschaffen, die selbstständig und unveränderlich die ganze große Maschine selbst drehen, ohne die Gottheiten in den Wolken anders nötig zu haben, als wenn sie wollen zu Zuschauern« (WuB 2,654).

Lenz greift dies am Ende der *Anmerkungen* noch einmal auf: »der Held allein ist der Schlüssel zu seinen Schicksalen« (WuB 2,669). Bezogen jedenfalls auf den Primat der Person bzw. des Charakters – das gilt, wie noch deutlich werden wird, vor allem für die Tragödie – vollendet die Lenz'sche Dramentheorie eine allmähliche Umorientierung von der Handlung zu den Charakteren, die sich schrittweise quer

durch das 18. Jahrhundert hindurch vollzieht und in deren
Zeichen etwa auch Johann Jacob Bodmer als ein Vorläufer
Lenz' zu sehen ist (vgl. Madland, B 6: 1982, 16–20).

Selbst wenn dem Charakter ein dramaturgischer Vorrang
gesichert ist, besagt dies noch nichts für die Art der Charak-
terdarstellung. Anknüpfend abermals an Aristoteles, der sich
auf die Malerei und auf unterschiedliche Malstile bezieht, erlaubt auch Lenz sich einen kleinen Exkurs, indem er auf die
Differenz zwischen einem allgemein idealisierenden Stil und
einem »charakteristischen«, d. h. auf den individuellen Charakter zielenden, zu sprechen kommt:

> nach meiner Empfindung schätz ich den charakteristi-
> schen, selbst den Karikaturmaler zehnmal höher als den
> idealischen […], denn es gehört zehnmal mehr dazu,
> eine Figur mit eben der Genauigkeit und Wahrheit dar-
> zustellen, mit der das Genie sie erkennt, als zehn Jahre
> an einem Ideal der Schönheit zu zirkeln, das endlich
> doch nur in dem Hirn des Künstlers, der es hervorge-
> bracht, ein solches ist.   (WuB 2,653)

Bei dem »Karikaturmaler« mag man an William Hogarth
oder Daniel Chodowiecki denken, die Aufwertung jedenfalls des »charakteristischen« Malers zielt auf einen
individualisierenden realistischen Malstil, wohingegen der
idealisierende Stil eben wegen seiner Wirklichkeitsferne
dem Verdikt verfällt. Übrigens wird in der (1772 erschienenen) *Emilia Galotti* Lessings im ersten Akt im Gespräch
zwischen dem Prinzen und dem Maler Conti genau dieses
Problem verhandelt. Da erfährt der Leser auch, welchen
»idealischen« Maler Lessing meint und welchen auch Lenz
gemeint haben könnte, nämlich den bis ins 18. Jahrhundert hinein für schlechterdings unübertrefflich gehaltenen Raffael.

Lenz – dieser Hinweis sei hier eingeschoben – konkretisiert seine Position hinsichtlich der dramatischen Kunst im
darauf folgenden Jahr in seiner *Rezension des Neuen Meno-*

za, indem er dort – etwas hochgestochen – ein allgemeines
»Grundgesetz« formuliert, das für ihn »unumstößlich« gelte,
nämlich das »Grundgesetz [...], zu dem Gewöhnlichen, ich
möcht es die treffende Ähnlichkeit heißen, eine Verstärkung,
eine Erhöhung hinzuzutun, die uns die Alltagscharaktere im
gemeinen Leben auf dem Theater anzüglich interessant machen kann« (WuB 2,701). Die »treffende Ähnlichkeit« wäre
demnach das realistische Porträt, das uns die »Alltagscharaktere« so zeigt, wie sie »im gemeinen Leben« sind. Das aber ist
auf der Bühne nicht »anzüglich« – nicht anziehend und fes-
selnd – genug. Also bedarf es einer »Verstärkung« und »Erhöhung«, mithin Hervorhebung und Verdeutlichung der
Konturen – in der Tat ähnlich einer Karikatur, die ja auch die
zwar vorhandenen, aber nicht genügend deutlichen Konturen um der besseren Erkennbarkeit willen besonders auffällig markiert.

Am Ende der *Anmerkungen* liefert Lenz hinsichtlich des
Charakters bzw. der dramatischen Person noch eine Präzi-
sierung nach, indem er das Gesagte auf die Tragödie begrenzt: Im Zentrum der Tragödie steht eine Person, im Zentrum der Komödie dagegen eine Sache. Bei dieser ›Sache‹, um
die die Handlung kreist, welchletzterer wiederum die Personen zugeordnet sind, bei dieser ›Sache‹ kann es sich um alles
Mögliche handeln; in den *Soldaten* zum Beispiel muss die
Ehelosigkeit der Soldaten als die ›Sache‹ gelten, die im Zentrum steht.

Auf eine Gegenüberstellung von Komödie und Tragödie
ist Lenz zunächst wohl gar nicht aus gewesen – er spricht
vorwiegend vom Schauspiel im Allgemeinen (vgl. Inbar, B 5:
1982, 46 f.) –, indessen scheint ihm hernach die getroffene
Unterscheidung noch ergänzungsbedürftig zu sein. Jedenfalls greift er diesen Punkt in seiner *Rezension des Neuen
Menoza* nochmals auf: »Ich nenne durchaus Komödie nicht
eine Vorstellung die bloß Lachen erregt, sondern eine Vorstellung die für jedermann ist. Tragödie ist nur für den ernsthaften Teil des Publikums, der Helden der Vorzeit in ihrem

Licht anzusehn und ihren Wert auszumessen im Stande ist«
(WuB 2,703).

Während Aristoteles von den Wirkungen her Komödie
(Lachen) und Tragödie (Furcht und Mitleid) voneinander
unterscheidet, geht Lenz von der Zusammensetzung des
Publikums aus: die Komödie ist (mit offenbar beliebigen
dramatischen Inhalten) für alle da, die Tragödie dagegen
(mit historisch-mythologischen Themen) nur für einen kleineren Kreis, für eine Elite nicht primär im sozialen Sinn,
sondern im Sinn der Kultiviertheit. Wichtig ist dabei die
gegenüber Aristoteles hinzukommende historische Perspektive: Lenz unterstellt eine sich in verschiedenen Kul-
turperioden (Antike – Shakespeare-Zeit – 17./18. Jahrhundert) wiederholende Höher-Entwicklung vom volkstümlich
Komischen zum elitär Tragischen, und er nimmt für
seine Gegenwart einen Übergangszustand an, in dem ein
Dramatiker »komisch und tragisch zugleich schreiben«
muss:

> Komödie ist Gemälde der menschlichen Gesellschaft,
> und wenn die ernsthaft wird, kann das Gemälde nicht
> lachend werden. [...] Daher müssen unsere deutschen
> Komödienschreiber komisch und tragisch zugleich
> schreiben, weil das Volk, für das sie schreiben, oder
> doch wenigstens schreiben sollten, ein solcher Misch-
> masch von Kultur und Rohigkeit, Sittigkeit und Wild-
> heit ist. So erschafft der komische Dichter dem tragi-
> schen sein Publikum. (WuB 2,703 f.)

Das heißt: so erzieht und veredelt die Komödie das Publikum, bis es reif für die Tragödie ist (vgl. Martini, B 9: 1970,
176 f.). Lenz rechtfertigt damit seinen eigenen dramatischen
Stil, nämlich die Integration tragischer Elemente in die Komödie, als von den gesellschaftlichen Gegebenheiten bedingt
und darum zeitgemäß.

Zurück zu den *Anmerkungen*. Den bereits genannten
zweiten Punkt der Auseinandersetzung mit Aristoteles bil-

det, wie Lenz formuliert, »die so erschröckliche jämmerlich-
berühmte Bulle von den drei Einheiten« (WuB 2, 654). Lenz
fragt dazu:

> Und was heißen denn nun drei Einheiten […]? Ist es
> nicht die *eine*, die wir bei allen Gegenständen der Er-
> kenntnis suchen, die eine, die uns den Gesichtspunkt
> gibt, aus dem wir das Ganze umfangen und überschau-
> en können? […] Was heißen die drei Einheiten? hundert
> Einheiten will ich euch angeben, die alle immer doch die
> *eine* bleiben. Einheit der Nation, Einheit der Sprache,
> Einheit der Religion, Einheit der Sitten – ja was wird's
> denn nun? Immer dasselbe, immer und ewig dasselbe.
> Der Dichter und das Publikum müssen die eine Einheit
> fühlen aber nicht klassifizieren. Gott ist nur Eins in al-
> len seinen Werken, und der Dichter muß es auch sein,
> wie groß oder klein sein Wirkungskreis auch immer sein
> mag. (WuB 2,654f.)

Es geht also um die lebendige Einheit des Werks, die es
zu »fühlen« gilt, und nicht um dramaturgisch-formale Gesichtspunkte. Indem Lenz in der eben zitierten Passage von
der Frage nach der Einheit zu dem die Einheit schaffenden
Dichter gelangt und diesen in eine Analogie zu Gott bringt,
ebnet er bereits den Übergang zum Genie als einer der zentralen Leitvorstellungen des Sturm und Drang. Das Genie ist
einsam, weil ihm der kongeniale Rezipient fehlt, der einem
Werk das zu entnehmen vermöchte, was das Genie hinein-
gelegt hat, nämlich eine »lebendige Vorstellung der tausend
großen Einzelheiten, ihrer Verbindungen, ihres göttlichen
ganzen Eindrucks« (WuB 2,657). Trotz des zunächst elegi-
schen Beiklangs münden Lenz' Ausführungen dann in den
Lobpreis des Genies, das sich eben nicht an solche formalen
Regeln wie die drei Einheiten bindet und das, belebt vom
»Puls der Natur« und »aller Kunstgriffe überhoben« (WuB
2,658), das große Bild, das es im Innern trägt, lebendig
macht.

Damit endet die Auseinandersetzung mit Aristoteles und dessen Poetik. Im *vierten* Teil der Schrift wendet Lenz sich der poetischen Praxis, nämlich der Praxis der Gegenwart zu, und damit stellt sich für ihn – wie vorher für Lessing und nachher für den jungen Schiller – die Frage nach dem französischen Theater. Wie Lessing konstatiert Lenz, dass das französische Theater zwar den überlieferten »Regeln« (WuB 2,659) entspreche, aber langweilig sei: »in allen französischen Schauspielen« herrscht »eine gewisse Ähnlichkeit der Fabel«. »Die französischen Intrigen, [...] werden sie nicht von Tage zu Tage uninteressanter, abgeschmackter?« (WuB 2,660) Die »Helden, Heldinnen, Bürger, Bürgerinnen, alle ein Gesicht, eine Art zu denken, also auch eine große Einförmigkeit in den Handlungen« (WuB 2,661).

Dagegen wird nun Shakespeare als positive Leitfigur evoziert. Gegenüber den französischen Stücken mit ihrer »Einförmigkeit« bestechen Shakespeares Dramen durch »die Mannigfaltigkeit der Charaktere und Psychologien« und durch »die unendliche Mannigfaltigkeit der Handlungen und Begebenheiten« (WuB 2,661). Lenz bemüht sich dann, die besonderen Vorzüge Shakespeares zu erweisen, indem er zwei Cäsar-Dramen Voltaires und Shakespeares zum Vorteil des Letzteren und zum Nachteil des Ersteren miteinander vergleicht (vgl. Schmalhaus, B 5: 1994a, 104–113), wie vordem schon Lessing die beiden Dramatiker einander gegenübergestellt hat (vgl. Inbar, B 5: 1982, 36–39).

Den abschließenden *fünften* Teil bilden einige Überlegungen, die den Charakter von Nachträgen besitzen und deren wichtigere Aspekte oben bereits an den geeigneten Stellen vermerkt worden sind. Am Ende wird dann nochmals Shakespeare gepriesen:

Seine Sprache ist die Sprache des kühnsten Genius, der Erd und Himmel aufwühlt, Ausdruck zu den ihm zuströmenden Gedanken zu finden. Mensch, in jedem Verhältnis gleich bewandert, gleich stark, schlug er ein

Theater fürs ganze menschliche Geschlecht auf, wo jeder stehn, staunen, sich freuen, sich wiederfinden konnte, vom obersten bis zum untersten.   (WuB 2, 670)

Also ein Theater für alle Nationen und alle sozialen Schichten.

Der Kontrast zwischen französischem und englischem Theater oder, genauer, die Neigung, Shakespeares Werk als Waffe – als einen »Zwölfpfünder« (so Grabbe, zit. bei Inbar, B 5: 1982, 30) – gegen beliebige französische Dramen einzusetzen, beherrscht auch andere Texte. Dabei lässt Lenz sich bisweilen zu reichlich pauschalen Urteilen hinreißen, so in seinen *Anmerkungen über die Rezension eines neu herausgekommenen französischen Trauerspiels.* Diese *Anmerkungen,* 1772 für die Sozietät verfasst, kommentieren ein französisches ›Romeo-und-Julia‹-Drama, das Lenz freilich nur aus der im Titel genannten Rezension kennt. Das hindert ihn nicht, »den leichtsinnigen französischen Pinsel« just dort am Werk zu sehen, wo der Rezensent »Meisterstriche« erkannt zu haben meint (WuB 2,628); und wenn Lenz ein Detail lobt, klingt das so: »Dies ist ein Zug aus Shakespeare«, aber »für einen Franzosen« ist es »schon rühmlich […], ihn *bloß gefühlt* zu haben« (WuB 2,629).
Wiederaufgenommen wird jener Kontrast zwei Jahre später in einer Notiz mit der Überschrift *Für Wagnern (Theorie der Dramata),* einer Notiz wahrscheinlich aus dem Herbst 1774, die zu Lenz' Lebzeiten nicht veröffentlicht wurde. Sie bezieht sich auf Heinrich Leopold Wagner, der zu dieser Zeit mit der Übersetzung einer dramentheoretischen Schrift des französischen Theoretikers Louis-Sébastien Mercier befasst ist (die Übersetzung erscheint 1776 unter dem Titel *Neuer Versuch über die Schauspielkunst*). Lenz' Notiz beginnt mit den Worten:

Es gibt zweierlei Art Gärten, eine die man beim ersten Blick ganz übersieht, die andere da man nach und nach

wie in der Natur von einer Abwechselung zur andern
fortgeht. So gibt es auch zwei Dramata, meine Lieben,
das eine stellt alles aufeinmal und aneinanderhangend
vor und ist darum leichter zu übersehen, bei dem andern
muß man auf- und abklettern wie in der Natur.

(WuB 2,673)

Eine Redesituation fingierend – daher die Anrede »meine
Lieben« –, geht Lenz von der Gartenbaukunst aus und bezieht sich dabei auf ein Paradigma für den Übergang von
einer klassizistischen zu einer nicht mehr klassizistischen
Ästhetik im 18. Jahrhundert. Der französische Garten oder
eigentlich Park ist der streng symmetrisch angelegte mit ge-
stutzten Bäumen in geometrischen Formen, während der
englische Park der naturnähere ist, der zwar ebenfalls gestaltet ist, aber mit seiner dichteren Bepflanzung und seinen un-
regelmäßigen Wegen mehr »Abwechselung« bietet. Zwar
führt bereits Mercier in dem genannten *Neuen Versuch* den
Vergleich der beiden Gartentypen ein; möglicherweise ist
Lenz aber bei der Wahl dieses Paradigmas auch durch Goethes *Werther* angeregt worden, der, ebenfalls im Herbst 1774
erschienen, gleich im ersten Brief einen (englischen) Garten
dafür preist, dass »ein fühlendes Herz« und »nicht ein wis-
senschaftlicher Gärtner« den Plan für ihn entworfen habe.

Eine Pointe – wie bei Mercier (vgl. Inbar, B 5: 1982, 57 f.) –
liegt jedenfalls in der Übertragung jener Opposition auf die
Dramatik: die dem französischen Garten entsprechende
Dramatik ist zweifellos die klassizistische Dramatik Frank-
reichs, während die andere Dramatik, bei der es zugeht wie
in der Natur, diejenige Shakespeares ist. »Natur! Natur!
nichts so Natur als Shakespeares Menschen«, ruft auch Goethe angesichts der Shakespeare'schen Dramatik aus.[15]

Im Folgenden hält Lenz sich dann nur noch an das Bild
des englischen Gartens – französischer Garten und französi-

---

15 WA I,37, 133 (*Zum Schäkespears Tag*).

sches Drama sind eben gleichermaßen uninteressant für ihn –
und bringt eine wertende Perspektive mit herein:

> Wenn nun die Rauhigkeit der Gegend die Mühe nicht
> lohnt, so ist das Drama schlecht, sind aber die Sachen
> die man sieht und hört wohl der Mühe wert seine Phan-
> tasei ein wenig anzustrengen, dem Dichter im Gang sei-
> ner vorgestellten Begebenheiten nachzufolgen, so nennt
> man das Drama gut. Und ist die Aussicht die er am Ende
> des Ganges eröffnet, von der Art daß unsere ganze Seele
> sich darüber erfreut und in ein Wonnegefühl gerät das
> sie vorher nicht gespürt hat, so ist das Drama vortreff-
> lich. Das ist die Theorie der Dramata.   (WuB 2,673)

Kurz gefasst: lohnt die Kletterei sich nicht, dann ist das
Drama schlecht, andernfalls ist es gut. Mit anderen Worten:
die Unterscheidung zweier Dramentypen hat sich unter der
Hand in die Unterscheidung zwischen gut und schlecht ver-
schoben, und die ergibt sich in nahezu tautologischer Weise
aus der Einsicht, dass die Mühe sich lohne oder eben nicht.
Dennoch mündet dieser spielerische Unsinn in einen bemer-
kenswerteren Hinweis: für die Bewertung eines Dramas ist
die emotionale Reaktion des Rezipienten entscheidend,
»vortrefflich« ist das Drama, das rundum Freude bereitet
und ein Wonnegefühl erzeugt (ohne den Intellekt ansprechen zu müssen) – eine Feststellung, die allen Bemühungen
der Aufklärung um objektivierende Festlegungen des Schönen entgegensteht.

»Das ist die Theorie der Dramata« – dieser Schlusssatz ist
natürlich eine Frechheit. Er entzieht höchst ironisch der
Theorie überhaupt den Boden, denn das pure Lustprinzip –
was gefällt, ist gut, und was missfällt, ist schlecht –, dieses
pure Lustprinzip ist eben in Wirklichkeit keine Theorie. Im
Grunde wird mit diesem Schlusssatz der Theorie jeder Anspruch auf eine Bedeutung für die poetische Praxis abgespro-
chen. In der Aufklärung, besonders in der Frühaufklärung,
erhob die Theorie im Rahmen der Regelpoetik noch den An-

spruch, die Praxis zu leiten. Bei Lenz ist von diesem Anspruch nichts mehr übrig geblieben.

Ebenfalls um die Dramentheorie, vor allem um die Frage
nach der Einheit des Orts, geht es in zwei Schriften, die
Shakespeare im Titel führen, nämlich *Von Shakespeares
Hamlet* und *Über die Veränderung des Theaters im Shake-
spear*. Die Letztere der beiden Schriften wurde in der Straßburger Deutschen Gesellschaft von Lenz vorgetragen, während die Erstere einen Vorentwurf dafür darstellt; beide können daher zusammen betrachtet werden. Mit der im Titel genannten ›Veränderung des Theaters‹ ist die Umdekorierung
der Bühne infolge eines vom Autor vorgesehenen Schau-
platzwechsels gemeint; es geht somit um die Frage nach der
Legitimität von Schauplatzwechseln, wobei *Hamlet* eher nur
als Beispiel herangezogen wird.

In der Bemühung, »von dem enthusiastischen Shake-
speare-Kult« (Inbar, B 5: 1982, 52) der *Anmerkungen übers
Theater* ein wenig abzurücken, betont Lenz nunmehr, dass
der Schauplatzwechsel bei Shakespeare »immer nur als *Ausnahme von der Regel*« (WuB 2,739, 744) vorkomme. Daher
dürften »junge Dichter« (ebd.), die nach Belieben die Schau-
plätze wechseln, sich keineswegs auf Shakespeare berufen –
ein Hinweis, mit dem Lenz möglicherweise, ein wenig au-
genzwinkernd, auch in die Richtung seiner eigenen Dramen
zielt. Entscheidend ist für den Dramatiker, dass der Zuschauer gefesselt wird, dass die Illusion möglichst ungestört
ist oder, anders ausgedrückt, dass das »Interesse« (WuB
2,739 u. ö.) des Zuschauers ständig wach bleibt. In Übereinstimmung mit den *Anmerkungen übers Theater* sieht Lenz
als geeignet für die »Erregung des Interesses« (in der Tragödie) vor allem die »Ausmalung großer und wahrer Charaktere und Leidenschaften« (WuB 2,740). – Wenn jedenfalls ein
Schauplatzwechsel der Erhaltung des Interesses dient, dann
ist er sogar geboten. In diesem Zusammenhang entdeckt
Lenz, dass der Leser eines Romans sich kraft seiner eigenen
Phantasie an den jeweiligen Schauplatz versetzt und dass die-

se Leistung selbstverständlich auch von einem Zuschauer er-
bracht wird, ohne dass die Illusion darunter leidet (vgl. WuB
2,743, 748). Daraus ließe sich folgern, dass das Entscheiden-
de die jeweils handlungsangemessene Ortswahl ist, dass also
die Ortseinheit prinzipiell nicht als ›Regel‹ und der Schauplatzwechsel nicht als ›Ausnahme‹ einzustufen ist, aber eine
solche Konsequenz zieht Lenz noch nicht.

Shakespeare bildet den Bezugspunkt auch in der Schrift
Das Hochburger Schloß, entstanden Anfang 1777 in Emmendingen im Breisgau, wo Lenz sich bei Schlosser und seiner Frau aufhält. Das im Titel genannte Schloss, eine Ruine
in der Nähe von Emmendingen, veranlasst Lenz, seine Phantasie frei schweifen zu lassen; es bringt ihm Shakespeares *König Lear* in Erinnerung und lässt ihn seine Assoziationen erst
einmal mit einigen bemerkenswerten Sätzen beschließen:

> Die Natur zerstört Schlösser um herrlichere Gegenstän-
> de für die Kunst hervorzubringen; und wär es nichts
> weiter, als dem Geist des nachfolgenden Künstlers aus
> den Resten dieses großen Werks zu ahnden übrig zu las-
> sen. Daher das Unvollendete oft an dem Höchsten. Der
> Geist des Künstlers wiegt mehr als das Werk seiner
> Kunst.   (WuB 2, 754)

Dass der Natur zwar die Initiative überlassen ist, dass sie
sich aber in den Dienst der Produktivität der Kunst stellt,
dies ist eine erstaunliche Bemerkung in einer Zeit, in der –
unter der Maxime der ›Nachahmung der Natur‹ – gemeinhin
der Natur der erste und der Kunst der zweite Rang einge-
räumt wird. Auch der Hinweis auf das Unvollendete scheint
den Rahmen der Zeit zu übersteigen, indem er – über die ge-
schichtlich ja noch bevorstehende Klassik hinausgreifend –
die romantische Wertschätzung des Fragments vorweg-
nimmt. Nur schließlich die Hervorhebung des Künstlers
lenkt in den Horizont des Sturm und Drang und der Genie-
Ästhetik zurück. Dabei erinnert übrigens die Zurücksetzung
des ›Werks‹ hinter den ›Geist‹ nochmals an die vorhin bereits

gestreifte *Emilia Galotti* Lessings und an den Maler Conti,
der ebenfalls nicht im Produkt von ›Arm‹ und ›Pinsel‹, also
im manuell hergestellten Werk, die eigentliche künstlerische
Leistung sehen möchte, sondern in dem, was das ›Auge‹ des
Künstlers sieht, also in der spezifisch künstlerischen Art der
Wahrnehmung. – Die anschließenden Überlegungen zu Details der Shakespeare'schen Dramen leiden ein wenig unter
ihrer offenkundig apologetischen Tendenz (vgl. Inbar, B 5:
1982, 77–79). Im Zweifelsfall neigt Lenz dazu, Shakespeares
Urheberschaft in Zweifel zu ziehen, so dass die berechtigte
Kritik diesen gar nicht treffen kann.

Zur *zweiten Gruppe* der ästhetischen Schriften gehören,
wie erwähnt, die Kommentare zu den Werken der Mitstreiter des Sturm und Drang. Es geht hier letzten Endes um eine
neue Ästhetik und zunächst jedenfalls um die poetischen
und allgemeiner auch um die weltanschaulichen Impulse, die
der jüngeren Generation gemein sind und für die Lenz nicht
zuletzt deshalb eintritt, um die Solidarität unter den Mitstreitern weiter zu befestigen. Das gilt besonders für zwei
Schriften über Goethes *Götz* und über seinen *Werther*. Die
kleine Schrift *Über Götz von Berlichingen*, entstanden zwischen Ende 1773 und Anfang 1775, ist der Form nach eine
Rede vor der Sozietät. Den Anfang dieser Schrift, die viel
von Lenz selbst verrät, bildet eine leicht satirisch getönte
Skizze vom menschlichen Leben (oder eigentlich vom Leben
eines akademisch gebildeten männlichen Angehörigen des
gehobenen Bürgertums):

> Wir werden geboren – unsere Eltern geben uns Brot
> und Kleid – unsere Lehrer drücken in unser Hirn Wor-
> te, Sprachen, Wissenschaften, – irgend ein artiges Mäd-
> chen drückt in unser Herz den Wunsch es eigen zu
> besitzen, es in unsere Arme als unser Eigentum zu
> schließen, wenn sich nicht gar ein tierisch Bedürfnis mit
> hineinmischt – es entsteht eine Lücke in der Republik

[d. h. im Gemeinwesen] wo wir hineinpassen – unsere
Freunde, Verwandte, Gönner setzen an und stoßen uns
glücklich hinein – wir drehen uns eine Zeitlang in diesem Platz herum wie die andern Räder und stoßen und
treiben – bis wir wenns noch so ordentlich geht abge-
stumpft sind und zuletzt wieder einem neuen Rade
Platz machen müssen – das ist, meine Herren! ohne
Ruhm zu melden unsere Biographie – und was bleibt
nun der Mensch noch anders als eine vorzüglichkünst-
liche kleine Maschine, die in die große Maschine, die
wir Welt, Weltbegebenheiten, Weltläufte nennen besser
oder schlimmer hineinpaßt. (WuB 2, 637)

Lässt man den satirisch-kritischen Unterton außer Acht,
so entspricht das Leben, das Lenz hier entwirft, sicherlich
den Vorstellungen, die sein Vater in Bezug auf den Sohn vor
Augen gehabt hat. Und wenngleich ein solches Leben ja nun
keinesfalls das Ziel aller Wünsche sein kann, bleibt nebenbei
zu konstatieren, dass es im Falle Lenz' eben nicht einmal
dazu gekommen ist, dass er einen regulären Beruf und eine
Frau fürs Leben gefunden hätte. Der auffälligen Passivität
des Kollektivs der ›Wir‹ – »Wir werden geboren« usw. – entspricht das Bild der Maschine, das eine Anleihe bei den französischen Materialisten ist – etwa bei Julien Offray de La
Mettries Schrift *L'homme machine* aus dem Jahr 1747 (vgl.
Rector, B 5: 1988) – und das die anschließende Kritik vorbereitet: »Aber heißt das gelebt? heißt das seine Existenz gefühlt, seine selbstständige Existenz, den Funken von Gott?«
(WuB 2,637 f.) Natürlich nicht, meint Lenz. Denn zum Wert
des Daseins gehört – neben der Intensität des Lebens (›die
Existenz fühlen‹) – die Autonomie (›selbständig‹). Diese Autonomie bewährt sich im Handeln. Das aktive Handeln aber
ist die eigentliche »Seele der Welt«, im Handeln bezeugt sich
»die in uns handelnde Kraft, unser Geist«, als »unser höchs-
tes Anteil«, im Handeln wird der Mensch »Gott ähnlich«
und gewinnt er »Freiheit« (WuB 2,638) – das entspricht ganz

dem Tenor der oben besprochenen moralisch-theologischen Schriften.

Indem er sich mit »Enthusiasmus« für das »Tun« und gegen das »Leiden« (d. h. gegen die Passivität) ausspricht, wendet Lenz sich der zeitgenössischen Schaubühne zu. Als Maßstab für die Beurteilung dramatischer »Produkte« überhaupt soll »der *lebendige* Eindruck« dienen, »der sich in Gesinnungen, Taten und *Handlungen* hernach einmischt« (WuB 2,639), also der Einfluss, den ein Produkt hinfort auf das Handeln der Rezipienten ausübt. Das ist eine außerordentlich hohe Erwartung. Wie vordem die Aufklärung die Literatur darauf verpflichtet hat, die Menschen zu beeinflussen, zu erziehen und sogar zu bessern, so traut offenkundig auch Lenz der Literatur noch eine derart weitgehende Macht zu, auch wenn er nicht mehr eine moralisierende, sondern nur eine allgemein belebende, die Schöpferkraft stimulierende und das ganze Leben beseligende Wirkung von ihr erwartet.

Im Anschluss an diese Überlegungen geht Lenz ein wenig auf Goethes *Götz von Berlichingen* ein, wobei er nun freilich keine kritisch-distanzierte Beurteilung liefert, sondern seinen Zuhörern schlichtweg die Identifikation mit dem Titelhelden ans Herz legt: »ahmt Götzen erst nach, lernt erst wieder denken, empfinden, handeln, und wenn ihr euch wohl dabei befindet, dann entscheidet über Götz« (WuB 2,639). Dann greift Lenz das vordem besonders im Barock verbreitete Bild des Theaters und des Rollenspiels auf:

> Wir sind alle, meine Herren! im gewissem Verstand noch stumme Personen auf dem großen Theater der Welt, bis es den Direkteurs gefallen wird uns eine Rolle zu geben. [...] Was könnte eine schönere Vorübung zu diesem großen Schauspiel des Lebens sein, als wenn wir da uns itzt noch Hände und Füße gebunden sind, in einem oder andern Zimmer unsern Götz von Ber-

lichingen, den einer aus unsern Mitteln [aus unserer
Mitte] geschrieben, eine große Idee – aufzuführen
versuchten.   (WuB 2,640)

Der Gedanke einer solchen Aufführung ist ernst gemeint –
»welch eine Idee! welch ein Götterspiel!« –, ja, Lenz verliebt
sich regelrecht in ihn: »Da braucht's weder Vorhang noch
Bänke! [...] die Probe ein drei- viermal gemacht – und dann
eingeladen alles was noch einen lebendigen Odem in sich
spürt – das heißt, Kraft Geist und Leben um mit Nachdruck
zu handeln« (WuB 2,641).

Das emphatische Plädoyer für das Handeln steht am Ende
zwar abermals im Zentrum. Genauso deutlich ist aber die
Beengtheit der Lage – »Hände und Füße gebunden« –, in der
die Sehnsucht nach dem Handeln so dringlich empfunden
wird und die Schauspielerei als (vorläufiger) Ersatz für das
›wirkliche‹ Handeln dienen soll (vgl. Blunden, B 9: 1975,
185).

In der Literaturwissenschaft ist in zeitweise überpointier-
ter Form die Auffassung vertreten worden, die in der Regel
bürgerlichen Literaten des 18. Jahrhunderts seien zunächst
einmal von dem Wunsch beseelt, praktisch-gestaltend tätig
zu werden und die realen politischen und sozialen Lebens-
verhältnisse mitzubestimmen; sie müssten dann aber die Erfahrung machen, dass die gegebenen Machtverhältnisse ihnen in Wirklichkeit keinerlei Einflussnahme erlaubten, und
sie zögen sich daraufhin enttäuscht in die Innerlichkeit zurück und widmeten sich fortan der Literatur und eben nicht
mehr der Politik. Das ist vielleicht eine Überspitzung. Aber
gerade bei den Stürmern und Drängern finden sich verschiedentlich solche in die reale Praxis drängenden Impulse, denen dann wenig Resonanz beschieden ist, so dass die Autoren sich auf ihr literarisches Schaffen zurückgeworfen sehen.
Das gilt nicht zuletzt auch für Lenz, der eben – bezeichnenderweise – nicht nur sein Drama *Die Soldaten* schreibt, sondern Impulse für eine Reform des Soldatenlebens geben

möchte und eben mit diesem letzteren Bemühen scheitert, wohingegen seine Dramen seinen Nachruhm begründen.

Die oben erwähnte zweite Schrift trägt den Titel *Briefe über die Moralität der Leiden des jungen Werthers*; sie ist zwischen Ende 1774 und Mitte 1775 entstanden und ist in der Tat für eine Veröffentlichung vorgesehen gewesen. Lenz schickt sie Goethe, der sie seinerseits an Friedrich Heinrich Jacobi weitergibt, den jüngeren der beiden mit Goethe befreundeten Jacobi-Brüder, einen Schriftsteller und Philosophen im Umkreis des Sturm und Drang. Jacobi rät von einer Veröffentlichung ab mit dem Argument, nachvollziehbar seien die Lenz'schen *Briefe* nur für die dem Sturm und Drang ohnehin Nahestehenden, die aber eben deshalb dieser Briefe nicht bedürften (vgl. WuB 2,915). Der Druck unterbleibt daraufhin.

Jacobis Einwand ist nicht von der Hand zu weisen. Dass Lenz seine Abhandlung über den Briefroman *Werther* ebenfalls in die Form von Briefen kleidet, dies deutet bereits die fehlende Distanz an. Als Verteidiger des *Werther* schlägt Lenz sich in der Tat so entschieden auf die Seite Goethes, dass diejenigen, die den Roman nicht schätzen, auch der Verteidigungsschrift nichts abgewinnen können. Überdies erlaubt sich gleich der erste der insgesamt zehn Briefe, statt zur Sache zu kommen, erst einmal eine »Ausschweifung« (WuB 2,674), die den Eindruck erweckt, als nehme Lenz die Kritiker nicht recht ernst. Offenkundig ist das Bekenntnis zur Partei des Sturm und Drang für ihn wichtiger als die mit Argumenten operierende Erläuterung des Goethe'schen Romans. Darum kann er »im Vorbeigehen« (WuB 2,675) die Gelegenheit nutzen, im zweiten Brief in eigener Sache einen Kommentar zu seinem *Hofmeister* zu liefern.

Veranlasst sind die *Briefe* nicht zuletzt durch die *Werther*-Kontrafaktur, die Friedrich Nicolai unter dem Titel *Freuden des jungen Werthers. Leiden und Freuden Werthers des Mannes* 1775 veröffentlicht (vgl. Schmalhaus, B 5: 1994a, 82–91).

Darüber hinaus aber wenden die *Briefe* sich vor allem gegen die, die dem Goethe'schen Roman eine »Verteidigung des Selbstmords« (WuB 2,675) vorwerfen, wie es unter anderem der Hamburger Hauptpastor Johann Melchior Goeze tut, und die eine Verführung zur Amoralität argwöhnen. »Ist das erhört einen Roman wie eine Predigt zu beurteilen. O Deutschland mit deinem Geschmack!«, so entrüstet sich Lenz bereits in einem Brief an den Dichter Friedrich Wilhelm Gotter (WuB 3,318).

Natürlich spielt in den *Briefen* bei Themen wie ›Enthusiasmus‹ und ›Liebe‹ ganz einfach auch die unterschiedliche Erhitzbarkeit der älteren und der jüngeren Generation eine Rolle; Lenz, dem bei der Lektüre »die Sinnen vergingen« (WuB 2,675), will es nicht begreifen, wie ein Rezensent kaltblütig nach der Moral des Romans fragen kann. Indessen liefert er dann doch auch Argumente: das Werk vermittle psychologische Einsichten, es eröffne den Zugang zu den »verborgensten Schlupfwinkeln« (WuB 2,682) des Herzens, so dass es dadurch bereits »auch das Herz *bessern* muß« (ebd.), also eine moralisierende Wirkung ausübt (vgl. Osborne, B 5: 1975, 53–62). – Vorausgesetzt ist die (aufklärerische) Ansicht, dass der Mensch im Prinzip gut ist, dass er nicht gegen seine bessere Einsicht handeln kann und dass er immer nur aufgrund von mangelhafter Einsicht falsch handelt. Wer Einsichten verbreitet, fördert mithin das Gute.

Die einzelnen Gesichtspunkte, mit deren Hilfe Werther verteidigt wird, lassen sich nicht so recht auf einen Nenner bringen, zumal Lenz nicht mehr »einen bestimmten allgemeingültigen Standpunkt« voraussetzt, der eine »eindimensionale Auslegung eines literarischen Werkes« erlaubt (Wurst, B 5: 1992, 202). So schwärmt er zwar hemmungslos davon, wie er selbst »mit Werthern liebte, mit Werthern litt, mit Werthern starb« (WuB 2,675 f.), er meint aber – indem er offenbar einfach von sich selbst ausgeht –, dass selbst der sich mit Werther identifizierende Leser sich »die Liebe zum Leben« erhalten und darum Werthers Selbstmord nicht nachahmen werde. Und überhaupt: »Werther ist ein Bild« (WuB 2,685), mithin eine poetische Fiktion mit der entsprechenden Abstraktheit, und kann daher gar nicht so ohne Weiteres ›nachgeahmt‹ werden.

An diesem Punkt angelangt, ändert Lenz die Perspektive, indem er sich fragt, ob es denn so einfach sei, einen so außerordentlichen Menschen wie Werther tatsächlich nachzuahmen. Dieser Perspektivenwechsel bedeutet einen logischen Bruch: die Frage ist nicht mehr, ob man Werther imitieren soll (oder eben nicht), vielmehr unterstellt Lenz es nun als erstrebenswert, Werther gleichzukommen – und wer sollte dazu in der Lage sein? Lenz entwirft in der Folge ein enthusiastisches Bild von Werther, von seinem seelischen Reichtum und der Unermesslichkeit seines Leidens, ein Bild, das sich bis zu der Apostrophe »heiliger Werther!« (WuB 3,687) versteigt und in dem alle diejenigen Züge fehlen, mit deren Hilfe Goethe es in seinem Roman den Lesern ermöglicht hat, auf Distanz zu der Titelfigur zu gehen. Bezeichnenderweise schließt Lenz mit dem Hinweis, er sehe sich noch nicht in der Lage, ein wirkliches Urteil über Goethes *Werther* abzugeben, einem Hinweis somit auf die Unvergleichlichkeit und Einzigartigkeit dieses Werks.

Sind die beiden zuletzt behandelten Texte ganz auf vorbehaltlose Begeisterung eingestimmt, so dominiert ein eher spöttischer Ton in der 1775 erschienenen Schrift *Nur ein Wort über Herders Philosophie der Geschichte*, wobei der Spott sich natürlich nicht gegen Herder richtet. Die Überschrift bezieht sich auf einen Aufsatz Herders (von rund hundert Seiten) mit dem Titel *Auch eine Philosophie der Geschichte zur Bildung der Menschheit*, der im Vorjahr 1774 veröffentlicht worden ist. Herder hat die darin formulierten Überlegungen später in einem viel ausführlicheren Buch, *Ideen zur Philosophie der Geschichte der Menschheit*, wieder aufgenommen und insofern seinen eigenen Aufsatz überholt. Indessen hat der Aufsatz bei seinem Erscheinen viel

Resonanz gefunden, weil er ganz in die Stimmung der Zeit, also des Sturm und Drang, passt. Herder schwärmt darin für das gefühlsstarke, echte, bewegte Leben, und er plädiert gegen die kalte Philosophie des Jahrhunderts, also gegen die Philosophie der Aufklärung, und gegen die trockene und kalte Vernunft, als deren Repräsentant Voltaire zu sehen ist. Denn schon der Titel des Herder'schen Aufsatzes »*Auch* eine …« ist eine Reaktion auf Voltaires Text *Philosophie der Geschichte* (*Philosophie de l'histoire*). Die Frühzeit der Menschheit wird von Herder als ein Zustand naiver und erfüllter Zufriedenheit geschildert – im Gegensatz zu den politisch und moralisch heruntergekommenen Spätzeiten, in denen wir jetzt leben. – Der Stil ist – weit entfernt von aller Geschichtswissenschaft – ausgesprochen emphatisch, gefühlsgeladen, voller Ausrufezeichen und Gedankenstriche: »Morgenland, du […] auserwählter Boden Gottes!«[16] Herder begeistert sich jeweils für die geschichtliche Epoche, die er gerade beschreibt – hier als ein Beispiel die Schilderung von Roms Ende:

Alles war erschöpft, entnervt, zerrüttet: von Menschen verlaßen, von entnervten Menschen bewohnt, in Üppigkeit, Lastern, Unordnungen, Freiheit und wildem Kriegesstolz untersinkend. […] da ward in Norden neuer Mensch gebohren. Unter frischem Himmel, in der Wüste und Wilde, wo es niemand vermuthete […] Gothen, Vandalen, Burgunden, Anglen, Hunnen, Herulen, Franken und Bulgaren, Sklaven [recte: Slawen] und Langobarden kamen […], und die ganze neuere Welt vom Mittelländischen zum schwarzen, vom Atlantischen zum Nordmehr, ist ihr Werk! […] Freilich verachteten sie Künste und Wißenschaften, Üppigkeit und Feinheit […] aber wenn sie statt der Künste, Natur: statt der Wißenschaften, gesunden Nordischen Verstand,

16 Johann Gottfried Herder, *Sämmtliche Werke*, hrsg. von Bernhard Suphan, Bd. 5, Berlin 1891, S. 483.

statt der feinen, starke und gute, obgleich wilde Sitten brachten, und das alles nun zusammen gährte – welch ein Eräugniß![17]

Das ist der Sturm-und-Drang-Stil im Bereich von Philosophie und Wissenschaft. Dass eine derartige Darstellung auch auf Widerspruch stößt, ist klar. Herders Aufsatz wird denn auch verschiedentlich kritisiert, unter anderem in einer Sammelrezension des Gießener Vielschreibers Christian Heinrich Schmid (in Wielands Zeitschrift *Der Teutsche Merkur*), einer Rezension, die zugleich Lenz' Drama *Der neue Menoza*, ebenfalls aus dem Jahre 1774, mitkritisiert: beide Texte »spotteten ›des kultivierten Europa‹« (zit. nach: WuB 2,914). Darauf reagiert Lenz mit seinem Text *Nur ein Wort … (WuB 2,671 f.). Wenngleich es sich bei Schmids Äußerungen um eine kritische Rezension handelt, sieht Lenz es nicht ungern, an der Seite eines solchen »Meisters« wie Herder genannt zu werden und seinen *Neuen Menoza* mit Herders Aufsatz »in eine Klasse« (ebd.) gesetzt zu sehen. Vielleicht, so überlegt er, habe der Rezensent bei Herder und bei ihm die »Ähnlichkeit ihrer Empfindungen«, mithin eine durchaus bestehende Gemeinsamkeit, erkannt.

Lenz' Text ist nun freilich alles andere als eine ernsthafte Erwiderung auf irgendwelche Einwände. Zitiert sei der erste Teil des ersten Satzes:

Wenn ich bedenke, wie denn das bei jeder Schrift überdacht werden muß, was es kostete, ein Werk dieser Art in unserm Zeitalter aufzustellen, wie viel Mut der erste Entschluß [zu ergänzen: kostete], seine einzelne Stimme der Stimme des ganzen Universi entgegen zu setzen (dessen Repräsentant Voltaire doch nur war, daher sein Beifall so krebsartig um sich fraß), wie viel Mühe, wieviel Geduld [es kostete], die Materialien zusammen zu tragen, wieviel Geschmack sie mit der Leichtigkeit, mit

17 Ebd., S. 514 f.

der Eleganz zusammen zu setzen, ein Bändchen in Ta-
schenformat wie das seines Gegners aus einem Buche zu
machen, das unter eines andern Händen zu dreizehn
Foliobänden würde angewachsen sein – wenn ich bedenke, wieviel […]   (WuB 2,671)

Ironie und Frechheit sind die Paten dieser Anti-Kritik.
Lenz' anderthalbseitiger Text besteht aus einem riesigen,
immer erneut ansetzenden und am Ende abgebrochenen
Bedingungs-Satz – »Wenn ich […]« –, dem nur noch ein
zweiter Satz, ein Aussagesatz von zweieinhalb Zeilen Länge,
folgt. Gegenüber eigentlichen Argumenten überwiegen spielerische Gebärden wie das Titanische der Konfrontation des
Einzelnen mit dem ganzen Universum. Ernsthafter wirkt die
Hervorhebung der Herder'schen Stilzüge »Ironie«, »Bild,
Sinnlichkeit, Anschaun« und die Wirkung auf den Rezipienten, der »in wollüstiges Nachdenken« versetzt wird, der also
gleichermaßen emotional wie intellektuell reagiert. Vor allem
in Bezug auf die Ironie, »Sokrates' Lieblingsform«, ist Lenz'
eigener Text bemüht, dem Vorbild des Herder'schen Aufsatzes nahe zu kommen.
  Die Bekundung von Solidarität mit einem Gleichgestimm-
ten ist jedenfalls wichtiger als die Widerlegung einer für in-
adäquat erachteten Kritik, wichtiger als die Einhaltung der
Spielregeln der gelehrten Auseinandersetzung. Damit hängt
dann auch eine durchgehende Neigung zu pointierten Formulierungen und, von ironischen Elementen abgesehen, eine
gewisse Poetisierung der sprachlichen Gestalt zusammen,
wie die w-Alliterationen in der folgenden Passage erkennen
lassen: »wie er da, selbst da Voltairen aufwiegt, welch eine
nachlässige leichte Wendung und wahre Grazie er den tief-
sinnigsten Wahrheiten zu geben gewußt, wie durchgehends
[…]« (WuB 2,671f.).

  Zur zweiten Gruppe der ästhetischen Schriften gehört
auch eine Verteidigung von Lavaters *Physiognomischen*

Fragmenten unter dem etwas umständlichen Titel *Nachruf
zu der im Göttingischen Almanach Jahrs 1778 an das Publikum gehaltenen Rede über Physiognomik.* Dieser *Nachruf*
erscheint in Wielands Zeitschrift *Teutscher Merkur* (Wieland
stellt Lenz also auch nach dessen Hinauswurf aus Weimar
seine Zeitschrift als Publikationsorgan zur Verfügung), und
er bezieht sich auf eine Kritik an Lavater, die Georg Christoph Lichtenberg in dem von ihm herausgegebenen *Göttingischen Taschenkalender* veröffentlicht hat.

Was der Lavater'schen Physiognomik zugrunde liegt –
dies hier nur nebenbei –, ist die alte Wunschvorstellung, den
Menschen als körperlich-seelische Einheit zu erfassen, mit
der durchaus konsequenten Frage, ob unter der Voraussetzung einer solchen Einheit das unsichtbare seelische Innere
nicht auch in den sichtbaren äußerlich-körperlichen Zügen,
insbesondere im menschlichen Gesicht, einen entzifferbaren
Ausdruck finden könnte. In diesem Sinne, so Lenz, strebt
Lavater danach, die »Anlagen und Fähigkeiten des Menschen aus körperlichen Zeichen zu erraten und dadurch
Menschenkenntnis und Menschenliebe zu befördern« (WuB
2,762). Erschlossen werden sollen die »Talente« (WuB
2,764), also nicht die fertigen Charaktere, sondern, wie eben
zitiert, die »Anlagen und Fähigkeiten«, und zwar aus den
dauerhaften Charakteristika eines Gesichts, wenn es nämlich
dereinst der jetzt noch jungen Wissenschaft gelungen sein
wird, deren Verhältnis zum Inneren des Menschen zu bestimmen. Die Physiognomik gehört demnach zu den »praktischen Wissenschaften« (WuB 2,765), sie versucht, empi-
risch die Beziehung zwischen den Gesichtern und dem Inneren der Menschen zu erkunden. – Übrigens geht es dabei
nicht um das Mienenspiel, um den flüchtigen Ausdruck innerer Empfindungen wie zum Beispiel Lächeln oder Stirn-
runzeln; die Erforschung eines solchen Ausdrucksreper-
toires ist – mit einem Ausdruck Lichtenbergs – Sache der
»Pathognomik«, die natürlich jeder Schauspieler kennt, ohne
sie als Wissenschaft betrieben zu haben, und die nicht zuletzt

in den zeitgenössischen Diskussionen über die Schauspielkunst immer wieder zur Debatte steht. Wenn im Übrigen –
Lenz zufolge – die Physiognomik die »Mauern zwischen
Menschen und Menschen einreißen« (WuB 2,767) und so,
wie zitiert, Menschenkenntnis und Menschenliebe befördern
soll, so setzt dies abermals ganz im Sinne der Aufklärung
voraus, dass die Menschen, nur weil sie einander nicht kennen, in einem »Zustande des Mißtrauens, des Auflauerns, der
Ungewißheit, der Handelnsunfähigkeit, des bürgerlichen
Todes beharren« (WuB 2,767).

Im Ganzen hebt Lenz in seinem *Nachruf* mehr die wohl-
gesonnenen Absichten Lavaters hervor, als dass es ihm gelingt, die durchaus einleuchtenden Gegenargumente Lichtenbergs zu entkräften. Lichtenberg reagiert denn auch mit
einer gewissen Kaltblütigkeit auf Lenz' Darlegungen; in der
Einleitung zur zweiten Auflage seiner Kritik an der Physio-
gnomie meint er, das, was Lenz zu Lavaters Verteidigung an-
führe, sei »unbeträchtlich und in der Abhandlung [in Lichtenbergs Abhandlung] hinlänglich widerlegt«, und in Bezug
auf die Pathognomik habe er deren »Untrüglichkeit [...]
schon besser bestritten« als Lenz dies tue.[18]

Wenngleich Lenz hier Lichtenberg nicht eigentlich angreift, so ergänzt die kritische Auseinandersetzung mit den
von den Älteren vertretenen traditionelleren Haltungen und
Orientierungen die enthusiastischen oder apologetischen
Bekenntnisse zu den Mitstreitern komplementär. Zielscheibe
– neben Nicolai – ist hier abermals Wieland, der in seiner
Zeitschrift *Der Teutsche Merkur* hart mit den jüngeren Autoren ins Gericht geht. Neben den erwähnten satirischen
Verstexten *Menalk und Mopsus* und *Éloge de feu Monsieur
**nd* sowie dem *Pandämonium Germanicum* verfasst Lenz
eine weitere auf Wieland zielende satirische Komödie, die

---

18 Georg Christoph Lichtenberg, *Schriften und Briefe*, hrsg. von Wolfgang
Promies, Bd. 3, München 1972, S. 262.

den Titel *Die Wolken* trägt (nach der gleichnamigen Komödie des griechischen Dramatikers Aristophanes). Zunächst ist Lenz gegen den Rat Lavaters und anderer dringend an einer Veröffentlichung interessiert, er gerät dann aber zunehmend ins Schwanken und verfasst schließlich sogar selbst eine Gegenschrift, eine »Palinodie« (›Widerrufslied‹; WuB 3,379), die unter dem Titel *Verteidigung des Herrn W. gegen die Wolken von dem Verfasser der Wolken* zusammen mit seiner Komödie veröffentlicht werden soll. Dann möchte er beide Schriften getrennt erscheinen lassen, hernach erreicht er es, dass die bereits gedruckten Exemplare der *Wolken* vernichtet werden, so dass schließlich nur die Gegenschrift übrig bleibt. An der Veröffentlichung dieser *Verteidigung* ist Lenz aber gelegen, da das Manuskript der *Wolken* immerhin »durch verschiedene Hände gegangen« ist, so die Vorbemerkung (WuB 2,713). Insgeheim meint er, wie er in einem Brief erkennen lässt, dass eine solche Verteidigung »seinen [Wielands] Hauptgesinnungen mehr schaden wird als alle Anschuldigungen« (WuB 3,380). Tatsächlich ist die *Verteidigung des Herrn W.* eine Fortsetzung der Attacke (vgl. Osborne, B 9: 1974, 211), wobei Lenz vor allem sich selbst zu verteidigen, nämlich seine Angriffe auf Wieland zu rechtfertigen sucht. Nicht Leichtsinn oder Rachedurst hätten ihn geleitet, sondern die Verantwortung »für andere« – gemeint sind die Leser und vielleicht auch andere Dichter –, die in Gefahr geraten könnten, sich dem Geschmacksmonopol Wielands zu unterwerfen. Denn Wieland habe tatsächlich den Einfluss eines »Diktators« (WuB 2,716) erreicht, der darum gemahnt werden muss, auch dasjenige »aufkommen und gedeihen [zu] lassen [...], was dem Vaterlande gut und nütze sein kann, wenn es gleich nicht durch ihn gepflanzt und gesäet worden« ist (WuB 2,719). Zudem habe er – im Gewande eines Philosophen mit überlegener Einsicht – ausgerechnet die Bestrebungen welterfahrener, aber edler Jünglinge verspottet und so den unreifen Teil des Publikums auf seine Seite gezogen – man spürt, wie sehr Lenz selbst sich gekränkt fühlt. Etwas weltfremd erscheint schließlich sein Versuch, zwischen dem (zu verehrenden) Menschen und dem (zu verurteilenden) Schriftsteller Wieland zu trennen (vgl. Madland, B 5: 1986).

Um derartige Unterscheidungen geht es auch in dem sehr kurzen Text *Abgerissene Beobachtungen über die launigen Dichter* (WuB 2,769), einem Text, der sich ebenfalls auf Wieland bezieht – das geht aus einer Vorfassung hervor (vgl. Daunicht, B 5: 1941, 84 f.) – und der das begrenzte Wirkungsfeld des launigen, d. h. des humorvoll-satirischen Schriftstellers zu bestimmen sucht: Wo das Unechte zu entlarven ist, ist der Satiriker am Platz, aber die »heiligen Augenblicke des Gefühls« (WuB 2,796) sind ihm unzugänglich.

In der dritten Gruppe der ästhetischen Schriften bildet die Antike den Bezugspunkt. Um Vergil geht es in einer ganz kurzen Schrift aus dem Jahr 1773 (*Zweierlei über Virgils erste Ekloge*). Lenz äußert sich hier skeptisch über die jahrhundertelang übliche christliche Deutung von Vergils Hirtengedichten (›Eklogen‹), und er reagiert kritisch insbesondere auf den Versuch des spanischen Humanisten Johannes Ludovicus Vives (aus dem frühen 17. Jahrhundert), die erste Ekloge politisch-allegorisch zu deuten. Vergil, so Lenz, »war ein armer Teufel« (WuB 2,632), er hatte Grund, dem Kaiser Augustus dankbar zu sein, und kleidete in der ersten Ekloge seine Danksagung in »ein ganz ehrliches einfältiges süßes Schäfergedicht« (WuB 2,636), fern der »geheimnisreichen« und »geistvollen Anspielungen« (WuB 2,636), die manche wie eben Vives hinter »der Einfalt des Gedichtes« (WuB 2,636) annehmen. Zur Unterstützung seiner Sicht fügt Lenz eine betont schlicht gehaltene Übersetzung der ersten Ekloge bei, die oben schon im Zusammenhang mit den anderen Übersetzungen erwähnt worden ist.

Ebenfalls eine Übersetzung mit Kommentar findet sich unter der Überschrift *Über Ovid*. Es handelt sich um einen Vortrag vor der Sozietät aus dem Jahr 1775, einen Vortrag, in dem Lenz zunächst seine Unzufriedenheit mit dem aktuellen Zustand der Sozietät auf spöttisch-satirische Weise zum Ausdruck bringt. Hernach geht es dann um die *Metamorphosen* Ovids, angesichts derer Lenz sich nur wie ein schüchterner »Schulknabe« und nicht wie ein selbstherrlicher »Kunstrichter« (WuB 2,709) fühlt, die er dann aber doch mit ein wenig Kritik bedenkt: Ovid wie Vergil seien »Detaildichter« (WuB 2,709) gewesen und nicht Meister des großen Entwurfs. Ihr Verdienst liege »mehr in dem Detail im Ausmalen poetischer Beschreibungen, in lebhafter Kolorierung des Stils als in schöpferischer Erfindung und Anordnung des Ganzen« (WuB 2,708). Im Gegenzug freilich lässt Lenz dann das Bekenntnis zu den lateinischen Dichtern folgen und demonstriert dabei seine enge Vertrautheit mit ihnen und ihren Lebensumständen. – Es folgt die Prosaübersetzung einer Passage aus den *Metamorphosen*, nämlich einer poetischen Schilderung, die in Lenz' Augen vollkommen »wahr«, »treffend« und doch »schöpferisch« (WuB 2,710) ist.

Nicht auf die römische, sondern die griechische Antike bezieht sich ein weiterer Vortrag vor der Sozietät; er trägt die Überschrift *Übersetzung einer Stelle aus dem Gastmahl des Xenophons*. Der Vortrag wird am 1. Februar 1776 vor der Sozietät gehalten und steht offenkundig im Zusammenhang mit Lenz' bevorstehendem Wechsel nach Weimar und seiner Bemühung um eine Aussöhnung mit Wieland. Wie Aristophanes, der in seiner Komödie *Die Wolken* den Philosophen Sokrates verspottet, hat Lenz in seiner eigenen gleichnamigen Komödie eine Figur namens Sokrates auftreten lassen, mittels deren er Wieland angreift. Bereits in der *Verteidigung des Herrn W.*, die spätestens im Januar 1776 fertiggestellt ist (WuB 3,376), unterscheidet Lenz zwischen dem wahren Sokrates und seiner eigenen Figur. Offenkundig aber treibt er die Revision nun noch weiter: vor der Sozietät sucht er Sokrates nunmehr auch vor dem Spötter Aristophanes in Schutz zu nehmen. Dementsprechend werden jetzt die intellektuelle und die moralische Überlegenheit Sokrates' betont, seine »Weisheit« und »die Güte seines Herzens« (WuB 2,750). Dann folgen anderthalb Seiten aus Xenophons *Gastmahl*, die den Edelmut des Sokrates gegen den »Mutwillen und die Rohigkeit« (WuB 2,752) des Aristophanes ins rechte Licht rücken sollen.

Kultur- und gesellschaftspolitische Schriften

Wesentlich auf das Betreiben Lenz' hin wird im November 1775 die Straßburger Sozietät umgewandelt in eine ›Deutsche Gesellschaft‹. Ihr Ziel ist die Pflege der deutschen Sprache gerade in dem zu Frankreich gehörenden Straßburg. In einigen programmatischen Äußerungen legt Lenz die Intentionen dar (vgl. Blunden, B 9: 1975). Er geht von einem spezifisch deutschen Nationalcharakter aus, der sich unter anderem in »*Kürze* und *Bestimmtheit*« als Eigenschaften der deutschen Sprache äußere (WuB 2,772), und wirbt für die Rettung charakteristischer ›Provinzialwörter‹ und ›-redewendungen‹ zur Ergänzung der Hochsprache – ein Plädoyer ganz im Sinne von Herders Sprachauffassungen. Wie Lenz erläutert, gibt es zahlreiche seelische Vorgänge, für die uns die eigenen Worte fehlen, für die wir daher auf Fremdwörter zurückgreifen müssen (Lenz nennt unter anderem ›interessieren‹, ›frappieren‹). Das kann zur Folge haben, dass das eigentlich Gemeinte mitsamt seinem spezifisch nationalen Gehalt nicht angemessen zur Sprache kommt und dass die aus Not gewählten Ausdrücke verfälschend in unsere Seele zurückwirken, dies nämlich unter der unausdrücklichen Voraussetzung, dass die Sprache nicht lediglich ein Werkzeug ist, sondern an der Konstitution der besprochenen Gegenstände, hier also jener seelischen Vorgänge, mitwirkt.

Natürlich opponieren diese Ausführungen gegen die Dominanz des Französischen, wie dies auch in der Klopstock-

schen *Gelehrtenrepublik* aus dem Jahr 1774 geschieht, auf
die Lenz sich ausdrücklich bezieht (vgl. WuB 2,774). Implizit ist diese Opposition auch gemeint, wenn Lenz das Deutsche nun nicht mehr gegen den Vorwurf verteidigt, es sei im
Vergleich mit dem Französischen eine ›rauere‹ Sprache, sondern erklärt: »Alle rauhe Sprachen sind reicher als die gebildeten, weil sie mehr aus dem Herzen als aus dem Verstande
kommen.« (WuB 2,774)

Hinzu kommt noch eine weitere Überlegung. Mit Hinweis auf die gemeinschaftsbildende Wirkung der Sprache
(vgl. Preuß, B 5: 1983, 83 f.) – das knüpft erneut an Herders
Sprachreflexionen an – wünscht Lenz sich eine Vereinheitlichung der Sprache. Erreicht soll sie werden im Zusammen-
wirken der Kompetentesten, entsandt aus den verschiedensten »Kreise[n] und Provinzen« und »den verschiedensten
Ständen« angehörig (WuB 2,772), so dass, wie man folgern
kann, die ganze Nation an der Vereinheitlichung der Sprache
mitwirken würde und in ihr wiederum ein »allgemeines
Band« (WuB 2,777) fände – Sprachpflege und Sozialreform
konvergieren in dieser Perspektive (vgl. Diffey, B 9: 1993).

In einem zweiten Beitrag geht Lenz dann nochmals auf die
Konkurrenz zwischen dem Deutschen und dem Französischen ein und betont die Vorteile, die das Deutsche als
Wissenschaftssprache biete, weil es aufgrund der größeren
Freiheiten in der Wortstellung dem Geist mehr Freiheit ein-
räume – eine nun doch an den Haaren herbeigezogene Argu-
mentation, angesichts derer Lenz eigentlich mit der Gegen-
frage hätte rechnen müssen, warum die Deutschen denn die
wissenschaftliche Überlegenheit, die ihnen die Sprache angeblich verschafft, über die Jahrhunderte hinweg nicht ein-
drucksvoller zur Geltung gebracht haben.

Aufgrund der allgemeinen Schätzung der französischen
Kultur und Sprache provoziert das Unterfangen, auf französischem Terrain eine ›Deutsche Gesellschaft‹ auf die Förderung der deutschen Sprache einzuschwören, auch Kritik.
Das lässt eine weitere Schrift erkennen, in der Lenz noch-

mals dafür eintritt, dass die Beiträge auf Deutsch vorgetragen werden sollen. Übrigens hat Lenz sich damit nicht durchsetzen können (vgl. Pope, B 5: 1984, 241). – Nebenbei: es gibt kaum eine Brücke von diesen sprachtheoretischen und quasi ›sprachpolitischen‹ Reflexionen zu Lenz' poetischen Texten, in denen die Figuren sich nicht zuletzt durch ihren Umgang mit der Sprache indirekt selbst charakterisieren und entlarven und denen der Gedanke an eine manipulative Einstellung zur Sprache ganz fern liegt (vgl. Madland, B 5: 1992).

Nicht mehr im Zusammenhang mit der ›Deutschen Gesellschaft‹ stehen zwei kleinere Texte vermutlich aus dem Jahr 1776. Der eine, *Expositio ad hominem*[19] (vgl. B 1), beklagt die materielle Ungesichertheit junger Autoren und plädiert für eine finanzielle Förderung Erfolg versprechender literarischer Projekte auf Vorschlag eines gelehrten Gremiums. Lenz sagt nicht, woher das Geld kommen soll; in stillschweigendem Vertrauen auf die Idee des ›aufgeklärten Absolutismus‹ – auf die Vorstellung, dass der aufgeklärte Herrscher sich in den Dienst am Gemeinwohl stellt – setzt Lenz allem Anschein nach auf die Unterstützung durch die Fürsten (vgl. Genton, B 9: 1962; Kaufmann, B 5: 1999, 60–66; Pautler, B 5: 1999, 272–290).

Der andere Text, *Programmentwurf einer Zeitschrift* (vgl. GS 4, 264–266), nimmt in eingangs sogar gleich lautenden Formulierungen einen in der *Expositio* schon berührten Gedanken nochmals auf, nämlich eine Zeitschrift zu gründen, die in ihrer Exklusivität eine Art Gegenzeitschrift zu Friedrich Nicolais *Allgemeiner Deutscher Bibliothek* wäre. Dieser Letzteren wirft Lenz vor, dass in ihr anonyme Rezensenten um des Geldes willen schreiben, dem herrschenden Ge-

---

19 Eine Analogiebildung zu ›Demonstratio ad hominem‹. Dies ist eine scheinbar allgemeine Beweisführung, die in Wahrheit auf einen bestimmten Menschen (bzw. einen Einzelfall) zugeschnitten ist. Entsprechend könnte der Lenz'sche Titel bedeuten: ›Darlegung, ausgehend von einem besonderen Fall‹.

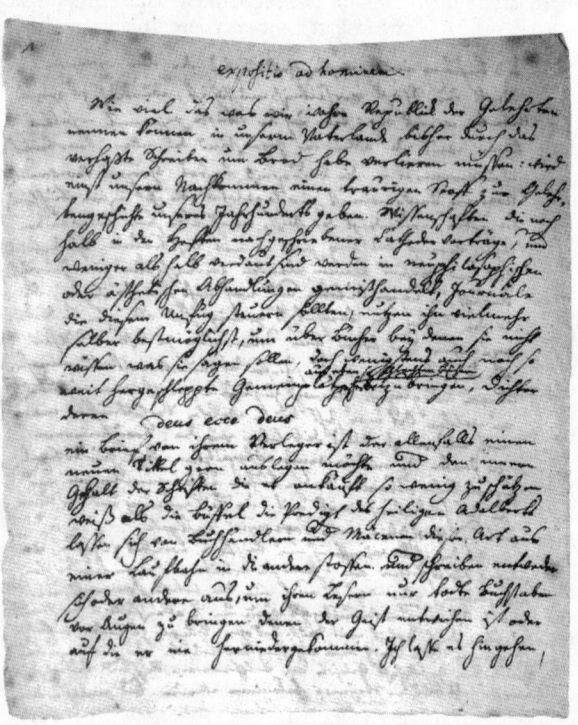

Eigenhändiges Manuskript des Texts
Expositio ad hominem

schmack unterworfen und mit dem überheblichen Anspruch auf Allgemeingültigkeit, während in seiner Zeitschrift erlauchte Geister ihre ganz individuellen und unabhängigen Meinungen zur Debatte stellen würden. In Frage kämen dafür unter anderem Klopstock, Wieland, Goethe, Hamann und Herder, lauter Größen also, die entweder einer jüngeren Generation angehören oder jedenfalls eine weniger dogmatische Vorstellung von literarischen Möglichkeiten und Grenzen vertreten als Nicolai. Indem Lenz in beiden Texten auf Klopstocks *Gelehrtenrepublik* anspielt, provoziert er natürlich einen Seitenblick zu Klopstock hinüber; und da lässt sich dann durchaus erkennen, dass Lenz insgeheim eine Art Gelehrten- und Literaten-Aristokratie vor Augen hat, die sich von den vergleichsweise demokratischeren Verhältnissen in Klopstocks *Gelehrtenrepublik* deutlich abhebt (vgl. Genton, B 9: 1962).

Die eigentliche Hauptschrift in der Reihe der kultur- und gesellschaftspolitischen Schriften ist die Schrift *Über die Soldatenehen* (1776). Lenz hat ja in seinem Umgang mit den Soldaten in der Straßburger Garnison mancherlei Probleme aus nächster Nähe kennen gelernt, und das Problem der Ehelosigkeit der Soldaten beschäftigt ihn derart, dass er neben dem Drama *Die Soldaten* auch noch einen Reformvorschlag ausarbeitet, der, entstanden zwischen 1773 und 1776, sich vor allem an den Verhältnissen in Frankreich orientiert. Lenz sucht wohl den Weimarer Herzog Carl August dafür zu gewinnen, möglicherweise in der Absicht, mit dessen Unterstützung seine Vorstellungen in Frankreich zu lancieren (vgl. Wilson, B 9: 1994, 66 f.). Im Umkreis der Schrift, die nicht bis zur Druckreife gediehen ist, existieren noch einige weitere thematisch ähnlich gelagerte Texte (vgl. WuB 2,947). Da Lenz ängstlich bemüht ist, nicht wie ein »Projektenmacher« (WuB 2,807, 827) zu erscheinen, also wie eine jener Lustspiel-Gestalten, die nur für ihre fixen Ideen leben, arbeitet er gerade auch die finanziellen Aspekte seiner Reformüberlegungen besonders sorgfältig aus und eignet sich zu diesem

Zweck »umfassende Kenntnisse« an »nicht nur über das Militärwesen, sondern vor allem über die Wirtschaft, ihre Geschichte und die zeitgenössische Diskussion über ihre Reform in Frankreich« (Hill, B 9: 1994, 124). Trotz dieser Bemühung um Seriosität bedient er sich eines enthusiastisch-poetischen Stils, ohne den Ton zu jener Nüchternheit herabzudämpfen, die sonst bei Traktaten üblich ist (vgl. Madland, B 5: 1994, 104 f.).

Lenz zielt auf einen Zustand, in dem die Soldaten nicht nur »ausgelernte Mörder«, sondern wirklich »Verteidiger ihres Vaterlandes« (WuB 2,792) wären, und er führt dafür die betont pragmatische Überlegung ins Feld, dass diejenigen Soldaten allemal kämpferisch überlegen sind, die nicht nur aus Furcht vor Strafe, sondern aus Begeisterung für etwas, zum Beispiel aus Liebe zum Vaterland, kämpfen. Wie aber weckt man diese Liebe? Indem man die »Selbstliebe der Soldaten« (WuB 2,795) miteinkalkuliert und Voraussetzungen schafft, unter denen die Soldaten zugleich für sich selbst kämpfen, wenn sie für ihr Vaterland kämpfen. Zu diesem Zweck empfiehlt Lenz ein ganzes Bündel von Maßnahmen, die geeignet wären, die Soldaten in die bürgerliche Gesellschaft zu integrieren. Väter sollen von Steuern befreit werden, wenn sie ihre Töchter mit Soldaten verheiraten, während die Kinder aus solchen Ehen auf Kosten des Königs zu künftigen Soldaten erzogen werden und die Vaterlandsliebe von früh auf eingeimpft bekommen (offenbar sind diese Kinder durchweg männlichen Geschlechts). Dass die Frauen dabei quasi zu »Prostituierten für den Staat« werden, »auf ihre sexuelle und reproduktive Funktion beschränkt und dazu noch ihrer Kinder beraubt« (Wilson, B 9: 1994, 59), das ist für Lenz allem Anschein nach nicht weiter bedenkenswert. – Die Soldaten sollen in Friedenszeiten nur im Sommer dienen und im Winter bei ihren Familien sein. Dem möglichen Einwand, verheiratete Soldaten seien schlechte Soldaten, hält Lenz entgegen, dass gerade die verheirateten besonders tapfer kämpfen werden, da sie ja wissen, wofür

sie kämpfen. Wenn die Soldaten »*auch Bürger* des Staats«
sind, »den sie beschützen« (WuB 2,820), dann schwindet der
übliche »Haß« (WuB 2,821) zwischen Bürgern und Soldaten, und die Soldaten werden humaner mit der Zivilbevölke-
rung eines bekriegten Landes umgehen. Zur Bekräftigung
schildert Lenz die gegenwärtige Gemütsverfassung der Soldaten in düsteren Farben: energielos, getrieben nur von
Angst vor Prügeln, schwankend zwischen Unzucht, Trunksucht, Feigheit, mit demoralisierenden Folgen für die bürgerliche Gesellschaft. Lenz malt die Nachteile der aktuellen
Verhältnisse und die Vorteile der reformierten noch in mancherlei Details aus und versucht dabei vor allem, Sachkennt-
nis zu demonstrieren. In finanzieller Hinsicht bemüht er
sich darzulegen, was der französische König mit Hilfe der
Reformvorschläge sparen könnte und wie gering demgegenüber die Einbußen aufgrund der erwähnten Steuerbefreiun-
gen wären. Und davon ganz abgesehen, würde er auch
»glücklichere [...] Soldaten« und »glückliche Untertanen«
(WuB 2, 827) gewinnen.

Wie soll man diese Überlegungen bewerten? Genau genommen laufen sie auf eine »Militärreform als Gesellschaftsreform« hinaus, sie neigen dazu, »den Soldatenstand zum
Motor und Träger der Gesellschaftsreform umzubilden und
damit eine umfassende Militarisierung der Gesellschaft her-
beizuführen« (Pautler, B 5: 1999, 290, 333). – Nebenbei geht
Lenz, um die Rolle der Befreiung von den Abgaben zu erläutern, auch auf die bedrückte Lage der Bauern ein – ein Thema, das ihn immer wieder beschäftigt. Ob es sich nun aber
um die Verteilung von Land an die Bauern oder um andere
Reformvorschläge dreht, der Reformer Lenz neigt regelmäßig dazu, die tatsächlichen Widerstände zu unterschätzen:
»Der feudalabsolutistische Staatsapparat müßte sich selber
liquidieren, um auch nur eine der von Lenz auf den Begriff
gebrachten bürgerlichen Forderungen zu erfüllen« (Scherpe,
B 5: 1977, 227).

Eine weitere theoretische Schrift trägt den Titel *Entwurf einiger Grundsätze für die Erziehung überhaupt, besonders aber für die Erziehung des Adels.* Die Schrift erscheint 1780 und steht wohl in Verbindung mit Lenz' Bemühungen um eine Anstellung in Livland oder Russland. Feste Grundsätze, so Lenz, sind unabdingbar, und der erste ist die Anerkennung einer hierarchischen Ordnung und die »Treue« des Adels gegenüber dem »Oberherrn«. Das Stichwort der »Treue« wiederum erlaubt es Lenz, einen Lobgesang auf das Haus Romanow anzustimmen, dem Katharina II. angehört. Da Lenz auf die Vorbildlichkeit einzelner Staatsmänner und kriegerischer Leistungen baut, kann er aus pädagogischer Sicht daran dann auch die Notwendigkeit der richtigen Anleitung bei der Lektüre anknüpfen, deren der »junge Staatsmann, der junge Taktikus« (WuB 2,833) bedarf, um nicht falschen Vorstellungen zu verfallen. Auch ist es wichtig, fremde Länder und Verhältnisse kennen zu lernen – möglicherweise ein Plädoyer Lenz' in eigener Sache (vgl. Damm, WuB 2,953), um nämlich dem Vater gegenüber die langen Auslandsaufenthalte zu rechtfertigen. Zu guter Letzt mündet die Schrift in die Empfehlung, »die Erfahrung alter Leute« zu beherzigen und »die Geschichte des Handels und des Ackerbaues eines Landes, verglichen mit der von andern Ländern« (WuB 2,837), zu studieren – dies eine Perspektive, die für Lenz in den späteren Jahren noch an Bedeutung gewinnt.

Wenn Lenz sich hier wie in den achtziger Jahren noch verschiedentlich mit Fragen der Erziehung beschäftigt, dann lässt dies abermals erkennen, wie sehr das Interesse an dieser Thematik seit dem *Hofmeister* eine Konstante seines Lebens bildet. Was freilich in den späteren Texten deutlicher hervortritt – man denke an die oben im Zusammenhang mit den Prosatexten berührte Schrift *Sangrado* –, ist die vermehrte Konzentration auf die Erziehung von Fürsten und Adligen mit der stillschweigenden Annahme, dass die auf diese verwendete Sorgfalt sich dereinst segensreich für eine Vielzahl von Untertanen auswirken werde. Den Hintergrund dafür –

wie auch für Lenz' Suche nach mächtigen Befürwortern für seine Projekte – bildet das schon wiederholt erwähnte Konzept des ›aufgeklärten Absolutismus‹, demzufolge Veränderungen immer als von oben nach unten gehend und nicht umgekehrt gedacht werden und der aufgeklärte Herrscher sich – in für seine Untertanen vorbildlicher und verpflichtender Weise – in den Dienst am Gemeinwohl stellt.

Briefe

Wenn man sich den Gesamtumfang der *Werke und Briefe* (WuB) vor Augen führt (und dabei allerdings die Plautus- und Shakespeare-Übersetzungen außer Acht lässt), dann nimmt die Abteilung der Briefe ein Viertel der Werkausgabe ein. Das ist im Vergleich mit den Verhältnissen bei anderen Autoren nicht ungewöhnlich viel, zumal wenn man berücksichtigt, dass ein Fünftel der abgedruckten Briefe gar nicht von Lenz selbst stammt, sondern an ihn gerichtet ist. Aber der Umfang dieser Abteilung rechtfertigt es immerhin, wenigstens kursorisch auch diesen Teil des Gesamtwerks zu beleuchten. Dabei wird man natürlich nicht auf einen ›authentischeren‹ Lenz spekulieren können, ›authentischer‹, als er sich in anderen Texten offenbart. Denn ein Brief ist ja – gerade in dem briefverliebten 18. Jahrhundert – nicht einfach eine unmittelbar-kunstlose Offenbarung von Innerem, sondern ein unter Umständen hoch elaborierter Text, zugehörig zu einer noch weithin respektierten Gattung mit eigenen Regeln, die seit jeher ein Gegenstand der Rhetorik sind. Zu diesen Regeln gehört besonders die Rücksicht auf den Adressaten, das heißt die wohlüberlegte Einbeziehung des Briefempfängers, seiner sozialen Stellung (im Verhältnis zu der des Briefschreibers), seines Charakters und seiner kalkulierbaren Reaktionen. Wenn Lenz sich in seinen Briefen an seinen Vater, an den Mentor Salzmann oder an die verehrte Sophie von La Roche ganz unterschiedlich gibt, dann bedeutet diese Beweglichkeit nicht, dass er keine Identität besäße (so Blunden, B 11: 1976), sondern dass er sich mit den Regeln des Briefschreibens auskennt. Insofern muss man ihn dann auch nicht verteidigen, indem man ästhetische Qualitäten in seinen Briefen ausfindig macht und diese Briefe darum »als integralen Bestandteil seines literarischen

Werks« (Haustein, B 11: 1994, 347) ansetzt, es sei denn, dass das ›literarische‹ Werk eben alle schriftlichen Äußerungen umfassen soll. – Im Übrigen wird man sich im Falle von Lenz' Briefen mit allzu weitreichenden Folgerungen zurückhalten müssen, denn es ist eben nur ein Bruchteil seiner Briefe erhalten (aus dem Jahr 1773 beispielsweise gibt es keinen einzigen Brief).

Die ersten Briefe bis zum Jahr 1769 verbleiben ganz im Umkreis der Familie und legen, ohne größere Besonderheiten zu zeigen, Zeugnis von der Fügsamkeit und unerschütterten Frömmigkeit des Heranwachsenden ab, aber auch von einer gewissen Sprachgewandtheit. Lässt man die späteren Briefe an Familienangehörige erst einmal außer Acht (sie werden unten zusammenhängend betrachtet), so ergibt sich im Jahr 1772 ein relativ geschlossenes Korpus aus den Briefen, die Lenz an den Straßburger Mentor Salzmann schreibt (vgl. Rudolf, B 5: 1970, 196–201; Schmalhaus, B 5: 1994a, 181–189). Darin ist von Verliebtheiten und literarischen Projekten die Rede (*Der Hofmeister*, Plautus-Übersetzungen), von seinen verschiedenen Lektüreerlebnissen (Hobbes, Spalding, Winckelmann, Homer), aber alsbald auch von moralisch-theologischen Fragen. Lenz bezieht sich auf individuelle Erfahrungen und wirkt dabei im Ganzen zuversichtlich: »Der Himmel ist noch nie so strenge gegen mich gewesen, mir größeren Kummer aufzuerlegen, als wozu er mir Schultern gegeben« (WuB 3,272). Und: »[…] ich glaube immer noch, daß wir schon hier in der Welt so glücklich seien, als wir es nach der Einrichtung unseres Geistes und Körpers werden können« (WuB 3,274). Also ein angemessenes Verhältnis zwischen der Glücksfähigkeit und dem tatsächlich zuteil werdenden Glück. Denn jeder ist seines eigenen Glückes Schmied: »Die Umstände, in denen wir uns befinden, müssen sich schon nach uns richten, wenn wir selbst nur fähig sind, glücklich zu sein« (WuB 3,275). Eine ausgesprochen optimistische Einstellung des 21-jährigen Lenz.

Angestoßen durch Äußerungen Salzmanns über theologische Fragen (vgl. WuB 3,280) und dann provoziert durch dessen weitere Antworten und Einwände (vgl. u. a. WuB 284, 287, 289), entwickelt Lenz einige moralisch-theologische Überlegungen, wie sie oben schon zur Sprache gekommen sind. Es geht unter anderem um Leibniz (WuB 3,280,287), um Gottes Wirken in der Welt, um das Verhältnis von Vernunft und Offenbarung. Abermals betont wird die Wichtigkeit des menschlichen Handelns. Die Themen wechseln jedenfalls, zumal Lenz ja mit seinen Stellungnahmen auch auf die entsprechenden Antworten Salzmanns reagiert (vgl. WuB 3,284, 287). Zudem hat er in manchen theologischen Fragen noch keine endgültige Position. Zu guter Letzt lässt er seine theologischen Reflexionen in das Bekenntnis münden: »Doch hoffe ich, niemals Prediger zu werden. [...] Ich fühle mich nicht dazu« (WuB 3, 295). Ein heikler Punkt, der auch im Brief vom 2. September 1772 an den Vater eine Rolle spielt (vgl. WuB 3,268).

Auffällig ist die Anreicherung des Stils um eine ganze Reihe von Sentenzen oder zumindest ins Allgemeine zielenden Bemerkungen, die bisweilen mahnend wirken und nicht recht zum Alter des Briefschreibers passen. So erkundigt Lenz sich bei dem rund dreißig Jahre älteren Salzmann nach der Sozietät und fügt die Mahnung hinzu: »Vernachlässigen Sie diese Pflanzschule Ihrer Vaterstadt nicht, teurer Freund« (WuB 3,263). Auch den Vater übrigens lässt der Sohn im gleichen Tonfall an seinem reichen Erfahrungsschatz teilhaben: »Glauben Sie mir aber, daß die menschliche Einbildungskraft lange nicht so viel erdichten kann, als das menschliche Leben oft erfahren muß« (WuB 3,268). Im Übrigen kommt auch in den Briefen der scherzhaft-spielerische und oft geistreiche Stil zur Geltung, der für Lenz im Ganzen charakteristisch ist. So liefert er gegenüber Salzmann, den er mit »Mein teurer Sokrates!« (WuB 3,263) anspricht, das Eingeständnis, dass er sich in Friederike Brion verliebt hat, und erzählt dann:

Ich gehe jetzt nach Sesenheim hinaus, um den letzten Tag dort recht vergnügt zuzubringen. Recht vergnügt – Nicht wahr, Sie lächeln über meine stolze platonische [d. h. leidenschaftslose] Sprache, mittlerweile mein Herz [...] von nichts als Flammen, Dolchen, Pfeilen und Wunden deklamiert. Was soll ich sagen? Ich schäme mich meiner Empfindungen nicht, wenn sie gleich nicht allezeit mit festem Schritt hinter der Vernunft hergehen. [...] sehen Sie die Schürze von Feigenblättern, die meine gefällige Vernunft mir allezeit vor die Blöße meines Herzens bindet.   (WuB 3,265 f.)

Von 1774 an erhält der Briefwechsel neue Schwerpunkte in der Korrespondenz mit Lavater, Goethe, Herder und anderen, die der gleichen Generation angehören. Zudem nimmt bis zum Jahr 1776 die Quantität der erhaltenen Briefe enorm zu. Im Einzelnen ist von der Physiognomik, dem Steckenpferd Lavaters, die Rede, dann von verschiedenen literarischen Beschäftigungen und Projekten, von der Suche nach Publikationsmöglichkeiten und von literarischen Fehden; insbesondere reitet Lenz auch in den Briefen seine Attacken gegen Wieland. Sind vordem die Briefe an Salzmann in einem zwar munteren, aber im Ganzen doch gemesseneren Ton gehalten, der einen gewissen Respekt erkennen lässt, so ist der Stil der späteren Briefe an die nahezu Gleichaltrigen variantenreicher, oft scherzhaft-geistreich, bisweilen aber auch schwärmerisch und elegisch klagend, die Gedankenführung erscheint mitunter gewollt sprunghaft und Spontaneität suggerierend. Wie für andere gilt auch für Lenz, dass die Gleichgesinnten sich duzen, ohne sich persönlich zu kennen, und einander alsbald ihr Herz ausschütten. An Herder, dem Lenz seine *Soldaten* geschickt hat, schreibt er, ohne ihm vordem begegnet zu sein:

Du hast meine ›Soldaten‹. Ein Wörtlein Deines Gefühls darüber [...]. Was für Sümpfe habe ich noch zu durchwaten! [...] Bedaure mich, Herder, und liebe mich.

Wie kann ich Dich loslassen? Du, der mir zum Trost in diese Einsamkeit herabgesandt worden, mir ein paar Tropfen himmlischer Stärkung zu geben. Schick mir Dein Gesicht [Porträt], Deiner Frauen Gesicht! [...] [...] Ich muß Dich und Dein Weib einmal sehn. O ich hab alle ihre Briefe an ihre Freundin aufgehascht. Welche Jagd! Gott mache mich der Offenbarungen würdig! Ich werde nicht sterben, sondern leben und des Herrn Werk verkündigen.

J. M. R. Lenz

Ich befehle Dir, den ich anbete, daß Du mir Dein und Deiner Frau und Deines Sohns Gesicht schickest – denn ich *brauche sie.*

(WuB 3,333 f.)

Sicher muss die Suche nach Gemeinsamkeit und Intimität, die aus solchen Briefen spricht, respektiert werden. Auch macht Lenz darin keine Ausnahme, dass Briefe im Freundeskreis zur Mitlektüre weitergegeben werden (vgl. WuB 3,303, 400 u. ö.). Indessen mag dahingestellt sein, ob in dem emphatischen Briefstil nicht möglicherweise auch Momente von Manieriertheit enthalten sind. Jedenfalls fällt es ins Auge, dass ein Jahr später Wieland, freilich auf der Basis persönlicher Bekanntschaft, Lenz in einem Brief mit »Lieber Schatz« anredet (WuB 3,492) und damit doch wohl auch das Intimitätswesen ein wenig ironisiert.

Zwischen den emphatischen Dokumenten der Verbundenheit mit den Gleichgesinnten finden sich Briefe an Sophie von La Roche, für die Lenz Verehrung empfindet, Briefe mit mancherlei Ausfällen wiederum gegen Wieland, da Lenz nichts von dessen alter freundschaftlicher Verbundenheit mit Sophie von La Roche weiß. Etliche weitere Briefe, besonders an Verleger, Herausgeber oder Vermittler, bringen Lenz' dauernde Geldnöte zur Sprache; sie sind in einem knappen und trockenen Tonfall gehalten, den man sonst von Lenz

nicht kennt.[1] Einige Briefe sind an verschiedene Familienangehörige gerichtet.

Dieser Teil des Lenz'schen Briefwechsels reicht auch über
den Ende 1776 erzwungenen Weggang von Weimar hinaus
bis zum Anfang des Jahres 1778, auch wenn die Briefe nun
zum Teil an neue Adressaten gerichtet sind und im Tonfall
etwas förmlicher klingen, nicht zuletzt weil Lenz mit diesen
neuen Briefempfängern eben noch weniger vertraut ist.

Dann kommt eine Lücke bis zur Mitte des Jahres 1778, die
mit Lenz' Krankheit begründet ist, gefolgt in diesem und im
folgenden Jahr von einer langsam wiederauflebenden Aktivität des Briefschreibers an zunächst nur wenige Briefpartner,
soweit die erhaltenen Dokumente da überhaupt Beurteilun-
gen zulassen. Die hernach aus dem Jahr 1780 in größerer
Zahl erhaltenen Briefe vermitteln jedenfalls den Eindruck,
als habe Lenz die frühere Balance, wenn sie ihm denn wirklich so lange abhanden gekommen sein sollte, nun doch einigermaßen wiedergewonnen, wobei man ja nicht erwarten
darf, dass ein mittlerweile knapp dreißigjähriger Autor seine
geistige Frische dadurch kundtun sollte, dass er nochmals zu
den Exaltiertheiten des ehedem gut Zwanzigjährigen zurückkehrt. Indessen ist der Einschnitt, den Lenz' Erkran-
kung im Frühjahr 1778 zur Folge hat, an mancherlei Spuren
zu erkennen. Wenn Lenz im Jahr 1777 seine Briefe an den
Basler Kaufmann und Appellationsrichter Jacob Sarasin
noch mit »Lenz« unterzeichnet hat oder auch einmal mit
»Ihr zugewandtester Lenz« (WuB 3,543), so lauten die
Unterschriften nach jenem Einschnitt »Ihr gehorsamster
Freund und Diener Lenz« (WuB 3,570 und 572), »Ihr bereit-
willigster Diener und gehorsamster Freund J. M. R. Lenz«
(WuB 3,571), »von Ihrem gehorsamsten Lenz« (WuB 3,573),
»Ihr gehorsamer Fr. u. Diener. JMR Lenz« (WuB 3,574), »Ihr
wärmster JMRLenz« (WuB 3,575) und »Dero gehorsamster

---

1 »[Elles] sont rédigées dans un style bref et sec, dont Lenz n'est nullement cou-
tumier« (Genton, B 10: 1962, 263 Anm. 7).

Lenz' Brief an Sophie von La Roche
vom 1. Mai 1775

J M R Lenz« (WuB 3,576). Die auffällige Ergebenheit, die
darin zum Ausdruck kommt, findet eine gewisse Bestätigung
darin, dass Lenz in seinen Briefen an Herder und Lavater
nun zur Sie-Anrede übergeht und den Letzteren sogar einmal mit der befremdenden Formel »Wertester Herr und
Freund!« (WuB 3,606) anspricht (freilich nimmt er sich gerade in dem dieser Anrede folgenden Brief die Freiheit, heftige
Kritik am 1777 erschienenen dritten Band von Lavaters *Physiognomischen Fragmenten* zu üben [vgl. Waldmann, B 5:
1893; Müller, B 5: 1987, 528–535]). Übrigens erscheint auch
seine Handschrift nach jenem Einschnitt weniger schlicht als
früher.[2]

Aus der Zeit zwischen 1781 und 1792, in der Lenz in Petersburg und in Moskau lebt, sind vergleichsweise wenige
Briefe erhalten. In ihnen geht es zwar auch um literarische
Dinge, dies aber vornehmlich in Bezug auf bestimmte Projekte, mit denen Lenz sich beschäftigt, so eine »Damenzei-
tung« (WuB 3,638) oder eine »Lesegesellschaft« (WuB
3,644), eine literarische Anthologie russischer Texte (vgl.
WuB 3,645) oder die Förderung von Bibeldrucken und
-übersetzungen (WuB 3,658f., 676) und die Einrichtung
von Bibliotheken (WuB 3,649, 666). Zu diesen Überlegungen gesellen sich solche, die soziale Einrichtungen und ökonomische Fragen betreffen. Lenz erkundigt sich zum Beispiel, ob es in Livland »Witwenanstalten für den Adel und
die Priesterschaft« (WuB 3,642) gebe, und er interessiert
sich zunehmend für die Handelswege und den Güterver-
kehr zwischen Livland und Russland und macht Verbesse-
rungsvorschläge:

Man spricht von neuen Magazinen die einige reiche En-
trepreneure von Metallgruben an verschiedenen Plätzen
des [russischen] Reichs errichten werden, welches da
man in Liefland nur Brandwein nach Permien und Ka-

2 »Après la maladie, l'écriture est plus construite, plus fine et plus ornée« (Genton, B 10: 1962, 261).

san schickt, leicht zu einem solidern Handel mit Brot
und Gerstensaft Gelegenheit geben könnte, woran es in
den Berggruben zu mangeln scheint. Der russische
Tressenhandel würde z. B. nebst Kupfer zu Brannt-
weinkesseln und Eisen zu andern Kesseln, gegen Liefe-
rungen an Grütze, Malz u. s. f. über Pleskau, Toropez
und Smolensk durch Agenten sehr wohlgeführt werden, und manche Weitläuftigkeiten ersparen. Ich will
vom Leinwand und Strumpfhandel schweigen, der auch
aus benachbarten Ländern geführt wird, und da fast
halb Rußland barfuß geht, bei Vereinigung der Düna
mit dem Dnepr und der Moskwa mit vielem Vorteil,
nebst dasigen Lächsen und gesalznem Fleisch gegen si-
birische Fische geführt werden könnte, die man auf dem
Wasser lebendig erhalten kann. Sollten die Engländer
mehr Blei und Zinn einführen [usw.]   (WuB 3, 683 f.)

Auch früher schon hat Lenz sich mit sozial- und wirt-
schaftsreformerischen Plänen befasst und dabei – wie in der
Erzählung *Der Landprediger* und in deren agrarreformeri-
schen Ausführungen – seine Phantasie nicht immer auf den
Bereich des wirklich Machbaren begrenzt. Soweit es sich indessen um fiktionale Texte handelt, sind die freien Flüge der
Phantasie gewissermaßen gedeckt gewesen durch die literarische Fiktion. In Lenz' letzten Briefen dagegen scheint das
Entwerfen von Projekten eher aus dem Ruder zu laufen. Indessen wäre auch hier zu differenzieren. Wenn man, bezogen
auf die eben zitierte Passage, sich zum Beispiel fragt, was mit
der 1792 offenkundig noch nicht existierenden »Vereinigung
der Düna mit dem Dnepr und der Moskwa« gemeint sein
kann, und wenn man dann einen Blick in den Atlas wirft, so
könnten die geographischen Entfernungen den Eindruck
vermitteln, dass Lenz hier keinerlei Rücksicht auf reale Gegebenheiten nimmt. Tatsächlich aber werden in Russland seit
den Zeiten Peters des Großen in enormem Umfang Kanäle
zur Verbindung der Flüsse und Seen geplant und zum Teil

auch gebaut; dazu gehört zum Beispiel auch »das Projekt zur Verbindung des Dniepers mit der Düna«, der so genannte »Oginskische Kanal«, ein Projekt, das im Jahr 1797 nochmals vom Zaren bestätigt und so weit realisiert wird, dass der Kanal dann im Jahr 1804 für die Schiff-Fahrt eröffnet werden kann.[3] Lenz' Gedankenspiele schweben in dieser Hinsicht keineswegs im freien Raum, sondern knüpfen an vorhandene Projekte an. Insofern müsste man, was Lenz weitere ›Phantasien‹ betrifft, jeweils überprüfen, inwieweit ihnen nicht ganz konkrete und allgemein diskutierte Reformüberlegungen zugrunde liegen.

Ein Thema für sich sind die Briefe an die Familie. Lenz beteuert in ihnen immer wieder den Wunsch heimzukehren und verweist ebenso oft auf die Hindernisse. Im Juni und im Juli 1772 meint er, im nächsten Frühjahr an die Heimreise denken zu können (vgl. WuB 3,258, 261); im Oktober 1772 freilich heißt es: »Wenn ich nach Liefland komme, weiß Gott« (WuB 3,270), und im Dezember 1772 fügt er hinzu, er könne aufgrund seiner Abhängigkeit von den Herren von Kleist den Zeitpunkt der Rückkehr nicht selbst bestimmen (vgl. WuB 3,296). Dabei geht es natürlich – öfters implizit als explizit – vor allem um die beruflichen Perspektiven. Hinter all den munter erzählenden Passagen kann Lenz eben nicht ganz kaschieren, dass er – statt in Amt und Würden – sich in Geldnöten befindet. Die beruflichen Probleme beschäftigen ihn durchaus, auch wenn er sich nonchalant gibt. Dass er bei einem Versuch zu predigen die Untauglichkeit seiner zu leisen Stimme »fürs Predigtamt« (WuB 3, 268) entdeckt haben will – was ja die Untauglichkeit für den vom Vater vorgesehenen Beruf bedeutet –, dies kommentiert er mit der scheinbar sorglosen Bemerkung:

3 Otto von Wittenheim, *Ueber Rußlands Wasserverbindungen* [...], 2., verm. Aufl., Mitau/Leipzig 1842, S. 7 und 195–197.

Was für eine Stelle mir also dereinst der Hausvater im
Weinberge anweisen wird, weiß ich nicht, sorge auch
nicht dafür. Noch arbeite ich immer nur für mich und
lerne von den Vögeln frei und unbekümmert auf den
Armen der Bäume den Schöpfer zu loben […]. Ich werde keinen Wink der Vorsehung aus der Acht lassen, aber
auch nicht murren, wenn ich […] noch eine Weile uner-
kannt und ungedungen am Markt stehen bleibe.

(WuB 3, 268 f.)

Ist im Juli 1772 bereits von einer »Kondition« die Rede gewesen, die Lenz sich »überlegen« wolle (WuB 3,261) – offenbar eine Anstellung bei einem Herrn Etatsrat –, so lehnt
Lenz hernach im Dezember 1772 eine Hofmeisterstelle bei
einem Pastor Müthel ab (vgl. WuB 3,296 f.). Vorwürfe bleiben nicht aus, Lenz meint Ende 1774, dass der Vater und der
ältere Bruder Fritz ihn »mit Ruten abpeitschen«, statt seine
»zärtlichen Gesinnungen« zu beantworten (WuB 3,304). Die
Mutter bestätigt im September 1775, sie »billige alles was
Papa geschrieben hat«, und sie verbindet die Sorge um seine
Gesundheit mit dem Vorwurf, dass er herumirre und sich in
»nichtswürdige Dinge« vertiefe (WuB 3,339). Offenbar aber
sind die Worte des Vaters nicht unversöhnlich gewesen; jedenfalls dankt Lenz im November 1775 den Eltern mit den
Worten: »Sie sind also wieder mein, Sie lieben mich noch«
(WuB 3,350). Dass es hernach doch wieder zu Vorwürfen gekommen ist, geht aus einem Brief vom September 1776 hervor, in dem Lenz den Gedanken von sich weist, des Vaters
»spotten« zu wollen (WuB 3,499) – was dieser ihm demnach
vorgehalten haben muss. Im Übrigen ist der Brief voller Ehrerbietung, und wenngleich er einerseits das Zugeständnis
enthält, dass der Sohn die »Hoffnungen« des Vaters »grausam« getäuscht habe, fehlt andererseits nunmehr die Versicherung, er wünsche heimzukehren. Die Feststellung vielmehr: »Die Welt ist groß […], die Wirkungskreise verschie-

den« (WuB 3,499), diese Feststellung scheint eine endgültige Trennung zu signalisieren.

Dann kommt der Einschnitt mit Lenz' Krankheit, von dem im Rahmen des Briefwechsels ein Schreiben Johann Georg Schlossers an Lenz' Vater vom 9. März 1778 zeugt mit zwei Zeilen von Lenz und dem erschütternden Bekenntnis des ›verlorenen Sohnes‹ (WuB 3,568):

> Vater! ich habe gesündigt im Himmel u. vor Dir u. bin fort nicht wert, daß ich Dein Kind heiße.
>
> Jakob Lenz

Aus dem Sommer 1779 stammt ein unter die Briefe eingereihter Text, der an die Stiefmutter gerichtet ist und dem ein Hochzeitsgedicht beigefügt ist. Dass nach dem Tod von Lenz' Mutter der Vater (geboren 1720) eine langjährige Freundin des Hauses (geboren 1718) heiratet, mag für Lenz der Anlass sein, neben allerlei formelhaften Bekundungen der Freude mit einiger Insistenz das Alter des Paars hervorzukehren: »Herbst« des »Lebens«, »die trüben Tage« des »Alters«, »schwächliche Gesundheit«, »Lasten des Lebens«, »müdes silber weißes Haupt« (WuB 3,576). Das beigelegte Gedicht schafft es in seinen sechs Strophen, viermal das Wort »Herbst« zu verwenden, und setzt dann auch noch einen »November-Tag« obendrauf (WuB 3,577). Fast möchte man meinen, Lenz sehne den Tod der beiden herbei, die ihn dann freilich beide überlebt haben.

»Lebt unser Vater noch?« (WuB 3,661) Mit dieser Frage eröffnet Lenz wiederum einige Jahre später, Mitte 1789, einen Brief an den Bruder Johann Christian. Es könnte dies ein Zeugnis der fortgeschrittenen Entfremdung von der Familie sein. Man kann aber darin vielleicht auch ein Zeugnis der geistigen Verwirrung sehen, wie sie auch aus anderen Briefen dieser letzten Lebensjahre Lenz' spricht und von ihm selbst unter der Bezeichnung »Schimäre« angedeutet wird (WuB 3,672, 673). Neben den Selbstbeschuldigungen, die sich in diesen Briefen finden (vgl. WuB 3,671 f., 677), unterbreitet

Lenz seine oben erwähnten Projekte auch den Familienangehörigen. Dazu kommen etliche Ausführungen zu etymologischen, pädagogischen und religiösen Fragen.[4] Wenn Lenz
sich in dem letzten erhaltenen Brief an den Vater »verfolgt«
fühlt (WuB 3,671), so muss das nicht Einbildung sein, sondern es kann mit den Verfolgungen der Moskauer Freimaurer zusammenhängen (vgl. Damm, B 5: 1989, 414–416). Sein
Tod hernach muss freilich keiner Fremdeinwirkung zuzu-
schreiben sein, da Lenz in dem (nicht an ein Familienmit-
glied gerichteten) letzten der von ihm erhaltenen Briefe vom
14. Januar 1792 »heftige Schmerzen« (WuB 3,681) und eine
»ziemlich ernsthafte Krankheit« (WuB 3,683) erwähnt.

Bemerkenswerterweise kommt Lenz in diesem letzten
Brief seinerseits auf den gewandelten Briefstil zu sprechen.
Ihm fällt offenbar selbst die Gedankenflucht auf, von der
dieser Brief zeugt, und er entschuldigt sich daher für seine
»Geschwätzigkeit« (WuB 3,683), die er mit seiner Krankheit
begründet, und erklärt zudem: »Meine ziemlich ernsthafte
Krankheit setzt diesmal allen launigten nebenausschielenden
Anspielungen Grenzen« (WuB 3,683). Lenz ist sich da offensichtlich des anspielungsreichen Stils als eines Charakteristi-
kums seiner Briefe bewusst. Dass die Briefe an die Familienangehörigen in den letzten Jahren wenig mehr von diesem
Stil erkennen lassen, begründet sich natürlich mit den reichlich verquälten Beziehungen zur Familie. Dennoch lässt jene
Bemerkung über das »diesmal« fehlende Launige seines
Schreibens die Vermutung zu, dass der Autor in den verlo-
rengegangenen Briefen dieser Jahre an andere Adressaten als
die Familienangehörigen sich jenes ihm eigenen Stils bedient
haben wird und darin über die Jahre hinweg eine durchaus bemerkenswerte stilistische Kontinuität bewahrt haben
könnte.

---

4 Soweit diese Ausführungen von den Herausgebern Freye/Stammler und
  Damm als unverständlich oder zusammenhanglos eingestuft worden sind,
  fehlen sie in den Ausgaben.

Rezeption und Wirkung

1780 erscheint in der Berliner *Litteratur- und Theater-Zeitung* ein Nachruf auf Lenz (vgl. LU 1,335 f.). Der Nachruf kommt zwar ganze zwölf Jahre zu früh, aber das Versehen ist immerhin bezeichnend: mit dem Sturm und Drang – als einer sich vehement zur Geltung bringenden, aber alsbald auch wieder verebbenden literarischen und kulturellen Strömung –, mit diesem Sturm und Drang rücken auch die im Besonderen mit ihm verbundenen Autoren bereits in der zweiten Hälfte der siebziger Jahre in den Hintergrund, soweit sie sich nicht mit neuen literarischen Themen und Formen abermals ins Gespräch bringen. Lenz gerät jedenfalls erst einmal mehr oder weniger in Vergessenheit. In den ausgehenden neunziger Jahren, zwei Jahrzehnte nach seinem Weimarer Aufenthalt, werden dann immerhin einige seiner Texte von Schiller veröffentlicht. Und er findet abermals einige Zeit später Anklang bei den Romantikern Achim von Arnim und Clemens Brentano, die sich für den *Neuen Menoza* erwärmen (vgl. LU 2,11 f., 14), und bei Ludwig Tieck, der 1828 sogar eine dreibändige Werkausgabe veranstaltet.

Im Laufe des 19. Jahrhunderts wird Lenz wiederholt neu entdeckt, namentlich durch Georg Büchner – darauf ist gleich noch zurückzukommen –, aber diese Wiederentdeckungen geraten regelmäßig in eine Opposition zu den herrschenden ästhetischen Maßstäben und der an ihnen orientierten Literaturgeschichtsschreibung. Im 19. Jahrhundert nämlich setzt sich die Vorstellung einer deutschen Nationalliteratur durch, deren Entwicklung im 18. Jahrhundert aus den Niederungen der Aufklärung bis zum strahlenden Gipfel der Weimarer Klassik geführt habe. Dieser literaturgeschichtliche Höhepunkt setzt hinfort die ästhetischen Maßstäbe. Kein Wunder, dass die ehemaligen literarischen

Weggefährten des ›Olympiers‹ Goethe sich vor nachteiligen
Vergleichen kaum retten lassen und Lenz – unter Berufung
auf ein angebliches Wort des Herzogs Carl August – als
»Affe Goethes« eingestuft wird (Hermann Hettner 1867;
LU 2,190).[1] Zudem erlaubt es im Falle Lenz' – anders als bei
den übrigen Weggefährten – auch noch die Biographie, die
mit der (späteren) Klassik gänzlich inkompatiblen Züge in
seinen Werken – offen oder verdeckt – in eine Verbindung mit
seiner psychischen Krankheit zu bringen (Stephan/Winter, B
12: 1984, 59) und daraus eine Bestätigung der Gesundheit und
Lebenskraft eben der klassischen Normen zu beziehen.

Nicht zuletzt aber hat Goethe selbst in seiner Autobiographie *Dichtung und Wahrheit* Lenz in einer Weise dargestellt,
die dessen Bild im 19. Jahrhundert arg getrübt hat. Goethe
schaut in der Autobiographie mit großem Abstand auf den
Sturm und Drang zurück, auf eine Zeit der seelischen Wirr-
nisse, der »Selbstbeobachtung« und »Selbstquälerei«, die für
ihn »durch die Schilderung Werthers abgeschlossen sein sollte«.[2] Nicht so für Lenz, dem in Goethes Augen ein solcher
›Abschluss‹, also eine Selbstbefreiung, nicht gelingt und der –
im Unterschied zu Herder, Klinger und anderen – in Goethes Autobiographie geradezu als der Repräsentant jener
vergangenen Epoche erscheint (vgl. Unglaub, B 12: 1983,
261). Goethe beschreibt ihn näherhin als einen ebenso »ta-
lentvollen« wie »seltsamen Menschen« und charakterisiert
ihn mit dem englischen Ausdruck »whimsical«,[3] also ›wun-
derlich, launenhaft, sonderbar‹. Und weiter:

Aus wahrhafter Tiefe, aus unerschöpflicher Productivi-
tät ging sein Talent hervor, in welchem Zartheit, Beweglichkeit und Spitzfindigkeit mit einander wetteiferten,

---

1 Bei der Äußerung, von wem auch immer sie stammt, handelt es sich um eine
kleine Geistreichelei. Denn der »Affe Goethes« spielt auf den »Affen Gottes«
(*simia dei*) an, also auf die traditionelle Vorstellung, dass der Mensch, indem er
schöpferisch wirkt, den Schöpfergott nachahmt (und insofern ihm nachäfft).
2 WA I,28, 245 f.
3 Ebd. 75 f.

das aber, bei aller seiner Schönheit, durchaus kränkelte, und gerade diese Talente sind am schwersten zu beurtheilen. Man konnte in seinen Arbeiten große Züge nicht verkennen; eine liebliche Zärtlichkeit schleicht sich durch zwischen den albernsten und barockesten Fratzen, die man selbst [...] einer wahrhaft komischen Gabe kaum verzeihen kann.[4]

Scheinen positive und negative Momente sich hier noch das Gleichgewicht zu halten, so gewinnen die negativen ein Übergewicht, wenn rundheraus dekretiert wird: Lenz' »Tage waren aus lauter Nichts zusammengesetzt«[5] oder wenn schlichtweg von »Lenzens Verkehrtheit«[6] die Rede ist. Deutlicher noch in die Richtung eines auch moralisch ins Gewicht fallenden Charakterfehlers weist es, wenn Goethe bei Lenz »einen entschiedenen Hang zur Intrige«[7] registriert und wiederholt meint, Lenz habe ihm schaden wollen.[8] Wenn freilich jener »Hang zur Intrige« dann genauer gefasst wird als Hang »zur Intrige an sich, ohne [...] selbstische, erreichbare Zwecke«,[9] dann verliert das inkriminierte Verhalten doch wieder an Verwerflichkeit, um nun allerdings entsprechend unsinniger zu erscheinen.

Goethes Fazit lautet schließlich: Lenz zog wie ein »Meteor [...] über den Horizont der deutschen Literatur hin und verschwand« wieder, ohne »im Leben eine Spur zurückzulassen«.[10] Vielleicht ist Goethe bewusst, dass just zu dem Zeitpunkt, zu dem er dies feststellt, nämlich im Jahr 1814, die Romantiker, wie oben erwähnt, Lenz bereits wiederentdeckt haben (vgl. Unglaub, B 12: 1983, 266). Die eigenartige Bekräftigung des Umstands, dass Lenz nicht nur in der deut-

4 Ebd. 247.
5 Ebd.
6 Ebd. 138.
7 Ebd. 246.
8 Vgl. ebd. 251, 327; vgl. auch WA I,36, 229–231.
9 WA I,28, 246.
10 Ebd. 252.

schen Literatur, sondern auch »im Leben« keine Spur hinterlassen habe, mutet fast so an, als wolle der Autor sich in dieser Ansicht selbst bestärken.

Sicherlich muss man sich die veränderten Gesinnungen
und Denkhorizonte des alternden Goethe als Hintergründe
für seine Beurteilung Lenz' vergegenwärtigen (vgl. Inbar, B 5:
1978; Stephan/Winter, B 12: 1984, 54–56; Hill, B 12: 1994).
Indessen geht es um deren Wirkung, und da sind immerhin
schon im 19. Jahrhundert Bemühungen unternommen worden, Lenz in Schutz zu nehmen (vgl. Froitzheim, B 5: 1891,
1–9). Mittlerweile hat Lenz sogar eine derartige Zuwendung
erfahren, dass man heute, statt Goethes Wertungen zu teilen,
eher dazu neigt, diesem einen ›Verrat auf persönlicher wie
literarisch-politischer Ebene‹ vorzuwerfen (Hill, B 12: 1994,
222).

Wesentlich beigetragen zu dieser Umorientierung hat das
einfühlsame Porträt Lenz', das Büchner in seiner berühmten
Erzählung *Lenz* gestaltet. Büchner, dessen Hauptquelle
Oberlins Bericht über Lenz' Aufenthalt in Waldersbach ist,
liefert in einer fast wahlverwandtschaftlichen Nähe zu Lenz
ebenso analytisch genaue wie von sympathetischer Zuwendung bestimmte Einblicke in das Innere des psychisch leidenden Lenz. Eindrucksvolle Schilderungen der Landschaft
verweisen auf das spannungsreiche Verhältnis zwischen Subjekt und Natur. Lenz' ästhetische Ansichten sind genauso
einbezogen wie sein Verhältnis zur Religion, beides Dimensionen, in denen – und besonders in der Letzteren – Büchner
auch eigene Auffassungen zur Geltung bringt. Die Fragment
gebliebene Erzählung, an der Büchner vermutlich 1836 gearbeitet hat, wird 1839 von Karl Gutzkow veröffentlicht und
erlangt – zumal seit dem Naturalismus – den Charakter eines
Vorbilds hinsichtlich der Thematik des vom Wahnsinn gefährdeten Intellektuellen (vgl. Martin/Stiening, B 12: 1999)
wie auch hinsichtlich der als modern empfundenen Erzähl-
weise, die zwischen den Erzählperspektiven wechselt, die die
Parataxe bevorzugt, sich oft auf Andeutungen beschränkt

und Antithesen und die Verknüpfung von Heterogenem schätzt.

Nach der positiven Resonanz, die Lenz bei den Romantikern findet, und der negativen Beurteilung im Gefolge einer eher biedermeierlichen Goethe-Verehrung (vgl. Madland, B 5: 1994, 33–49) wird er im ausgehenden 19. Jahrhundert dann vor allem von den Naturalisten als ein Vorläufer der ›Moderne‹ entdeckt (vgl. Becker, B 12: 1993) und geradezu zu einer »Kultfigur« (Winter, B 2: 2000, 121) gemacht. Nachdem Carl Bleibtreu auf Lenz hingewiesen hat, identifiziert sich der Lyriker Wilhelm Arent so sehr mit ihm, dass er sich als dessen Reinkarnation empfindet und eigene Gedichte als Lenz'sche ausgibt (vgl. LU 2,234–241, 314–317). Immerhin veranlasst er Max Halbe, sich seinerseits mit Lenz zu beschäftigen; Halbe veröffentlicht dann einen Aufsatz in der Zeitschrift *Die Gesellschaft*, in dem er den Dramatiker Lenz begeistert als einen Ahnherrn des Naturalismus begrüßt (»Jakob Michael Reinhold Lenz im Spiegel der Forschung«, B 3: 1995, 127–141; LU 2,300–314).

Nachdem Goethe mit dem Lenz-Porträt in *Dichtung und Wahrheit*, vor allem aber Büchner mit seiner Erzählung das Interesse auf die Person Lenz' gelenkt haben, entstehen bereits im 19. (vgl. Harris, B 12: 1973, 220–224), vermehrt jedoch im 20. Jahrhundert – neben den wissenschaftlichen Auseinandersetzungen mit dem Werk – auch literarische Texte, in denen es besonders um die Person geht (vgl. allgemein Winter, B 2: 2000, 117–174). Zum Teil konzentrieren diese Texte sich auf Lenz und Friederike Brion, zum Teil auf die Beziehung zu Goethe (vgl. May, B 12: 1991), und zum Teil auch stehen sie einfach im Bann von Büchners Erzählung und gehören – wie zum Beispiel Gerhart Hauptmanns Novelle *Der Apostel* (1892) oder Peter Schneiders Erzählung *Lenz* (1973) – eher zur Büchner-Rezeption (vgl. Menke, B 12: 1984). Lässt man diese letzteren Texte, in denen es im Grunde um einen ›Typus Lenz‹ geht, außer Acht, so bleiben doch etliche andere Texte, die tatsächlich auf die historische Ge-

stalt zielen (wenngleich der Einfluss Büchners auch hier mitunter hereinspielt). Es sind dies Gedichte wie Peter Huchels
Lenz (1927) und Johannes Bobrowskis *J. R. M. Lenz* [sic]
(1963) (vgl. zu beiden Harris, B 12: 1973, 227–231), aber auch
dramatische Texte wie Robert Walsers Skizze *Lenz* (1902)
(vgl. May, B 12: 1991, 81–84; Pizer, B 12: 1993) und Prosa-
texte wie Gert Hofmanns Erzählung *Die Rückkehr des verlorenen Jakob Michael Reinhold Lenz nach Riga* (1980) (vgl.
Stephan/Winter, B 12: 1984, 128–133). Zudem gibt es essay-
istische Texte zu Lenz, die von Schriftstellern stammen, so
Waldbruder Lenz (1981) von Christoph Hein (vgl. Berens,
B 12: 1994) und *Lenzens Eseley* (1990) von Peter Hacks.
Nicht im Einzelnen genannt zu werden brauchen weitere
Texte, die sich nur in begrenzterem Umfang mit Lenz (freilich zum Teil auch mit dem Büchner'schen) beschäftigen (vgl.
Stephan/Winter, B 12: 1984, 115–133). – Nebenbei: Die jähr-
liche Vergabe des Büchner-Preises bringt es natürlich mit
sich, dass die mit dem Preis bedachten Autoren sich mehr
oder weniger intensiv mit dem Werk Büchners befassen und
sich in ihren Dankreden mitunter dann über die literarische
Gestalt Lenz' hinaus auch der historischen Person zuwenden.

Noch im Vorfeld der (theaterwissenschaftlichen) Frage
nach der Bühnenrezeption der Lenz'schen Dramen liegt das
(literaturwissenschaftliche) Interesse an denjenigen Dra-
men-Bearbeitungen, die von renommierteren Autoren stammen. Von Brechts *Hofmeister*-Bearbeitung 1950 für sein
Berliner Ensemble ist die Rede gewesen. Hingewiesen sei aber
auch auf die Bearbeitung der *Soldaten* durch Heinar Kipphardt, erstaufgeführt 1968 in Düsseldorf (vgl. Schoeps, B 12:
1975; Hinck, B 12: 1978; Stephan/Winter, B 12: 1984,
211–222; Osborne, B 12: 1984/85), und auf die Bearbeitung
des *Neuen Menoza* durch Christoph Hein, aufgeführt 1980
in Ost-Berlin (vgl. Menke, B 12: 1993).

Bemerkenswerterweise hat – im Gefolge von Alban Bergs
Opern *Wozzeck* und *Lulu* – längst auch das Musiktheater
Lenz' Werke entdeckt (vgl. Petersen/Winter, B 12: 1991),

nachdem Lenz als Person in einer Nebenrolle in Franz Lehárs Singspiel *Friederike* (Uraufführung 1928) vorgekommen ist (vgl. May, B 12: 1991, 62–71). Nach Manfred Gurlitts Oper *Die Soldaten* (Uraufführung 1930) greift Bernd Alois Zimmermanns Oper *Die Soldaten* (Uraufführung 1965) auf den gleichen Stoff zurück (vgl. dazu und zu den im Folgenden genannten Opern: Schmidt, B 12: 1993). Friedrich Goldmann wendet sich in seiner ›Opernphantasie‹ *R. Hot bzw. Die Hitze* (Uraufführung 1977) Lenz' *Engländer* zu (vgl. Heister, B 12: 1994). *Der Hofmeister* bildet den Ausgangspunkt der Oper *Le Précepteur* (Uraufführung 1990) der französischen Komponistin Michèle Reverdy (vgl. Petersen, B 12: 1994), während Wolfgang Rihms Kammeroper *Jakob Lenz* (Uraufführung 1979) sich nicht auf einen Lenz'schen Text, sondern auf Büchners Erzählung bezieht.

Auch das Medium Film hat sich Lenz' bemächtigt. Um die historische Gestalt dreht sich Egon Günthers *Lenz*-Film (1992) (vgl. Höpfner, B 12: 1995), während der gleichnamige Film von George Moorse (1970) auf Büchner zurückgeht; erwähnt sei auch Alexander Rockwells *Lenz*-Film (1980), der allerdings mit Lenz nurmehr wenig zu tun hat (vgl. Stephan/Winter, B 12: 1984, 127).

Was die Literaturwissenschaft betrifft, hat Lenz seit den sechziger Jahren des 20. Jahrhunderts eine enorme Aufwertung erfahren. Das hängt mit dem seinerzeit sprunghaft anwachsenden Interesse an der Aufklärung – und dann auch dem Sturm und Drang – zusammen und mit der methodischen Neuorientierung hin zu einer sozialgeschichtlich engagierten Literatur-Betrachtung. Unter diesen Vorzeichen findet Lenz dann vor allem als sozialkritischer Dramatiker Beachtung. Erst mit einiger Verzögerung werden hernach auch andere Werkkomplexe und Gattungen vermehrt in den Blick genommen. Als zum *Hofmeister* und zu den *Soldaten* bereits eine ausgesprochen umfangreiche Sekundärliteratur vorliegt, wendet sich das Forschungsinteresse, gewissermaßen im Gleichschritt, einem vorher weniger beachteten

Drama wie dem *Neuen Menoza* (vgl. u. a. Koneffke, B 6: 1990; Pastoors-Hagelüken, B 6: 1990) sowie den anderen Gattungen der Lyrik (vgl. u. a. Vonhoff, B 8: 1990; Bertram, B 8: 1994a) und der Prosa zu (vgl. u. a. Dedert, B 7: 1990; Stötzer, B 7: 1992). Inzwischen gibt es sogar vergleichsweise umfangreiche Arbeiten zu vergleichsweise kurzen Texten wie dem *Engländer* (Glarner, B 6: 1992) oder *Ueber Delikatesse der Empfindung* (Meinzer, B 7: 1996). – In den frühen neunziger Jahren des 20. Jahrhunderts erscheinen übrigens mehrere Sammelbände, veranlasst auch durch das Jubiläum des zweihundertsten Todestages Lenz', Sammelbände, die sich um ein bewusst breites Forschungsfeld bemühen.

Gegenüber der Konzentration auf die Deutung einzelner (oder mehrerer) Texte tritt inzwischen vermehrt die Tendenz hervor, von jeweils begrenzteren Fragestellungen her die Person und das Werk Lenz' im Ganzen in den Blick zu bekommen. Nachdem sein Verhältnis zu geistigen Größen wie Shakespeare (vgl. Inbar, B 5: 1982) oder Rousseau (vgl. Diffey, B 5: 1981) schon früher Beachtung gefunden hat, von der Beziehung zu Goethe ganz zu schweigen, werden nun häufiger einzelne weltanschauliche Motive und Komplexe untersucht, so das Motiv des Handelns (vgl. Rector, B 5: 1992; Unger, B 6: 1993) oder die Motive des Stolzes und der Demut (vgl. Osborne, B 5: 1969; Hill, B 5: 1992), in der Erwartung, über die bloße Textinterpretation hinaus das Verständnis für die Persönlichkeit Lenz' zu erweitern. In diesem Sinne werden übrigens auch wiederholt Lenz' moralisch-theologische Schriften in Augenschein genommen in der stillen oder ausdrücklich bekundeten Hoffnung, dass sie das weltanschauliche Fundament auch für die literarischen Werke darstellen könnten, so dass die Interpretation der Letzteren hier eine verlässliche Grundlage finden könnte (vgl. u. a. Chantre, B 5: 1982; Sauder, B 12: 1994; Pautler, B 5: 1999).

Was die Einschätzung des Lenz'schen Werks betrifft, hat die Literaturwissenschaft einige Mühe gehabt, sich aus der Fixierung auf die Klassik und auf die mit ihr mitgegebenen

Normen zu befreien. Denn diese Fixierung besteht ja insgeheim auch dann noch fort, wenn man die Vorzeichen nur einfach umkehrt und das ehedem Hochgeschätzte nunmehr abwertet, wenn man also der klassischen Rundung, der Harmonie und dem Maß nun eben das Fragmentarische, das Zerrissene und das Maßlos-Inkommensurable vorzieht. Die Unangepasstheit des Lenz'schen Werks an die klassischen Normen, ehedem der Grund für dessen Ablehnung, wird unter den einfach nur umgekehrten Vorzeichen zum Anlass für eine Aufwertung: Lenz gilt dann als ein Vorläufer späterer literarischer Entwicklungen und sein Werk als das eines »unzeitgemäßen Irrläufers der Moderne« (Glaser, B 5: 1969, 149).

Verzichtet man darauf, jene Unangepasstheit sofort positiv oder negativ zu bewerten, dann kann man die »Widersprüche und Uneindeutigkeiten« (Wurst, B 12: 1992, 4) leichter als konstitutiv für Lenz auffassen. Die Widersprüchlichkeit zeigt sich unter verschiedenen Blickwinkeln, etwa, bezogen auf die Epoche, als »Widersprüchlichkeit von aufklärerischer Intention« einerseits und radikaler »Kritik an der Aufklärung, die dem Leiden an deren Ungenügen entspringt«, andererseits (Huyssen, B 6: 1979, 135) oder, individueller gefasst, als »ein tiefgreifender Widerspruch […], der Lenzens ganzes Denken und Schaffen bestimmt«, ein Widerspruch besonders zwischen der idealistisch behaupteten »Subjekt-Autonomie« und der realistisch erfahrenen »Subjekt-Determination« (Rector, B 5: 1988, 24 f.). In diesem Sinne mehren sich heute die Empfehlungen, Lenz' Werke – jenseits der Alternative Klassik / Moderne – deutlicher von ihren aktuellen Voraussetzungen her zu betrachten, also in ihrer möglichen Verwurzelung in den Denkweisen, die den siebziger Jahren des 18. Jahrhunderts vorausgehen. Aus heutiger Sicht möchte man wiederholt das von Lenz dargestellte menschliche Fehlverhalten als gesellschaftlich verursacht sehen und daher meinen, Lenz' Texte dokumentierten seine Gesellschaftskritik. Indessen sollte man sich vielleicht mehr vergegenwärtigen, dass Lenz menschliche Verhaltensweisen immer noch zuerst mit moralischen Maßstäben misst und somit zunächst den einzelnen Handelnden moralkritisch ins Auge fasst, dass er also die Kritik nicht gleich über den Einzelnen hinweg auf die gesellschaftlichen Verhältnisse bezieht (vgl. Hill, B 5: 1992, 68 f.). Auch neigen wir dazu, Überzeugungen jeweils als im Inneren eines Subjekts angesiedelt und dort emotional eingebettet zu sehen, ohne uns immer klar zu machen, dass der dabei unterstellte Subjektivismus erst mit dem Sturm und Drang aufkommt, also in den siebziger Jahren noch längst nicht selbstverständlich ist. Wo wir etwa annehmen möchten, dass Lenz sich mit einer Äußerung zu irgendeiner theologischen Lehre bewusst gegen die Orthodoxie und gegen den Vater zu stellen sucht, setzen wir stillschweigend voraus, dass es ihm primär nicht um die »Frage von Wahrheit und Unwahrheit der Lehre« (Menz, B 5: 1996, 77) geht, sondern um die Selbstbehauptung. Wir legen existentiell-emotionale Motive zugrunde und operieren mit »den Kategorien von Liebe und Haß gegen den Vater« (ebd.), während Lenz gerade bei jener Äußerung möglicherweise eine solche subjektivistische Intention fern liegt und er keineswegs von vornherein eine oppositionelle Haltung einzunehmen sucht.

In eine ähnliche Richtung wie diese Überlegungen weist die in der neueren Forschung des Öfteren anzutreffende Neigung, vom ständigen Rekurs auf die Biographie Lenz' etwas abzurücken und die Texte nicht mehr so schnell, wie vorher oft geschehen, als Medium der Auseinandersetzungen mit dem Vater zu deuten. Das bedeutet überhaupt eine Zurücknahme des identifikatorischen Moments, wie es in dem – leicht zum Klischee geratenden – Bild des ›leidenden Lenz‹ zum Vorschein kommt. Dies schafft wiederum die Freiheit, neue, auch kritische Blicke auf Lenz' Werke zu werfen. Wenn man zum Beispiel das Verhältnis zwischen den Geschlechtern in seinen Texten betrachtet, dann hat der Respekt für den leidenden Lenz, den Zu-kurz-Gekommenen, dem nie eine erfüllte Liebe zuteil geworden ist, dann hat dieser Respekt uns möglicherweise leichter über den Gewaltzusammenhang hinweggleiten lassen, der in seinen Texten (nicht nur zur Thematik der Soldatenehen) wiederholt das Verhältnis zwischen den Geschlechtern dominiert (vgl. Müller, B 5: 1984).

Nachdem 1990 das Fehlen einer historisch-kritischen Lenz-Ausgabe beklagt worden ist (vgl. Scholz, B 5: 1990), ist diese Klage in der Sekundärliteratur zu einem Dauerlamento geworden. Mit einer solchen Ausgabe ist zwar in absehbarer Zeit nicht zu rechnen. Es sind aber seit 1987, seit Sigrid Damms Ausgabe der *Werke und Briefe in drei Bänden*, eine Reihe von Einzeltexten publiziert worden – sei es im Faksimile, sei es in kritischen Editionen. Auch ist für das Jahr 2001 eine zwölfbändige Edition der Lenz-Erstausgaben im Faksimile zu erwarten, herausgegeben von Christoph Weiß. So muss sich die Forschung eben, solange es keine neue Textgrundlage gibt, um neue Blicke auf die alten Texte bemühen.

Bibliographie

Im Text wird auf die nachfolgend verzeichneten Titel der Bibliographie (B) jeweils in Klammern mit dem Verfasser- oder Herausgebernamen – bzw. bei Werken Lenz' (B 1) und Sammelbänden mit dem Titel –, der Nummer des bibliographischen Abschnitts, dem Publikationsjahr und der Seitenzahl verwiesen (z. B.: McInnnes, B 6: 1977, 116).

Siglen

FS   Briefe von und an J. M. R. Lenz. Gesammelt und hrsg. von Karl Freye und Wolfgang Stammler. 2 Bde. Leipzig 1918. Reprogr. Nachdr. Bern 1969.

GS   Gesammelte Schriften. 5 Bde. Hrsg. von Franz Blei. München/Leipzig 1909–13.

WuB   Werke und Briefe in drei Bänden. Hrsg. von Sigrid Damm. [Mit einem Essay von S. D.] Leipzig/München 1987.

WuS   Werke und Schriften. 2 Bde. Hrsg. von Britta Titel und Hellmut Haug. Stuttgart 1966–67.

LU   Lenz im Urteil dreier Jahrhunderte. Texte der Rezeption von Werk und Persönlichkeit 18.–20. Jahrhundert. Gesammelt und hrsg. von Peter Müller unter Mitarb. von Jürgen Stötzer. 3 Bde. Bern [u. a.] 1995.

WA   Goethes Werke. Hrsg. im Auftrag der Großherzogin Sophie von Sachsen. [Weimarer Ausgabe.] 4 Abt. (Werke, Naturwissenschaftliche Schriften, Tagebücher, Briefe). 133 Bde. in 143. Weimar 1887–1919.

1. Ausgaben, Dokumente

Gesammelte Schriften. 3 Bde. Hrsg. von Ludwig Tieck. Berlin: Reimer, 1828.

Gesammelte Schriften. 4 Bde. Hrsg. von Ernst Lewy. Berlin: Cassirer, 1909.

Gesammelte Schriften. 5 Bde. Hrsg. von Franz Blei. München/Leipzig: Müller, 1909–1913.

Briefe von und an J. M. R. Lenz. Gesammelt und hrsg. von Karl Freye und Wolfgang Stammler. 2 Bde. Leipzig: Wolff, 1918. Reprogr. Nachdr. Bern: Lang, 1969.

Werke und Schriften. 2 Bde. Hrsg. von Britta Titel und Hellmut Haug. Stuttgart: Goverts, 1966–67.

Werke und Briefe in drei Bänden. Hrsg. von Sigrid Damm. [Mit einem Essay von S. D.] Leipzig: Insel Verlag, 1987 / München/Wien: Hanser, 1987. Taschenbuchausg. Frankfurt a. Main / Leipzig: Insel Verlag, 1992.

Werke. Hrsg. von Friedrich Voit. Stuttgart: Reclam, 1992.

Johann Gottfried Röderer von Straßburg und seine Freunde. Nachtrag von Briefen an Röderer und Lenz; von Lavater, Schlosser, Blessig, Pfenninger und Wieland, nebst bisher ungedruckten Aufsätzen von Lenz. [Hrsg. von August Stöber.] Colmar: [o. V.], 1874.

Lenz in Briefen. [In Auszügen hrsg.] Von F[ritz] Waldmann. Zürich: Verlag von Stern's literarischer Bulletin der Schweiz, 1894.

Schmidt, Erich: Lenziana. In: Sitzungsberichte der Königlich Preußischen Akademie der Wissenschaften zu Berlin. Bd. 41. Berlin 1901. S. 979–1017.

»Lenzens Verrückung«. Chronik und Dokumente zu J. M. R. Lenz von Herbst 1777 bis Frühjahr 1778. Hrsg. von Burghard Dedner, Hubert Gersch und Ariane Martin. Tübingen: Niemeyer, 1999.

Abgezwungene Selbstvertheidigung. In: Christoph Weiß: »Abgezwungene Selbstvertheidigung«. Ein bislang unveröffentlichter Text von J. M. R. Lenz aus seinem letzten Lebensjahr. In: Lenz-Jahrbuch 2 (1992) S. 7–41. Hier: S. 27–34.

Belinde und der Tod. Carrikatur einer Prosepopee. Mit einem Nachw. hrsg. von Verena Tammann-Bertholet und Adolf Seebaß. Basel: Erasmushaus, 1988.

[Catechismus]. In: Christoph Weiß: J. M. R. Lenz' »Catechismus«. In: Lenz-Jahrbuch 4 (1994) S. 31–67. Hier: S. 39–67.

Der Hofmeister. Synoptische Ausgabe von Handschrift und Erstdruck. Hrsg. von Michael Kohlenbach. Basel / Frankfurt a. M.: Stroemfeld / Roter Stern, 1986.

Drei unbekannte poetische Werke von J. M. R. Lenz. Die Elegie *Ernstvoll – in Dunkel gehüllt …*, die Posse *Der Tod der Dido* und der Lukianische Dialog *Der Arme kömmt zuletzt doch eben so weit.* Hrsg. von Werner H. Preuß. In: Wirkendes Wort 35 (1985) S. 257–266.

Expositio ad hominem. In: Elisabeth Genton: *Expositio ad hominem.* Un inédit de Jacob Michael Reinhold Lenz. In: Études Germaniques 17 (1962) S. 259–269. Hier: S. 259–261.

Freündschaft geht über Natur. [oder *Die Algierer*] Ein Lustspiel in drey Akten. In: Matthias Luserke / Christoph Weiß: Arbeit an den Vätern. Zur Plautus-Bearbeitung »Die Algierer« von J. M. R. Lenz. In: Lenz-Jahrbuch 1 (1991) S. 59–91. Hier: S. 77–91.

Ossian fürs Frauenzimmer. Fingal [1.–6. Gesang]. In: Iris 3 (1775) S. 163–192, 4 (1775) S. 83–105, 5 (1776) S. 87–107, 6 (1776) S. 335–353, 7 (1776) S. 563–580, 8 (1776) S. 812–830.

Pandämonium Germanikum. Eine Skizze. Synoptische Ausgabe beider Handschriften. Mit einem Nachw. hrsg. von Matthias Luserke und Christoph Weiß. St. Ingbert: Röhrig, 1993.

Philosophische Vorlesungen für empfindsame Seelen. Frankfurt a. M. / Leipzig 1780. Reprogr. Nachdr. Mit einem Nachw. hrsg. von Christoph Weiß. St. Ingbert: Röhrig, 1994.

Pleschtschejew, Sergei: Uebersicht des Russischen Reichs nach seiner gegenwärtigen Neu eingerichteten Verfassung. Aus dem Russischen übersetzt von J. M. R. Lenz. Moskau 1787. Reprogr. Nachdr. Mit einem Nachw. von Matthias Luserke und Christoph Weiß. Hildesheim [u. a.]: Olms, 1992.

Ueber Delikatesse der Empfindung […]. [Transkription der Handschrift.] In: Meinzer, B 7: 1996, 28–86.

Über die Soldatenehen. Nach der Handschrift der Berliner Königlichen Bibliothek zum ersten Male hrsg. von Karl Freye. Leipzig: Wolff, 1914.

Vergleichung der Gegend um das Landhaus des Grafen [Panin] mit dem berühmten Steinthal […]. In: Erinnerungen an das Steintal. Notizen von J. M. R. Lenz aus den letzten Lebensjahren. Mitgeteilt von Ariane Martin und Eva-Maria Vering. In: Georg Büchner-Jahrbuch 9 (1995–1999) S. 617–636. Hier: S. 620–628.

2. Bibliographien, Forschungsbericht

Benseler, David Price: Jakob Michael Reinhold Lenz. An Indexed Bibliography with an Introduction on the History of the Manuscripts and Editions. Diss. Eugene 1971. [Mikrofilm.]

Kooker, Uwe: Bibliographie. In: J. R. M. Lenz als Alternative?, B 3: 1992, 229–243.

Imamura, Takeshi: Literaturverzeichnis. In: Imamura, B 6: 1996, S. 332–478.

Winter, Hans-Gerd: J. M. R. Lenz. 2., überarb. und akt. Aufl. Stuttgart 2000. (Sammlung Metzler. 233.)

3. Sammelbände, Periodikum

J. R. M. [sic!] Lenz als Alternative? Positionsanalysen zum 200. Todestag. Hrsg. von Karin A. Wurst. Köln [u. a.] 1992.

Jakob Michael Reinhold Lenz im Spiegel der Forschung. Hrsg. von Matthias Luserke. Hildesheim [u. a.] 1995.

Jakob Michael Reinhold Lenz. Studien zum Gesamtwerk. Hrsg. von David Hill. Opladen 1994.

Jakob Michael Reinhold Lenz. München 2000. (text + kritik. 146.)

Lenz im Urteil dreier Jahrhunderte. Texte der Rezeption von Werk und Persönlichkeit 18.–20. Jahrhundert. Gesammelt und hrsg. von Peter Müller unter Mitarb. von Jürgen Stötzer. 3 Bde. Bern [u. a.] 1995.

Space to Act. The Theater of J. M. R. Lenz. Hrsg. von Alan C. Leidner und Helga S. Madland. Columbia 1993.

»Unaufhörlich Lenz gelesen …«. Studien zu Leben und Werk von J. M. R. Lenz. Hrsg. von Inge Stephan und Hans-Gerd Winter. Stuttgart/Weimar 1994.

Lenz-Jahrbuch. Sturm-und-Drang-Studien. Bde. 1 ff. (1991 ff.).

4. Epochenüberblick

Hinck, Walter (Hrsg.): Sturm und Drang. Ein literaturwissenschaftliches Studienbuch. Kronberg i. Ts. 1978. Durchges. Neuaufl. ebd. 1989.

Kaiser, Gerhard: Aufklärung, Empfindsamkeit, Sturm und Drang. München 1976. 5., unveränd. Aufl. 1996.

Karthaus, Ulrich: Sturm und Drang. Epoche – Werke – Wirkung. München 2000.

Luserke, Matthias: Sturm und Drang. Autoren, Texte, Themen. Stuttgart 1997.

Mattenklott, Gert: Melancholie in der Dramatik des Sturm und Drang. Stuttgart 1968.

Müller, Peter: Einleitung. In: Sturm und Drang. Weltanschauliche und ästhetische Schriften. Hrsg. von P. M. Berlin/Weimar 1978. Bd. 1. S. IX–CXXIV.

Pascal, Roy: Der Sturm und Drang. Autorisierte dt. Ausg. von Dieter Zeitz und Kurt Mayer. 2. Aufl. Stuttgart 1977. [Zuerst: The German Sturm und Drang. Manchester 1953. 2. Aufl. 1959.]

Sauder, Gerhard: Die deutsche Literatur des Sturm und Drang. In: Neues Handbuch der Literaturwissenschaft. Bd. 12: Europäische Aufklärung. Tl. 2. Hrsg. von Heinz-Joachim Müllenbrock in Verb. mit Ludwig Borinski [u. a.]. Wiesbaden 1984. S. 327–378.

Wacker, Manfred (Hrsg.): Sturm und Drang. Darmstadt 1985. (Wege der Forschung. 559.)

5. Darstellungen zu Leben und Werk

Arendt, Dieter: Johann Wolfgang Goethe und Jakob Michael Reinhold Lenz oder: »Ich flog empor wie die Rakete«. In: Germanisch-Romanische Monatsschrift 74 (1993) S. 36–62.

Blunden, Allan: J. M. R. Lenz and Leibniz: A Point of View. In: Sprachkunst 9 (1978) S. 3–18. – Wiederabgedr. in: Jakob Michael Reinhold Lenz im Spiegel der Forschung (B 3: 1995) 343–358.

Böcker, Herwig: Die Zerstörung der Persönlichkeit des Dichters J. M. R. Lenz durch die beginnende Schizophrenie. Diss. Bonn 1969.

Boëtius, Henning: Der verlorene Lenz. Auf der Suche nach dem inneren Kontinent. Frankfurt a. M. 1985.

Bohm, Arnd: Klopstock's Influence on J. M. R. Lenz. In: Colloquia Germanica 25 (1992) S. 211–227.

Burger, Heinz Otto: Jakob M. R. Lenz innerhalb der Goethe-Schlosserschen Konstellation. In: Rainer Schönhaar (Hrsg.): Dialog. Literatur und Literaturwissenschaft im Zeichen deutsch-französischer

Begegnung. Festgabe für Josef Kunz. Berlin 1973. S. 95–126. – Wiederabgedr. in: Jakob Michael Reinhold Lenz im Spiegel der Forschung (B 3: 1995) 269–300.

Chantre, Jean-Claude: Les considérations religieuses et esthétiques d'un »Stürmer und Dränger«. Étude des écrits théoriques de J. M. R. Lenz (1751–1792). Bern [u. a.] 1982.

Damm, Sigrid: Jakob Michael Reinhold Lenz. Ein Essay. In: WuB 3,687–768.

– Vögel, die verkünden Land. Das Leben des Jakob Michael Reinhold Lenz. Frankfurt a. M. 1989. [Zuerst Berlin/Weimar 1985. 2., korr. Aufl. 1987.]

Daunicht, Richard: J. M. R. Lenz und Wieland. Diss. Berlin 1941. Dresden 1942.

Demuth, Volker: Realität als Geschichte. Biographie, Historie und Dichtung bei J. M. R. Lenz. Würzburg 1994.

Diederichs, H.: Zur Biographie des Dichters Jacob Lenz. In: Baltische Monatsschrift 41 (1899) H. 47. S. 276–321.

Diffey, Norman R.: Jakob Michael Reinhold Lenz and Jean-Jacques Rousseau. Bonn 1981.

Freye, Karl: Jakob Michael Reinhold Lenzens Knabenjahre. In: Zeitschrift für Geschichte der Erziehung und des Unterrichts 7 (1917) S. 174–193.

Froitzheim, Johannes: Lenz und Goethe. Mit ungedruckten Briefen von Lenz, Herder, Lavater, Röderer, Luise König. Stuttgart [u. a.] 1891.

Genton, Elisabeth: Lenz – Klinger – Wagner. Studien über die rationalistischen Elemente in Denken und Dichten des Sturmes und Dranges. Diss. Berlin 1955.

Gersch, Hubert (in Zsarb. mit Stefan Schmalhaus): Die Bedeutung des Details. J. M. R. Lenz, Abbadona und der »Abschied«. Literarisches Zitat und biographische Selbstinterpretation. In: Germanisch-Romanische Monatsschrift NF 41 (1991) S. 385–412. – Überarb. wiederabgedr. in: Hubert Gersch [u. a.]: Der Text, der (produktive) Unverstand des Abschreibers und die Literaturgeschichte. Johann Friedrich Oberlins Bericht Herr L...... und die Textüberlieferung bis zu Georg Büchners Lenz-Entwurf. Tübingen 1998. S. 159–190.

Glaser, Horst-Albert: Heteroklisie – der Fall Lenz. In: Gestaltungsgeschichte und Gesellschaftsgeschichte. Literatur- Kunst- und Musikwissenschaftliche Studien. Hrsg. von Helmut Kreuzer.

Stuttgart 1969. S. 132–151. – Wiederabgedr. in: Jakob Michael Reinhold Lenz im Spiegel der Forschung (B 3: 1995) 213–232.

Gündel, Vera: Jakob Michael Reinhold Lenz' Mitgliedschaft in der Moskauer Freimaurerloge »Zu den drei Fahnen«. In: Lenz-Jahrbuch 6 (1996) S. 62–74.

Heinrichsdorff, Paul: J. M. R. Lenzens religiöse Haltung. Berlin 1932.

Hill, David: Stolz und Demut, Illusion und Mitleid bei Lenz. In: J. R. M. Lenz als Alternative? (B 3: 1992) 64–91.

Hohoff, Curt: Jakob Michael Reinhold Lenz in Selbstzeugnissen und Bilddokumenten. Reinbek 1977.

Inbar, Eva Maria: Goethes Lenz-Porträt. In: Wirkendes Wort 28 (1978) S. 422–429.

– Shakespeare in Deutschland: Der Fall Lenz. Tübingen 1982.

Jürjo, Indrek: Die Weltanschauung des Lenz-Vaters. In: »Unaufhörlich Lenz gelesen …« (B 3: 1994) 138–152.

Käser, Rudolf: Die Schwierigkeit, ich zu sagen. Rhetorik der Selbstdarstellung in Texten des »Sturm und Drang«. Herder – Goethe – Lenz. Bern [u. a.] 1987.

Kaufmann, Ulrich: Lenz in Weimar. Jakob Michael Reinhold Lenz 1776 am Weimarer Hof. Zeugnisse, Beiträge, Chronik. In Zsarb. mit Kai Agthe. München 1999.

Keller, Mechthild: Verfehlte Wahlheimat. Lenz in Rußland. In: Russen und Rußland aus deutscher Sicht. 18. Jahrhundert. Aufklärung. Hrsg. von M. K. München 1987. S. 516–535.

Kindermann, Heinz: Lenz und die Deutsche Romantik. Ein Kapitel aus der Entwicklungsgeschichte romantischen Wesens und Schaffens. Wien/Leipzig 1925.

Kreutzer, Leo: Literatur als Einmischung: Jakob Michael Reinhold Lenz. In: Hinck (B 4: 1978) 213–229.

Leidner, Alan C.: The Dream of Identity. Lenz and the Problem of ›Standpunkt‹. In: German Quarterley 59 (1986) S. 387–400.

– Zur Selbstunterbrechung in den Werken von Jakob Michael Reinhold Lenz. In: J. R. M. Lenz als Alternative? (B 3: 1992) 46–63.

Madland, Helga: Lenz and Wieland: The Dialectics of Friendship and Morality. In: Lessing Yearbook 18 (1986) S. 197–208.

– Lenzens Sprachwahrnehmung in Theorie und Praxis. In: J. R. M. Lenz als Alternative? (B 3: 1992) 92–111.

– Madness and Lenz. Two Hundred Years Later. In: German Quarterly 66 (1993) S. 34–42.

Madland, Helga: Image and Text. J. M. R. Lenz. Amsterdam [u. a.] 1994.

Martin, Ariane: Pfeffels Brief über Lenz im Steintal. In: Lenz-Jahrbuch 6 (1996) S. 93–99.

– Die Ereignisse vor dem 20. Januar 1778. Jacob Michael Reinhold Lenz' »religiose Paroxismen« in Zürich und Emmendingen. In: Georg Büchner-Jahrbuch 9 (1995-1999) S. 173–187.

Mayer, Hans: Lenz oder die Alternative. In: WuS 2,795–827.

Meinzer, Elke: Die Irrgärten des J. M. R. Lenz. Zur psychoanalytischen Interpretation der Werke *Tantalus*, *Der Waldbruder* und *Myrsa Polagi*. In: Jakob Michael Reinhold Lenz (B 3: 1994) 161–178.

Menz, Egon: Lenzens Weimarer Eselei. In: Goethe-Jahrbuch 106 (1989) S. 91–105.

– Die Mutter, die Kurtisane. Anmerkungen zu Lenz. In: Lenz-Jahrbuch 6 (1996) S. 75–92.

Müller, Maria E.: Die Wunschwelt des Tantalus. Kritische Bemerkungen zu sozial-utopischen Entwürfen im Werk von J. M. R. Lenz. In: Literatur für Leser (1984) S. 148–161.

Osborne, John: The Problem of Pride in the Work of J. M. R. Lenz. In: Publications of the English Goethe Society 39 (1969) S. 57–84.

– J. M. R. Lenz. The Renunciation of Heroism. Göttingen 1975.

Pautler, Stefan: Jakob Michael Reinhold Lenz. Pietistische Weltdeutung und bürgerliche Sozialform im Sturm und Drang. Gütersloh 1999.

Petersen, Otto von: Lenz, Vater und Sohn. In: Dankesgabe für Albert Leitzmann. Hrsg. von Fritz Braun und Kurt Stegmann von Pritzwald. Jena 1927. S. 91–103.

Pope, Timothy F.: J. M. R. Lenz's ›Literarischer Zirkel‹ in Strasbourg. In: Seminar 20 (1984) S. 235–245.

Preuß, Werner Hermann: Selbstkastration oder Zeugung neuer Kreatur. Zum Problem der moralischen Freiheit in Leben und Werk von J. M. R. Lenz. Bonn 1983.

– »Lenzens Eseley«: *Der Tod der Dido*. [Mit Textpublikation.] In: Goethe-Jahrbuch 106 (1989) S. 53–90.

– ›Verfasser unbekannt‹ – ›typisch Lenz‹. Über den Anteil von J. M. R. Lenz an der Zeitschrift *Für Leser und Leserinnen*. In: Lenz-Jahrbuch 3 (1993) S. 99–115.

Rector, Martin: La Mettrie und die Folgen. Zur Ambivalenz der Maschinen-Metapher bei Jakob Michael Reinhold Lenz. In: Willkommen und Abschied der Maschinen. Literatur und

Technik – Bestandsaufnahme eines Themas. Hrsg. von Erhard Schütz unter Mitarb. von Norbert Wehr. Essen 1988. S. 23–41.
– Sieben Thesen zum Problem des Handelns bei Jakob Lenz. In: Zeitschrift für Germanistik NF 2 (1992) S. 628–639.
Rosanow, M. N.: Jakob M. R. Lenz, der Dichter der Sturm- und Drangperiode. Sein Leben und seine Werke. Übers. von C. v. Gütschow. Leipzig 1909. Ebd. 1972. [Zuerst russ. Moskau 1901.]
Rudolf, Ottomar: Jacob Michael Reinhold Lenz. Moralist und Aufklärer. Bad Homburg v. d. H. [u. a.] 1970.
– Lenz: Vater und Sohn: Zwischen patriarchalem Pietismus und pädagogischem Eros. In: J. R. M. Lenz als Alternative? (B 3: 1992) 29–45.
Scherpe, Klaus R.: Dichterische Erkenntnis und »Projektemacherei«. Widersprüche im Werk von J. M. R. Lenz. In: Goethe-Jahrbuch 94 (1977) S. 206–235. – Wiederabgedr. in: Wacker (B 4: 1985) 279–314; Jakob Michael Reinhold Lenz im Spiegel der Forschung (B 3: 1995) 313–342.
Schmalhaus, Stefan: Literarische Anspielungen als Darstellungsprinzip. Studien zur Schreibmethodik von Jakob Michael Reinhold Lenz. Münster/Hamburg 1994. [Zit. als: 1994a.]
– »Mir ekelt vor jedem feinern Gesicht«. J. M. R. Lenz und die Physiognomik. In: Jakob Michael Reinhold Lenz (B 3: 1994) 55–66. [Zit. als: 1994b.]
Schmidt, Erich: Satirisches aus der Geniezeit. In: Archiv für Litteraturgeschichte 9 (1880) S. 179–199.
Schöne, Albrecht: Wiederholung der exemplarischen Begebenheit. Jakob Michael Reinhold Lenz. In: Schöne: Säkularisation als sprachbildende Kraft. Studien zur Dichtung deutscher Pfarrersöhne. Göttingen 1958. 2., überarb. und erg. Aufl. 1968. S. 92–138.
Scholz, Rüdiger: Eine längst fällige historisch-kritische Gesamtausgabe: Jakob Michael Reinhold Lenz. In: Jahrbuch der Deutschen Schillergesellschaft 34 (1990) S. 195–229.
– Zur Biographie des späten Lenz. In: Lenz-Jahrbuch 1 (1991) S. 106–134.
Schwarz, Hans-Günther: Lenz und Shakespeare. In: Jahrbuch der Deutschen Shakespeare-Gesellschaft West (1971) S. 85–96.
– Dasein und Realität. Theorie und Praxis des Realismus bei J. M. R. Lenz. Bonn 1985.
Sivers, Jegór von: Jacob Michael Reinhold Lenz. Vier Beiträge zu seiner Biographie und zur Literaturgeschichte seiner Zeit. Riga 1879.

Sørensen, Bengt Algot: »Schwärmerei« im Leben und Werk von Lenz. In: Jakob Michael Reinhold Lenz (B 3: 1994) 47–54.

Stephan, Inge: »Meteore« und »Sterne«. Zur Textkonkurrenz zwischen Lenz und Goethe. In: Lenz-Jahrbuch 5 (1995) S. 22–43.

Waldmann, Fr.: Lenz' Stellung zu Lavaters Physiognomik. Nebst ungedruckten Briefen von Lenz. In: Baltische Monatsschrift 35 (1893) H. 40. S. 419–436, 482–497, 526–533.

Weiß, Christoph: »Abgezwungene Selbstvertheidigung«. Ein bislang unveröffentlichter Text von J. M. R. Lenz aus seinem letzten Lebensjahr. In: Abgezwungene Selbstvertheidigung (B 1: 1992) 7–26, 35–41.

Wender, Herbert: Was geschah Anfang Februar 1778 im Steintal? Kolportage, Legende, Dichtung und Wahnsinn. In: Lenz-Jahrbuch 6 (1996) S. 100-126.

Winter, Hans-Gerd: Lenz: Grunderfahrungen und Lebenslinie. In: Stephan/Winter (B 12: 1984) 5–52.

– »Denken heißt nicht vertauben.« Lenz als Kritiker der Aufklärung. In: Jakob Michael Reinhold Lenz (B 3: 1994) 81–96. [Zit. als: 1994a.]

– »Ein kleiner Stoß und denn erst geht mein Leben an!« Sterben und Tod in den Werken von Lenz. In: »Unaufhörlich Lenz gelesen …« (B 3: 1994) 86–108. [Zit. als: 1994b.]

– »Poeten als Kaufleute, von denen jeder seine Ware, wie natürlich, am meisten anpreist«. Überlegungen zur Konfrontation zwischen Lenz und Goethe. In: Lenz-Jahrbuch 5 (1995) S. 44–66.

Wirtz, Thomas: »Halt's Maul«. Anmerkungen zur Sprachlosigkeit bei J. M. R. Lenz. In: Der Deutschunterricht 41 (1989) H. 6. S. 88–107.

Wurst, Karin: J. M. R. Lenz' Poetik der Bedingungsverhältnisse. *Werther*, die »Werther-Briefe« und *Der Waldbruder ein Pendant zu Werthers Leiden*. In: J. R. M. Lenz als Alternative? (B 3: 1992) 198–219.

Zierath, Christof: Moral und Sexualität bei Jakob Michael Reinhold Lenz. St. Ingbert 1995.

6. Drama

Albert, Claudia: Verzeihungen, Heiraten, Lotterien. Der Schluß des Lenzschen *Hofmeisters*. In: Wirkendes Wort 39 (1989) S. 63–71.

Arendt, Dieter: J. M. R. Lenz: *Der Hofmeister* oder Der kastrierte ›pädagogische Bezug‹. In: Lenz-Jahrbuch 2 (1992) S. 42–77.

Arntzen, Helmut: Die ernste Komödie. Das deutsche Lustspiel von Lessing bis Kleist. München 1968.

Becker-Cantarino, Barbara: Jakob Michael Reinhold Lenz: *Der Hofmeister*. In: Dramen des Sturm und Drang. Interpretationen. Stuttgart 1987. S. 33–56.

Bohnen, Klaus: Irrtum als dramatische Sprachfigur. Sozialzerfall und Erziehungsdebatte in J. M. R. Lenz' *Hofmeister*. In: Orbis Litterarum 42 (1987) S. 317–331. – Wiederabgedr. in: Jakob Michael Reinhold Lenz im Spiegel der Forschung (B 3: 1995) 392–406.

Bosse, Heinrich: Lenz' livländische Dramen. In: Anselm Maler (Hrsg.): Literatur und Regionalität. Frankfurt a. M. [u. a.] 1997. S. 75–100.

Burger, Heinz Otto: J. M. R. Lenz: *Der Hofmeister*. In: Das deutsche Lustspiel. Tl. 1. Hrsg. von Hans Steffen. Göttingen 1968. S. 48–67.

Butler, Michael: Character and Paradox in Lenz's *Der Hofmeister*. In: German Life and Letters 32 (1978/79) S. 95–103.

Duncan, Bruce: The Comic Structure of Lenz's *Soldaten*. In: Modern Language Notes 91 (1976) S. 515–523.

Eibl, Karl: ›Realismus‹ als Widerlegung von Literatur. Dargestellt am Beispiel von Lenz' *Hofmeister*. In: Poetica 6 (1974) S. 456–467. – Wiederabgedr. in: Jakob Michael Reinhold Lenz im Spiegel der Forschung (B 3: 1995) 301–312.

Gerth, Klaus: »Vergnügen ohne Geschmack«. J. M. R. Lenz' *Menoza* als parodistisches »Püppelspiel«. In: Jahrbuch des Freien Deutschen Hochstifts (1988) S. 35–56.

Girard, René: Lenz. Genèse d'une dramaturgie du tragi-comique. Paris 1968.

Glarner, Hannes: »Diese willkürlichen Ausschweifungen der Phantasey«. Das Schauspiel *Der Engländer* von Jakob Michael Reinhold Lenz. Bern [u. a.] 1992.

Guthke, Karl S.: Lenzens *Hofmeister* und *Soldaten*. Ein neuer Formtypus in der Geschichte des deutschen Dramas. In: Wirkendes Wort 9 (1959) S. 274–286.

– Klingers Fragment *Der Verbannte Göttersohn*, Lenzens *Tantalus* und der humoristische Fatalismus und Nihilismus der Geniezeit. Ein Beitrag zum Thema »Sturm und Drang und Romantik«. In: Worte und Werte. Bruno Markwardt zum 60. Geburtstag. Hrsg. von Gustav Erdmann und Alfons Eichstaedt. Berlin 1961. S. 111–122.

Guthke, Karl S.: *Myrsa Polagi*. Ein J. M. R. Lenz zugeschriebenes Lustspiel. In: Jahrbuch des Freien Deutschen Hochstifts (1964) S. 59–101. [Textabdruck: S. 76–101.]

Guthrie, John: Revision und Rezeption. Lenz und sein *Hofmeister*. In: Zeitschrift für deutsche Philologie 110 (1991) S. 181–201.

– Lenz's Style of Comedy. In: Space to Act (B 3: 1993) 10–24.

– »Shakespeares Geist«. Lenz and the Reception of Shakespeare in Germany. In: Jakob Michael Reinhold Lenz (B 3: 1994) 36–46.

Hallensleben, Silvia: »Dies Geschöpf taugt nur zur Hure …«. Anmerkungen zum Frauenbild in Lenz' *Soldaten*. In: »Unaufhörlich Lenz gelesen …« (B 3: 1994) 225–242.

Harris, Edward P.: Structural Unity in J. M. R. Lenz's *Der Hofmeister*. A Revaluation. In: Seminar 8 (1972) S. 77–87.

Hill, David: ›Das Politische‹ in *Die Soldaten*. In: Orbis Litterarum 43 (1988) S. 299–315.

Hinck, Walter: Materialien zum Verständnis des Textes. In: Jacob Michael Reinhold Lenz: *Der neue Menoza*. Text und Materialien zur Interpretation besorgt von Walter Hinck. Berlin 1965. S. 73–95.

– Vom Ausgang der Komödie. Exemplarische Lustspielschlüsse in der europäischen Literatur. Opladen 1977.

Hinderer, Walter: Jakob Michael Reinhold Lenz: *Der Hofmeister*. In: Die deutsche Komödie. Vom Mittelalter bis zur Gegenwart. Hrsg. von Walter Hinck. Düsseldorf 1977. S. 66–88, 370–373.

Höllerer, Walter: Jakob Michael Reinhold Lenz: *Die Soldaten*. In: Das deutsche Drama. Vom Barock bis zur Gegenwart. Interpretationen. Hrsg. von Benno von Wiese. Bd. 1. Düsseldorf 1958. S. 128–147, 489.

Horn, Peter: »Das heißt, Sie wollten die Welt umkehren«. Realismus und Populismus in Lenz' *Die Soldaten* als ethisch-ästhetische Reaktion gegen den Ästhetizismus des Klassizismus. In: Acta Germanica 22 (1994) S. 153–170.

Huyssen, Andreas: Gesellschaftsgeschichte und literarische Form. J. M. R. Lenz' Komödie *Der Hofmeister*. In: Monatshefte 71 (1779) S. 131–144. – Überarb. wiederabgedr. in: A. H.: Drama des Sturm und Drang. Kommentar zu einer Epoche. München 1980. S. 157–173.

Imamura, Takeshi: Jacob Michael Reinhold Lenz. Seine dramatische Technik und ihre Entwicklung. St. Ingbert 1996.

Koneffke, Marianne: Der »natürliche« Mensch in der Komödie *Der neue Menoza* von Jakob Michael Reinhold Lenz. Frankfurt a. M. [u. a.] 1990.

Kließ, Werner: Lenz. In: W. K.: Sturm und Drang. Velber 1966. S. 34–74.

Krämer, Herbert: J. M. R. Lenz: *Die Soldaten*. Erläuterungen und Dokumente. Stuttgart 1974.

Lappe, Claus O.: Wer hat Gustchens Kind gezeugt? Zeitstruktur und Rollenspiel in Lenz' *Hofmeister*. In: Deutsche Vierteljahrsschrift für Literaturwissenschaft und Geistesgeschichte 54 (1980) S. 14–46.

Liewerscheidt, Dieter: J. M. R. Lenz *Der neue Menoza*, eine apokalyptische Farce. In: Wirkendes Wort 33 (1983) S. 144–152. Auch in: Jakob Michael Reinhold Lenz im Spiegel der Forschung (B 3: 1995) 359–367.

Lützeler, Paul Michael: Jakob Michael Reinhold Lenz: *Die Soldaten*. In: Dramen des Sturm und Drang. Interpretationen. Stuttgart 1987. S. 129–159.

Luserke, Matthias: Jakob Michael Reinhold Lenz: *Der Hofmeister – Der neue Menoza – Die Soldaten*. München 1993.

– Das *Pandämonium Germanikum* von J. M. R. Lenz und die Literatursatire des Sturm und Drang. In: »Unaufhörlich Lenz gelesen …« (B 3: 1994) 257–272.

Madland, Helga Stipa: Non-Aristotelian Drama in Eighteenth Century Germany and its Modernity: J. M. R. Lenz. Bern [u. a.] 1982.

– Gesture as Evidence of Language Skepticism in Lenz's *Der Hofmeister* and *Die Soldaten*. In: The German Quarterley 57 (1984) S. 546–557.

– Lenz, Aristophanes, Bachtin und ›die verkehrte Welt‹. In: »Unaufhörlich Lenz gelesen …« (B 3: 1994) 167–180. [Zit. als: 1994a.]

– Semiotic Layers in J. M. R. Lenz's *Der Engländer*. In: Seminar 30 (1994) S. 276–285. [Zit. als: 1994b.]

McInnes, Edward: Jakob Michael Reinhold Lenz: *Die Soldaten*. Text, Materialien, Kommentar. München 1977.

– Lenz: *Der Hofmeister*. London 1992. [Zit. als 1992a.]

– »Kein lachendes Gemälde«. Beaumarchais, Lenz und die Komödie des gesellschaftlichen Dissens. In: J. R. M. Lenz als Alternative? (B 3: 1992) 123–137. [Zit. als 1992b.]

– Lenz, Shakespeare, Plautus and the »unlaughing picture«. In: Jakob Michael Reinhold Lenz (B 3: 1994) 27–35. [Zit. als 1994a.]

– Lenz und das Bemühen um realistische Tragödienformen im 19.

Jahrhundert. In: »Unaufhörlich Lenz gelesen …« (B 3: 1994) 373–390. [Zit. als 1994b.]

Menz, Egon: Lenzens ›Faust‹. In: Wahrnehmungen im Poetischen All. Festschrift für Alfred Behrmann zum 65. Geburtstag. Heidelberg 1993. S. 166–186.

– Der verwundete Bräutigam. Über den Anfang von Lenzens Komödienkunst. In: Jakob Michael Reinhold Lenz (B 3: 1994) 97–109.

Müller, Maria E.: Der verwundete Bräutigam. Bemerkungen zu einem Jugenddrama von Jakob Michael Reinhold Lenz. In: Lenz-Jahrbuch 3 (1993) S. 7–33.

Osborne, John: Motion Pictures. The Tableau in Lenz's Drama and Dramatic Theory. In: Space to Act (B 3: 1993) 91–105.

Parkes, Ford Briton: Epische Elemente in Jakob Michael Reinhold Lenzens Drama Der Hofmeister. Göppingen 1973.

Pastoors-Hagelüken, Marita: Die »übereilte Comödie«. Möglichkeiten und Problematik einer neuen Dramengattung am Beispiel des Neuen Menoza von J. M. R. Lenz. Frankfurt a. M. [u. a.] 1990.

Pizer, John: Realism and Utopianism in Der neue Menoza: J. M. R. Lenz's Productive Misreading of Wieland. In: Colloquia Germanica 27 (1994) S. 309–319.

Rector, Martin: Götterblick und menschlicher Standpunkt. J. M. R. Lenz' Komödie Der neue Menoza als Inszenierung eines Wahrnehmungsproblems. In: Jahrbuch der deutschen Schillergesellschaft 33 (1989) S. 185–209.

Rieck, Werner: Poetologie als poetisches Szenarium. Zum Pandämonium Germanicum von Jakob Michael Reinhold Lenz. In: Lenz-Jahrbuch 2 (1992) S. 78-111.

Sato, Ken-Ichi: J. M. R. Lenz' Fragment Die Kleinen. In: »Unaufhörlich Lenz gelesen …« (B 3: 1994) 243–256.

Schmitt, Axel: Die »Ohn-Macht der Marionette«. Rollenbedingtheit, Selbstentäußerung und Spiel-im-Spiel-Strukturen in Lenz' Komödien. In: Jakob Michael Reinhold Lenz (B 3: 1994) 67–80.

Schulz, Georg-Michael: Das »Lust- und Trauerspiel« oder Die Dramaturgie des doppelten Schlusses. Zu einigen Dramen am Ende des 18. Jahrhunderts. In: Lessing Yearbook 23 (1991) S. 111–126.

– »Läuffer läuft fort.« Lenz und die Bühnenanweisung im Drama des 18. Jahrhunderts. In: Jakob Michael Reinhold Lenz (B 3: 1994) 190–201.

Sørensen, Bengt Algot: Herrschaft und Zärtlichkeit. Der Patriarchalismus und das Drama im 18. Jahrhundert. München 1984.

Titel, Britta: »Nachahmung der Natur« als Prinzip dramatischer Gestaltung bei Jakob Michael Reinhold Lenz. Diss. Frankfurt a. M. 1963.

Unger, Thorsten: Handeln im Drama. Theorie und Praxis bei J. Chr. Gottsched und J. M. R. Lenz. Göttingen 1993.

– Contingent Spheres of Action: The Category of Action in Lenz's Anthropology and Theory of Drama. In: Space to Act (B 3: 1993) 77–90.

Unglaub, Erich: Erläuterungen, Materialien, Nachwort. In: Jakob Michael Reinhold Lenz: *Der neue Menoza. Oder Geschichte des cumbanischen Prinzen Tandi.* München 1987. S. 88–182.

– Ein neuer Menoza? Die Komödie *Der neue Menoza* von Jakob Michael Reinhold Lenz und der *Menoza*-Roman von Erik Pontoppidan. In: Orbis litterarum 44 (1989) S. 10–47.

Voit, Friedrich: Jakob Michael Reinhold Lenz: *Der Hofmeister oder Vorteile der Privaterziehung.* Erläuterungen und Dokumente. Stuttgart 1986.

Wefelmeyer, Fritz: Der scheiternde Künstler auf der Höhe mit »Bruder Goethe« und Zuschauer. Selbstdarstellung im *Pandämonium Germanicum.* In: Jakob Michael Reinhold Lenz (B 3: 1994) 140–160.

Werner, Franz: Soziale Unfreiheit und ›bürgerliche Intelligenz‹. Der organisierende Gesichtspunkt in J. M. R. Lenzens Drama *Der Hofmeister oder Vorteile der Privaterziehung.* Frankfurt a. M. 1981.

Wiessmeyer, Monika: Gesellschaftskritik in der Tragikomödie. *Der Hofmeister* (1774) und *Die Soldaten* (1776) von J. M. R. Lenz. In: New German Review 2 (1986) S. 55–68. – Wiederabgedr. in: Jakob Michael Reinhold Lenz im Spiegel der Forschung (B 3: 1995) 368–381.

Wirtz, Thomas: Das Ende der Hermetik. Zu den Schlußszenen von J. M. R. Lenz' *Verwundetem Bräutigam* und dem *Hofmeister.* In: Zeitschrift für deutsche Philologie 111 (1992) S. 481–498.

Wittkowski, Wolfgang: *Der Hofmeister.* Der Kampf um das Vaterbild zwischen Lenz und der neuen Germanistik. In: Literatur für Leser (1996) S. 75–92.

Zelle, Carsten: Ist es eine Komödie? Ist es eine Tragödie? Drei Bemerkungen dazu, was bei Lenz gespielt wird. In: J. R. M. Lenz als Alternative? (B 3: 1992) 138–157.

7. Prosa

Dedert, Hartmut: Die Erzählung im Sturm und Drang. Studien zur Prosa des achtzehnten Jahrhunderts. Stuttgart 1990.

Heine, Thomas: Lenz's *Waldbruder.* Inauthentic Narration as Social Criticism. In: German Life and Letters 33 (1979/80) S. 183–189.

Meinzer, Elke: *Über Delikatesse der Empfindung.* Eine späte Prosaschrift von Jakob Michael Reinhold Lenz. St. Ingbert 1996.

Osborne, John: The Postponed Idyll. Two Moral Tales by J. M. R. Lenz. In: Neophilologus 59 (1975) S. 68–83. – Wiederabgedr. in: Osborne (B 5: 1975) 84–99.

– Zwei Märchen von J. M. R. Lenz oder ›Anmerkungen über die Erzählung‹. In: »Unaufhörlich Lenz gelesen …« (B 3: 1994) 325–336.

Rector, Martin: Zur moralischen Kritik des Autonomie-Ideals. Jakob Lenz' Erzählung *Zerbin oder die neuere Philosophie.* In: »Unaufhörlich Lenz gelesen …« (B 3: 1994) 294–308.

Schönert, Jörg: Literarische Exerzitien der Selbstdisziplinierung. *Das Tagebuch* im Kontext der Straßburger Prosa-Schriften von J. M. R. Lenz. In: »Unaufhörlich Lenz gelesen …« (B 3: 1994) 309–324.

Stephan, Inge: Das Scheitern einer heroischen Konzeption. Der Freundschafts- und Liebesdiskurs im *Waldbruder.* In: »Unaufhörlich Lenz gelesen …« (B 3: 1994) 273–293.

Stockhammer, Robert: Zur Politik des Herz(ens): J. M. R. Lenz' »misreadings« von Goethes *Werther.* In: Jakob Michael Reinhold Lenz (B 3: 1994) 129–139.

Stötzer, Jürgen: Das vom Pathos der Zerrissenheit geprägte Subjekt. Eigenwert und Stellung der epischen Texte im Gesamtwerk von Jakob Michael Reinhold Lenz. Frankfurt a. M. [u. a.] 1992.

Voit, Friedrich: Nachwort. In: Jakob Michael Reinhold Lenz: Erzählungen. Hrsg. von F. V. Stuttgart 1988. S. 145–163.

Weiß, Christoph: *Waldbruder*-Fragmente. Über einige bislang ungedruckte Entwürfe zu J. M. R. Lenz' Briefroman *Der Waldbruder, ein Pendant zu Werthers Leiden.* In: Lenz-Jahrbuch 3 (1993) S. 87–98.

Winter, Hans-Gerd: Lenz as Adherent and Critic of Enlightenment in *Zerbin; or, Modern Philosophy* and *The Most Sentimental of All Novels.* In: Impure Reason. Dialectic of Enlightenment in Germany. Hrsg. von W. Daniel Wilson und Robert C. Holub. Detroit 1993. S. 443–464.

Wurst, Karin A.: Überlegungen zur ästhetischen Struktur von J. M. R. Lenz' *Der Waldbruder ein Pendant zu Werthers Leiden*. In: Neophilologus 74 (1990) S. 70–86.
– »Von der Unmöglichkeit, die Quadratur des Zirkels zu finden«. Lenz' narrative Strategien in *Zerbin oder die neuere Philosophie*. In: Lenz-Jahrbuch 3 (1993) S. 64–86.

8. Versdichtung

Anwand, Oscar: Beiträge zum Studium der Gedichte von J. M. R. Lenz. Diss. München 1897. [Teildr.]
Bertram, Mathias: Jakob Michael Reinhold Lenz als Lyriker. Zum Weltverhältnis und zur Struktur seiner lyrischen Selbstreflexionen. St. Ingbert 1994. [Zit. als: 1994a.]
– Das gespaltene Ich. Zur Thematisierung disparater Erfahrungen und innerer Konflikte in der Lyrik von J. M. R. Lenz. In: »Unaufhörlich Lenz gelesen …« (B 3: 1994) 353–371. [Zit. als: 1994b.]
Dwenger, Heinz: Der Lyriker Lenz. Seine Stellung zwischen petrarkistischer Formensprache und Goethescher Erlebniskunst. Diss. Hamburg 1960.
Stern, Martin: Akzente des Grams. Über ein Gedicht von Jakob Michael Reinhold Lenz. Mit einem Anhang: Vier unbekannte Briefe von Lenz an Winckelmanns Freund Heinrich Füssli. In: Jahrbuch der Deutschen Schiller-Gesellschaft 10 (1966) S. 160–178, 179–188 [= Anhang].
Vonhoff, Gert: Subjektkonstitution in der Lyrik von J. M. R. Lenz. Mit einer Auswahl neu herausgegebener Gedichte. Frankfurt a. M. [u. a.] 1990.

9. Übersetzungen

Bauer, Roger: Die Komödientheorie von Jakob Michael Reinhold Lenz, die älteren Plautus-Kommentare und das Problem der »dritten« Gattung. In: Aspekte der Goethezeit. Hrsg. von Stanley A. Corngold, Michael Curschmann und Theodore J. Ziolkowski. Göttingen 1977. S. 11–37.
– »Plautinisches« bei Jakob Michael Reinhold Lenz. In: Europäische Komödie. Hrsg. von Herbert Mainusch. Darmstadt 1990. S. 289–303.

Blunden, Allan: Lenz, Language, and Love's Labour's Lost. In: Colloquia Germanica 8 (1974) S. 252–274.

Brunkhorst, Martin: Shakespeares *Coriolanus* in deutscher Bearbeitung. Sieben Beispiele zum literarästhetischen Problem der Umsetzung und Vermittlung Shakespeares. Berlin / New York 1973.

Clarke, Karl H.: Lenz' Übersetzungen aus dem Englischen. In: Zeitschrift für vergleichende Litteraturgeschichte NF 10 (1896) S. 117–150, 385–418.

Conrady, Karl Otto: Zu den deutschen Plautusübertragungen. Ein Überblick von Albrecht von Eyb bis zu J. M. R. Lenz. In: Euphorion 48 (1954) S. 373–396.

Kes-Costa, Barbara R.: »Freundschaft geht über Natur«. On Lenz's Rediscovered Adaptation of Plautus. In: Space to Act (B 3: 1993) 162–173.

Luserke, Matthias / Christoph Weiß: Arbeit an den Vätern. Zur Plautus-Bearbeitung *Die Algierer* von J. M. R. Lenz. In: Freundschaft geht über Natur (B 1: 1991) S. 59–76.

Müller, Johannes H.: J. M. R. Lenz' *Coriolan*. Jena 1930. [Mit kritischer Edition des Textes: S. 49–76.]

Pelzer, Jürgen: Das Modell der ›alten‹ Komödie. Zu Lenz' *Lustspielen nach dem Plautus*. In: Orbis Litterarum 42 (1987) S. 168–177. – Wiederabgedr. in: Jakob Michael Reinhold Lenz im Spiegel der Forschung (B 3: 1995) 382–391.

10. Theoretische Schriften

Blunden, Allan: Language and Politics: the Patriotic Endeavours of J. M. R. Lenz. In: Deutsche Vierteljahrsschrift für Literaturwissenschaft und Geistesgeschichte 49 (1975) Sonderh. S. 168–189.

Diffey, Norman R.: Language and Liberation in Lenz. In: Space to Act (B 3: 1993) 1–9.

Duncan, Bruce: A ›Cool Medium‹ as Social Corrective. J. M. R. Lenz's Concept of Comedy. In: Colloquia Germanica 9 (1975) S. 232–245.

Friedrich, Theodor: Die *Anmerkungen übers Theater* des Dichters Jakob Michael Reinhold Lenz. Leipzig 1908.

Genton, Elisabeth: *Expositio ad hominem.* Un inédit de Jacob Michael Reinhold Lenz. In: Études Germaniques 17 (1962) S. 259–269.

Glaser, Horst A.: Bordell oder Familie? Überlegungen zu Lenzens

Soldatenehen. In: J. R. M. Lenz als Alternative? (B 3: 1992) 112–122.

Hayer, Uwe: Das Genie und die Transzendenz. Untersuchungen zur konzeptionellen Einheit theologischer und ästhetischer Reflexion bei J. M. R. Lenz. Frankfurt a. M. [u. a.] 1995.

Hill, David: Die Arbeiten von Lenz zu den *Soldatenehen*. Ein Bericht über die Krakauer Handschriften. In: »Unaufhörlich Lenz gelesen …« (B 3: 1994) 118–137.

– J. M. R. Lenz' »Avantpropos« zu den *Soldatenehen*. In: Lenz-Jahrbuch 5 (1995) S. 7–21.

Kagel, Martin: Bewaffnete Augen. Anschauende Erkenntnis und militärischer Standpunkt in J. M. R. Lenz' *Anmerkungen übers Theater*. In: Colloquia Germanica 31 (1998) S. 1–19.

Krebs, Roland: Lenz, lecteur de Goethe: *Über Götz von Berlichingen*. In: Études Germaniques 52 (1997) S. 65–78.

Martini, Fritz: Die Einheit der Konzeption in J. M. R. Lenz' *Anmerkungen übers Theater*. In: Jahrbuch der Deutschen Schillergesellschaft 14 (1970) S. 159–182. – Wiederabgedr. in: Wacker (B 4: 1985) 250–278; Jakob Michael Reinhold Lenz im Spiegel der Forschung (B 3: 1995) 233–256.

Menz, Egon: Das ›hohe Tragische von heut‹. In: »Unaufhörlich Lenz gelesen …« (B 3: 1994) 181–194.

Morton, Michael: Exemplary Poetics: The Rhetoric of Lenz's *Anmerkungen übers Theater* and *Pandaemonium Germanicum*. In: Lessing Yearbook 20 (1988) S. 121–151.

Osborne, John: Exhibitionism and Criticism: J. M. R. Lenz's *Briefe über die Moralität der Leiden des jungen Werthers*. In: Seminar 10 (1974) S. 199–212.

Pausch, Holger A.: Zur Widersprüchlichkeit in der Lenzschen ›Dramaturgie‹. Eine Untersuchung der *Anmerkungen übers Theater*. In: Maske und Kothurn 17 (1971) S. 97–108.

Rector, Martin: Anschauendes Denken. Zur Form von Lenz' *Anmerkungen übers Theater*. In: Lenz-Jahrbuch 1 (1991) S. 92–105.

– Optische Metaphorik und theologischer Sinn in Lenz' Poesie-Auffassung. In: Jakob Michael Reinhold Lenz (B 3: 1994) 11–26.

Sauder, Gerhard: Konkupiszenz und empfindsame Liebe. J. M. R. Lenz' *Philosophische Vorlesungen für empfindsame Seelen*. In: Lenz-Jahrbuch 4 (1994) S. 7–29.

– Lenz' eigenwillige *Anmerkungen übers Theater*. In: Études Germaniques 52 (1997) S. 49–64.

Schwarz, Hans-Günther: Nachwort. In: Jakob Michael Reinhold Lenz: *Anmerkungen übers Theater*. Shakespeare-Arbeiten und Shakespeare-Übersetzungen. Hrsg. von H.-G. Sch. Stuttgart 1976. S. 135–141.

Weiß, Christoph: Nachwort. [1994.] In: *Philosophische Vorlesungen*, B 1: 1780, 73*–111*.

Wilson, W. Daniel: Zwischen Kritik und Affirmation. Militärphantasien und Geschlechterdisziplinierung bei J. M. R. Lenz. In: »Unaufhörlich Lenz gelesen ...« (B 3: 1994) 52–85.

Wurst, Karin A.: A Shattered Mirror. Lenz's Concept of Mimesis. In: Space to Act (B 3: 1993) 106–120.

11. Briefe

Haustein, Jens: Anmerkungen zur Interpunktion Lenzscher Briefe. In: Euphorion 80 (1986) S. 110–113.

– Jacob Michael Reinhold Lenz als Briefschreiber. In: »Unaufhörlich Lenz gelesen ...« (B 3: 1994) 337–352.

Blunden, Allan G.: A Case of Elusive Identity. The Correspondence of J. M. R. Lenz. In: Deutsche Vierteljahrsschrift für Literaturwissenschaft und Geistesgeschichte 50 (1976) S. 103–126.

12. Rezeption/Wirkung

Becker, Sabina: Lenz-Rezeption im Naturalismus. In: Lenz-Jahrbuch 3 (1993) S. 34–63.

Berens, Cornelia: »Das gegenwärtige Theater ist Schreibanlaß für Prosa«. Christoph Hein und J. M. R. Lenz – vom Theater zur Prosa und zurück. In: »Unaufhörlich Lenz gelesen ...« (B 3: 1994) 391–405.

Genton, Elisabeth: Jacob Michael Reinhold Lenz et la scène allemande. Paris 1966.

Grathoff, Dirk: Literarhistorische Ungleichzeitigkeiten: *Der Hofmeister* von Lenz zu Brecht – Ein Rückschritt im Fortschritt. In: Studien zur Ästhetik und Literaturgeschichte der Kunstperiode. Hrsg. von D. G. Frankfurt a. M. [u. a.] 1985. S. 163–207.

– J. M. R. Lenz in den Fehden zwischen Klassikern und Romantikern. In: Monatshefte für deutschen Unterricht, deutsche Sprache und Literatur 87 (1995) S. 19–33.

Harris, Edward P.: J. M. R. Lenz in German Literature. From Büchner to Bobrowski. In: Colloquia Germanica 7 (1973) S. 214–233.

– Lenz on Stage. Schröder's Adaptation of *Der Hofmeister.* In: Space to Act (B 3: 1993) 132–140.

Heister, Hanns-Werner: Historische Tragik und moderne Farce. Zu Friedrich Goldmanns Opernphantasie *R. Hot bzw. Die Hitze.* In: »Unaufhörlich Lenz gelesen …« (B 3: 1994) 406–421.

Hill, David: The Portrait of Lenz in *Dichtung und Wahrheit.* A Literary Perspective. In: Jakob Michael Reinhold Lenz (B 3: 1994) 222–231.

Hinck, Walter: Produktive Rezeption heute. Am Beispiel der sozialen Dramatik von J. R. M. Lenz und H. L. Wagner. In: Hinck (B 4: 1978) 257–269.

Höpfner, Felix: »Un enfant perdu«. Anmerkungen zu Egon Günthers Lenz-Film und ein Gespräch mit dem Regisseur. In: Lenz-Jahrbuch 5 (1995) S. 79–91.

Kitching, Laurence Patrick Anthony: *Der Hofmeister.* A Critical Analysis of Bertolt Brecht's Adaptation of Jacob Michael Reinhold Lenz's Drama. München 1976.

Madland, Helga: A Question of Norms. The Stage Reception of Lenz's *Hofmeister.* In: Seminar 23 (1987) S. 98–114.

Martin, Ariane / Gideon Stiening: »Man denke an Lenz, an Hölderlin«. Zum Rezeptionsmuster ›Genie und Wahnsinn‹ am Beispiel zweier Autoren. In: Aurora 59 (1999) S. 45–70.

May, Nicola: Das Bild des Jakob Michael Reinhold Lenz als Bühnenfigur. Stuttgart 1991.

Menke, Timm Reiner: Lenz-Erzählungen in der deutschen Literatur. Hildesheim / Zürich / New York 1984.

– The Reception of Lenz in the Final Years of the German Democratic Republic: Christoph Hein's Adaptation of *Der neue Menoza.* In: Space to Act (B 3: 1993) 150–161.

Osborne, John: Lenz, Zimmermann, Kipphardt: Adaptation as Closure. In: German Life and Letters 38 (1984/85) S. 385–394.

Petersen, Peter: Eine Französin deutet den *Hofmeister.* Die Oper *Le Précepteur* (1990) von Michèle Reverdy. In: »Unaufhörlich Lenz gelesen …« (B 3: 1994) 422–429.

– / Winter, Hans-Gerd: Lenz-Opern. Das Musiktheater als Sonderzweig der produktiven Rezeption von J. M. R. Lenz' Dramen und Dramentheorie. In: Lenz-Jahrbuch 1 (1991) 9–58.

Pizer, John: »Man schaffe ihn auf eine sanfte Manier fort«: Robert

Walser's *Lenz* as a Cipher for the Dark Side of Modernity. In: Space to Act (B 3: 1993) 141–149.

Schmidt, Dörte: Lenz im zeitgenössischen Musiktheater. Literaturoper als kompositorisches Projekt bei Bernd Alois Zimmermann, Friedrich Goldmann, Wolfgang Rihm und Michèle Reverdy. Stuttgart/Weimar 1993.

Schoeps, Karl H.: Zwei moderne Lenz-Bearbeitungen [Brecht und Kipphardt]. In: Monatshefte für deutschen Unterricht, deutsche Sprache und Literatur 67 (1975) S. 437–451.

Stephan, Inge, Hans-Gerd Winter: »Ein vorübergehendes Meteor«? J. M. R. Lenz und seine Rezeption in Deutschland. Stuttgart 1984.

Unglaub, Erich: »Das mit Fingern deutende Publicum«. Das Bild des Dichters Jakob Michael Reinhold Lenz in der literarischen Öffentlichkeit 1770–1814. Frankfurt a. M. / Bern 1983.

Wurst, Karin: Einleitung. In: J. R. M. Lenz als Alternative? (B 3: 1992) 1–22.

Zimmermann, Rolf-Christian: Marginalien zur Hofmeister-Thematik und zur ›Teutschen Misere‹ bei Lenz und bei Brecht. In: Drama und Theater im 20. Jahrhundert. Festschrift für Walter Hinck. Hrsg. von Hans Dietrich Irmscher und Werner Keller. Göttingen 1983. S. 213–227.

13. Sonstiges

Kirschfeldt, Joh.: Der Pietismus des Christian David Lenz. In: Baltische Blätter für allgemein-kulturelle Fragen 2 (1924) S. 99–105.

Pistohlkors, Gert von: Die Ostseeprovinzen unter russischer Herrschaft (1710/95–1914). In: G. v. P. (Hrsg.): Deutsche Geschichte im Osten Europas. Baltische Länder. Berlin 1994. S. 266–450, bes. S. 266–309.

Wittram, Reinhard: Baltische Geschichte. Die Ostseelande Livland, Estland, Kurland 1180–1918. München 1954. Darmstadt 1973.

Verzeichnis der Abbildungen

Personenregister

Zum Autor

GEORG-MICHAEL SCHULZ, Jahrgang 1945, studierte
Germanistik, Philosophie und Romanistik in Tübingen.
Er promovierte 1975 in Tübingen mit einer Arbeit über
Paul Celan und habilitierte sich 1986 in Aachen mit ei-
ner Arbeit über die Dramaturgie des Pathetischen und
Erhabenen im Trauerspiel der Aufklärung. Professor für
Neuere deutsche Literaturwissenschaft 1991–96 an der
RWTH Aachen und seit 1996 an der Universität Ge-
samthochschule Kassel. Gastprofessor 1993 an der Uni-
versität Leiden und 1994 und 1996 an der Universität
Jerusalem. In seinen Veröffentlichungen zur deutschen
Literatur seit der frühen Aufklärung bilden das Drama
und das Theater des 18. und des 20. Jahrhunderts und
die Lyrik des 20. Jahrhunderts Schwerpunkte.